中国与国际体系进程与实践

Practices of Engagement: Processes of China's Involvement in International System

朱立群等◎著

世界知识出版社

图书在版编目（CIP）数据

中国与国际体系：进程与实践／朱立群等著.
—北京：世界知识出版社，2012.5
ISBN 978-7-5012-4277-1

Ⅰ.①中… Ⅱ.①朱… Ⅲ.①中外关系—研究
Ⅳ.①D822

中国版本图书馆CIP数据核字（2012）第094675号

责任编辑　袁路明
责任出版　赵　玥
责任校对　马莉娜
封面设计　田　林

书　　名　**中国与国际体系：进程与实践**
Zhongguo Yu Guoji Tixi: Jincheng Yu Shijian

作　　者　朱立群等　著

出版发行　世界知识出版社
地址邮编　北京市东城区干面胡同51号（100010）
网　　址　www.wap1934.com
电　　话　010-65265923（发行）
印　　刷　北京京晟纪元印刷有限公司
经　　销　新华书店
开本印张　980×680毫米　1/16　22¼印张
字　　数　360千字
版次印次　2012年4月第一版　2012年4月第一次印刷
标准书号　ISBN 978-7-5012-4277-1
定　　价　46.00元

前 言

朱立群①

中国与国际体系的关系问题是中国外交面临的一个重大理论和战略问题。中国参与国际体系的本质是参与全球互动和集体决策，在全球治理中获取和维护中国的国家利益，促进国际社会的进步和发展，维护全球秩序。自改革开放政策实施以来，中国以开放的姿态积极参与国际体系，取得了不菲的成绩。中国不仅全面卷入全球市场，而且越来越多地参与各种国际制度。据统计，到2007年，在全球61836个国际组织中，中国共参与了4386个国际组织，其中参与的1753个是协定性组织。从纵向看，中国参与国际组织呈现了快速增长的态势，参与率迅速提升，程度和范围不断加深和扩大，遵约表现受到广泛肯定。中国参与国际体系的历程，从改革开放之前的被动、消极、抵触到之后的积极、主动、融入，并在参与中不断创新，中国与国际体系的关系经历了历史性的深刻变化。中国的国际身份从体系的反对者、游离者，变成了一个融入者。正如温家宝总理所说，“中国是一个负责任的国家，中国人民永远是世界人民可信赖的朋友和可靠的伙伴。中国是国际体系的参与者、维护者和建设者”。②

中国与国际体系关系的这种变化与中国外交的转型密切相关，它

---

① 朱立群　外交学院副院长，教授。

② 温家宝:《开创中欧关系合作、共赢、和谐的新局面：在中欧论坛第二次会议开幕式上的演讲》(2006年9月13日)，载《国务院公报》2006年第32期，第5—6页。

是中国实行和平发展战略的直接结果。中国参与国际体系的过程，没有像传统的崛起大国那样通过武力扩张挑战现有秩序，而是更多地利用现有秩序中的制度渠道来提升自己的地位。与此同时，中国也没有放弃独立自主的和平外交路线，没有像日本那样满足于美国治下的从属地位。因此，中国参与国际体系的外交实践，不仅对现有国际关系理论提出了重大挑战，也在经验层面成为一个相对特殊的案例，值得深入研究。

国内外学者对中国参与国际体系以及中国与国际体系的关系问题十分关注，近些年来涌现出大量基础深厚的学术成果，它们从体系和单元两个层面提供了关于中国参与国际体系的动力、程度以及中国与国际体系关系的解释。本书在第一章理论研究框架部分对这些研究从理论分类的角度进行了系统梳理，发现它们存在三方面的问题。首先，西方现有三大体系理论难以清楚解释中国参与国际体系的实践进程。中国参与国际体系是一个快速融入的动态过程，现有三大主流理论，不管是理性主义以物质结构还是社会建构主义以观念结构来解释国家的行为，在本质上都是静态的。从物质结构出发的现实主义，观察中国更多地集中在中国的军事现代化建设上，在这个方面的任何进展都会带来"中国威胁论"的兴起。以观念结构解释中国与国际体系的关系，则更多地看到的是中西观念的结构性差异，看不到中国和西方国家之间总体合作发展的态势。因此，西方静态的结构主义理论难以清楚解释中国与国际体系的关系问题，需要引入新的理论框架来研究中国参与国际体系的过程。

其次，中国参与国际体系的实践远比西方理论模式更丰富和更复杂。作为一个现代化进程中的发展中国家，中国自身内部就存在着各种不平衡，这种复杂性必然反映到中国的对外关系进程中。由于国际体系在全球化和信息技术的作用下进入快速变化时期，因而中国与国际体系的互动也必然是复杂的，不同领域的参与会表现出不同的特征。实践远比理论丰富，中国参与国际体系的实践远远超出了根据西方经验发展出来的理论所具有的解释能力。

最后，中国参与国家体系的实践结果很难用修正主义国家和现状国家的二分法来描述。中国从1979年以后愈来愈融入国际制度，愈来愈与国际制度认同，而不是挑战和试图改变国际制度体系。中国积极融入的国际合作战略，对国际秩序的稳定和发展也做出了贡献。因此，很难说中国是一个修正主义国家，或者说是一个维持现状的国家。现有解释模式显然因为陷入了西方中心论和二元对立思维困境中，而难以清楚解释中国参与国际体系的实践。与此同时，也需要警惕另外一种二元对立，那就是将西方化与本土化对立起来，将学术研究高度意识形态化和情感化，这种二元对立同样不能提供理性的、符合实际的解释。

基于上述文献综述发现的问题，我们提出了一个新的以“参与实践”为核心概念的理论解释框架。我们认为，中国参与国际体系需要从我们的自身实践出发，而不是从西方国际关系理论的预期出发。我们将中国参与国际体系看成是一个连续不断的参与实践过程，这个参与实践不仅受到国际、国内两个环境的影响，实践主体在参与实践的复杂互动中不断学习、借鉴、创新，形成关于国际体系及其相互关系的新的认知（即新剧本），并通过各种实践活动获得国际体系的承认，形成新的身份。同时，中国在系统遵约和参与国际体系的实践中，通过反思和创新，在积极的沟通与合作中，创造影响和变革国际体系的时空条件，促进国际体系朝着更加公正、合理和有序的方向发展。由此，我们在“参与实践”与“身份重塑”和“秩序变革”之间建立起一个因果作用机制，参与实践是自变量，身份重塑是因变量。获得国际制度不同程度的承认，也就是获得了不同的新身份，体现出不同的参与程度。这样，参与实践与身份重塑，就构成了一个完整的实践过程。实践者以新的身份重新投入实践，开始新一轮的实践过程，中国参与国际体系的历程正是体现了这样一个不间断的持续参与历程。

在以“参与实践”为核心概念的理论分析框架指导下，我们选择了国际体系中的11个国际制度领域进行案例分析，希望能够通过深入参与实践过程发现中国参与国际体系进程的实践特点及其意义。我们系统讨论了中国与世界贸易组织、与国际货币基金组织和世界银行、与G20、与联合国、与国际人权组织和联合国教科文组织，以及中国参与气候变化机制、核不扩散机制、维和机制、小武器和地雷控制机制等过程，特别是改革开放以来中国通过参与国际制度所发生的巨大变化。我们希望通过这项研究，清楚梳理和分析中国参与国际体系的现状、程度及其背后的核心动力。我们也希望通过这项研究，总结中国30年参与国际体系的经验教训，发现规律，为中国今后30年的进一步深化参与国际体系提供有益的、前瞻性的政策建议。同时，在学理意义上，我们也希望通过本研究创新理论，在总结中国自身经验的基础上，发现问题，解决问题，使国际关系理论具有更普遍的适用性和解释力。我们认为，任何理论和社会意义结构都是从实践中产生的，反过来又影响着实践。理论创新之路，在于走向具体实践。

目前，国际体系正面临新一轮调整，中国处于深入参与国际体系的重大机遇期，如何使国际体系的调整向着有利于中国的方向发展，是我国面临的核心战略任务。随着中国与国际体系关系日益密切，外部世界对中国的疑虑并没有随着中国融入国际体系而消解，反而担忧甚至敌意增加，如何深化中国与国际体系的关系，破解中国威胁论，是中国外交面临的紧迫的课题。与此同时，中国自身也正处于国内深化改革的关键时期，内部平衡发展压力增大，各种问题与世界政治经济的关联度提高，如何在参与国际体系过程中统筹国内国外两个大局和坚持内外和谐发展，是中国进一步发展面临的重大挑战。因此，进一步加强对中国参与国际体系进程的研究，提出更具解释意义的理论分析框架，提出具有前瞻性和针对性的政策建议，对我具有重大的理论和现实意义。

本研究是一个集体成果，集中了项目组各位参与者和项目组专家的智慧和思想。项目的具体分工如下：朱立群负责项目的总体结构和分析框架设计，全书修订统稿，并撰写了前言、第1章和结论部分；卢静，第2章；曲博，第3章；朱杰进，第4章；高尚涛，第5章；冯继承，第6章；高望来，第7章；黄超，第8章；林民旺，第9章；吴文成，第10章；张爱宁，第11章；李海东，第12章。卢静担任项目组的协调管理工作，承办了项目执行过程中召开的各次会议，并在该书出版前校对了全书。在此，对她的辛苦工作表示衷心的感谢。

本书是北京市对外交流与外事管理研究基地的项目，受到北京市教育委员会的资助。中国外交以及中国与国际体系的关系是研究基地的重点建设方向，本研究属于该基地的一项基础研究，也是重点项目。在项目执行过程中，我们得到了北京市教委和北京市哲学社会科学规划办的大力支持。同时，项目聘请了秦亚青、周启朋、王帆、李少军、袁正清等专家学者作为项目组的专家，他们对项目的设计、内容以及撰写都提出了宝贵的意见。在此，我们对有关方面以及各位专家表示衷心的感谢。

最后，还要感谢世界知识出版社的袁路明编辑和其他编校人员的大力支持。没有他们的精心设计和认真编辑，本书不可能顺利出版和发行。

目　录

第1章

研究框架：参与实践与身份重塑

朱立群

自改革开放政策实施以来，中国以开放的姿态积极参与国际体系，取得了不菲的成绩。中国不仅全面卷入全球市场，而且越来越多地参与各种国际制度。据统计，到2007年，在全球61836个国际组织中，中国共参与了4386个国际组织，其中参与的1753个是协定性组织。[①]从纵向看，中国参与国际组织呈现了快速增长的态势，参与率迅速提升，程度和范围不断加深和扩大，遵约表现受到广泛肯定。中国参与国际体系的历程，从改革开放之前的被动、消极、抵触到之后的积极、主动、融入，从相对较多的军事参与到越来越强调外交参与，从经济参与发展到全面参与，从双边参与走向多边参与，[②]中国参与国际体系经历了巨大的变化。

应该说，中国参与国际体系是一个持续的互动过程。这个过程具有渐进性、阶段性、不平衡性，还表现出持续学习、不断创新的特征。它是一个未完成时态，不同时间表现出不同的参与重点和特性。

---

① 朱立群、黄超：《中国参与国际体系的评估指标及相关分析》，载《江海学刊》2009年第5期，第195页。

② 潘忠岐：《中国在世界秩序中的参与、受益和影响——基于意向差距的分析》，载《世界经济与政治》2007年第3期，第52页。

换句话说，中国参与国际体系的过程还远未结束，在可预见的将来，中国始终面临着参与国际体系带来的中国与国际体系关系这一重大问题。它具体表现为：中国参与国际体系的实践带给中国怎样的身份变化？为什么在国际体系的不同领域中国的参与程度是不同的？中国的参与是否对国际体系的进步和稳定做出了创新性贡献？所有这些都需要从理论和政策行为两个方面加以解释和说明。

本章将为全书提供一个理论分析框架，以便我们的研究始终在一个统一连贯的、富有逻辑性的分析框架中进行。在下面的讨论中，我们首先梳理现有文献，分析中国与国际体系关系问题上的各种流派和观点，为寻求更好的分析框架奠定基础；接下来我们讨论“参与实践”和“新剧本”这两个概念；最后，我们围绕着“参与实践”、“新剧本”和“身份承认”，发展出一个分析中国参与国际体系的理论分析框架，以指导后续各章的案例研究。

本书的总体研究框架是：我们将中国参与国际体系看成是一个连续不断的参与实践过程，这个参与实践不仅受到国际、国内两个环境的影响，实践主体在参与实践的复杂互动中不断学习、借鉴、创新，形成关于国际体系及其相互关系的新的认知（即新剧本），并通过各种实践活动获得国际体系的承认，形成新的身份。在本项研究中，参与实践的主体是中国政府，时间范围是改革开放以来中国参与国际体系（以全球层面为主）的实践活动。出于分析的便利，我们将国际体系区分为国际经济体系、国际政治安全体系以及国际社会文化体系三个领域。把参与实践划分为五个类别的实践活动，分别是话语实践、联盟实践、学习实践、遵约实践和创新实践。每一类参与实践都可能产生新的认知空间，形成具有一定稳定性的新知识，推动参与实践向前发展，并促进参与进程中的创新。参与实践不仅意味着中国与国际体系关系的重新界定，也意味着中国自我身份的转换。国际体系对中国国际地位和身份的三种承认形式（形式承认、实质性承认和主体价值承认），就是参与实践的结果，也体现着中国参与国际体系的不同程度。在本研究中，参与实践是自变量，身份承认是因变量。获得国际制度不同程度的承认，也就是获得了不同的新身份，体现出不同的参与程度。这样，参与实践与身份承认，就构成了一个完整的实践过程。实践者以新的身份重新投入实践，开始新一轮的实践过程，中国参与国际体系正是体现了这样一个持续的、不间断的实践历程。

一、关于中国参与国际体系的文献梳理

不可否认，中国参与国际体系给中国带来了深刻的变化。加入WTO以后，中国经济迅猛发展，带动了国内学术界对全球化和现行国际体系的积极评价。[①] 随着"中国模式"备受瞩目，[②] 国外学界对中国的认知评价却更趋分歧，欧美学者越来越强烈地关注中国与国际社会关系的未来走向问题。《洛杉矶时报》前驻华记者孟捷慕（James Mann）于2007年出版了《中国幻想》一书，在美国引起了很大的反响。该书认为，冷战后美国的对华战略存在严重的幻想成分，对华政策的出发点和路径都存在问题，因而导致了不成功的政策结果：中国在引入市场经济的同时，并没有发生西方希望看到的政治改革进程。[③] 随着中国经济的持续发展，西方强烈地意识到，中国模式的成功使中国有可能在国际舞台上和西方平等竞争，同时，中国模式也提供了一条替代西方政治和社会经济发展的道路。[④] 在一些意识形态色彩浓厚的保守人士看来，中国模式是一种国家资本主义，对西方构成了威胁。[⑤] 中国模式越是成功，这种威胁就越大，对欧美主导的国际体系就越是

---

① 蔡拓：《全球化观念与中国对外战略的转型——改革开放30年的外交哲学审视》，载《世界经济与政治》2008年第11期。

② 关于欧美媒体对于"中国模式"的讨论，参见唐晓：《欧美媒体对于"中国模式"的评价及其启示》，载《外交评论》2010年第1期，第37—52页。

③ James Mann, *The China Fantasy: Why Capitalism will not Bring Democracy to China*, London: Penguin, 2007.

④ Chinese Soft Power and Its Implication for the United States-Competition and Cooperation in the Developing World, A Report of the CSIS Smart Power Initiative，http://www.csis.org/files/media/csis/pubs/090305_mcgiffert_chinesesoftpower_web.pdf。2010年10月27日访问。

⑤ David Brooks, "The Larger Struggle", *New York Times*, June 14th, 2010.

构成严峻挑战。①

可以说，中国经过30年改革开放，深度卷入国际事务，积极参与国际体系，中国与国际体系的关系正在发生历史性的深刻变化。但是，这种变化也激起了西方某些人士对自身地位的深切忧虑和对中国未来发展方向的疑惑，关于中国能否和平发展，中国与国际体系能否建立一个积极合作与和平的关系，依然是国际社会普遍关注的核心问题。他们提出：中国确实发生了惊人的变化，但这种变化是否能够朝着西方预期的方向发展？中国是否正在对西方构成强烈的冲击和威胁？中国与国际体系的关系将呈现出怎样的发展趋势？

对于上述问题，不同的理论流派提供的是不同的解释。现实主义学者如米尔斯海默认为，凡是崛起的国家，不可能是一个维持现状的国家，它必然挑战国际体系。中国正在崛起，一个崛起的中国不可能满足于维持现状。② 权力转移理论的核心观点是，处在权力转移中的霸权国家和崛起国家最容易因崛起国家对自身地位的不满而走向战争，③ 而中国毫无疑问是一个具有全球领导地位、对现状不满的潜在挑战国。④

英国学派则认为新兴国家融入国际体系是国际社会扩展的结果。国际社会从先锋国家（vanguards）的欧洲向其他区域、再向全球不断扩展，欧洲以外的国家只有适应和接受核心体系的规范才能成为被社会化的行为体。⑤ 从英国学派的理论出发，中国充其量也只能算是国际体系内一个改革型的修正主义国家，一方面融入国际经济体系，另一

① James Mann, "A Shining Model of Wealth without Liberty", *Washington Post*, May 20, 2007, http://www.washingtonpost.com/wp-dyn/content/article/2007/05/18/AR2007051801640.html。2010年10月27日访问。

② （美）约翰·米尔斯海默:《大国政治的悲剧》（王义桅、唐晓松译），上海人民出版社，2008年版，第400页；John J. Mearsheimer, "China's Unpeaceful Rise", *Current History*, Vol.105, No.690, April 2006, pp.160-162。

③ A.F.K.Organski & Jacek kUgler, *War Ledger*, Chicago: The University of Chicago Press, 1980, pp.22-27.

④ David Rapkin and William R. Thompson, "Power Transition, Challenge and the (Re)emergence of China", *International Interactions*, Vol. 29, 2003, p.316.

⑤ Barry Buzan, *From International to World Society?: English School Theory and the Social Structure of Globalization* Cambridge: Cambridge University Press, 2004, pp 222-227;Barry Buzan, "Culture and International Society", *International Relations*, Vol. 86, No.1, 2010, pp. 1-25.

方面拒绝接受具有普世价值的民主、自由、人权等核心制度规范，因而，对于国际社会来说，中国的未来发展仍然是极其不确定的。[①]

主流建构主义学者强调国际社会的规范可通过国际组织包括非政府组织等各种施动者的积极传播、教授和推广而扩展到整个国际社会，[②] 新兴国家行为体遵守和内化国际规范是新兴国家参与国际体系的实质性内容。因此建构主义视角下的中国研究，更多地通过考察国际制度规范的遵守情况来判断中国是否是国际体系内维护现状的国家。通过研究，他们认为，中国这个被历来认为"最不可能遵约"（the least-likely）的国家，实际上在遵约方面取得了巨大的进步。与20世纪50年代、60年代甚至80年代相比，中国接受以及融入国际体系的程度发生了前所未有的变化，[③] 因此，中国至少目前更像一个国际体系的现状国。[④] 上述体系层面的主流理论，集中纠缠在中国是挑战国还是现状国的问题上，它们各自依据不同的逻辑和理论预期，给出的是完全不同的解释。

也有很多学者从单元层次的国内政治视角考察中国的崛起及其对国际体系的影响。国内颇具影响力的观点是章百家提出的中国通过改变自己而影响世界。他认为，中国对外关系的变化，"始终与中国内部的政治发展紧密地联系在一起，甚至可以说，中国主要是依靠自己的内部变革，而不是通过某种外部行为来改变中国与其他国家乃至与整

---

① Barry Buzan, "Culture and International Society", *International Relations*, Vol. 86, No.1, 2010, pp. 1-25.

② 关于国际规范传播研究的总结，参见黄超：《建构主义视野下的国际规范传播》，载《外交评论》2008年第4期，第55—62页。

③ Ann Kent, *Beyond Compliance: China, International Organizations, and Global Security*, Stanford, California：Stanford University Press，2007 p. 222；Alastair Iain Johnston, *Social State: China in International Institutions, 1980–2000*, Princeton: Princeton University Press, 2008, p.196。江忆恩研究了中国从1980—2000年间参与国际安全机制的进程，认为中国在单极时代没有强制性外来压力和回报的情况下，主动参与国际机制，表明中国对国际制度采取了更加合作和更趋自我约束的政策。

④ Alastair Iain Johnston, "Is China a Status Quo Power", *International Security*, Vol. 27, No.4, 2003, pp.5-56; Alastair Iain Johnston, *Social States: China in International Institutions, 1980–2000*, p. 197；安·肯特的研究充分肯定了中国在国际体系的遵约行为，但认为中国在社会整体层面的遵约行为还有很大的距离，对国家人权领域的遵约还有较大的抵触。她因此而认为，中国参与国际体系是选择性的，中国遵约完全出于自身利益，是功利主义的，因而她将中国称为"准革命性国家"。见 Ann Kent, *Beyond Compliance: China, International Organizations, and Global Security*, pp.242-243。

个世界的关系”。[①] 沈大伟（David Shambaugh）通过探讨中国共产党在不断融入国际体系过程中的适应性变革，揭示了共产党内的改革进程及其导致的中国对外行为的变化。[②] 但是，这些观点并没有说明国际社会与中国变化之间是否存在着互为因果的联系。关注战略文化的学者则在探讨中国外交政策是否具有和平取向的讨论中，有的认为中国在历史上强现实主义的政治战略文化就占据主导地位，[③] 有的则提出中国的战略文化与在中国占主导地位的儒家文化是一致的，总体表现为和平和防御性的特征。[④]

现有理论文献虽然从不同的角度解释了中国参与国际体系及其与国际体系的关系问题，但是它们“未能充分概括中国与国际秩序之间关系的一些新特征和复杂性”。[⑤]

首先，西方现有三大体系理论难以清楚解释中国参与国际体系的实践进程。中国参与国际体系是一个快速融入的动态过程，遵循的是和平、发展、合作的外交战略。现有国际关系三大主流理论，不管是理性主义以物质结构还是社会建构主义以观念结构来解释国家的行为，在本质上都是静态的。从物质结构出发的现实主义，观察中国更多地集中在中国的军事现代化建设上，在这个方面的任何进展都会带来“中国威胁论”的警告。以观念结构解释中国与国际体系的关系，则更多看到的是中西观念的结构性差异。而实际上，从理论上说，结构不仅在行为体的实践活动中处于不断生成和发展的动态之中，而且由于社会世界的多元性，结构并非以单一方式存在和发展，而是呈现出多重和多个结构的关系性存在。[⑥] 因此，静态的结构主义理论难以清楚解释

① 章百家：《改变自己，影响世界——20世纪中国外交基本线索刍议》，载《中国社会科学》2002年第1期。

② David Shambaugh, *China's Communist Party: Atrophy and Adaptation*, University of California Press, 2009.

③ Alastair Iain Johnston, *Cultural Realism: Strategic Culture and Grand Strategy in Chinese History*, Princeton, New Jersey: Princeton University Press, 1995, p.249.

④ 李小燕：《中国明代战略文化与儒家文化一致性的研究——与江忆恩商榷》，载《世界经济与政治》2008年第10期，第66—76页。

⑤ 浦晓宇：《中国与国际秩序的再思考：一种政治社会学的视角》，载《世界经济与政治》2010年第1期，第26页。

⑥ Colin Wight, *Agents, Structures and International Relations: Politics as Ontology*, Cambridge: Cambridge University Press, 2006, p.297-299.

中国与国际体系的关系问题，需要引入新的理论来研究中国参与国际体系的过程及其表现出来的演变方向。

其次，中国参与国际体系的实践远比西方理论模式更丰富和复杂。作为一个现代化进程中的发展中国家，中国自身内部就存在着各种不平衡，这种复杂性必然反映到中国的对外关系进程中。由于国际体系在全球化和信息技术的作用下进入快速变化时期，因而中国与国际体系的互动也必然是复杂的，不同领域的参与会表现出不同特征。① 实践远比理论丰富，中国参与国际体系的实践远远超出了根据西方经验发展出来的理论所具有的解释能力。江忆恩在研究了1980—2000年21年间中国融入国际安全机制的历史以后，提出了一个现有西方理论难以解释的问题，即中国通过参与国际体系日益演变成为一个体系内的现状国家，这个转变发生在国际体系结构和中国国内政治结构都没有发生重大变化的时期。他认为，这一现象在国际关系历史上是少见的。② 因此，从这个意义上说，中国参与国际体系的实践具有一定程度的特殊性，在经验层面提出了现有理论无法解释的内容。因此，我们的研究也需要超越现有国际关系理论的束缚，展现事物自身的发展逻辑。

最后，中国参与国家体系的实践结果很难用修正主义国家和现状国家的二分法来描述。中国从1979年以后“愈来愈融入国际制度，愈来愈与国际制度认同，而不是挑战和试图改变国际制度体系”。③ 中国积极融入的国际合作战略，对国际秩序的稳定和发展也做出了贡献。中国参与国际体系并以自身不断增长的力量影响着国际体系，G20的出现和新兴国家的集体参与说明国际体系正在发生变化。因此，很难说中国是一个修正主义国家，或者说是一个维持现状的国家。现有解释模式显然因为陷入了西方中心论和二元对立思维困境中，而难以清楚解释中国参与国际体系带来的身份变化。与此同时，我们也需要警

---

① 朱立群、黄超：《中国参与国际体系的评估指标及相关分析》，第195页。

② Alastair Iain Johnston, *Social States: China in International Institutions, 1980–2000*, p. 208.

③ 秦亚青：《无政府文化与国际暴力——大国的强行崛起与和平发展》，载《中国社会科学》2004年第5期；秦亚青、朱立群：《新国际主义论》，载《外交评论》2005年第5期。

惕另外一种二元对立，那就是将西方化与本土化加以对立，将学术研究高度意识形态化和情感化，这种二元对立同样不能提供理性的、符合实际的解释。

基于上述问题，本项研究提出一个围绕“参与实践”概念的新的理论解释模式。我们的出发点是，中国参与国际体系的研究不能从西方国际关系理论的预期出发，而是需要从中国的具体实践出发。为此，我们将运用马克思主义的基本精神，借鉴正在发展中的实践理论，提出一个超越结构主义理论和西方二元对立思维模式的理论分析框架，并希望这一研究框架能够对研究新兴国家参与国际体系具有解释力和适用性的理论。

二、以“参与实践”为核心概念的分析

本研究提出一个以“参与实践”（practice of engagement）概念为核心的分析框架。我们认为，中国参与国际体系是一个持续不断的实践过程，在这个过程中，国际体系的制度规范影响着中国的参与实践，国内政治结构影响着中国参与国际体系优先次序的战略选择。在它们的相互作用下，中国在参与实践中，不断形成关于国际体系和自身关系的新的认知，形成新的身份。与此同时，中国的参与实践也以自身的方式影响着国际秩序的变革。由此，我们在“参与实践”、“身份塑造”和“秩序变革”之间建立起一个因果作用机制，用于解释中国积极参与国际体系的过程。

（一）三个基本假定

我们首先假定国际体系是以社会的形式存在，不存在外在于国际社会的行为体。国际体系是国际关系行为体按照一定的规则相互作用

和相互影响而构成的一个整体，[①] 它至少包含三个基本内涵：一是，国际关系行为体之间的联系和互动是国际体系的基本内容，这个互动的基本前提是其物质性的存在。二是，国际体系具有规范性，“它由共同理解、规则、规范和相互预期构成”，[②] 正是这种物质背后的社会意义决定着行为体的行动。三是，国际体系是历史的产物，是在社会建构中不断演变进化的。因此说，国际秩序在本质上是社会性的，是一种主体间的规范或者文化结构。“如果没有某种规范和习惯，就没有国际体系的存在”。[③] 只要存在着秩序，就存在着国际社会，任何行为体都不可能脱离国际社会而行动。[④]

其次，我们假定国际体系社会性的典型表现形式是国际制度，国际组织是国际制度的一种代表形式。[⑤] 具体来说，国际制度“就是一系列由行为体在协调（coordination）环境下形成的准则（conventions）和在协作（collaboration）环境下创立的规约（contracts），它是一种权利约束，它们规定了行为体在追寻自身利益时，可以做什么和不可以做什么或者能做什么和不能做什么”。[⑥] 国际制度包括为相关国家所接受和遵守的多边公约、国际机制和作为准则和规则正式安排的国际组织。[⑦] 因此说，国际制度实际上就是规范和观念的会聚，各种各样的制

① 关于国际体系的概念界定可参阅：（英）巴里·布赞、理查德·利特尔：《世界历史中的国际体系——国际关系研究的再构建》（刘德斌等译），北京：高等教育出版社，2004年版；李滨：《国际体系研究：历史与现状》，南京大学出版社，2003年版；刘鸣：《国际体系：历史演进与理论的解读》，北京：中共中央党校出版社，2006年版；朱立群主编：《国际体系与中欧关系》，北京：世界知识出版社，2008年版；秦亚青等：《国际体系与中国外交》，北京：世界知识出版社，2009年版。

② Andrew Hurrell, “Norms and Ethics in International Relations”, in Walter Carlsnaes, Thomas Risse and Beth A. Simmons eds., *Handbook of International Relations*, p.142.

③ Adam Watson, *The Evolution of International Society:A Comparative Historical Analysis*, London: Routledge, 1992, p.312.

④ （英）赫德利·布尔：《无政府社会——世界政治秩序研究》（张小明译），北京：世界知识出版社，2003年版，第7页。

⑤ 所有的国际组织都是国际制度，但并非所有的国际制度都是国际组织。制度可以缺乏组织形式而存在，某些组织又可能具有多重的制度角色。因此，在国际关系中的国际组织和国际制度往往是不可分离的。因此，本研究项目将国际组织也作为国际制度对待，不做细致区分。关于二者的关系，可见 Richard Higgott, “International Political Institutions”, in R.A.W.Rhodes, Sarah A. Binder and Bert A. Rockman eds., *The Oxford Handbook of Political Institutions*, Oxford: Oxford University Press, 2008, p.611。

⑥ 苏长和：《全球公共问题与国际合作：一种制度的分析》，上海人民出版社，2000年版，第85—86页。

⑦ 同上，第78—87页。

度不仅在一定程度上管理国际事务，分配国际资源，推广和执行国际规范，它们还赋予国家以权力、集体身份和行为的合法性。[①] 因此，主权国家出于自身利益会积极寻求加入国际制度，并借此促进国家间的合作，参与国际体系的建设，努力使国际体系朝着有利于自身发展的方向演变。同时，主权国家与国际制度之间也存在一定程度的紧张关系，因为主权的内在含义与国际制度的限制性特点是矛盾的，因此，主权国家与国际制度之间的张力使得参与国际体系的实践充满着不平衡与斗争。

最后，我们把行为体参与国际体系的行动看成是一种实践行动，是一种参与实践。参与实践发生在一定的时空下，受到实践的环境和资源的影响。没有任何一种参与实践可以在不受任何限制条件下展开。实践者在一定条件的限制下通过学习、行动、表达等实践活动，接受体系的影响，被制度所塑造。同时，它们也以自身能力影响着制度的变迁和国际体系的发展。实践者参与国际体系的过程实际上是在实践中重新塑造身份的过程，参与国际体系的结果体现在行为体的身份变化上。因而，观察行为体参与国际体系的进程可以从行为体的身份演变中加以考察。换句话说，对实践结果的理解，必然通过对参与实践过程的了解以及对参与者身份变化的观察来获得。

（二）对“参与实践”的类型化处理

按照马克思主义的基本观点，实践是首要社会事项，是社会生活的基石，实践是人类社会生活的本质特征。当代社会学家将“实践”界定为在时空上具有某种稳定性的一系列语言的和非语言的行动，[②] 是

① Friedrich Kratchowil and Edward D.Mansfield, eds., *International Organization: A Reader*, New York: HarperCollins, 1994, xiii; Ann Kent, *Beyond Compliance: China, International Organizations and Global Security*", p.20；苏长和：《中国的软权力——以国际制度与中国的关系为例》，载《国际观察》2007年第2期，第27—35页。

② Christian Büger, and Frank Gadinger, "Culture, Terror and Practice in International Relations: An Invitation to Practice Theory, " p.10.

一定时空条件下的行为和言语的联结。[①] 他们将“实践”看成是一种常规行为方式，“其中包含了身体的运动、事情的处理、问题的解决、对事物的表述以及对世界的理解。”[②] 换句话说，实践是围绕着知识背景组织的具身性的（embodied）、既包含物质因素也包含精神因素的人类活动，是主体性、社会性和物质性的统一。[③] 总之，实践是行为体在一定的时空、认知和情感背景下展开的活动。实践是实践者和与之相关的环境和资源相互作用的说与做的行为过程。

中国参与国际体系的行为是一种参与实践。“参与实践”是实践者在一定的时空条件下参与国际体系过程中的言语、行为活动。在本项研究中，参与实践的主体是中国政府，[④] 参与实践发生的时间范围为改革开放以后的30年，即1979—2009年中国政府参与国际体系的实践。在历史追溯中，可能溯及1979年以前中国参与国际体系的情况。

实践理论突出实践者的能动性，强调的是人的实践活动，关注的不仅仅是实践者做了什么和说了什么，更重要的是怎样去做和怎样去说。[⑤] 实践活动都是具体的。这里，我们把参与实践的行动划分为五大类别，每一类参与实践活动都有可能产生新的认知空间，从而形成参与实践的动力，并促进参与进程中的创新。这五类参与实践活动分别是：话语实践、联盟实践、学习实践、遵约实践和创新实践。[⑥]

1. 话语实践

第一类为话语实践。话语实践是参与实践的重要组成部分之一，

---

① Theodore R. Schatzki, Karin Knorr Cetina and Eike Von Savigny, *The Practice Turn in Contemporary Theory*, London: Routledge, 2001, p. 89.

② Ibid, p.250.

③ Ibid, p.2；Andreas Reckwitz, “Toward a Theory of Social Practices: A Development in Culturalist Theorizing,” *European Journal of Social Theory*, Vol.5, 2002, pp.249-250；还可参见朱立群、聂文娟：《国际关系理论研究的“实践转向”》，载《世界经济与政治》2010年第8期，第98—115页。

④ 本项研究的对象以中国政府为主。实际上，中国参与国际体系的主体包含有除中央政府以外的地方政府、公司企业、非政府组织，甚至个体行为体，但本研究限定的研究范围不涉及其他行为体。

⑤ Richard Whittington, “Completing the Practice Turn in Strategy Research”, *Organization Studies*, 2006, Vol. 27, No. 5, pp. 614-615.

⑥ 克里斯蒂安·布格与弗兰克·加蒂格关于科学研究实践活动的分类对本文关于参与实践的分类具有启发意义。见 Christian Büger and Frank Gadinger, “Reassembling and Dissecting: International Relations Practice from a Science Studies Perspective”, *International Studies Perspectives*, No. 8, 2007, pp.100-105。

主要涉及的是参与目标的认知框定实践活动，它往往和话语、概念等认知观念相关。因为观察和认知新事物往往要求新的实践，需要对事物给予不同于以往的处理，也就是概念上的创新。① “通过赋予事件或所发生的行为以一定的意义，建构一种适当的认知框架，从而对个人和集体行动起到总结经验和指导行动的作用”。② 因而，话语实践是实践者界定利益、赋予意义、框定认知的一个实践进程，是一个“使主体观念变成主体间观念的过程”，③ 是参与国际体系实践发生的思想准备活动。这类实践活动更多地与语言相关。“语言作为社会生活的一个基本行为，正如路德维希·维特根斯坦所言，不仅仅映象真实的存在，更重要的是一种实践，通过这种实践把所谓的‘现实’变为存在，即把所说的内容变为真实存在的东西”。④ 对于参与者来说，国际制度不仅是一个需要了解的新鲜事物，还需要将其介绍给国内观众。要对加入制度的国内政治经济社会等后果进行成本计算，还要使参与这一国际制度的行为合法化。所有这一切都需要界定和言说这个新事物，特别是要界定参与其中的利益和目标边界。以中国参与国际金融组织的目标边界为例，我们就经历了不同时期确定不同目标的过程。从最初希望获得贷款的物质性需求，到希望拥有国际金融体系认同的身份性需求，再到争取更多份额和代表权的影响力需求这样一个发展历程。⑤ 话语实践主要考察的是国家对利益的重新界定、对主权的重新认识以及对成本支付的接受。

---

① Christian Büger and Frank Gadinger, “Reassembling and Dissecting: International Relations Practice from a Science Studies Perspective” , *International Studies Perspectives*, No. 8, 2007, p.98.

② Dvid A. Snow and E. Burke Rochford, “Frame Alignment Processes, Micro Mobilization, and Movement Participation, ” *American Sociological Review*, Vol.51, No.4, 1986, p.464；转引自黄超：《说服战略与国际规范传播：以地雷规范和小武器规范为例》，外交学院博士学位论文，2009年，第65—66页。

③ Audie Klotz, *Norms in International Relations: The Struggle Against Apartheid*, Ithaca: Cornell University Press, 1995, pp.29-33；转引自黄超：《说服战略与国际规范传播：以地雷规范和小武器规范为例》，外交学院博士学位论文，2009年，第22页

④ 孙吉胜，《语言建构主义》，上海：上海世纪出版集团，2008年版，第31页。

⑤ 宋国友：《中国参与国际金融组织的美国因素：以中国加入金融特别行动组为例》，载《国际论坛》2008年第4期，第41—42页。

2. 联盟实践

第二类为联盟实践，主要是为实现利益和特定目标所做的各种动员和说服的工作。它是实践者进行的有组织的、旨在说服目标接受群体接受、调整或放弃某些观念、态度、习惯和行为的活动。[①] 这个目标群体包括两个方面：一个是国内的目标群体，涉及如何动员社会各界特别是社会精英和利益集团对于参与国际制度的支持；二是国际社会的目标群体，即国际制度主要成员对中国参与国际体系的接受或者支持。国内的联盟实践对于中国参与国际体系的实践具有重要的意义，它直接关系到国内力量和政策甚至制度结构的整合或分离的问题。例如，苏长和教授从中央和地方关系的角度研究了国内动员能力对中国参与国际体系影响的问题。他指出，全球化的内化效应与地方国际化现象的齐头并进，使得单一制国家在动员社会整体进行协调统一行动上变得日益困难。一方面地方国际化成为中国发展与国际体系相互依赖的合作关系的重要基础；另一方面，地方利益构成的分割局面也可能阻碍中央政府国际合作战略的落实，例如在知识产权问题上，中央政府保护知识产权的鲜明立场和政策作为，常常受到地方执行不利的打击，从而导致国际制度的内化效应大打折扣，使国家对国际制度的遵约信用受到损害。[②] 国外的联盟实践，则涉及如何促使国际体系成员接受和正面评价中国的参与行为。以中国加入国际反洗钱和反恐融资机构（FATF）为例，由于美国不仅是FATF成立的推动者、还是其相关规则的重要制定者，因此，美国是决定中国能否加入FATF的关键力量。中国要加入FATF，除了要遵守FATF的逐项规则要求之外，最终还要得到包括美国在内的成员国的同意。[③] 因此，中国就需要采取措施积极争取美国和其他成员的支持，而争取美国的支持是关键。这个联盟实践活动，对于中国的最终加入该组织是至关重要的。

---

① 赵鼎新：《政治与社会运动讲义》，北京：社会科学文献出版社，2006年版，第2页。（美）菲利普·科特勒、埃迪尤阿多·罗伯托：《社会营销：变革公共行为的方略》（俞利军、邹丽译），北京：华夏出版社，2003年版，第5页。转引自黄超：《说服战略与国际规范传播：以地雷规范和小武器规范为例》，第67页。

② 苏长和：《国际化与地方的全球联系——中国地方的国际化研究（1978—2008）》，载《世界经济与政治》2008年第11期，第29—32页。

③ 宋国友：《中国参与国际金融组织的美国因素：以中国加入金融特别行动组为例》，第41—42页。

3. 学习实践

第三类为学习实践，是实践者在参与国际体系过程中的模仿和学习行为。模仿和学习是任何初学者为应对不确定环境所进行的复制群体行为规范的行动。江忆恩在他的《社会化国家：国际制度中的中国》一书中，对于模仿和学习的概念进行了很好的论述。[①] 他将模仿看成是社会化一个重要的微观机制，对促进模仿者与模仿对象之间的认同具有重要影响。模仿者出于对环境生疏的不确定性，简单地模仿和复制群体内其他人的做法，被认为是成本最低的一种常识性做法。模仿者在最初可能并不明确未来的收益和回报如何，仅仅是循着常理和下意识的行为，因而处于社会化的低端层次。学习也是一种模仿的过程，是以外部行为体作为观察、仿效的范例，使自己的行为与之相似或者一致。[②] 但是学习行为通常被看成是有意识的、目的明确的、会接受教训并进行创新的行为，因而学习行为较之模仿行为更积极、更主动，也更复杂。"在较高的层次上面，学习不仅仅意味着适应制约自己的环境，模仿成功者的行为以及进行有限的探索直到发现可行的解决方案"。而且"行为体不仅改变他们对待政策问题的具体方式，而且改变他们对解决问题的主导思想"。[③] 这种学习，被称为"进化性认知"。[④] 实践者的学习意味着行为体自身认知体系与共同体成员之间的意义、认同和话语体系的接触、交流与沟通，从而促进规范的学习、传播和更新。中国在参与国际体系进程中存在着数不胜数的模仿和学习行为，特别是在最初加入国际体系的阶段。例如，中国加入核不扩散机制，从最开始熟悉和掌握专业术语，到学习谈判进程和技巧，再到参与制度建设，经历了一个从模仿到进化认知等复杂学习的实践历程。

---

① Alastair Iain Johnston, *Social States: China in International Institutions 1980–2000*, New Jersey: Princeton University Press, 2008, pp.23-46.

② 刘兴华:《试析国家社会化的演进》，载《外交评论》2009 年第 3 期，第 77 页。

③ （美）约翰·鲁杰:《什么因素将世界维系在一起？新功利主义与社会建构主义的挑战》，载彼得·卡赞斯坦、罗伯特·基欧汉、斯蒂芬·克拉斯纳主编:《世界政治理论的探索与争鸣》（秦亚青、苏长和、门洪华、魏玲译），上海世纪出版集团，2006 年版，第 270 页。

④ Ernst B. Haas, *When Knowledge is Power*, Berkeley, University of California Press, 1990；转引自上引文，第 270 页。

4. 遵约实践

第四类为遵约实践，是国家参与国际制度后按照制度规范修正自身行为、调整与国际体系关系、重塑相互预期的行为，实际上也就是国家遵守承诺、内化国际制度规范的实践活动。遵约问题是国际制度领域重要的研究议程，国外学者给予了大量的关注和比较深入的经验研究。[①] 安·肯特在研究中国的遵约行为时提出了考察遵约程度的五个指标，[②] 比较完整地勾勒了整个遵约体系所涉及的重要方面，并揭示和概括了不同程度的遵约行为。借鉴肯特的指标，我们认为遵约实践涉及五个方面，分别是程序性遵约实践、行为遵约实践、制度遵约实践、政治遵约实践和社会遵约实践。它们分别对应的是履行条约义务的实践、国际行为符合条约规定的实践、国内立法、司法或制度中落实国际制度规范的实践、政府政策符合国际规范的实践，和社会普遍遵约的实践。当进入国内层次的遵约程度时，国际制度规范就可以被认为达到了内化程度。

5. 创新实践

第五类为创新实践，是参与者在参与国际体系实践过程中对于国际制度运行方式、国际规则、议程以及观念等的创新性行为。从总体上说，中国参与国际体系仍然处在以加入和接受现有国际体系为主的阶段。尽管中国是联合国和一系列国际组织中一个举足轻重的力量，但实际上我国在控制国际议程上的竞争力还相对薄弱，我们较少主动提出国际议程，提出的议程最终为国际社会接受的情况也还比较少。与发达国家相比，中国在框定议题、提出核心概念、进行议程控制等方面的能力还不强。有学者从定量分析的角度分析中国的国际规则制

---

① 如奥兰·杨最早提出了“遵约体系”的概念，见 Oran R.Young, *Compliance and Public Authority: A Theory with International Applications*, Baltimore, Md: Johns Hopkins University Press, 1979; 还可见艾布拉姆·蔡斯，安东尼娅·蔡斯，“论遵约”，载（美）莉萨·马丁、贝思·西蒙斯主编:《国际制度》(黄仁伟、蔡鹏鸿等译)，上海世纪出版集团，2006年版，第289—319页。

② 安·肯特的五个指标分别是：1）签署条约或达成协议；2）程序性遵约，即履行报告和其他义务；3）实质性遵约，在国际行为上遵守条约；4）正式遵约，即国际规范在国内立法、司法或者制度实践中得以落实；5）实际遵约，即在政治层面和社会层面的落实。前者是指政府政策与国际规范一致；后者则是指国内社会普遍的遵约行为。见 Ann Kent, *Beyond Compliance: China, International Organizations and Global Security*, Stanford, Ca.: Stanford University Press, 2007, p.221。

定权，认为中国的国际政治规则制定仅相当于美国的2/3，国际经济规则制定权约为美国的1/5，从二者比例的平均值得出中国的总体国际规则制定权约为美国的43.1%。[①] 这个评估说明中国要达到目前发达国家的水平，仍有很长的路要走。但这并不是说，中国在参与国际体系的过程中没有自己的创新和贡献。从理论上说，实践决定了人的社会存在，决定了社会生活的本质特征。人的实践活动产生了社会意义和包括规范、观念、文化等在内的社会因素。[②] 参与实践活动是参与主体与客体的意义、身份和认同的重构，它们之间的互动并非单向的，而是相互影响和相互作用的，因此，参与者不仅接受国际制度，被国际制度所塑造，它也不同程度地以自身的特点和方式改造着国际体系。实际上，中国对国际体系的影响始终是存在的，从“和平共处五项基本原则”、“三个世界理论”再到“新安全观”、“和谐世界”，所有这些概念都深刻地影响了世界。

总之，以上五个方面是一组参与实践行动。每一个参与实践都是行为体、环境和资源的互动，都可能带来不同的实践结果。正是参与实践，使得政治行为体在国际体系中的社会化成为可能。参与实践过程不仅生成了新的社会意义结构，塑造了行为体的身份和认同，也在实践中潜移默化地改造了国际体系本身。也就是说，对实践者个体而言，参与实践不仅意味着参与者与国际体系关系的重新界定，也意味着参与者社会认同的转换和身份的重新塑造。对国际体系整体而言，参与实践意味着权力转化是一个渐进的社会化进程，在这个进程中，体系结构的转换需要新剧本的不断产生，并被国际体系所接受。

三、实践环境、资源与“新剧本”

实践可以开拓新的空间、推动新的学习过程，重写新的剧本。新

① 阎学通、徐进:《中美软实力比较》，载《现代国际关系》2008年第1期，第27—28页。

② 朱立群、聂文娟:《国际关系理论研究的“实践转向”》，第105页。

剧本是实践的产物，是一定时空下实践的结果，是实践中形成的具有一定稳定性的新知识。任何实践都是在一定的时空条件下进行的，参与实践也是在一定的国际体系环境和国内资源条件下展开的，它们界定了参与实践发生的背景和结构。实践者也即实践活动的主体，环境（context）则是实践展开的场域，它圈定了我们利益的指向范围，说明了我们对利益界定的原因。环境包含着时间、地缘、认知和情感等方面的内容。资源（resourses）则是指实践者在实践过程中所拥有的物质和文化的权力和手段。参与实践的“环境”主要是指与界定中国参与国际制度利益相关的国际体系环境。“资源”则是指实践者在参与国际体系过程中所需依赖的条件，主要指国内政治结构状况。

（一）国际体系环境：分类与特点

中国参与国际体系离不开对国际体系及其制度环境的理解。整个国际体系具有系统所拥有的整体性、互动性和相对稳定性，包括三方面的基本内涵：首先，国际关系行为体之间的联系和互动，是国际体系的基本内容，它们之间的互动是以其物质性存在为基本前提的。其次，国际体系具有规范性。行为体之间在互动中形成的共同理解和预期构成了国际体系的规范结构，在国际体系中发挥着重要的作用。① 最后，国际体系是历史的产物，是在社会建构中不断演变进化的。因此，国际体系既不是纯粹物质性的，也不是纯观念性的，它需要从历史演化并不断进步发展的角度加以理解。②

当前的国际体系是1648年《威斯特伐利亚和约》以后发展起来的现代国际体系。它具有以下几个重要特征：

第一，它是一个世界市场体系。资本主义生产关系，包括资本主义的世界市场、国际分工和产权体系是这一体系的基础。该体系伴随着西欧资本主义的产生而形成，资本运动的逻辑以及“不断扩大产品

① Andrew Hurrell, “Norms and Ethics in International Relations”, in Walter Carlsnaes, Thomas Risse and Beth A. Simmons eds., *Handbook of International Relations*, London: Sage, 2002, p.142.

② 朱立群、黄超:《中国参与国际体系的评估指标及相关分析》，第195页。

销路的需要，驱使资产阶段奔走于全球各地”，[①] 从而使得世界市场和国际分工得以形成，最终使得国际体系得以逐渐演变成为全球体系。资本国际化过程是资本积累在世界范围内展开的过程，作为“社会的最重要的进步职能”，[②] 它带来了经济和社会的发展和进步。与此同时，资本主义内在的本质特性决定了国际体系内部存在着不平等、不公正和发展不平衡的问题。

第二，它是由独立自主的主权国家构成的体系。“现代意义的国际关系发生在具有主权性质的民族国家出现之后”。[③] 自主权观念在西欧形成以后，亚、非、拉国家被迫按照欧洲的“文明标准”进行改革，接受欧洲的主权观念和制度形式，走上民族国家建设和现代化的进程。[④] 第二次世界大战结束后联合国的建立，将主权平等、民族自决、和平解决争端作为国际体系的核心规范，极大地推动了反殖民主义解放运动与国家间的合作。20世纪五六十年代，世界范围的民族解放运动结束了西欧在全球范围的殖民体系，独立主权国家体系得以在全球范围内确立。主权规范有效地保护了弱者在国际体系中的地位，制约了权力政治的恶性发展。[⑤]

第三，国际体系的社会性显著加强。这主要体现在两个方面：一是国际公民社会的迅速发展，二是国际体系的组织化和制度化程度日益提高。一方面，随着通信和交通的现代化发展，行为体之间的互动能力大增，国际社会的流动性加大，联系日益密切，体系的范围和发展潜力不断扩展。以国际红十字会等非政府组织为代表的公民社会的迅速发展，成为全球治理不足的有力补充。它们的存在是国际体系社会性的突出表现。另一方面，管理国际事务在二战以后成为国际体系的重要特征。资本主义超越国界的发展和领土主权界限之间的矛盾不

① 《马克思恩格斯选集》（第1卷），北京：人民出版社，1995年版，第276页。

② 《马克思恩格斯全集》（第20卷），北京：人民出版社，1971年版，第336页

③ 徐蓝：《世界历史视野下的国际关系体系演变》，载《光明日报》2007年4月3日，第7版。

④ Hedley Bull and Adam Watson, eds., The *Expansion of International Society*, Oxford: Clarendon Press, 1984, pp.117-126.

⑤ 20世纪50年代以来欧洲地区出现了主权会聚和委托的现象，它是在主权国家自主自愿基础上的一种让渡安排，并不具备主权过时的意义。

断推动国际体系内的制度化管理的加强，政府间的制度性安排成倍增长，规则、制度的网络化和强化使得国际关系各个领域日益有序化。据国际协会联盟统计，1909年各类国际组织只有213个，到1956年总数达到1117个，1990年达到26656个，到1998年更达到48350个，比1990年增长了81%。到2007年，世界上各类国际组织的总数达到61836个，其中政府间国际组织有7459个。[①] 根据国际协会联盟统计，1989年各类国际组织中的国际非政府组织总数为20063个，到2005年达到51509个，与1989年相比翻了一番。到2007年，国际非政府组织总数达到54377个，占各类国际组织总数的87.94%，[②] 是国际政府间组织总数的7倍多。

在本书中，国际体系环境主要是指体系的制度条件。这里我们出于分析的方便，把国际体系区分为三个体系：国际经济体系、政治安全体系、社会文化体系。[③] 各体系的运行通常具有不同的作用机制，如国际经济体系不仅包含国际市场机制，还有世界银行、国际货币基金组织等具有管理职能的国际组织。不同体系的制度特征总体表现为三大特点：限制性、建构性和开放性。限制性和建构性是国际制度的核心特征，因为任何制度都包含一个基本规则系统、信息系统和反应系

① Figure 0.1. Current Overview, Number of International Organizations: 2007, Union of International Associations, *Yearbook of International Organizations: Guide to Global Civil Society Networks: 2008–2009*, Brussels, Belgium, : K.G. Saur Munchen, p. 3；根据《国际组织年鉴》，国际联盟协会将所有国际组织做了类型划分。第一，将国际组织分为三大类：协定性国际组织（conventional international bodies）、其他形式的国际组织和特殊形式国际组织，其中协定性国际组织是为特定目的通过条约建立起来的一种常设机构，包括了国际组织联盟、普遍性国际组织、洲际性国际组织和地区性国际组织，它们被认为是最重要的国际组织。第二，分为5组：国际团体、依附于国际组织的团体、替代性的组织、与国际组织有关的国家组织、已经注销的、不活跃的或未经批准的国际组织。国际联盟协会统计的各类国际组织的总和包括了上述5种国际组织，但事实上真正意义上的国际组织只在第一组中：协定性国际组织。因此，本文在分析各种数据中，主要提及的是协定性国际组织的数据。

② Figure 1.1.1 (a) Types of Organization, Overview of Number of International Organizations by Type: 2007Current Overview, Union of International Associations, *Yearbook of International Organizations: Guide to Global Civil Society Networks: 2008–2009*, Brussels, Belgium: K.G. Saur Munchen, p. 33.

③ 需要注意的是，这个划分只是出于分析目的，实际情况是很难简单地从政治、经济、安全等角度人为地划分国际制度的功能与作用。有的国际组织在上述三个领域都开展行动，如联合国；也有的国际经济组织深深卷入国际安全事务。在全球化和相互依存不断发展的今天，国际事物的联系性和相互影响使得国际组织难以从问题领域的角度加以区分。

统。规则系统就是“给定问题领域中行为体预期一致的原则、规范、规则和决策程序”，[①] 它们限制和管理行为体的国际行为。[②] 信息系统主要对成员国、规则、违约和遵约等方面的信息进行收集、分析与发布的过程。反应系统则主要是对于遵约和不遵约行为的奖惩措施体系。[③] 开放性，是指大多数国际组织是可进入的。与此同时，制度的开放性也为变革制度提供了可能性和机遇。这是因为任何国际制度都是随着历史发展不断演变的，它需要解决现实提出的新问题和新挑战，从而为变更旧制度提供了可渗透性机会。如世界贸易组织的多哈回合谈判，为进一步解决农业、非农产品、市场准入、服务、知识产权、规则、争端解决、贸易与环境、贸易和发展等几个领域的问题提供了制度谈判的平台，从而为制度创新提供了机会。另外，国际体系还有一个共同的特征，那就是国际制度的内在文化主要反映西方自由主义的价值观和西方的利益偏好，这是因为西方长期占据国际体系的主导地位，是当代大多数国际制度和组织创始国。经验研究也表明，在20世纪的1981—1992年间，“富有的西方国家加入了更多的国际组织，而贫穷和动荡的国家则相对较少地加入国际组织；一些主要反映了西方价值观的核心制度变得越来越重要”。[④]

尽管国际体系不同的领域具有相同的制度特征，但各个领域的制度条件和规范要求是不同的，因而不同的体系构成了不同的参与实践环境。如有的制度具有法律约束力等强制性特征，有的则只是一种相

① Stephen Krasner, ed., *International Regimes*, Ithaca: Cornell University Press, 1983, p.1.

② 西蒙斯和马丁教授对国际制度的概念和关于国际制度研究的不同流派做了详细的综述。Beth A. Simmons and Lisa L. Martin, “International Organizations and Institutions” *Handbook of International Relations*, London：SAGE，2002, pp.192-211。

③ 制度体系三个方面的界定，本文参考了米切尔教授关于遵约体系的界定。罗纳德·米切尔：《机制设计事关重大：故意排放油污染与条约遵守》，载（美）莉萨·马丁、贝思·西蒙斯主编：《国际制度》，第109页。

④（美）莉萨·马丁、贝思·西蒙斯主编：《国际制度》，第102页。

互的承诺，表现出软法特点。[①] 因此，国际制度对制度内、甚至是制度外的国家行为构成的是不同的限制和约束，它们所提供的可渗透性机会也不同，这些构成了参与实践发生环境的不同。

（二）国内资源：国内结构、利益、规范

参与实践是参与者的活动，参与者的国内资源对参与实践同样会产生重要的影响。国内资源是指实践者参与国际体系的国内政治结构状况，是参与国际体系的国家内部的政治制度、决策规则和程序，以及内嵌于政治文化中的价值和规范。[②] 它涉及三个重要方面：国内制度、国内利益和国内规范。[③] 这些方面直接关系到政治权力的可运用程度、组织机构的凝聚程度、社会大众的动员能力以及社会精英的支持力度等。国内结构是参与实践发生的核心动力所在，也是国际制度规范进入一国国内并获得支持和产生社会影响的干预力量。[④] 也就是说，当一国参与国际体系时，国际制度规范必须有渠道进入该国的政治体系并

---

① 按照《欧洲法律杂志》主编弗朗西斯·施尼德（Francis Snyder）的界定，软法是原则上没有法律约束力但有实际效力的行为规则。见罗豪才等:《软法与公共治理》，北京大学出版社，2006年版，第6页。如欧盟的开放协调机制 (Open Method of Coordination)，就是在欧洲社会政策领域普遍运用的典型的软法。如朱杰进在研究 G20机制发表的各种公报、宣言、声明、行动议程等文件之后，认为 G20机制实际上仅发挥着方向引导（Direction-setting）的作用，其行动议程的实施也是建立在成员国自愿履行的基础之上。但是，他认为，G20机制的自愿履行并不意味着 G20的遵约状况就不好。实际上，有些领域（如在反恐融资问题上）各国的遵约状况就较好，而另一些领域（如反对贸易保护主义）遵约状况较差。因此，为加强成员国对承诺的遵守，G20开启了相互评估进程（Mutual Assessment Process），这也属于软法范围。

② Thomas Risse-Kappen eds., *Bringing Transnational Relations Back In*, New York: Cambridge University Press, 1995, p.20.

③ 朱立群、林民旺等:《奥运会与北京国际化——规范社会化的视角》，北京：世界知识出版社，2010年版，第29页。

④ Thomas Risse-Kappen eds., *Bringing Transnational Relations Back In*, New York: Cambridge University Press, 1995, p.25；关于国际制度规范进入一国后所发挥的作用，苏长和早有论述。他总结了四点：第一，国际制度具有一定的社会政治动员能力，体现在它进入一国内部结构后，可以合法地利用跨国资源，组建“跨政府联盟”；第二，国际制度规范进入一国后可通过国内立法取得合法化，从而使国际法高于国内法的认知得以确立；第三，国际制度深度介入国内决策过程，往往使国内争端上升到国际层面；第四，国内制度转型面临更大的外部压力和风险。见苏长和:《中国与国际制度：一项研究议程》，载《世界经济与政治》2002年第10期，第8页。

在该国获得支持力量，从而使国际规范能够在该国社会化。① 在国家参与国际体系、并将国际制度规范内化的过程中，国内结构发挥着至关重要的影响。

各国的制度因其所界定的政府与社会关系不同而差异很大，这种差异会影响国际制度规范进入一国并得以传播的机会。卡赞斯坦（Peter Katzenstein）最早将国内结构分成了强国家（strong state）和弱国家（weak state）两大类。② 强国家也即国家主导型的国家，其行为决策主要是由政府主导，社会利益和偏好受到国家的影响和控制；弱国家是社会主导型国家，其行为决策更多地受社会的支配，政府行为只是社会集团偏好的集合。造成国家强弱的原因，主要是现代化进程中民族国家建设（nation-building）所处的发展阶段不同，也和历史传统与政治文化的原因有关。根据现有研究，国际制度规范直接渗入国家主导型的国家相对较为困难。但是，一旦某种规范能够获得政府的支持，其传播速度就将非常迅速。反之，如果社会力量强大，可能有助于国际制度规范的迅速进入，但并不必然会带来规范的迅速传播和积极有效的遵约行为。③

国内利益的考量会影响参与实践的选择。"在法治化的国际制度背景中信用、声誉及计算遵约的成本和利益都是极其重要的"。④ 经验研究表明，如果接受某个国际规范被认为更能有助于获得重要的国内物质利益，那么这一规范就更可能在国内传播。⑤ 中国加入世界贸易组织后中国经济的迅速发展，导致中国国内对全球化和现行国际体系的积

---

① 社会化是指行为体逐渐接受并内化特定群体的规范和规则，其行为从后果性逻辑转向适当性逻辑的过程。社会化概念是社会学研究的核心概念。在国际关系领域，国家如何接受和内化国际社会规范是主流建构主义理论关注的重点。

② Peter Katzenstein, "International Relations and Domestic Structures: Foreign Economics Policies of Advanced Industrial States", *International Organization,* Vol.30, No.1, Winter 1976, pp.1-45.

③ 苏长和:《中国与国际制度：一项研究议程》，第8页；（美）罗伯特·基欧汉:《霸权之后：世界政治中的合作与纷争》（苏长和等译），上海世纪出版集团，2001年版，中文版序言。

④ （美）莉萨·马丁、贝思·西蒙斯主编:《国际制度》，第281页。

⑤ 如哈格德和考夫曼的研究认为，转型国家如果经济建设取得较大成功，民主规范因政治支持者将经济成功与民主规范挂钩而更容易传播。见 Stephen Haggard and Robert Kaufman, *The Political Economy of Democratic Transitions*, New Jersey: Princeton University Press, 1995, p.8。

极评价，[①] 从而为新国际观的巩固和发展打下了坚实的基础。[②] 国内规范与国际规范之间的匹配程度也是影响参与实践的重要因素。规范的匹配度也决定了国内规范适应和调整的压力大小，决定着国际制度规范在国内传播的阻力和影响力。[③]

总之，国内资源可因制度、利益和规范三个因素而影响参与实践，使参与者在与不同的国际体系的互动中形成差异，也就是导致参与实践对于国际体系的敏感度问题。这里的敏感度主要是指政治接受的程度，可形成从完全接受、主体接受、有条件接受到政治排斥四个程度，构成的一个连续体。实践者在参与实践中会根据不同的敏感度形成不同的参与剧本。

实践者的不断实践发展和演化了社会规范，形成了对社会规范的新的知识，这一新知识又反过来指导实践。"正是实践、构成实践的背景知识以及实践所发生的环境，促成了认知演化，使得政治行为体的社会化、规范劝服以及最终的理性计算成为可能"。[④] "参与政治行为不仅改变认同，也有助于建立和引导政治能力"。[⑤] 新剧本实际上说明，实践过程不仅生成了新的社会意义结构，也改变了行为体参与实践、理解实践以及支配实践资源的能力。实践不仅意味着意义的重新界定，也意味着社会认同的转换和社会知识的积累。

例如，针对WTO这一特定制度的话语实践形成了政治接受的新剧本，从而推动中国历经13年谈判最终加入世贸组织的历程。再如，中

---

① 蔡拓：《全球化观念与中国对外战略的转型——改革开放30年的外交哲学审视》，载《世界经济与政治》2008年第11期。

② 朱立群、赵广成：《中国国际观念的变化与巩固：动力与趋势》，载《外交评论》2008年第1期，第21—22页。

③ 关于规范匹配的研究，可见Jeffrey T. Checkel, "Norms, Institutions, and National Identity in Contemporary Europe", *International Studies Quarterly*, Vol.43, No.4, 1999, pp.83-114; Amitav Acharya, "How Ideas Spread: Whose Norms Matter? Norm Localization and Institutional Change in Asian Regionalism", *International Organization*, Vol. 58, No.2, 2004, pp. 239-275; 黄超：《建构主义视野下的国际规范传播》，载《外交评论》2008年第4期，第55—62页。

④ Emanuel Adler, "The Spread of Security Communities: Communities of Practice, Self-Restraint, and NATO's Post–Cold War Transformation, " *European Journal of International Relations*, Vol.14, 2008, pp.195-230.

⑤ 詹姆斯·马奇、约翰·奥尔森：《国际政治秩序的制度动力》，载彼得·卡赞斯坦、罗伯特·基欧汉、斯蒂芬·克拉斯纳主编：《世界政治理论的探索与争鸣》，第380页。

国在与发达国家谈判加入 WTO 过程中，形成了有条件接受的剧本，那就是“中国加入 WTO，不会接受损害国家根本利益的歧视性条件。”也就是说，中国在联盟实践过程中，始终坚持抵制种种苛刻和不切实际的要价，坚持中国的发展中国家地位。① 这个剧本的形成是国内各种利益考量下的结果，在最后的谈判过程中这个剧本被接受，也就说明了国际社会对中国是一个发展中国家身份和地位的认可。因此说，中国参与国际体系的程度，最终是通过国际社会对中国国际身份承认的程度来决定的。

四、身份重塑：参与实践的结果

中国参与国际体系的实践基本上是一个自主的过程，② 但是这并不意味着中国参与国际体系是一个自我实现的过程。国际体系作为中国参与其中的客体对象，需要对中国的地位和身份予以承认，从而实现中国与国际体系在主体间意义上的良性互动。这是由“人类主体同一性来自于主体间承认的经验”③ 这一人类社会生存的本质决定的。

政治参与和认同发展的关系历来是一个充满争议的问题，许多学者并不认为参与的政治行为必然带来主体间的良性互动，有可能因为联系得到加强反而进一步暴露和加深差异，从而导致对抗和敌对行为。甚至也有学者认为政治认同是先于政治互动而形成的，政治认同超出了政治参与的影响范围，它只是更广泛的文化信仰的社会产物。④ 但是，越来越多的研究表明，政治互动促进行为体之间的交往和学习，从而促进社会化进程，导致共享经验和观念，并促进共享意义的形

① 《朱镕基总理接受保加利亚〈言论报〉记者采访》(1995年11月9日)，载《朱镕基答记者问》，北京：人民出版社，2009年版，第93页。

② 章百家:《改变自己　影响世界——20世纪中国外交基本线索刍议》，载《中国社会科学》2002年第1期。

③ (德)阿克塞尔·霍耐特:《为承认而斗争》(胡继华译)，上海世纪出版集团，2005年版，第77页。

④ 关于这个问题的讨论见 Alexander Wendt, “Collective Identity Formation and the International State”, *American Political Science Review*, Vol.88, 1994, pp.384-396。

成。特别是在国际制度发展日益深化和广泛发展的今天，政治参与导致的相互影响、相互学习和相互依赖的情况是日常发生的实践。中国参与国际体系的这一类实践，是国内政治选择的结果，也就是说是中国愿意接受国际体系规范和影响，寻求在体系中发展的自主行为。中国和平发展的战略推动了中国寻求弥合与国际体系要求的差距，通过和平与合作的方式化解由差异带来的矛盾和问题，以避免对抗和敌对关系的产生。因此，中国与国际体系认同关系的发展，是中国与国际体系互动的参与实践的结果。在参与过程中，因互动密切、联系增加确实进一步暴露了差异和矛盾，但是如何解决矛盾和问题，则是实践方式的选择问题。中国坚持改革开放与和平发展两大战略，保证了中国在国际体系中的政治参与行为不断带来了积极的互动结果，形成了良性的主体间认同。因此，从作为参与实践主体的中国一方来说，积极主动与合作的参与实践，从一个方面保障了中国与国际体系政治认同的正向发展。

但是，身份从来都是社会性的、关系性的，因而是一种主体间的状态。① 自我身份的肯定，必须是在与他人的肯定性和共生关系中获得。从这个意义上说，中国参与国际体系的互动，需要国际体系的认可，特别是承认。不论是从哲学、还是从政治学的意义上，“承认”涉及的不仅仅是个体的道德承认，也是共同体形成的基础。只有在承认中，自我才不复成其为个体。正如黑格尔所说，人必然地被承认，也必须给他人以承认。② 承认是自我在他者中的存在，承认表达的是主体存在于一种积极的交往关系之中，不仅反映的是人我关系，也即人的存在状态，更主要的是反映了一个社会的交往结构。③ 在承认概念的背后，包含着价值判断。在平等和尊重基础上的承认，还是等级与轻视下的承认，价值的不同排序带来的是程度不同的承认。国际体系作为一个社会存在，同样充满了为承认而进行的斗争。

霍耐特发展了现代社会的三种承认原则基础上的三种承认形式，

① （美）亚历山大·温特：《国际政治的社会理论》（秦亚青译），上海人民出版社，2000年版，第282页。
② （德）黑格尔：《实在哲学》，第206页。转引自霍耐特：《为承认而斗争》，第49页。
③ （德）霍耐特：《为承认而斗争》，第103页。

从而形成了社会交往中完整地自我实践关系，增强了社会一体化程度。这三种承认原则分别是：情感尊重、法律平等与价值，相对应的三种承认形式是：爱、权利承认和社会重视。[①] 国际体系对中国参与实践的认可，主要体现在对中国国际身份的承认上。鉴于国际体系与国内社会关系的不同，我们将国际社会的承认依据不同的价值区分为三种程度，即形式承认、分配承认和价值承认。形式的承认也可以称作代表权成员，承认的是成员国地位。这种承认是一种有限的承认，因为在承认他者进入体系的同时，并不承认他者具有与自身同样的权利和尊严。分配承认是物质利益交往中的实质性承认，体现在国际制度中则主要是指对具有分配意义的投票权和在制度中地位的承认，反映的是利益实现的程度。价值承认是主体间的实质性承认，排除了异己的功利关系，以交往为前提，并超越交往，直指社会正义。它是在尊严、平等、尊重基础上的承认。体现在国际制度中的价值承认，应该是基于平等基础上的话语、规则、议程权力的承认。

在本研究中，参与实践是自变量，身份承认是因变量，是中国参与国际体系实践在国际制度中获得的身份认可，也就是行为体参与国际制度整个社会化过程的结果。获得承认，即获得了新身份。这个新身份就是国际制度对实践者“新剧本”的认可。参与实践与身份承认或者说参与实践与新身份的获得，就构成了一个完整的实践过程。实践者以新的身份重新投入实践过程，开始了新一轮的实践过程，中国参与国际体系的历程正是体现了这样一个不间断的持续的参与实践历程。

本课题研究的基本的因果关系链条如下：

---

① （德）霍耐特：《为承认而斗争》，第103—132页。关于霍耐特理论的研究，可参考李和佳：《霍耐特承认理论研究》，南京师范大学2008年博士学位论文。关于三种形式的承认，见第66—83页。

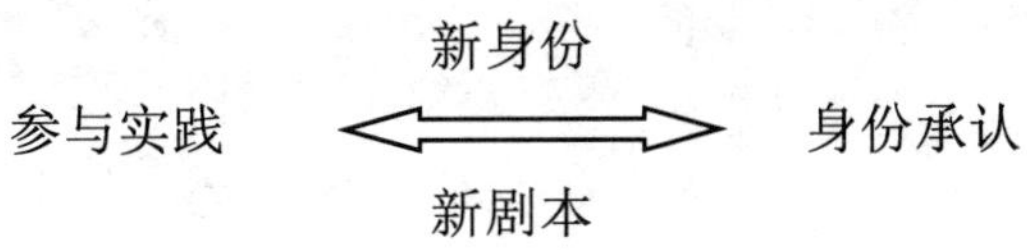

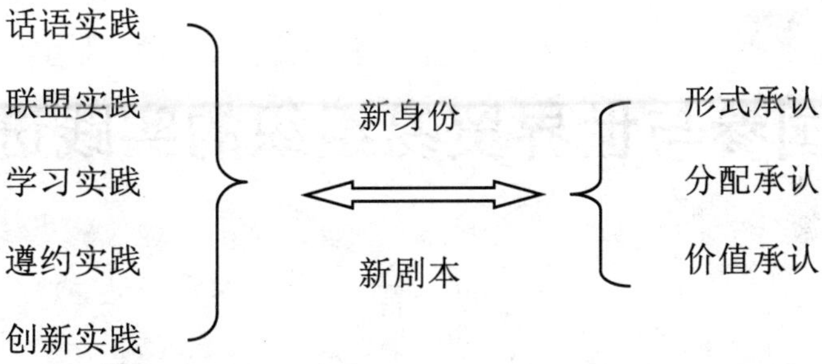

以“参与实践”为核心概念的解释模式为全书提供了一个不同于以往理论的新分析框架。我们的基本思想是：中国参与国际体系需要从我们的自身实践出发，而不能从西方国际关系理论的预期出发。我们将中国参与国际体系看成是一个连续不断的参与实践过程，这个参与实践不仅受到国际国内两个环境的影响，实践主体在参与实践的复杂互动中不断融入、学习、借鉴、创新，形成关于国际体系及其相互关系的新的认知，即新剧本，并通过各种实践活动获得国际体系的承认，形成新身份。同时，中国在系统遵约和参与国际体系的实践中，通过反思和创新，积极形成新观念和新议程，从而影响国际体系的发展方向，促进国际体系朝着更加公正、合理和有序的方向发展。

第2章

中国参与世界贸易组织的实践进程

卢　静[①]

世界贸易组织（World Trade Organization, WTO，简称世贸组织）成立于1995年1月1日，是第二次世界大战后建立的关税和贸易总协定（General Agreement on Tariffs and Trade, GATT，简称关贸总协定）的继承者。作为一个独立于联合国的永久性国际组织和当今世界唯一规范全球贸易的国际组织，世贸组织是当今多边贸易体制的法律基础和组织基础，是规范和协调当代全球经济贸易关系的最权威性机构。

中国是关贸总协定的创始缔约国，但由于历史原因，中国与关贸总协定的关系被长期中断。1971年中国恢复在联合国的合法席位后，逐步恢复与关贸总协定的联系。1986年，中国向关贸总协定秘书处正式提出了恢复中国缔约方席位的申请。然而，谁也没有预料到，从“复关”到“入世”，中国竟然历经15年，直到2001年12月11日才成为世界贸易组织的正式成员。这一艰苦漫长的入世历程，中国前总理朱镕基曾在1999年这样感慨地说道：“中国就恢复GATT的地位和加入WTO，已经谈判了13年，黑头发都谈成白头发了，该结束这个谈

① 卢静　外交学院国际关系研究所副教授，博士。

判了。”[①]

“入世”不仅是中国对外开放战略的必然选择和长期开放进程中的一个阶段性历史跨越，也是中国全面融入经济全球化进程，应战经济全球化挑战的一个标志。[②] 同时，“入世”还是中国参与国际体系的实践成果和身份变化的标志。中国自入世以来，切实履行承诺，认真行使权利，积极参与世贸组织的各项活动。截至2010年，中国加入 WTO 的所有承诺已全部履行完毕，建立起了符合规则要求的经济贸易体制，成为全球最开放的市场之一。

一、凝聚共识、积极备战：中国入世前的准备

复关/入世是中国改革开放和经济发展的自身需要，也是顺应经济全球化潮流，主动参与国际竞争与合作的积极姿态。中国加入世贸组织这个全球最大的多边贸易体制，将进一步加强中国与世界各国各地区的经贸联系，为对外开放扩展新的空间，同时也有助于中国社会主义市场经济体制的完善，为国民经济持续快速健康发展注入新的活力。

中国虽然是 GATT 的缔约国，但由于长期中断与 GATT 的关系，事实上，在决定复关之前中国对其知识规则的认识和掌握是非常有限的。为了复关/入世，也为了复关/入世后更好地与该组织打交道，最大限度地维护国家利益，中国首先需要全面认识 GATT/WTO，学习并掌握其规则，并按其要求进行相应的国内制度改革，积极为入世做准备。

（一）中国对 WTO 的政策偏好

世贸组织是当今世界处理贸易问题的重要国际组织，它与国际货

① 《朱镕基总理在九届全国人大二次会议记者招待会上回答中外记者提问》（1999年3月15日），载《朱镕基答记者问》，北京：人民出版社，2009年版，第21页。

② 杨洁勉主编：《国际体系转型和多边组织发展：中国的应对和抉择》，北京：时事出版社，2007年版，第112页。

币基金组织（IMF）、世界银行（WB）一起被称为世界经济发展的三大支柱。世贸组织的基本职能是制订和监督执行多边贸易规则、组织多边贸易谈判、解决成员间的贸易争端。世贸组织通过多边贸易谈判、贸易政策审议和争端解决机制，为广大成员参与并受益于国际贸易提供了多边制度保障，在推动全球经济可持续发展，遏制贸易保护主义等方面，发挥了砥柱中流的重要作用，显示了多边贸易体制强大的生命力和制度优势。[①] 截至2010年7月，世界贸易组织拥有153个成员，包括了几乎世界上所有重要的贸易国家，具有广泛的代表性和权威性。

中国是关贸总协定的创始缔约国，1947年10月30日，中国政府签署了联合国贸易与就业大会的最后文件，该大会创建了关贸总协定。1948年4月21日，中国政府签署关贸总协定《临时适用议定书》，并于同年5月21日正式成为关贸总协定的23个创始缔约国之一。1949年10月1日，中华人民共和国成立。中华人民共和国政府成为代表中国的惟一合法政府。但由于国际环境的限制，它无法获得在联合国的合法席位，关贸总协定的地位问题也因此搁置下来。1950年3月，台湾当局由其“联合国常驻代表”以“中华民国”的名义照会联合国秘书长，决定退出关贸总协定。尽管中华人民共和国政府从未承认这一退出的合法性，但由于以美国为首的资本主义国家对中国新政权采取敌视政策，使中国无法有效地参加关贸总协定的有关活动，加之当时中国对关贸总协定持批评态度，于是，中国与关贸总协定的关系被长期中断。1971年中国恢复在联合国的合法席位后，逐步恢复与关贸总协定的联系。1978年中国改革开放后，更加重视与国际经济组织的联系。1980年四五月，中国先后恢复在国际货币基金组织和世界银行的合法席位。随着改革开放战略的实施，中国开始参与到国际分工与竞争中，但因长期被排斥在世界多边贸易体系之外，不得不主要依靠双边磋商和协议来协调对外经贸关系，使国内企业和产品在进入国际市场时受到了许多歧视性或不公正待遇。为改变这种情况，中国必须加入到以

① 商务部新闻办公室：《中国与世贸组织：回顾与展望》（2010年7月22日），中华人民共和国商务部网站：http://www.mofcom.gov.cn/aarticle/ae/ai/201007/20100707037241.html，2010年7月28日访问。

GATT/WTO为基础的多边贸易体制中。而且通过长期对世贸组织的学习和了解，中国政府和人民更加深刻地认识到，入世与中国改革开放和建立社会主义市场经济体制的目标是一致的。加入世贸组织将给中国在许多方面带来发展机遇，有利于继续深化经济体制改革和推动国民经济结构调整及产业升级，有利于扩大就业总量和提高人民生活水平；有利于发挥比较优势更多地扩大出口和更好地利用外资；有利于实施“走出去”战略，在更广阔的天地参加国际竞争与合作；有利于中国参与国际经贸规则的制定，分享多边贸易体制和经济全球化带来的好处。

自20世纪80年代中期以来，是否参加以关贸总协定和世贸组织为基石的多边贸易体制，也成为衡量一国是否负责任地加入国际社会、该国经济是否与世界经济衔接的重要尺度。到2001年，WTO成员间的贸易额占世界贸易总额的95%，投资额占全球跨国投资总量的80%。获得WTO的一个席位，等于拿到了国际市场的多张通行证。正如著名经济学家吴敬琏教授所言，市场经济是一种开放经济，中国肯百折不挠地争取入世，从根本上讲是国内市场化改革必然导致的抉择。从更深广的层面来看，WTO是中国加入的最后一个重要国际组织，这是我们自立于世界民族之林的最后一次重大政治经济行动，也是我们全面重返国际经济舞台的显著标志和强烈信号。① 中国入世谈判代表龙永图这样说，中国入世谈判就是为了要进入国际大市场，而且要成为国际大市场中有身份、有头有脸的成员。15年谈判取得的最大收获就是为中国在世界经济舞台上建立了平等的地位，中国要处在一个平等的竞争地位。②

所以，正是基于上述认识，中共中央在全面分析国内外形势的基础上，为加快改革开放和社会主义现代化建设，由此作出了积极入世的决策。可以说，入世是符合国家的根本利益和长远利益的，是促进

---

① 龚雯:《让历史铭记这十五年——中国加入世贸组织谈判备忘录》，载《人民日报》2001年11月11日，第2版。

② 《中国入世谈判首席代表龙永图畅谈谈判内幕》，载《南方都市报》2001年11月11日，转引自新浪网站：http://news.sina.com.cn/c/2001-11-11/396813.html，2010年7月28日访问。

国民经济持续快速健康发展的必然选择，是中国对外开放进入一个新阶段的重要标志，是对中国完善社会主义市场经济体制的有力推动，也必将促进中国经济现代化的进程。[①]

（二）学习掌握 GATT/WTO 规则

为了复关/入世，也为了复关/入世后更好地与该组织打交道，最大限度地维护国家利益，中国首先需要全面认识 GATT/WTO，学习并掌握其规则。由于中国长期与 GATT 关系中断，加上国内经济和贸易体制与世界贸易规则相差甚远，使得对 GATT/WTO 规则的学习尤为必要和重要。为此，中国政府积极通过多种方式和渠道加强学习。

在复关谈判的日子里，中国政府主要通过“请进来”和“派出去”的方式来学习掌握 GATT 规则，并进行干部人才建设。[②]

“请进来”的方式主要是指邀请国际知名的权威人士、教授和多年从事关贸总协定工作的专家来我国进行座谈、会谈、咨询和办培训班等。例如，1985年9—10月，邀请欧洲共同体关税同盟前总干事、关贸总协定的关税专家平格尔来北京为海关总署和外经贸部有关人员举办关贸总协定关税谈判议题讲座；同年11月，邀请匈牙利外贸部关税与国际组织司原司长涅尔盖斯（Nyerges Sanos）介绍匈牙利在加入关贸总协定谈判中的成功经验；同年12月，邀请关贸总协定高级法律顾问林登（Ake Linden）和关贸总协定经济分析专家沃尔特（F. Wolter）研讨中国复关的法律问题和准备中国将向关贸总协定缔约方提交的《对外贸易制度备忘录》的框架草案；1986年2月，邀请澳大利亚的国际贸易专家麦克唐纳（McDonnell）及其专家组为中国复关提供技术援助；1987年4月，邀请联合国贸发会议多边贸易政策高级顾问、中国籍的

① 《朱镕基在省部级干部WTO规则及吸收外资政策法规研究班座谈会上强调：认真学习深入研究，熟悉掌握世贸组织规则；认清形势坚定信心，结合实际做好应对工作》，载《人民日报》2001年12月10日，第1版。

② 关于“请进来”和“走出去”方式，见王毅：《世纪谈判：在复关/入世谈判的日子里》，北京：中共中央党校出版社，2006年版，第2—10页。

时钟策座谈；同年5月要求美国密西根大学法学教授、美国研究关贸总协定的最高权威、国际经济法和国际贸易政策领域知名学者杰克逊讲座、会谈；关贸总协定总干事邓克尔分别于1986年1月和1987年11月两次应邀访华，进行座谈和演讲，等等。

"派出去"的方式主要指利用多边国际组织和双边国际援助合作项目来培训从事关贸总协定业务的干部。例如，自1980年开始，定期派出外经贸部官员参加由联合国开发计划署赞助、关贸总协定组织的贸易政策讲习班；1981年7月，中国首次派观察员参加关贸总协定主持的国际纺织品贸易协议谈判会议，并于1984年1月正式加入国际多纤维协议（MFA）；1982年9月，中国在不影响创始会员国地位的前提下，申请关贸总协定的观察员，并于同年11月获得观察员身份；作为观察员，中国列席了之后历届关贸总协定年度缔约国大会和理事会等会议。此外，中国政府与一些友好国家政府签署了双边合作项目，来培养从事关贸工作的干部。如中国—澳大利亚达成的"关贸总协定咨询和培训项目"，通过该项目，中国政府在1986—1987年期间曾三次派出参加复关谈判工作的主管官员赴澳大利亚进行培训。

除了"请进来"和"派出去"方式外，中国国内相关部门也自己组织学习班，如1986年外经贸部国际局举办的"关贸总协定讲习班"等。通过上述这些学习活动，中国培养出了一支从事相关工作的干部人才队伍。

如果说在复关谈判的日子里，中国更多地是通过政府部门组织的相关官员的学习活动来掌握GATT规则，培训干部人才的话，那么到了入世谈判阶段，为了创造良好的入世社会舆论环境，中国国内则展开了一场全民性的WTO知识的普及学习活动，在这场学习活动中，尤其是全国上下开展的关于中国入世利弊的大讨论，使得WTO及其规则家喻户晓，这为中国入世奠定了必要的知识及观念基础。

世贸组织不仅是建立在市场经济运行机制上的一整套规则体系，还是多边外交和多边贸易谈判的场合，为了让社会各界熟悉掌握WTO知识及规则，深刻认识WTO将会对中国的经济与外贸体制，以及各个行业带来的影响，寻求应对之策，中国在入世前进行了广泛的、形式各样的WTO知识的宣传、普及和学习活动，在此过程中凝聚了社会共识，并有利于培训专业人才。

（1）利用媒体、出版物进行宣传和教育。从1999年12月10日起，《人民日报》特辟《中国“入世”ABC》专栏，连续刊文介绍WTO。笔者通过对人民日报图文数据库的检索，从2001年1月1日至12月31日的一年间内，在《人民日报》发表的文章正文中出现WTO的稿件共有649篇，仅在11月，即中国入世的那个月就有148篇，12月有116篇。在11月的《人民日报》文章中标题出现WTO的就有30篇，12月有13篇。[①] 由此可见，媒体在积极进行WTO知识的宣传普及。此外，还翻译或编著关于WTO的书籍出版，如1999年12月，外经贸部国际司从WTO秘书处和其他机构出版物中挑选了一批学术水平和参考价值较高的书籍，编译成“世界贸易组织丛书”，包括:《贸易走向未来——世界贸易组织（WTO）概要》、《世界贸易组织（WTO）协议概要》、《发展中国家与WTO的政治经济关系》、《乌拉圭回合多边贸易谈判结果：法律文本》（中英文对照）和《乌拉圭回合协议导读》，由法律出版社出版。；2001年8月，中国标准研究中心主办的《世界标准信息》杂志社组织编辑了《入世实用手册》，内容包括最新国际标准ISO题录综汇、世界贸易组织WTO文献汇编、现行中国标准GB题录总汇，由新华出版社出版。

（2）通过讲习班、培训班进行专业人员的培训。如2001年7月，国家经贸委和国家外国专家局组织了以“WTO与企业发展”为主题的培训班；同年8月，中国加入世贸组织（WTO）培训班对来自北京、四川、内蒙古、广西、海南、甘肃、云南、山东、辽宁等10多个省、市、自治区的学员以及外经贸部官员进行为期1个月的培训，中外专家就有关WTO的作用、运行、原则，贸易和竞争政策，法律、法规和市场准入条件，中国入世的准备工作和应履行的义务等进行授课；同时，国家经贸委还推出WTO基本规则强化培训大纲，用以对各地经贸委和企业负责人进行相关知识和规则的培训；2001年11月举行的“迎接

① 笔者根据人民日报数据库统计。人民数据库网址：http://data.people.com.cn。

WTO，中国质量认证与国际贸易技术规则”讲座；等等。

（3）通过会议、论坛等深入学习探讨。如1999年12月，全国律师协会举办“WTO与中国律师业”国际研讨会；2000年2月召开的“WTO与中国企业”论坛；2001年9月举行的WTO和中国纺织企业高峰论坛；2001年11月的“中国保险市场与WTO国际高峰年会”；以及同在2001年11月，由人民日报海外版和中国国际贸易学会等单位联合主办的首届中国加入世贸组织国际论坛等，就专门课题进行深入探讨。

尤其要提到的在入世前，全国各界展开了一场异常激烈的关于中国入世利弊的大讨论，中国国内的政界、学界、企业界等社会各界，上到决策层下到普通百姓都积极地参与到这场大讨论中。这场大讨论不仅在中国普及了WTO知识，使人们对WTO及其所倡导的市场经济有了更深刻的了解，更重要的是在激烈的辩论和观点交锋中，人们最终取得共识，认为中国入世虽然是机遇与挑战并存，但机遇要大于挑战，中国完全有能力应对入世所带来的挑战。

正是这场全国范围内开展的对WTO知识的热烈学习活动，使得原本中国人比较陌生的、许多国际贸易和市场经济中的概念和术语，如“市场准入”、“国民待遇”、“非歧视”、“透明度”、“服务贸易”、“知识产权”、“反倾销”、“保障措施”等等已经家喻户晓，日渐普及。这说明，中国人的思想观念与国际规则和潮流逐步接轨。[①] 所以，入世过程是一个进行市场化教育和理念推广的过程。中国人对市场经济认识的加深，也为中国融入国际经济体系奠定观念基础。中国入世谈判首席代表龙永图认为，中国加入世界贸易组织的进程实际上就是中国建立市场经济的过程。应该说，中国加入世界贸易组织的过程，在某种程度上也可以说是市场经济国家对中国搞市场经济的一种认可。[②] 中国人对WTO知识的学习在中国入世后直到现在一直还在积极进行着。

在学习GATT/WTO规则知识，凝聚社会共识的过程中，中国政府一直发挥着积极作用。前国务院总理朱镕基在2001年12月的省部级干

① 王毅：《世纪谈判：在复关/入世谈判的日子里》，第39页。

② 《中国入世谈判首席代表龙永图畅谈谈判内幕》。

部WTO规则及吸收外资政策法规研究班座谈会上要求，各级领导干部必须正确认识加入世贸组织的重要意义，把思想统一到中央的决策上来，抓紧时间认真学习、准确掌握世贸组织规则，认清当前形势，坚定信心，把挑战变为机遇，压力变为动力，切实做好加入世贸组织后的各项应对工作，确保国民经济持续快速健康发展和社会稳定。①

（三）复关/入世的压力与中国的改革

中国复关/入世，要求其经济体制和经济运行机制必须按世贸组织的一般原则向国际社会实行逐步的、普遍的全面开放，使中国的经济政策、经济体制、经济法规逐步符合世贸组织的一般原则。而中国由于长期以来实行社会主义计划经济体制，与GATT/WTO的要求相距甚远，但自从改革开放后，中国政府认识到，“中国的改革开放和建设社会主义市场经济体制的目标，与‘以开放的、市场导向的政策为基础’的世界贸易体制所倡导的原则和发展目标是一致的。在全球化趋势不断发展的今天，中国的发展离不开世界，世界的繁荣也离不开中国”。② 在GATT/WTO的压力下，更是在中国改革开放的目标的推动下，中国政府积极按照世贸组织的国际经济体制加快改革和完善现行体制，使本国经济体制与国际经济体制顺利接轨，而中国政府为复关/入世所作的这些改革努力在一定程度上也影响和塑造了中国的改革开放进程。

1. 逐步完善社会主义市场经济体制

市场经济体制是世贸组织运行的基础。中国要顺利加入世贸组织必须突破传统的计划经济体制，建立社会主义市场经济体制。

事实上，中国自实行改革开放以来，已经认识到实行市场经济是中国发展的根本途径。并且，在改革开放进程中，中国业已引入了市

---

① 《朱镕基在省部级干部WTO规则及吸收外资政策法规研究班座谈会上强调：认真学习深入研究，熟悉掌握世贸组织规则；认清形势坚定信心，结合实际做好应对工作》，载《人民日报》2001年12月10日，第1版。

② 《中国代表团团长、商务部副部长易小准在世界贸易组织（WTO）首次对中国贸易政策审议会议上的发言》（2006年4月30日），中华人民共和国商务部网站：http://sms.mofcom.gov.cn/aarticle/zcfb/200604/20060402055481.html，2010年7月28日访问。

场经济的竞争机制和价格机制。这一切客观上为中国“入世”创造了市场经济条件。尤其是邓小平同志在1992年春发表的南方讲话，为建立社会主义市场经济体制奠定了思想理论基础。他明确提出：计划多一点还是市场多一点，不是社会主义与资本主义的本质区别。计划经济不等于社会主义，资本主义也有计划；市场经济不等于资本主义，社会主义也有市场。1992年党的十四大明确提出建立社会主义市场经济体制的改革目标，提出要使市场在社会主义国家宏观调控下对资源配置起基础性作用，使经济活动遵循价值规律的要求，适应供求关系的变化；通过价格杠杆和竞争机制的功能，把资源配置到效益较好的环节中去，并给企业以压力和动力，实现优胜劣汰；运用市场对各种经济信号反应比较灵敏的特点，促进生产和需要的及时协调。1993年党的十四届三中全会作出《关于建立社会主义市场经济体制若干问题的决定》。《决定》基于当时对社会主义市场经济的认识，设计了社会主义市场经济体制的基本框架，确立了社会主义市场经济体制改革的各项任务。随后，中央陆续出台了一系列建立社会主义市场经济体制的文件。随后，中国经济领域出现了一些显著变化：物价逐步放开；股份制试点悄然进行，几千家企业股票上市；税制改革，统一所得税；汇率并轨，实行单一浮动汇率制；外资引进高速增长；……自1997年党的十五大召开后，中国加大了要素市场的培育和建设力度，各类生产要素进入市场，要素的流动性大大提高，资源配置的效果明显改善。金融市场、技术市场、房地产市场、信息市场、劳动力市场、土地市场、产权市场和土地市场等要素市场体系框架初步确立。社会主义市场经济体制改革目标的确立和政策实施使中国经济体制逐步与国际经济体制接轨。

当然中国的市场经济体制改革是具有中国特色的，是在市场经济发展中融入了社会主义的基本理念、基本制度。确切地说，在中国市场化改革与发展中，坚持执政党的领导，坚持社会主义的市场体制，坚持以公有制为主体的基本方针，坚持多种所有制共同发展。这就是有中国特色的政府主导型市场经济模式。政府主导是中国市场经济发展的特点，也是一种必要，因为在从计划经济向社会主义市场经济的过渡中，要完成艰巨的体制改革和体制建设任务必须要有政府的主导。中国的改革开放实践也证明了市场经济取代计划经济已是不可逆转的历史定局。为推动社会主义市场经济的稳定发展，需要科学、合理、适度地发挥政府作用。现代社会政府管理能力的强弱，是决定综合国力、国际竞争力的关键性要素，所以，要提高政府的管理能力。在一个开放、多元、受到各国、各地区经济运行影响的经济体中，政府的管理无论从内容还是从形式上都要适时发生变化，因为市场经济是法治经济，所以政府应从传统的依靠行政权力的管理转变为依靠经济和法制手段的管理，从过去的权力意志至上转变为保障和实现社会成员的权利为本。政府不仅需要运用法律和秩序保障市场的正常运作，而且必须利用各种手段培育社会主义市场经济秩序，使之逐步成熟、完善及规范化。

2. 深化外经贸体制改革

中国实行改革开放后对外贸体制也进行了一系列改革，逐步从高度集中的、以行政管理为主的国家垄断外贸体制向市场经济体制下的外贸体制转变。为了尽快与GATT规则相一致，1990年底国务院决定进一步深化外贸体制改革，并于1991年开始实施。这次改革使中国外经贸管理体制更适应社会主义市场经济发展的要求。1994年1月，国务院作出《关于进一步深化对外贸易体制改革的决定》，提出中国对外贸易体制改革的目标是：统一政策、开放经营、平等竞争、自负盈亏、工贸结合、推行代理制，建立适应国际经济通行规则的运行机制。与此同时，中国政府陆续出台并实施一系列改革措施。概括起来，中国外贸体制改革的主要内容包括以下几方面：

（1）改革外贸企业的经营机制。全面实行外贸企业出口自负盈亏的改革，取消国家财政对出口的补贴，同时提高企业自主经营权。从1992年起，基本上取消了进出口指令性计划，实行指导性的总量计划，允许绝大多数进出口商品放开经营，少数商品实行公开、透明的配额许可证管理。外贸体制在自负盈亏方面取得的进展便于参与国际分工和国际交换，也更适应国际贸易规范的要求。

（2）改革关税制度。建立与国际贸易惯例相适应的关税制度，使税目设置和税率水平与国际贸易规范接近。1992年初，中国主动降低225个税目商品的进口关税率；1992年12月31日起，中国大幅度降低了3371个税目商品的进口关税率，使关税总水平下调7.3个百分点；1994年12月，中国又调减2998个税目的进口关税率，平均降税率为8.8%；1995年，中国降低19个项目的关税；1996年4月1日，中国又对5000多种商品进口关税进行大幅度削减，关税总水平降至23%；1997年10月1日，中国再次对4874个税目降低进口税率，平均降幅26%。[①] 可见，中国在降低关税方面作出了巨大努力。

（3）改革外汇管理体制。由计划管理转向以市场供求为基础的、单一的有管理的浮动汇率制，尤其1994年的汇率并轨及实现人民币经常项目下的有条件可兑换，取消外汇留成制和上交外汇任务，建立外汇指定银行间的外汇交易市场等改革措施，充分发挥出外汇管理体制和汇率对外贸的重要调控作用。

（4）逐步开放服务业市场。服务业市场开放问题是中国入世谈判的焦点之一。中国服务业水平大大落后于发达国家，开放后必然导致在国际竞争中处于不利地位。但在西方国家的强烈要求下，中国还是视情逐步开放服务业市场。1999年11月中美关于中国入世的双边协议和2000年5月中国与欧盟签署双边协议，使得中国服务业在入世中作出了新的、全面的市场开放承诺。中国承诺，在中国从事服务业经营的外国公司保持现有市场准入水平的前提下，逐步取消目前对许多服务业的绝大多数限制，包括银行、保险、证券、电信、旅游、分销服务、会计和法律咨询等专业服务、与商业和计算机相关的服务、电影和视听服务等等。中国还将加入《全球基础电信协议》和《金融服务协议》。[②]

（5）完善法律法规，加强知识产权保护。中国先后颁布和实施一系列法律法规，逐步向国际规范化靠拢。1992年，为落实《中美知识

① 陈继勇、肖德等:《世界贸易组织的建立、发展趋势与我国的对策》，北京：人民出版社，2000年版，第183页。

② 郑志海主编:《入世与服务业市场开放》(龙永图主编:《全球化·世界贸易组织·中国》系列丛书)，北京：中国对外经济贸易出版社，2002年版，第55—56页。

产权保护备忘录》中的承诺，中国对专利法进行了第一次修改，将授权前的异议程序改为授权后的撤销程序；对药品和化学物质本身提供专利保护；扩大专利权人的权利范围；延长专利权保护期限。第一次修改后的专利法已经与后来世界贸易组织制定的《与贸易有关的知识产权协议》（TRIPs 协议）中的要求基本一致。2000年，为更有效地发挥专利制度促进科技创新和经济社会发展的作用，中国对专利法进行了第二次修改，此次修改后的专利法不仅完全与世贸组织有关规则一致，而且更重要的是适应了我国完善社会主义市场经济体制、建设社会主义法治国家的需要。①

同时，为更好地为复关/入世做准备，中国还进行的相关组织机构的调整与增设。比如在1982年，外贸部与外经部合并，新组建成为外经贸部，并在该部的国际局专门设立关贸总协定处；1984年，中国常驻日内瓦代表团内新增设关贸组，由外经贸部和海关总署等部门派驻外交官，对关贸总协定开展第一线的外交工作和调研工作。②1986年8月，在外经贸部、外交部、国家经委、财政部、中国人民银行、海关总署等六部委联合请示下，国务院正式成立关贸总协定谈判部际协调小组，主要任务是研究、协调复关谈判中有关重大政策问题。协调小组的组长先后由国务院几位领导张劲夫国务委员、田纪云副总理、李岚清副总理等担任。在复关、入世谈判的过程中，中国还建立起一系列与 WTO 要求相适应的政府管理体制。在入世谈判最后关键时期，中央还专门成立了以国务委员吴仪为组长、各有关部门主要领导为成员的入世领导小组。

由此可见，中国为加入世贸组织作出了巨大的努力。这些努力也为中国进一步推动经济体制改革带来极大动力，从而为中国经济增长带来新的活力，这将为中国参与国际事务奠定物质基础。伴随着中国经济体制的变化，中国人的思想更解放了，人们的思想观念发生了巨大变化。

① 李立：《入世五年，专家预测我国知识产权将面临更大冲击》，载《法制日报》2006年11月28日。

② 王毅：《世纪谈判：在复关/入世谈判的日子里》，第3页。

二、利益博弈、艰苦谈判：中国复关/入世谈判历程

1986年7月，中国政府正式提出恢复在GATT中的缔约方地位申请，开始复关谈判，但在中国复关/入世过程中，由于谈判逐步被“政治化”，以及谈判本身的艰巨性、复杂性、特殊性和敏感性，这场谈判竟然历经15年，直到2001年12月中国才成为WTO的正式成员。

中国在入世谈判中，共与WTO的37个成员就入世的双边市场准入问题进行了拉锯式的双边谈判，其中进行的最艰难的是中美谈判，共进行了25轮，其次是中欧谈判，进行了15轮。通过这些艰苦谈判，最终中国与世贸组织成员达成共识，找到了利益平衡点。

（一）复关/入世谈判的曲折历程

中国恢复在联合国、国际货币基金组织和世界银行的合法席位后，尤其是改革开放战略的实施迫切需要加强与关贸总协定的联系。从20世纪80年代初，中国开始酝酿、准备复关事宜。1982年12月25日，由外经贸部、外交部、国家经委、财政部、海关总署联合向国务院提交关于参加关贸总协定的请示报告，确立了重返关贸总协定的三项基本原则：第一，中国要求恢复关贸总协定的创始缔约国席位，而不是加入或重新加入关贸总协定；第二，以关税减让为承诺条件，不承担具体进口义务；第三，以发展中国家的身份复关，享受发展中国家的待遇。1986年7月，中国驻日内瓦代表团大使钱嘉东代表中国政府正式提出申请，恢复中国在GATT中的缔约方地位；同年9月，中国开始全面参与了GATT乌拉圭回合多边贸易谈判；1987年2月，中国向关贸总协定递交了《中国对外贸易制度备忘录》；同年3月，关贸总协定理事会决定成立中国工作组，负责审议中国复关问题；10月，中国工作组举行了首次会议。其后，中国工作组对中国外贸制度的审议工作

马不停蹄地加速进行。1988年，中国工作组连续四次审议中国外贸制度，提出了涉及中国经济体制改革、外贸制度改革、外贸计划、进出口许可证制度、外汇管理、关税制度、国内税费、生产和出口补贴等方方面面的问题，中国方面组织协调国务院十多个部门及二十多个单位积极应对，较好地进行了答疑工作。从1989年开始，中国复关工作进入到评估工作和议定书起草等实质性谈判阶段。1989年4月，中国工作组第7次会议完成了中国外贸制度情况综合文件的评估工作。

1989年5月下旬，中美双方就中国复关问题进行了五轮双边磋商，已经进入相当实质性阶段，在双方相互提供的关于中国缔约方地位的议定书草案的基础上形成了一份中国议定书综合草案，并以此为进一步谈判的基本文本。中欧之间的谈判在欧共体对进口中国产品的数量限制方面也取得积极进展，1989年3月，欧洲议会通过《关于欧共体与中华人民共和国的经济贸易关系》的决议，支持中国恢复在GATT的缔约方地位。

由此，中国的复关谈判工作到1989年上半年一直进展十分顺利，当时关贸总协定缔约各方基本认可了中国“有计划的商品经济”体制，期待中国继续保持改革开放的方向。可以说，1989年初，中国已经跨在了“复关”的门槛上。①

但是，1989年6月的中国政治风波，严重影响了中国的复关进程，以美国为首的西方国家对中国实行经济制裁，把暂时不让中国复关作为经济制裁的一项主要内容，加之中国国内经济处于治理整顿阶段，复关谈判涉及的双边磋商和以日内瓦中国工作组会议形式进行的多边谈判均陷入停滞阶段。据中国参与复关谈判的人员回忆说，在相当一段时期里，中国代表团的处境可以用一个“冷”字来概括：遇到的大多是冷面孔，坐的是冷板凳，开会讨论是“炒冷饭”。这种情况直到1992年初邓小平南方谈话后才有根本性转变。②

1992年初邓小平南巡讲话推动了中国深化改革和全方位对外开放

① 王毅:《世纪谈判：在复关/入世谈判的日子里》，第47—48页。

② 王毅:《世纪谈判：在复关/入世谈判的日子里》，第54页。

的进程，党的十四大又确立了建设社会主义市场经济的目标，并做出了深化改革的一系列重大举措，从而为中国的复关谈判注入了新的动力。经中国政府的多次努力，关贸总协定中国工作组第10次会议于1992年2月重新开始讨论中国缔约国席位问题。

然而，随着乌拉圭回合多边贸易谈判中世界贸易组织的积极筹建，中国的复关问题变得更加复杂。中国如果不能在1995年WTO正式成立前完成复关，那么复关的入门费将成为加入世贸组织的入门费，其要价更高。因为复关谈判的范围只是传统的货物贸易中关税减让和非关税措施承诺，而加入WTO的谈判从货物贸易扩大到服务贸易、与贸易有关的知识产权保护和与贸易有关的投资措施等方面。为此，中国在1994年底发起了复关谈判的冲刺尝试，与GATT缔约方进行着不停顿的磋商谈判，除了双边磋商外，还有小范围磋商、多边正式与非正式磋商、工作餐对话、咖啡对话等，并同时还在经济体制和外贸制度改革方面也采取了一系列新举措。尽管如此，由于美国等个别缔约方蓄意阻挠，不断提出超出中国承受能力的过高要价，先后抛出中国发展中国家资格问题、知识产权保护问题、服务业开放问题等，力图通过把中国复关问题政治化，结果导致中国未能在乌拉圭回合一揽子协议生效前恢复关贸总协定缔约方席位，中国也就未能成为世贸组织的创始成员。中国对此非常气愤，在第19次中国工作组会议上，中国代表团明确表示，“中国将不再主动要求举行双边磋商和中国工作组会议。如果关贸总协定工作组主席要求我们参加中国工作组会议，我们也只能承担作为一个发展中国家在乌拉圭回合协议中规定的相应义务”。“中国的改革开放进程将按照中国自己的时间表进行，中国将根据自己的国情和经济发展的需要制定自己的产业政策并实施各种必要的关税和非关税措施”。[①]

在中国复关失败后较长一段时间内，中国不主动恢复与WTO成员间的双边谈判和磋商，中国与新成立的世贸组织处于僵局中。这种僵持局面毕竟对双方都不利，尤其是蓄意阻拦中国成为世贸组织创始

① 王毅:《世纪谈判：在复关/入世谈判的日子里》，第175页。

成员国的个别西方大国十分需要打开和扩大中国市场。在此情况下，美国、欧盟等相继表示希望中国恢复谈判。在中国工作组的邀请下，1995年5月，中国与美国、欧盟、日本、加拿大等20多个世贸组织缔约方举行了一轮被称为“试水”的会谈，尽管这次会谈没有实质性进展，但中国与个别缔约方的关系得到了缓和。同年7月，中国正式提出加入 WTO 的申请，WTO 接纳中国成为其观察员；11月，中国政府照会世贸组织总干事，把中国“复关工作组”更名为中国“入世工作组”。中国的复关谈判成为入世谈判。

中国政府根据实际情况重申了入世的基本立场，概括起来为以下三个基本原则：第一，根据权利与义务对等的原则承担与本国经济发展水平相适应的义务；第二，以乌拉圭回合多边协议为基础，与有关世贸组织成员方进行双边和多边谈判，公正合理地确定入世条件。第三，作为一个低收入发展中国家，中国坚持以发展中国家身份入世，享受发展中国家的待遇。与此同时，为加快中国经济与世界经济接轨的速度，1996年4月和1997年10月，中国政府两次大幅度降低关税税率，逐步取消了各种名目繁多的非关税壁垒，在1998年4月中国工作组第七次会议上，中国代表团向世贸组织秘书处提交了一份近6000个税号的关税减让表。

中国提出入世申请后，WTO135个成员中有37个要求与中国进行双边谈判，中方认真对待，积极应对，开始与这37个成员开始了拉锯式的双边谈判。1997年8月，新西兰成为第一个就中国入世同中国达成双边协议的国家。同年，中国还与韩国、匈牙利、捷克等国签署了入世双边协议。同年11月，中日两国关于中国“入世”的双边市场准入谈判宣告基本结束。1999年后，中国明显加快入世进程。1999年4月，朱镕基总理访美，与美国在市场准入谈判方面取得实质性进展，双方签署了中美双边协议中最重要的《中美农业合作协议》，并就中国加入世贸组织问题发表联合声明。但是1999年5月8日，以美国为首的北约轰炸了中国驻南斯拉夫大使馆，中国入世谈判被迫终止。

然而，中国入世既是中国的选择也是世贸组织发展的要求。中国作为一个奉行对外开放战略的发展中大国，自实行改革开放以来经济一直保持高速增长，与世界经济的联系越来越紧密，对世界经济的影响力也在增强，正如美国前贸易代表巴尔舍夫斯基（Charlene Barshefsky）认为，“全球贸易和投资方式中出现的一个最大变化就是中国经济的兴起，这是100多年来世界经贸格局的最大变化。中国正在改变亚洲的面貌，推动全球经济增长，并且有可能改变世界范围内国际政治影响力的现状”。[①] 在此情况下，世贸组织不能长期将中国排除在外，接纳中国是世贸组织的必然选择。1999年9月11日，江泽民主席和克林顿总统在新西兰亚太地区经济合作组织领导人非正式会议上举行会晤，同意两国恢复谈判。同年11月10日，美国贸易代表团访华，与中国就中国入世问题进行双边谈判，最终在11月15日双方签署了《中美关于中国加入世界贸易组织的双边协议》，这标志着中国与美国就此正式结束双边谈判，也为中国与其他主要贸易伙伴的谈判奠定了基础。截至1999年11月15日，与中国达成“入世”双边协议的有：匈牙利、捷克斯洛伐克、日本、韩国、巴基斯坦、新西兰、土耳其、新加坡、印度尼西亚、澳大利亚、智利和美国。中国的入世时机已基本成熟，正如当时朱镕基总理所说，中国存在入世的机遇：第一是加入 WTO 的国家知道没有中国的参加，WTO 就没有代表性，就是忽视了中国这个潜在的最大市场。第二是中国改革开放的深入和积累的经验，使我们对加入 WTO 可能带来的一些问题提高了监管能力和承受能力。[②]

2000年1月，中国与巴西、斯里兰卡、古巴、秘鲁、乌拉圭、挪威、冰岛签署中国入世双边协议；5月，中国与欧盟达成双边协议；7月，与厄瓜多尔和危地马拉签署了双边协议，同时结束了与哥斯达黎加的谈判。到2001年9月13日与最后一个代表墨西哥达成协议，中国与要求进行双边谈判的 WTO 的37个成员方全部结束谈判。2001年9月17日，世贸组织中国工作组第18次会议举行正式会议，通过了中国入世的所有法律文件，其中包括中国工作组报告书、入世议定书以及

---

① 国纪平：《中国与世界关系的历史性变化——写在改革开放30周年之际》，载《人民日报》2008年12月22日，第1版。

② 《朱镕基总理在九届全国人大二次会议记者招待会上回答中外记者提问》（1999年3月15日），载《朱镕基答记者问》，北京：人民出版社，2009年版，第21页。

货物贸易减让表和服务贸易减让表等附件，同时也结束了世贸组织中国工作组的全部工作。2001年11月10日，在多哈举行的世贸组织第四次部长级会议上审议并表决中国加入世贸组织；第二天，中国外经贸部部长石广生在多哈签署了中国加入世界贸易组织议定书。按照世贸组织的规则，一个月后，中国于2001年12月11日正式成为世贸组织的第143个正式成员。

（二）中国入世谈判中的中美较量

在中国复关/入世的谈判中，最主要的对手也是最大的障碍是美国。中美谈判之所以进行的异常艰难，原因之一是双方在经济利益、政治制度和意识形态，以及国家战略方面存在差异和对立；其二是美国在GATT/WTO中的地位高、权力大，立场又很强硬，其三是美国对中国带有政治偏见，尤其是对中国作为社会主义国家实行市场经济半信半疑；其四是双方要谈判的范围广、内容多。中国谈判代表龙永图认为，中美谈判艰难首先是因为美国实力强大，谈判地位非常强。美国在关贸总协定历年谈判中的方式和态度都是：我要求一、二、三、四，你必须做到一、二、三、四，而且，“在这些问题上没有谈判的余地”，恰恰中国人不吃这一套。所以谈判一开始并不是所谓实质性的谈判，而是对谈判态度的谈判。美国人花了五六年的时间，才适应了中国需要平等谈判地位这样一种要求。其次是美国的产业结构非常全，因此要谈的内容很丰富。比如全世界谈判的产品大概6000多项，美国人就要和中国谈4000多项，所以谈得非常艰苦。① 所以中美谈判最为艰苦。在复关的过程中，美国就多次以“发展中国家地位”、“最惠国待遇”等为由设置障碍，也正是主要在美国的阻拦下，中国没有成为WTO的创始成员国。然而，美国不能忽视中国的巨大市场，不能不与中国进行经贸联系。WTO成立后，美国主动表示希望早日恢复中国入世谈判。

① 《中国入世谈判首席代表龙永图畅谈谈判内幕》。

在1995年7月中国正式提出加入世贸组织的申请后，同年11月，美方向中方递交了一份“关于中国加入世贸组织的非文件”（Non-Paper on China’s Accession to the WTO），即所谓的“路线图”，罗列了对中国“入世”的28项要求。尽管这份“路线图”表明美国对中国入世的谈判要价比复关的要价底盘扩大化并复杂化，但也标志着美方自1994年底以来开始真正有了一个计划表，准备就中国加入WTO谈出一个结果来。[①] 在中美谈判中涉及问题很广，中美争论焦点也很多，如反倾销问题、市场经济地位问题、服务贸易开放问题等，下面从两个最主要焦点问题中透视中美的较量。

1. 中国的发展中国家地位问题

发展中国家无论是在GATT还是在WTO均享有一些特殊优惠待遇。中国作为一个发展中国家是举世公认的事实，而美国谈判代表竟然以“中国是一个可以制造和发射卫星”、“北京和上海的高楼大厦可与华盛顿和纽约相比”等奇谈怪论阻挠中国以发展中国家身份进入WTO。中国代表在此问题上立场坚定、决不让步，早在1994年9月的中美双边磋商中，中国谈判代表龙永图就曾坚决地向对方表示，“在发展中国家问题上，中方永远、永远不会让步”。[②] 之后在历次谈判中，中国代表团始终坚持这一原则。前美国贸易代表巴尔舍夫斯基在2001年11月曾颇有感慨地回忆到：“与中国人进行谈判是一种令人神往的经历，表现在两个方面：第一，在很多原则性的问题上，中国是不让步的。比如，中国对自身发展水平的认识，以及采取的行动必须与经济发展成熟过程中的当前发展水平相适应。这是完全合理的。当然，在很多原则性问题上美国也是不会让步的。我发现中国的谈判者的头脑总是很清醒，把中国不会让步的原则问题明确地表述出来，并不是所有的国家都能做到这一点，实际上大多数国家并非如此。这并不使得谈判更容易，而是使得谈判的基础很清晰，一方能够知道另一方在想什么，另一方也是这样。谈判很清楚，但很艰难。第二，中国的谈判

---

① 王毅：《世纪谈判：在复关/入世谈判的日子里》，第176页。

② 王毅：《世纪谈判：在复关/入世谈判的日子里》，第183页。

者非常务实，他们和我们一起以双赢的方式为谈判中的问题寻求务实的解决办法，而这些办法能够坚持中方和美方的原则，然后寻找处理谈判中具体分歧的实际办法。中国谈判者非常聪明，很难对付，是寻求解决问题实际办法的专家。在与其他国家的谈判中也能看到这些，但我从未看到能达到中国谈判者程度的。在非常坚定的原则立场范围内，是一种创业精神使得与中国的谈判饶有趣味、错综复杂但最终富有成果。"①

在从复关到入世的整个过程中，为了争取和维护中国的发展中国家地位，中国代表团在中美谈判中进行了艰苦不懈的努力。在中方的坚持下，中国加入 WTO 工作组报告书的导言部分明确表述"虽然经济发展取得了重要成就，但是中国仍然是一个发展中国家，因此有权根据《WTO 协定》享受给予发展中国家所有的更加优惠的差别待遇。"

2. 最惠国待遇问题

最惠国待遇（Most-Favoured-Nation，MFN）要求成员之间进行贸易时彼此不能歧视，大小成员一律平等。某一成员提供给其他成员的任何利益、优惠、特权或豁免，都应立即无条件地给予全体世贸组织成员。最惠国待遇条款是世贸组织的基石，具有多边化、制度化、无条件、互惠性和全面性的特点。

中美双边贸易协定于1979年签署，1980年生效，其中明确规定实行互惠的最惠国待遇。但是，该协定却单方面受到了美国《1974年贸易法》第402节，即"杰克逊—瓦尼克修正案"规定的"对限制移民的非市场经济国家不得给予最惠国待遇"的限制。美国国会要求总统每年单方面"审议"一次中国的移民做法，提出建议再由国会决定是否继续给予中国最惠国待遇。这使得最惠国待遇问题变得十分棘手，美国要么修改国内立法，要么与中国互不适用 GATT/WTO 协议。要使美国政府推动国会修改贸易法谈何容易！

1989年的北京政治风波后，美国国会中的反华情绪甚嚣尘上，一些对中国抱有敌意的国会议员接二连三地抛出主张中止给中国最惠国

① 王毅：《世纪谈判：在复关/入世谈判的日子里》，第184—185页。

待遇的议案。在这一时期，美国国内风行一股利用最惠国待遇来作为对中国施压手段的狂潮。无论是中美之间发生市场准入、知识产权保护、贸易逆差问题，还是与贸易无关的‘人权’问题、核不扩散问题，美国国内的某些势力都会通过议员提案，屡屡祭起最惠国待遇这个法宝来对中国施加压力，试图达到其目的。在对华关系上，凡事必与最惠国待遇挂钩，这几乎成了某些国会议员的一种狂热和习惯性条件反射。①

然而，最惠国待遇具有“双刃剑”作用，美国如果中止对华最惠国待遇固然会使中国丧失对美国的高额出口，但中国也将采取对等措施中止对美国最惠国待遇，停止从美国进口大宗产品，也将使美国失去大量出口。更何况，维持最惠国待遇还使美国在国际谈判中掌握了一定的主动权，借此牵制并引导中国的发展。鉴于中国作为一个正在崛起的新兴大市场，1996年8月，代表美国500多家大商业公司的“全国对外贸易理事会”（NFTC）主席向美国代理贸易代表呼吁用永久性最惠国待遇换取加入WTO国家的五项基本承诺。当时的民调显示，美国公众对中国入世问题极为关注，60%的美国公众认为，中国入世会对美国经济产生重要影响，认为影响较小的公众只占26%，认为没有影响的只占5%。② 中国入世对美国带来的影响，皮尤中心在2000年2月和5月进行的两次调查显示，多数人认为中国入世及获得永久正常贸易关系对美国有利，而且赞同的比例在增大，从34%到39%，认为不利的在20%左右，认为没有影响的从32%变成25%。③ 盖洛普的调查也显示，51%的美国公众认为扩大中美贸易对美国有利，认为不利的为38%，认为没有影响的只有3%；当然认为对中国有利的高达77%，认为对中国不利的占12%，认为对中国没有影响的占1%。④ 美国对于中国入世的重视不仅是从经济方面考虑的，还有更战略性的目的，正如当时的美国总统克林顿所说：“支持中国加入WTO不仅符合我们的

① 王毅：《世纪谈判：在复关/入世谈判的日子里》，第201页。

② Hart and Teeter/NBC News/Wall Street Journal, April 17-19, 1999.

③ Pew Research Center, Feb.14, 2000; May 4, 2000.

④ Gallup Poll, Jan. 25-26, 2000.

经济利益，我们还可以努力把中国拉向正确的方向，或者回头将其推到错误的方向上。WTO能使中国走上正道。”① 正因如此，再加上中国谈判团也在争取最惠国待遇问题上发起的主动出击，1998年6月，美国国会通过了将最惠国待遇更名为“正常贸易关系”（Normal Trade Relations, NTR）的议案，从语言文字上解决了多年存在的问题。然而，最惠国待遇问题还需实质性的解决。到1999年11月，中美双方就中国入世达成双边协议，使这一问题迈出了实质性一步。

2000年伊始，克林顿总统将通过永久性正常贸易关系作为其执政最后一年中首要目标，并在2月在白宫举行的记者招待会上说，中国入世“不是一个政治问题，而是一个重大的国家安全问题”，它将帮助大大削减美中贸易赤字，促进美中之间在联合国和其他许多领域的合作，还将大大增加中国“与外部世界的交流与联系”。克林顿表示，他将尽最大努力说服国会尽早对中国入世协议进行表决，并争取使协议得到批准，如果协议得不到通过，“我们将后悔20年”。②2000年4月，包括肯尼思·阿罗、保罗·塞缪尔森、米尔顿·弗里德曼、罗伯特·卢卡斯等14位诺贝尔经济学奖获得者和劳拉·泰森、马丁·费尔德斯坦等10名前白宫经济顾问委员会主席在内的149名美国著名经济学家日前发表一封联名信，表示坚决支持中国加入世界贸易组织。③ 美国贸易代表巴尔舍夫斯基2000年3月的一次演讲中说，美中关于中国加入世界贸易组织的双边协议是美中两国互利互惠的“双赢”成果，该协议有助于美中两国关系的发展。双边协议可以促进美国产品的出口，并创造与出口有关的巨大就业机会，同时美国可能放宽向中国出口高科技产品的限制。她说，中国作为世界上的大国不应当被隔绝在世界贸易

---

① William J. Clinton, “Remarks by the President on China”, at the Paul H. Nitze School of Advanced International Studies, Washington, D.C., The White House, Office of the Press Secretary, March 8, 2000, 美国政府网 http://www.chinapntr.gov/messages/pressspeech0308.htm。

② 《克林顿告诫国会：如不批准中国入世协议，美将后悔20年》，载《人民日报》2000年2月18日，第7版。

③ 《美149名著名经济学家联名“上书”支持中国“入世”》，载《国际金融报》2000年4月28日，第1版。

体系之外。①

从2000年3—9月间，美国行政当局与国会，和国会内部就中国的永久性正常贸易关系问题进行了长达半年的激烈辩论。在2000年9月18日的最后一场辩论中，正如来自俄亥俄州的共和党参议员麦克·德维尼（Mike DeWine）所说："如果我们不能通过PNTR立法，意味着我们向世界传达一个美国要孤立中国的信号。"② 由于中美之间的相互依存使得美国不能也不会孤立中国，所以最终在2000年9月，美国参议院以83票对15票的压倒性多数通过了对中国永久性正常贸易关系议案。同年10月由克林顿总统签署、国会通过了给予中国永久性正常贸易关系地位，即永久性最惠国待遇的法案。长达20年的美国对华最惠国待遇年度审议终于寿终正寝。

加入世界贸易组织是中国与国际经济体系关系发展中的一个重要里程碑。为加入世贸组织，中国付出的各种努力极大提高了中国参与国际事务的能力，同时也为中国进一步融入国际社会奠定了基础。中国成功入世的原因归纳起来大致有以下几点：

首先，中国政府的高度重视和所发挥的主导性作用是中国成功入世的根本。在整个复关/入世谈判期间，中国政府对于谈判的大方向和方针政策始终给予了高度关注和准确把握，中央领导利用各种机会积极推动复关/入世的谈判。比如关于发展中国家地位这一点，早在1988年9月中央对复关谈判就明确提出：发展中国家地位是我恢复在关贸总协定地位的主要目标之一。我方须力争把中国是发展中国家这一事实反映在议定书或工作组报告中，以利我方恢复后获得发展中国家应得的贸易优惠待遇。此后，中国领导多次在各种场合强调这一点，这也使西方个别蓄意否认中国的发展中国家地位的国家因看到中国在此方面的坚定立场而不得不妥协。为了统一对WTO谈判进行研究和作出决策，中央专门成立了以国务委员吴仪为组长、各有关部门主要领导为

① 《美国贸易代表巴尔舍夫斯基说中国"入世"美中"双赢"》，载《人民日报（海外版）》2000年3月24日，第6版。

② "Senate Aproves PNTR for China", September 18, 2000, 美国政府信息网：http://usgovinfo.about.com/library/weekly/aa091900a.htm，2011年1月20日访问。

成员的 WTO 工作小组。此外，中国领导人还利用各种外交机会推动中国复关/入世谈判，并为其营造良好的外交环境，在1995年10月，中国国家主席江泽民与美国总统克林顿利用出席联合国大会期间会晤时，首次就中国入世问题交换意见。在1999年11月的最后一轮中美谈判中，朱镕基总理等亲临现场，坐镇指挥。所以，中国政府在中国入世问题上发挥了关键性作用。

其次，中国谈判代表团长期不懈的艰苦付出和全中国人民为入世作出的努力都是中国成功入世的重要原因。在中国入世谈判期间，中国人民表现出的对 WTO 的高度关注和对中国入世所持的极大热情推动了中国的入世谈判。当然关系到中国能否成功入世的直接原因是中国谈判代表团的长期艰苦努力和付出。在漫长的从复关到入世的谈判中，中国代表无私奉献和锲而不舍地坚决捍卫国家利益，面对不同对手，他们寸“利”必争；面对某些非议，他们默默承受；面对谈判久拖不决的压力，他们从不放弃任何一点努力；面对谈判结束后来自各方的赞誉，功不可没的他们报之以平常心……中国代表团前秘书长李仲周曾赋诗言志：“磨难莱蒙（注：即日内瓦湖，此处指 WTO 总部）终不悔，感时当在国荣昌。”代表团最后一任也是时间最长的一任团长龙永图笑言，他为复关和入世谈判去 WTO 总部不下50次，按航空公司的里程奖励计划，他们从航空公司拿到的免费机票足以飞往月球。[①] 当然，入世谈判也是中国参与外交谈判的一个极好的锻炼过程，结果也证明，这个锻炼过程并提高了中国的国际交涉能力。

更重要的是，中国为复关/入世所作出的改革与努力被 GATT/WTO 逐步认可，从而打消了西方国家对中国社会主义经济体制的疑虑，最终接纳中国成为将“市场经济”奉为圭臬的 WTO 的成员。

① 龚雯：“让历史铭记这十五年——中国加入世贸组织谈判备忘录”。

三、从学习者到作为者：中国入世后的身份变化

加入世界贸易组织是中国改革开放历程中的一个阶段性历史跨越。入世9年来，中国对世贸组织的参与行为无论在范围还是程度上都得到了极大提高。这个参与过程不但带来了中国经济社会的变化，而且深刻影响到中国与国际体系的关系。与此同时，中国在世贸组织中的角色逐渐从一个被动的学习者和履约者向积极的有所作为的行为体转变。

（一）学习适应、信守承诺：中国入世过渡时期的身份

中国在加入世贸组织时作出了郑重承诺，主要体现在两个方面：一是遵守国际规则，一是逐步开放中国的市场。对于中国的入世承诺，世界舆论普遍心存疑虑，主要原因是担忧一个“计划经济国家”能否成功融入一个以自由市场经济为核心思想加以运作的机构之中。加入WTO以来，中国政府认真履行了承诺，不断完善与贸易有关的法律体制，广泛开展了对政府官员、对企业和社会公众的WTO知识培训和普及，积极推进行政管理体制的改革，进一步扩大了开放。

在2002年，WTO知识产权理事会、市场准入委员会、进口许可程序委员会、农业委员会以及货物贸易理事会和服务贸易理事会等16个下属机构，以及WTO的最高常设机构总理事会相继对中国入世后进行的首次过渡性审议中，美国、欧盟、日本、中国台北、瑞士、智利、加拿大、印度、古巴、乌拉圭、韩国、巴基斯坦、泰国、赞比亚、匈牙利、科特迪瓦等16个成员纷纷发表评论，普遍赞扬中国在履行加入承诺、参与过渡性审议过程中所付出的巨大努力。[①] 到2005年，即中国入世4年多以后，中国的入世承诺已全面得到了履行。中国的工业品平

① 《中国顺利通过WTO今年的过渡性审议》。

均关税水平在加入前是14.8%，2005年降低到了9.1%。农产品平均关税在加入前是23.2%，2005年降到了15.3%。中国还以实施税率为基础，100%约束了所有关税税目。中国成为WTO中关税水平比较低的成员。中国全部取消了进口数量限制；关税配额体制根据加入承诺进行了完善；包括银行、保险、分销、电信、法律、会计等在内的10余个服务部门，100个分部门的对外开放都已经达到了承诺的水平。中国与贸易有关的法律、法规和规章，在加入后按照WTO规则和中国所作出的承诺进行了大规模的清理和修订。中国用自己的实践实现了一个“重承诺、负责任、守信用”的大国形象。有中国学者这样评价中国入世5年中的角色变化：中国实现了由“观察员”到“正式成员”的角色转换，五年来中国经历的变化可概括为：从“局外”到“局内”的角色转换，从“感性上的模糊”到“理性上的接受”的观念更新，从“被动应对”到“主动面对”的行为方式转变。①

在信守承诺扩大开放的同时，中国也在按照世贸组织的规则要求，完善国内制度建设，遵守国际规则。作为世贸组织的正是成员，在世贸组织提供了动力和压力下，中国的对外开放发生了质的变化，由政策性开放转入体制性开放阶段。可以说，中国加入世贸组织遇到的最直接、最根本的挑战是体制性的。要适应世贸组织及全球化的大趋势，必须把中国未来的发展放到国际大环境中去，要适应这种国际环境，按照经济全球化的发展趋势来确定自己的发展战略，实行正确的改革开放战略。这是一个全局性、决定性的问题。改革内容要全面符合现代市场经济的一般规则，要按照现代市场经济的规则和要求来加快完成我们的体制改革，进行的是带有普遍规律、普遍要求、普遍原则的改革。在这种情况下，制度创新比什么都重要。② 中国入世9年来，在制度建设与创新方面取得了一定成就。

在经济领域，中国的社会主义市场经济体制建立并不断完善。加

① 《WTO规则改变中国》，载《中国经济信息》2007年1月16日，价值中国网：http://www.chinavalue.net/Media/Article.aspx?ArticleId=127，2010年7月20日访问。

② 迟福林：《加入WTO将带来中国的第二次开放和改革》(2001年9月28日)，中国宏观经济信息网：http://www.macrochina.com.cn/zhzt/000096/001/20010928020768.shtml。2010年7月28日访问。

入世界贸易组织，不仅标志着我国对内改革进入一个新阶段，也标志着我国对外开放进入全面、全方位开放的新阶段。对外扩大开放促使国内改革进程的加快，中国的经济运行机制和经济管理体制逐步与国际接轨，外贸立法和机制建设努力在维护国家利益和遵从世贸组织规则之间寻求平衡。加入世贸组织后，中国根据入世承诺，对以前的对外贸易法律法规进行了全面清理，修订发展了对外贸易法，已逐步形成一个"结构合理、规范完备、内容丰富"的对外贸易法律体系，为国内外企业开展公平交易与竞争提供了制度保障。

在入世时，中国政府在外贸制度、管理方式等方面向 WTO 承诺，建立统一透明外贸制度，3年放开外贸权等。为履行承诺，树立负责任大国的对外形象，为落实这些承诺，2004年中国对1994年的外贸法进行重大修订。新的外贸法确立了新时期我国外贸改革发展的基本法律框架，这也推动了与新修订的外贸法相配套的有关外贸条例、规章的制定和完善工作，并以此确立起我国外贸发展所需的基本法律框架体系，从而全面推进外贸依法行政工作的开展。修订外贸法是适应我国加入世贸组织的需要，是适应我国外贸快速发展的需要，是贯彻落实党的十六大和十六届三中全会精神的需要，也是适应我国法制化建设的需要。通过贯彻实施外贸法要达到三个目标：一是为国内各类外贸经营者创造平等条件，加快内外贸一体化进程，进一步提高贸易自由、便利程度。二是为中外双方创造公平和可预见的外贸环境，促进互利共赢，实现中国与世界的共同发展。三是按照国际通行做法建立健全外贸运行监控体系和国际收支预警机制，合理保护国内产业和市场，维护国家经济安全。[①]

在政治社会领域，加入世贸组织为中国国内政治制度与国际相接轨提供了宝贵机遇和动力源泉，推动着中国国内相关制度与法规的制定和实施。在中国入世之初，世界舆论普遍认为，中国入世必将带来中国经济政治和社会的大变革。如美国著名智库凯托研究所（The Cato

① 《适应加入WTO需要，促进外贸快速发展——商务部有关负责人解读新修订的外贸法》，载《人民日报》2004年4月10日，第2版。

Institute）在其2001年的学术期刊上刊登的一篇题为《WTO：中国的未来与香港的机遇》的文章中指出，从长远看，中国加入 WTO 和与之带来的经济自由化和融入世界经济，无疑会加速中国内部的制度、结构和文化变革。[①] 正如国际舆论普遍认为的，中国在进行经济体制改革，完善社会主义市场经济制度的同时，也逐步健全社会政治制度建设。其原因，正如邓小平所说，“政治体制改革同经济体制改革应该相互依赖，相互配合。只搞经济体制改革，不搞政治体制改革，经济体制改革也搞不通，因为首先遇到人的障碍。事情要人来做，你提倡放权，他那里收权，你有什么办法？从这个角度来讲，我们所有的改革最终能不能成功，还是决定于政治体制的改革。”[②] 入世使得中国领导人实施政治权力的环境在发生变化，领导人的世界观也随之变化，这必然影响到中国政治制度的发展。而政治体制改革是否顺利取决于人们群众的支持。中国政府为履行入世承诺，十分重视向各级政府和官员以及社会各界宣传普及世贸组织的基本知识及其倡导的宗旨和原则，争取社会公众的支持。入世后，中国政府统一组织了一系列世贸组织培训班，培训了来自全国各地的高级公务人员。面向企业和社会的各种形式的培训也使社会各界受益。这些努力使世贸组织在中国家喻户晓，并让入世承诺的履行在中国得到了广泛支持。这为经济政治体制的改革奠定了重要的社会基础。

在社会文化领域，随着中国经济逐步融入世界，中国民众同世界的距离感、陌生感、疏离感和不信任感在逐渐消减，而对世界和对自身的认识日趋成熟。中国人的国际意识在增强。国际意识指的是人们对于本国与世界之间的关系，以及世界各国之间关系和世界事务的总的认识。国际意识作为一种思想意识，是情感态度、思维方式和价值观的统一。它是一种积极主动地面向世界、学习汲取世界各国人民创造的一切优秀物质和精神文明成果的态度与观念，是具有宏观历史视野、正确把握时代潮流，全面、整体、发展地思考与分析世界事务的

① Joseph C. K. Yam, “The WTO: China’s Future and Hong Kong’s Opportunity”, *Cato Journal*, 2001, Vol. 21, No.1, p.2.

② 《邓小平文选》（第3卷），北京：人民出版社，1993年版，第164页。

方式与方法，是积极参与国际竞争与国际事务管理、自觉遵守国际规则与制度的品质和能力，是个人对本民族、国家，以及对全人类的责任与义务的意识，是一种人类共同体的意识。中国的入世和积极参与国际竞争与合作，使中国人民逐渐养成了一种敢于竞争、积极进取、合作开放的心态与意识，"共生"与"共赢"的理念在深入。

如上所述，中国信守入世承诺在扩大开放和遵守规则的过程中，经济社会面貌随之发生了重大变化。龙永图用"外塑形象，内促改革"八个字概括了入世对中国经济社会的影响。外塑形象指的是通过入世，对外要树立中国的新形象，特别是一个崛起的中国的新形象；内促改革是通过入世促进国内的改革。中国入世的意义在于引进一些重要的国际规则和理念，尤其是双赢的理念。[①] WTO总干事素帕猜在"WTO与中国：北京国际论坛"开幕式上发表题为《让多哈回合重上轨道：重要性及前景展望》的演讲。他对中国加入WTO后履行承诺情况予以高度评价，并反复强调，中国是一个重要的贸易大国，WTO需要中国发挥全面积极的作用。素帕猜说，在全球经济非常脆弱之时，中国强劲的经济运行情况应该作为全球增长的发动机而受到欢迎，其他发展中国家也应该因此深受鼓舞。中国已经是国际贸易领域一个重要角色，在经济持续增长的同时，与其他贸易国家的关系也更加密切，这些关系意味着在WTO谈判的框架下，进一步的贸易自由化将成为中国经济增长巨大的推动力。中国需要市场开放的机会，也需要一致非歧视性贸易规则的法律保障，这些都是WTO可以提供的。[②]

（二）有所作为：中国入世五年后的角色转变

到2010年，中国入世9年后，在货物贸易领域，关税平均水平从加入前的15.3%降低到2009年的9.8%，其中，农产品平均关税为

---

① 龙永图：《加入世界贸易组织对中国社会经济的深层影响》，载《中国流通经济》2006年第12期，第4—6页。

② 《WTO总干事素帕猜表示：WTO需要中国发挥全面积极的作用》，载《人民日报》2003年11月11日，第2版。

15.2%，工业品平均关税为8.9%。中国还按所承诺的时间表全部取消了进口配额和进口许可证等非关税措施，彻底放开对外贸易经营权。在服务贸易领域，在按世贸组织规则分类的160多个服务贸易部门中，中国已经开放了100个，涉及银行、保险、电信、分销、会计、教育等重要服务部门，为外国服务提供者提供了广阔的市场准入机会。在知识产权领域，中国高度重视知识产权保护工作。完成了相关法律法规的修改，使其与世贸组织《与贸易有关的知识产权协定》以及其他保护知识产权的国际规则相一致，不断加大知识产权保护力度，提高全社会的知识产权保护意识。中国已建立符合世贸组织要求的法律体系，清理了3000多部法律、法规和规章，对贸易体制和政策进行了全面的调整，使中国的对外经贸体系与世贸组织的规则和我们的承诺相一致，中国的贸易体制和环境更加稳定，更具可预见性。加入世贸组织九年来，多边贸易体制所倡导的理念在中国已逐渐为人们所了解，“透明度”和“非歧视”等世贸组织原则已成为中国立法的原则依据，全球视野、创新眼光、竞争意识、发展意识、法治观念、知识产权观念正在深入人心，逐步建立了现代企业制度和会计制度，企业素质与国民素质得到了更深层次和更具普遍意义的提升。截至2010年，中国加入WTO的所有承诺已全部履行完毕，建立起了符合规则要求的经济贸易体制，成为全球最开放的市场之一。①2010年3月26日，世贸组织称中国已取代德国成为世界最大的出口国。在2009年的商品和服务贸易方面，中国出口为1.2万亿美元，而德国为1.12万亿美元，美国为1.06万亿美元。②

2010年7月21日，中国商务部部长陈德铭在与来访的世贸组织总干事帕斯卡尔·拉米（Pascal Lamy）会谈时表示，中国将进一步把农业和工业品的实施关税削减30%左右。在服务业方面，在160个分部门中，在加入WTO时已开放100个分部门的基础上，中国已承诺将进

① 商务部新闻办公室：《中国与世贸组织：回顾与展望》。

② “WTO says China is world’s biggest exporter”, March 26, 2010，美国合众社网站：http://www.upi.com/Business_News/2010/03/26/WTO-says-China-is-worlds-biggest-exporter/UPI-11791269631891/。2010年9月10日访问。

一步开放11个分部门。[①]

中国入世不仅带来中国国内经济政治社会的重大变化，也深刻影响到中国与国际体系的关系和中国国际身份的变化。加入世贸组织九年来，中国的国际角色逐渐从一个被动的学习者和履约者向积极行为的有所作为者转变。

在多边贸易谈判中，中国逐步成为一个重要的协调方。中国加入世贸组织后，十分重视多边贸易谈判，但在以往的谈判中，中国提出的主张或建议很少，反而是发达成员和发展中成员很希望中国能够出面协调谈判的立场。[②]2005年以后，中国开始重视在多边贸易谈判中的作用，积极参与了世界贸易组织部长级和高官级的谈判和磋商，成功举办2005年大连世贸组织小型部长会，在同年12月香港举行的世贸组织第六届部长会上发挥了桥梁作用。2007年5月，当时的中国商务部长薄熙来、和农业部长孙政才联名致函世界贸易组织总干事拉米、总理事会主席雅各布和农业谈判委员会特别会议主席福尔克纳，就多哈回合农业谈判相关问题阐明了中国政府的立场。其后，他们又清晰地表明了中国政府在四个方面的立场。这说明中国更加深入地参与世界贸易组织的谈判，一方面更加明确地维护中国的利益，另一方面也推动多边贸易体系向更加公平、合理的方向发展。[③] 在2008年7月世贸组织小型部长会上，中国受邀参与“七方”（G7）部长小范围磋商，首次进入多边贸易谈判核心决策圈。中国从大局出发，努力弥合各方分歧，始终不放弃推动谈判达成共识的努力。虽然谈判最终破裂，但中国所发挥的作用有目共睹。2009年，为打破僵局，推动谈判。中国及时提出“尊重授权，锁定成果，多边谈判为基础”的三项谈判原则，得到了大多数成员的认可和支持，并体现在20国集团峰会宣言中。2009年底的世贸组织第七届部长级会议上，中国呼吁改善和加强以世界贸易

① 《中国入世承诺已全部履行完毕，农业和工业品关税将再降三成》（2010年7月25日），中国世贸网：http://www.chinawtonetwork.org/html/mytzdt/zgdt/641.html。2010年7月28日访问。

② 杨洁勉主编：《国际体系转型和多边组织发展：中国的应对和抉择》，北京：时事出版社，2007年版，第140页。

③ 杨洁勉主编：《国际体系转型和多边组织发展：中国的应对和抉择》，第141页。

组织为代表的多边贸易体制，推动成员共同向世界发出“开放、前行、改革”的积极信号。①

同时，中国积极推动国际贸易谈判中重视“发展”议题。多哈回合谈判是世贸组织发起的第九轮多边贸易谈判，是迄今涉及范围最广、参加成员最多的一轮谈判。多哈回合谈判的成功将有助于创造更加开放、公平的国际贸易环境、推动世界经济的复苏和可持续增长。多哈回合谈判自2001年11月启动以来，关注的重点一直是贸易自由和开放，因为谈判的主导者是发达国家，而发达国家往往是贸易自由与开放的受益者，所以在其主导下的谈判更多强调贸易自由。然而，发展中国家更重视的是“发展”的议题，希望在多哈谈判中强调发展与公平。中国作为发展中国家中的重要成员，与其他发展中国家具有许多利益共同点，同时中国作为贸易大国的地位使其在国际贸易格局中占居特殊位置，其意见具有更大的分量。在此情况下，中国一方面加强对多哈回合谈判的科学研究，另一方面积极在做谈判进程的斡旋工作，在谈判中发挥了积极影响，在维护多边贸易体制的同时，促进国际贸易规则向着更为公平和更有利于发展的方向转变。

（三）中国在世贸组织中角色转变的原因

中国在世贸组织中角色的转变来自于中国参与世贸组织的实践过程。如本书前面所言，参与实践的主体在参与实践的复杂互动中不断融入、学习、借鉴、创新，形成关于国际体系及其相互关系的新的认知，即新剧本，并通过各种实践活动获得国际体系的承认，形成新的身份。同时，中国在系统遵约和参与国际体系的实践中，通过反思和创新，积极形成新观念和新议程，从而影响国际体系的发展方向，促进国际体系朝着更加公正、合理和有序的方向发展。中国参与世贸组织的实践一方面形成了中国新的身份定位，另一方面也形成了中国参与国际体系的新观念和新议程。

① 商务部新闻办公室：《中国与世贸组织：回顾与展望》。

加入世贸组织使中国的改革开放进入一个全面深入发展时期，中国与世界经济体系的联系空前紧密，中国经济高速增长，这使中国与国际社会产生了高度的利益认同。[①]2001年中国加入世贸组织后，进出口规模均大幅上升。中国出口在2004年赶上日本，2007年超过美国，2009年，又取代德国成为世界第一出口国。短短9年时间，中国迅速成长为贸易大国。据世贸组织统计，2001至2008年，世界出口额增长1.6倍，进口额增长1.53倍；中国出口额增长4.37倍，进口额增长3.65倍，皆远高于世界整体水平；中国出口额占世界出口额的比重由4.3%升至8.89%，进口额比重由3.76%升至6.9%。[②] 在这个过程中，中国深刻认识到，中国的发展离不开世界，中国顺应经济全球化的趋势，坚持在更大范围、更广领域和更高层次上参与国际经济技术合作，积极推动经济全球化向有利于各国共同繁荣的方向发展。

同时，中国在世贸组织这个实践场阈中的实践过程逐渐形成中国新的惯习（habitus），从而产生新的身份定位，创设出新议程。实践过程不仅生成了社会意义结构，也改变了行为体参与实践、理解实践以及支配实践资源的权力。[③] 实践的过程不仅是学习的过程，也是行为体形成惯习的过程。[④] 惯习来自于行动者长期的实践活动，一旦经过一定时期的积累，经验就会内化为人们的意识，去指挥和调动行动者的行为，并逐渐演绎出行为规范和认同规范。尽管惯习属于主观层次，深刻地存在于行动者的性情倾向系统中，但它包括了社会结构和施动者主观观念的互动，是结构与行为、社会与个人之间的动力学交叉点。它反映了施动者在特定情景中形成的对社会结构的主观适应，从而促

① 秦亚青：《国家身份、战略文化和安全利益：关于中国与国际社会关系的三个假设》，载《世界经济与政治》2003年第1期，第11页。

② 杨长湧：《理直气壮地维护诉求》（2010年7月27日），载《人民日报（海外版）》，人民网：http://theory.people.com.cn/GB/12255632.html，2010年7月28日访问。

③ 朱立群、聂文娟：《国际关系理论研究的“实践转向”》，载《世界经济与政治》2010年第8期，第109页。

④ 惯习和习惯是有区别的，尽管二者都包含有生存活动中所获得的经验性因素，但习惯往往表现出自发性、重复性、机械性和惰性，不具有创造性、建构性和再生性，而惯习并不是单纯地复制经验，而是以一种独特的、创造性的方式，再生、重建和改造社会条件的一种主动性的动力因素。参阅朱立群、聂文娟：《国际关系理论研究的“实践转向”》，第110页。

发了对自身身份定位以及相关规范的认知。[①] 中国在加入世贸组织，学习和遵守国际规则规范，与国际规则接轨的同时，也形成了中国在世贸组织中自身的身份定位，从而影响到中国外交行为方式的变化。中国在入世之初，对于贸易争端一般希望通过外交和双边谈判的方式来解决，后来在世贸组织中慢慢学会了诉诸法律诉讼解决。尤其是2009年中国汽车部件案失败后，[②] 中国更加重视运用法律手段解决贸易争端问题。

法国现代中国研究中心主任纪野（G. Guiheux）这样评价中国入世的影响，他认为，“并不是中国改变了世贸组织，而是世贸组织改变了中国”。[③] 但是，我们认为，中国与世贸组织的交流互动是一个相互影响的过程。事实上，中国加入世贸组织9年来，不仅积极履行加入时作出的广泛承诺，还在推动世贸组织的发展中发挥了独特的作用，中国的角色逐渐从一个被动的学习者和履约者向积极的有所作为的行为体转变。

所以，中国的入世不仅对中国自身也对世贸组织的发展产生着重大意义，它有助于加强世贸组织的作用。一位西方学者这样评价说：“从维持国际体制的角度看，中国接受了重要的多边组织——国际货币基金组织、世界银行以及关贸总协定或世界贸易组织。这一事实对新国际经济秩序论者是个打击，驳斥了上述机构为美国帝国主义的工具的观点。中国在这些组织中的参与赋予了这些机构新的合法性。”[④] 世贸组织总干事帕斯卡尔·拉米也这样评价说，中国加入世贸组织是关贸总协定以及世贸组织历史上最重要的事件。中国一词的含义是“中央之国”，而正是加入世贸组织，将中国从世界的边缘拉到了世界中

① 朱立群、聂文娟：《国际关系理论研究的“实践转向”》，第110页。

② 当时世贸组织发现中国违反了贸易规则，对进口汽车零件课以与外国产整车同样高的税率。由三名成员组成的WTO争端解决小组认为，中国的措施给予进口汽车零件的待遇低于国产汽车零件，或致使进口汽车零件比国产汽车零件缴纳更多费用，由此判断中国违规。

③ （法）科琳娜·瓦德尔卡：《中国与世贸组织：既雄心勃勃又模棱两可的态度》（马景鹏摘译），载《国外理论动态》2008年第6期，第78页。

④ （美）玛格丽特·皮尔逊：《中国与国际贸易和投资体制》，载（美）伊丽莎白·埃克诺米、米歇尔·奥克森伯格主编：《中国参与世界》（华宏勋等译），北京：新华出版社，2001年版，第187—188页。

心。中国已经成为世界舞台上的新角色和新力量。同时，中国的入世“不仅让中国更具公信力，也让世贸组织更具国际性”。[①]

四、结语

中国入世既是中国的选择也是世贸组织发展的要求。一方面入世是中国改革开放和经济发展的自身需要，是顺应经济全球化潮流，主动参与国际竞争与合作的积极姿态；另一方面世贸组织不能忽视中国这个坚定地实施对外开放战略的新兴发展中大国，接纳中国是世贸组织的必然选择。本章通过对中国加入世界贸易组织实践进程的分析，大致可以总结出以下观点：

第一，中国加入世贸组织是一个持续的实践参与互动过程，具有阶段性和不平衡性特点，期间国际环境变化和中国国内局势变动都深刻影响到中国入世历程。从1986年中国正式提出复关到1989年中国政治风波前，中国的复关工作进展非常顺利，然而1989年中国政治风波使中国停在了复关的“门槛”上。其后，随着关贸总协定向新的世贸组织的转变，以美国为首个别缔约方蓄意阻拦中国成为世贸组织的创始成员，将中国的入世谈判“政治化”，使得中国入世工作进行异常艰辛。然而，中国入世的决心和努力，以及世贸组织自身发展的需要，最终使中国成为世贸组织的正式成员，中国获得了世贸组织的形式承认。但是，在入世后的物质利益分配方面，尤其是在价值承认方面，中国参与世贸组织的实践将持续进行着互动。

第二，中国在入世的实践参与进程中不断进行自我身份的调整和再定位。在复关谈判的第一阶段，中国不承认在搞市场经济，而关贸总协定/世贸组织将市场经济奉为圭臬，所以中国实行社会主义计划经济体制的身份认定为其入世工作带来了最大阻力。直到后来，随着中

① 《中国新角色：稳定世界经济的重要力量》（2010年7月26日），中国金融网：http://finance.financeun.com/news/2010726/0754066767.shtml，2010年7月28日访问。

国改革开放的深入，邓小平提出在社会主义条件下也可以搞市场经济，这才消除了中外之间最大的障碍。中国建设社会主义市场经济体制的实践得到了世贸组织的认可，并且，中国在入世过程中一直体现为一个认真的学习者和信守承诺者，严格遵守世贸组织规则，并按照其规则要求继续扩大对外开放和深化对内改革。这种以学习实践和遵约实践为主的参与实践使得世贸组织对中国有了新的认知（即新剧本），中国的努力获得了世贸组织的形式承认，中国形成新的身份定位。同时，中国在系统遵约和参与实践中，不断反思，进行创新实践，形成了新观念和新议程，推动世贸组织更加重视“公平”和“发展”问题。所以，中国在入世的参与实践互动中，经历了从学习实践和遵约实践过程中改变自己到创新实践中影响世贸组织发展的过程。

第三，中国政府在入世过程中发挥了较强的能动性。在复关/入世前，为凝聚社会共识，中国政府通过自上而下的方式组织各种GATT/WTO规则知识的学习活动，不但动员和培训了社会大众，使得入世获得了民众支持，而且统一了国内各阶层和利益集团的认识，获得了社会精英的支持。这一参与实践主要体现为话语实践和联盟实践。同时，为使世贸组织及其成员认可中国，中国政府一方面积极进行经济和外贸体制，以及相关组织机构的改革和调整，另一方面主动与世贸组织及其成员接触，让对方更全面地了解和认识自己。更重要的是，在整个复关/入世谈判期间，中国政府对于谈判的大方向和方针政策始终给予了高度关注和准确把握，尤其像对“中国的发展中国家地位”等原则性问题上，中国政府一贯坚持，绝不接受损害国家根本利益的歧视性条件，同时中央领导利用各种机会积极推动复关/入世的谈判，并为其营造良好的外交环境。所以，中国政府在中国入世过程中发挥了主导性作用。

第四，中国的入世实践过程不但形成了中国新的身份认定，也提高了中国参与世界经济事务实践和支配实践资源的能力，同时也在一定程度上改变着参与实践的“环境”。世贸组织为中国提供了一个透明、稳定、开放的外部经济环境，中国充分利用入世所带来的机遇并积极迎接其挑战，在进一步扩大对外开放和深化对内改革的过程中，经济取得了持续高速增长，社会政治面貌也发生了深刻变化。同时，中国的入世也为世界经济的发展作出了贡献。一方面中国出口的迅速扩张，给世界带来了价廉物美商品源源不断的供给，中国制造的商品在提升了消费者福利的同时，也维持了低通胀水平。另一方面中国进口的迅速扩大，则为世界其他国家的经济增长提供了强大的需求动力。特别是金融危机爆发后，在全球贸易保护措施急剧增加的情况下，中国坚持扩大开放、增加进口，成为拉动世界经济走出困境的重要力量。2010年5月31日，世贸组织对中国贸易政策进行第三次审查时，对中国在金融危机中坚持扩大进口表示高度赞赏。世贸组织总干事帕斯卡尔·拉米认为，国际金融危机发生以来，中国经济的高增长以及旺盛的进口需求，让很多经济体增加了对华出口，中国已成为稳定世界经济的重要因素。①

第五，中国想获得世贸组织“价值承认”的道路还很漫长。入世使中国获得了世贸组织成员的形式承认，中国入世10年来，世贸组织为中国经济发展提供了十分有利外部制度环境，但世贸组织在与中国的物质利益交往中，并未给予中国实质性承认，即分配承认，中国面临着诸如贸易安全、知识产权、政府采购等一系列严峻挑战。尤其在价值承认方面，西方发达国家占据主导地位的世贸组织更是没有给中国以平等基础上的话语、规则、议程权力的承认。这背后反映出来的虽然有利益的争夺，更重要的是西方对中国这个社会主义的新兴发展中大国的不信任，乃至围堵和扼杀。

尽管如此，中国入世十年的历程证明加入世贸组织决策是符合中国国情的，是高瞻远瞩的历史性决策。中国有效利用世贸组织这个多边舞台，抓住经济全球化的历史机遇，成为发展中国家积极融入全球化进程的一个典范。中国负责守信地履行承诺，积极为加强多边贸易体制做贡献，不仅为自身的经济社会发展注入了强大的活力，也赢得了世贸组织成员和国际社会的广泛肯定和赞赏。中国始终是多边贸易体制的坚定支持者，始终是自由贸易原则的重要维护者，始终是多哈

① 《中国新角色：稳定世界经济的重要力量》。

回合谈判的积极推动者。中国将继续坚持“互利共赢”的基本原则，与其他成员一道，共同努力，反对各种形式的保护主义，不断推动多边贸易体制向更加民主、更加高效和更加公正、平衡的方向发展。[1]

① 商务部新闻办公室:《中国与世贸组织：回顾与展望》。

第3章

中国参与国际金融组织进程分析

曲　博[①]

1980年4月和7月，中国先后恢复了在国际货币基金组织（IMF）和世界银行（World Bank）的合法席位，开始了中国加入和参与多边国际经济组织的新进程。伴随着中国改革开放的逐步深入和经济发展的显著成就，中国参与多边国际经济组织的范围越来越广，程度越来越深，承担的责任与义务也越来越重要。这些多边国际经济组织及其主要成员国家也都希望和要求中国能够发挥同其自身经济地位相适应的作用。中国在过去30年参与多边国际经济组织的历史进程及其现实和未来影响已经成为国际关系研究的重要议题之一。

中国转变政策开始积极参与国际经济组织的内在动力是什么？这种参与进程是如何发生的？过去30年的参与实践对中国国内政治经济会有什么样的影响？在考虑到多边国际经济组织对中国经济增长的正面作用的条件下，因高速经济增长而带来的中国实力和影响力的上升会对这些国际经济组织产生什么样的影响？围绕中国参与国际经济组织进程和影响的此类问题既具有一般性的理论意义，也有具体的现实意义。从理论上讲，对中国参与国际经济组织的分析有助于理解国家

① 曲博　外交学院国际关系研究所副教授，博士。

与国际体系的互动关系，尤其是作为一个曾经的“体系外”国家是如何实现重新融入体系的，为实现这个目标，需要作出哪些国内政治经济的调整；另一方面，一个新兴国家，尤其是大国或潜在大国的融入对体系本身又会产生什么影响。从现实来看，持续的经济增长已经使中国成为了具有重要经济影响力大国，无论是对中国还是对世界经济而言，中国已经是世界经济中的重要组成部分。在这样的背景下，特别是当前的全球经济危机的情势下，中国的对外经济政策选择和多边国际经济组织的作用都关涉开放稳定的世界经济的前景。因此，理解中国参与国际经济组织的原因和结果不仅对中国重要，而且也具有重要的世界意义。

本章借助第1章提出的分析框架，从参与实践的角度来理解中国加入国际货币基金组织和世界银行的进程，着重分析中国参与实践的变化及中国在国际体系中的身份或承认的相应改变。参与实践的视角为上述问题提供了不同的解释，中国对多边国际经济组织的政策偏好、在国际经济组织中可能发挥的作用都取决于两者之间的互动。

一、中国参与国际金融组织：利益、社会化还是实践

对中国参与国际经济组织主要有两种传统解释：理性主义和建构主义。理性主义解释强调中国参与国际经济组织的物质激励和约束，认为中国加入国际经济组织的主要动力在于中国预期到能够从加入国际经济组织中获取利益。在理性主义看来，中国加入国际经济组织是为了实现其现代化目标和经济发展，而且过去30年的经验也证明了这一点。中国利用参与国际经济组织获得了经济发展不可或缺的资本，包括援助和贷款等，兴建了必要的基础设施和人力资本投入，引进了外国先进的管理经验和技术，同时也促进了私人直接投资的流入，解决了中国经济发展的“资本缺口”问题。因此，理性主义认为中国加入

国际经济组织是精心计算的“赌局”，[①] 中国对国际经济体系和组织最重要挑战是搭便车问题。[②] 他们认为中国倾向于选择性的参与国际经济组织，不愿意承担提供国际公共物品的责任和成本，因此应对政策就是使中国成为“负责任的利益相关者”。美国助理国务卿佐利克是这种观点代表。他认为中国是一个大国，并且是一个影响力持续增长的大国，对于美国而言，最重要的问题是中国如何运用其影响力。他主张美国及其他相关国家不应该只是满足于中国简单的参与国际组织，而是要督促中国成为国际体系的“负责任的利益相关者”。[③] 从事实上看，的确自改革开放以来，中国通过参与国际经济组织获取了所需的经济利益，实现了经济增长等国内目标，并且与国际体系紧密相连。中国共产党十七大报告指出，“当代中国同世界的关系发生了历史性变化，中国的前途命运日益紧密地同世界的前途命运联系在一起”。因此，理性主义的看法似乎是合理的，中国参与国际经济组织及过程是其理性计算的结果，要想改变中国的行为要持续的通过物质利益的激励。

但是，对中国参与国际经济组织的理性主义观点所暗含的前提削弱了其解释能力。理性主义假设国家是理性的，具有在有限信息下做出符合自身利益的决策。这种假设暗示国家具有足够的信息，知道自身的初始偏好，也能判断因不同选择带来而导致的不同成本与收益，从而做出正确决策。但是这种假设极易降低推理的可信性，也就是说当从结果去反推原因或动机时，总是可以找到符合自己理论的解释。比如，当一个决策并不会带来直接物质利益的时候，理性主义可能解

① William Feeney, “China and the Multilateral Economic Institutions, ” *China and the World: Chinese Foreign Policy Faces the New Millennium*, ed. Samuel Kim, Boulder: Westview Press, 1998, pp.259-261.

② Samuel Kim, “China and the United Nations”, *China Joins the World: Progress and Prospects*, eds., Elizabeth Economy and Michel Oksenber, New York: Council on Foreign Relations, 1999; Justin Hempson-Jones, “The Evolution of China’s Engagement with International Governmental Organizations: Toward a Liberal Foreign Policy?” *Asian Survey*, Vol.45, No.5, 2005, pp.702-721; Thomas Moore, *China in the World Market*, New York: Cambridge University Press, 2002.

③ Robert Zoellick, “Whitehr China: From Membership to Responsibility?” Remarks to National Committee on US-China Relations, September 21, 2005, http://www.ncuscr.org/files/2005Gala_RobertZoellick_Whither_China1.pdf, 2011年10月20日访问; Amitai Etzioni, “Is China a Responsible Stakeholder, ” *International Affairs*, Vol.87, No.3, 2011, pp.539-553。

释该行为会带来其他形式的利益，或者干脆就批评领导者决策错误。其次，利益计算还要区分长期利益和短期利益，国家始终是短期利益驱动，还是长远利益驱动，还是都有可能？在什么样的条件下，国家考虑长远利益？最后，理性主义倾向于认为行为体在行动之初就具有自身如何战略性行动的整体蓝图，因此强调行为体的意图或动机。

当从理性主义理解中国参与国际经济组织进程时，这些暗含的前提削弱了理性主义的解释能力。首先，中国参与国际经济组织完全是利益计算的结果吗？为什么当国际货币基金组织通过了旨在限制中国的双边评估机制后，中国仍然支持货币基金组织？为什么东亚金融危机之后，几乎所有亚洲国家都在批评货币基金组织的情况下，中国保持着沉默，并且不支持日本的亚洲货币基金计划？其次，能否区分出中国是根据长远利益还是短期利益处理同国际经济组织关系的条件？最后，中国是否在最初就对国际经济体系和组织具有全面的、清楚的改革蓝图？中国的“韬光养晦”、“和平发展”是真实意图的反映，还是故意隐藏野心？在某些理性主义看来，随着中国经济实力的增长，从中国自身利益出发，中国不可避免会利用其增长的经济实力来影响国际经济体系，尤其是规则的制定，从而更好地维护自身利益。[①] 但是理性主义的这种观点似乎缺少事实的支持。因此，理性主义对中国参与国际经济体系进程的解释因为其暗含的前提而削弱。

建构主义强调观念、文化、身份或认同对国家行为的影响，利用非物质性要素来理解国际关系。[②] 比如玛莎·费丽莫分析了国际制度如何传播价值和规范，建构国内制度和程序，从而影响国家行为，接受国际规则和规范，甚至在这些规则同物质利益并不一致时，仍然遵守这些规则和规范。[③] 江忆恩也强调社会化过程对国家行为的影响，不过他集中分析社会化的微观过程（microprocesses），也就是社会化是通

① Richard Cooper持这种看法。他于2010年5月27日在布鲁塞尔举行的“中国、欧洲与全球治理改革”会议上的发言，就表达了这种看法。

② （美）亚历山大·温特：《国际政治的社会理论》（秦亚青译），上海人民出版社，2008年版；（美）玛莎·费丽莫：《国际社会中的国家利益》（袁正清译），杭州：浙江人民出版社，2001年版。

③ （美）玛莎·费丽莫：《国际社会中的国家利益》。

过何种途径影响国家行为的。他区分了三种形式：模仿、劝说以及社会影响（social influence），并利用这三种方式解释中国在1980—2000年间参与国际安全制度的行为。他的核心问题是：在没有明显物质利益激励的条件下，并且中国是一个具有现实主义传统的国家，为什么中国仍然选择合作性行为，参与国际安全制度? [①] 对中国参与国际经济组织的研究缺乏直接的建构主义文献，但是Harold Jacobson和Michel Oksenberg的研究隐含了建构主义的想法，他们认为因为中国参与国际经济组织，所以中国必须建立新的国内组织来协调同国际组织的关系，而这些新的国内组织在与国际经济组织的互动中，学习到了新的规范和规则，进而成了中国参与和遵守国际制度的强有力支持者。[②] 尽管建构主义对理解国家参与国际制度的动力、国际制度影响国家行为的机制等给出了相对有力的解释，但是建构主义也面临一些具体问题。首先，建构主义强调观念、身份的重要性，集中分析这些非物质要素影响国家行为的方式，但是也不能忽视国家初始偏好。初始偏好是规范能否发挥影响的重要条件。就中国参与国际经济组织来看，中国在恢复或成为国际经济组织成员之前的偏好也是重要的，它影响了中国对国际经济制度的态度。其次，建构主义倾向于认为观念和规范塑造国家行为，那么作为规范传播结果的国家行为应该是趋同的，至少可以说在长期内是趋同的。但是，以中国参与国际经济组织的例子来看，学者在承认中国努力学习和接受国际规范，并且是遵守协定的典范时，仍然担心随着经济实力的持续增强，中国会成为不满现状的国家。在具体的案例中，建构主义需要明确规范或规则能够扩散和传播的条件以及程度。

因此，正如第一章强调的，在分析中国参与国际经济组织上，传统的理性主义和建构主义是静态的，在内在解释逻辑上存在不一致的情况。具体而言，中国参与国际经济组织的动力完全是因为物质利益

① Alastair Johnston, *Social States: China in International Institutions, 1980–2000*, Princeton: Princeton University Press, 2008.

② Harold Jacoson and Michel Okesnberg, *China's Participation in the IMF, the World Bank, and the GATT*, The University of Michigan Press, 1990.

吗？是长远利益，还是短期利益？经过30年的学习和参与，中国是国际经济制度的维护者还是变革者？中国是否存在变革国际经济制度的整体计划？这些问题的提出都部分反映出理性主义和建构主义的学术偏向，它们的回答也存在问题。所以，下面采用本书提出的分析框架，强调"中国参与国际体系是一个持续的互动过程"，这个进程关系到参与实践、新剧本和身份承认之间的互动关系，在参与实践中，中国不断形成新的剧本，而这种认知再次通过实践活动，使主体获得国际体系的承认，从而形成新的身份。

具体而言，下面将分析中国参与国际货币基金组织和世界银行的实践进程，重点强调话语实践和联盟实践如何创造新剧本，而国际经济组织对中国的身份又是如何从形式承认升级到实质性承认。我们会发现实践进程的差异会带来不同的结果，实践的变化也会改变行为体的剧本和国际组织的承认。也就是说，从经验现实来看，我们需要思考如下问题：为什么从1980年中国恢复国际货币基金组织和世界银行的合法席位之后，中国对这两个不同的国际组织的参与程度不同？中国对国际货币基金组织的参与，为什么国际社会对中国会从形式承认上升为实质性承认，中国如何接受其新的身份？就中国参与世界银行而言，当中国从好的"学习者"逐渐变成"平等的合作伙伴"后，新的实践呈现出什么样的特征，国际社会对中国的身份有什么新变化？对这些问题的讨论与分析尝试验证实践—剧本—承认的理论链条。

二、中国与国际货币基金组织

中国是国际货币基金组织的创始会员国，在1959年之前为第三大份额成员国，因此自动成为12个执行董事会成员之一，可以独立任命自己的执行董事。在20世纪70年代初之前，国民党政府窃取了中华人民共和国在货币基金组织的合法席位，而国民党政府在50年代以来的几次基金组织扩大份额规模时，并没有相应增加自身份额，中国占货币基金组织的份额从1946年的7.2%降到了1971年的1.9%（相应的，从第3位下跌为第12位），甚至最后中国代表席位无法自己组成选区，被排除在执行董事会之外。

新中国成立之后，中国曾经努力恢复自己在国际组织中的代表权。1950年8月，周恩来总理以外交部长的名义致电当时的国际货币基金组织总裁古特，声明中华人民共和国是中国的唯一合法政府，要求国际货币基金组织将台湾代表驱逐出去。在1950—1954年间，捷克斯洛伐克曾经发起若干次驱逐国民党代表，恢复中华人民共和国合法席位的倡议，但都没有成功。[①]

在1971年中国恢复在联合国合法席位之后，相关部门根据部署开始着手研究联合国的专门机构。中国人民银行承担对国际货币基金组织、世界银行、国际开发协会、国际金融公司等金融方面的专门机构的研究。[②] 1973年9月，姬鹏飞外长致电国际货币基金组织，再次要求恢复中国合法席位，驱逐台湾当局。[③] 1976年9月，中国再次致电国际货币基金组织，要求恢复中国的合法席位。这次要求的直接原因是国际货币基金组织根据其决定将偿还各国缴纳配额黄金部分的1/6，中国将得到470708盎司的黄金，相当于6000万美元。1973年和1976年这两次行动以及中国与货币基金组织的互动同“参与实践”理论一致。当中国向国际货币基金组织提出恢复合法席位之后，国际货币基金组织同中国进行接触，其主要想法是判断中国意图，尤其是中国是否愿意接受《国际货币基金组织协定》的义务和责任，而中国则强调自身代表权的合法性，双方认识上的差异，导致了合作的失败。

1978年开始，中国因为自身内部目标的变化，同国际货币基金组织和世界银行等国际经济组织的关系也开始发生变化。重新恢复在国际货币基金组织等组织的合法席位，标志着同过去封闭政策的告别，

---

① James Boughton, *Silent Revolution: The International Monetary Fund 1979–1989*, Washington, D.C., International Monetary Fund, 1999, p. 970.

② 戴乾定：《参加国际货币基金组织前后》，载《中国金融家》2010年第2期，第154—156页。

③ 之后国际货币基金组织和中国代表又进行了若干次磋商，并在1973年11月双方代表在纽约会商，其谈判过程也反映出本书主张的“参与实践”的特征，中国对国际货币基金组织并没有整体想法，也并非为了经济利益，不过是当时情境下“外交实践”的反映，参与实践的失败也体现为国际货币基金组织并没有承认中国的代表权。详细过程参见：James Boughton, pp. 972-973。

意味着中国尝试同国际经济组织展开合作。1978年中国共产党第十一届三中全会将工作重心转到经济建设上来；1979年1月1日，中美之间正式建立外交关系；1979年1月，邓小平访问美国，这些事件都标志着中国对外政策的根本性变化。在此背景下，中国政府开始尝试同国际货币基金组织等国际组织的合作与互动。7月，中国代表在联合国经社理事会上公开表明中国愿意参与并加强同国际货币基金组织和世界银行的联系。10月，中国与国际货币基金组织在贝尔格莱德举行的基金组织年度会议上恢复了非正式会晤。当中国对外政策发生改变后，原来阻碍中国与国际货币基金组织的因素也很快得以解决。即使在美国政府的干预下，中国在国际货币基金组织的黄金份额被返还给台湾，中国在表示强烈抗议的同时，并没有影响中国恢复在国际货币基金组织席位的进程。[①] 根据当时参加谈判的中国人民银行官员回忆，中国恢复在国际货币基金组织合法席位的过程相当顺利，只通过一个回合就将主要问题解决，在1980年的4月和5月，中国先后回复了在国际货币基金组织和世界银行的合法席位。因为实践的变化，中国将原来视为国家机密的外汇储备、国际收支、货币流动等信息提供给货币基金组织，承担在国际货币基金组织要求的信息共享和公开的义务。[②] 1980年4月，国际货币基金组织发表声明："国际货币基金组织执行董事会决定恢复中华人民共和国的代表权。中国在国际货币基金组织的份额为5.5亿特别提款权"。

恢复在国际货币基金组织的合法席位后，中国根据自身经济发展状况承担在国际货币基金组织内的义务和责任，在1980年先后两次增加特别提款权，分别为12亿特别提款权和18亿特别提款权。通过这两次特别提款权的增加，中国成了仅次于七国集团之后的第八大份额国家，掌握了足够多的份额来组成单一选区，选举执行董事。中国广泛地参与国际货币基金组织的技术支持和培训。在20世纪80年代中国官员多次参与国际货币基金组织的研讨会和学习班。从1982年开始，基

① James Boughton, *Silent Revolution: The International Monetary Fund 1979–1989*, pp.977-978.

② 戴乾定：《参加国际货币基金组织前后》，第154—156页。

金组织也组织了若干次的技术支持和研究小组到中国，与中国官员就中央银行、统计标准与财政问题进行讨论。但是，在相当长的时间内，中国与国际货币基金组织的互动并不活跃。中国在国际货币基金组织的帮助下，逐步完善自身的国民经济统计，掌握相应的技术和能力，并从国际货币基金组织获得有关世界经济和其他国家的经济信息和统计数据。[①] 此外，中国对国际货币基金组织的利用非常有限。国际货币基金组织的功能和贷款同中国的改革开放实践主要为间接联系，而非直接联系。因此，甚至在1997年亚洲金融危机之后，在亚洲其他国家猛烈抨击国际货币基金组织，并要求建立亚洲货币基金时，中国相对保持沉默，并没有直接批评国际货币基金组织。[②] 而对于国际货币基金组织而言，中国既不是需要提供临时流动性的需要救助的成员国，也不是对国际货币基金组织资金来源重要的国家。因此，双方之间的互动相对有限，尤其是同中国参与世界银行的程度相比。中国在此阶段，同国际货币基金组织的关系主要是通过话语实践、学习实践和遵约实践，逐步实现了身份上的形式承认。

而在中国加入世界贸易组织之后，随着中国对外贸易的迅速增加，中国在世界经济中的重要性增强，中国与国际货币基金组织的互动关系发生了变化，两者之间的参与实践也发生了变化。[③]2001年中国成为世界贸易组织成员国以来，中国对外贸易迅速增加，贸易盈余占GDP的比例也不断增加。相应地，中国的外汇储备规模也急剧增加，先后突破2万亿美元和3万亿美元。在此背景下，人民币汇率问题和国际经济再平衡问题联系起来，中国与国际货币基金组织的互动更为密集。从2005年以来，美国和欧洲一些国家利用国际货币基金组织向中国调整人民币汇率施压。2006年国际货币基金组织根据第四款规定在对中国进行政策评估之后，督促中国增加汇率灵活性，暗示人民币应该

---

① 详细介绍参考James Boughton, *Silent Revolution: The International Monetary Fund 1979–1989*, pp.979-980。

② YU Yongding, "IMF Reform: A Chinese View, " *Reforming the IMF for the 21st Century*, ed. Edwin Truman, Washington D.C., Peterson Institute for International Economics, 2008, p.519.

③ 张之骧:《中国和国际货币基金组织：纪念恢复中华人民共和国在基金组织席位30周年》，载《金融博览》2010年第5期，第10页。

加快升值。2007年在美国和欧洲国家的推动下，国际货币基金组织通过了《2007年双边监督决定》。国际货币基金组织声称《双边监督决定》提供了“最新的、全面的国别监督框架，从而消除了基金组织政策手段的重大缺口。”[①] 但是此项决定遭到中国坚定反对，在该决定被通过之后，中国开始重视国际货币基金组织，中国的参与实践发生了改变。尤其是2008年全球金融危机之后，中国更是利用全球治理结构改革的时机，增强对国际货币基金组织的影响，承担更多责任，从身份承认上，从最初的形式承认上升为实质性承认。金融危机爆发之后，周小川提出了创造性改革和完善现行国际货币体系，推动国际储备货币向着币值稳定、供应有序、总量可调的方向完善。[②] 2010年国际货币基金组织执行董事会通过了改革方案，不仅决定增加基金组织的金融资源，而且要增加新兴国家的发言权，向这些国家转移6%的份额。当这项改革落实之后，中国会大幅提高在国际货币基金组织的份额和投票权，将从目前的3.72%增加为6.39%，中国在国际货币基金组织的份额将紧随美、日之后。

这一阶段，中国与国际货币基金组织的互动关系发生了变化，中国的参与实践也相应变化。中国的参与活动在话语实践、联盟实践、学习实践与遵约实践的基础上，已经有了某些创新实践，并且在身份追求上，也从之前的满足于形式承认转向要求实质性承认。

总的来看，中国对国际货币基金组织的参与行为与实践理论相一致。在第一阶段，当中国因为内部原因，改变了对外政策之后，中国增强了同国际货币基金组织合作的意愿。因此即使仍然存在之前阻碍双方合作的因素，中国仍然愿意恢复在国际货币基金组织的席位，并增加自身在国际货币基金组织内部的配额。在第二阶段，同样也是因为实践互动的原因，中国对国际货币基金组织的参与并不积极。对于中国来说，因为没有开放资本账户，所以从国际货币基金组织借款解决短期流动性困难的需求极为不足；而对于国际货币基金组织而言，尽管中国在国际

① 曲博：《金融危机背景下的中国与全球经济治理》，载《外交评论》2010年第6期，第57—65页。

② 周小川：《关于改革国际货币体系的思考》，载《当代经济》2009年4月，第1页。

货币基金组织内所占份额上升到第8位，但是无论是就经济规模还是在世界经济中的影响，中国仍然不是国际货币基金组织不可或缺的积极参与者。正是双方的这种互动实践决定了中国对国际货币基金组织的参与行为。而当中国在加入世界贸易组织之后，随着经济总量、对外贸易以及外汇储备等的迅速增长，中国在世界经济中的重要性相应增强，中国与国际货币基金组织都无法忽视对方。从2005年以来，双方的互动实践逐渐变化，中国的参与行为也相应改变着。在国际货币领域，对中国身份的承认也从形式承认变化为实质性承认。

三、中国与世界银行

中国对世界银行的参与行为不同于对货币基金组织的参与。从1980年5月15日，中国正式恢复在世界银行的合法席位起，中国逐步成为世界银行的最大贷款国与利用世行贷款发展经济最为成功的国家。以1981年世界银行向中国提供第一笔支持大学发展的2亿美元项目开始，截至2010年6月，世界银行共援助中国323个项目，贷款总承诺额累计超过474亿美元（见图3-1）。经过30年的努力，中国在经济发展和减少贫困上的成就被广泛承认，已不仅是受援国，业已转变为主要的援助国。中国与世界银行的合作大致分为三个阶段：初始探索阶段（20世纪80年代）、稳步发展阶段（20世纪90年代）、调整转型

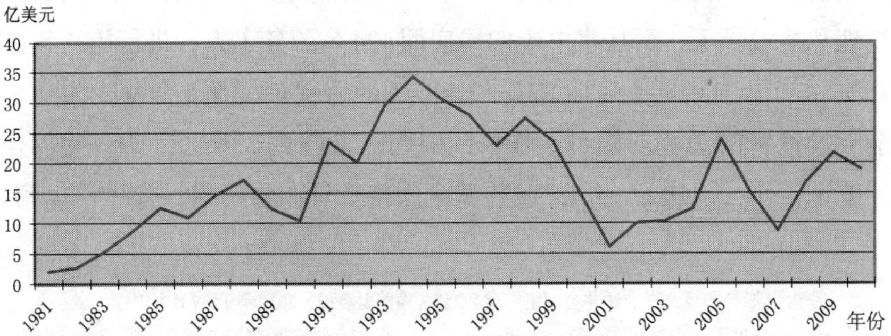

图3-1　中国从世界银行的项目借款状况（亿美元）（1981—2010年）

阶段（21世纪以来）。[①]

1980年4月，国务院副总理邓小平会见世界银行行长麦克纳马拉说："我们很穷，我们同世界失去了联系。我们需要世界银行帮我们赶上去。"[②] 中国对世界银行的参与实践发生改变，由原来的不情愿或者不了解变为主动参与。在初始探索阶段，中国主要通过话语实践、学习实践和遵约实践，争取得到身份上的形式承认。在中国改革开放的进程中，参与世界银行的行动发挥了积极作用。在中国恢复在世界银行的合法席位后，当年10—12月，世界银行就派出近30人的经济考察团来中国进行全面考察。世行考察团的专家与中方联合撰写了《中国：社会主义经济的发展》报告，成为世界银行了解中国经济的基础，确定了中国获得硬贷款和软贷款的资格。1982年7月，中国与世界银行联合举办了有关苏联东欧经济体制改革座谈会，对中国经济体制改革提出了建议。1985年，中国与世界银行联合举办了"巴山轮"宏观经济管理国际研讨会，讨论中国经济体制改革的相关问题。[③] 世界银行发布了《中国：长期发展的问题和方案》的报告，包括六个附件：教育、农业、能源、经济模式、经济结构和交通运输，较为全面的讨论了中国经济改革的问题、挑战和可能方案。国际性招标制度、提款保障制度、工程监理制度以及业主负责制度都是中国通过世界银行贷款而引进的。1984年的云南鲁布格水电项目首次将国际竞争性招标制度引入中国，称为"鲁布格模式"。鲁布格水电站的兴建将引水隧洞工程实行国际招标。日本的大成公司击败了包括水电十四局在内的对手中标。大成公司采取完全市场化运作，将收入与效率挂钩，只派驻36名日方管理和技术骨干，而从水电十四局雇佣424名劳务工人，进行施工，其效率相当于中国同类工程的2—2.5倍，最后提前完工5个月，为业主节省投资8000万元。这种运作模式引起极大影响。因此在1987年的全国施工工作会议决定，在建设领域全面推广鲁布格经验，推行招标制、

① 李勇：《激扬辉煌30年，未来空间更广阔》，载《中国财经报》2010年9月7日。

② 转引自谢世清：《中国与世界银行合作30周年述评》，载《宏观经济研究》2011年第2期，第8—12页。

③ 谢旭人：《加强务实合作、实现互利共赢：纪念中国与世界银行合作30周年》，载《中国财政》2010年第18期，第13—15页。

项目管理。此外，在1987年京津塘高速公路项目建设上首次采用工程监理制度。话语实践、学习实践和遵约实践是初始探索阶段的主要特征，通过世界银行的贷款援助，中国逐步熟悉西方的规范、程序和标准，并且将好的经验应用到国内建设中来，因此主要是学习和遵约的过程，在此过程中，逐步获得了形式上的身份承认。

在20世纪90年代，中国与世界银行的合作进入了稳步发展阶段。中国在1991年取代印度，成为世行的最大受援国。从图3–1可以清楚看到，90年代是中国从世界银行获得贷款最多的时期，也是中国快速经济发展，减少贫困最显著的阶段。这一时期，世界银行的贷款促进了中国经济的发展。世界银行在90年代用于东部地区的贷款为42.24%，用于这些地区的交通、能源和环保等项目的建设。[①] 与此同时，世行贷款也有助于中国的减贫事业。从1995年起，中国利用世行贷款先后支持了5个扶贫项目，覆盖中西部最贫困的10个省区，870多万贫困人口从中受益。在参与实践中，中国不仅从世行贷款中得到了物质利益，而且也学习到了新的规范和标准，并在自身政治经济改革逐步深化过程中，逐步形成具有特色的发展战略。话语实践、学习实践和遵约实践是需要积极的正面激励的，当上一个阶段的参与实践得到奖励后，之后的参与实践才会形成相互促进的状况。在20世纪90年代，中国参与世界银行的实践得到了积极的鼓励，从而中国进一步加强同世行的互动，并逐步发展出自身特色的发展战略，成为世行经验的一部分。

在20世纪90年代，中国参与世界银行的联盟实践也发生了变化。因为世界银行贷款为国家贷款，在世行刚刚进入中国的时候，其主要的合作伙伴为财政部，然后财政部根据其他部委的项目提供贷款。比如前面提到的鲁布格水电站，就是水电部的第一个对外开放的窗口，因此80年代，世界银行同中央部委联系较为紧密。而在90年代以后，利用世界银行贷款的程序发生了改变，国内程序上，由原来的财政部与其他主管部委之间的贷款关系，变成了主要是财政部与地方政府之

---

① 谢旭人:《加强务实合作、实现互利共赢：纪念中国与世界银行合作30周年》，第13—15页。

间的贷款关系，地方政府开始独立自主地借用国际金融组织的贷款。根据2006年财政部公布施行的《国际金融组织和外国政府贷款赠款管理办法》，地方财政部门是本级政府贷款的债权、债务代表和贷款、赠款归口管理机构，统一负责本地区贷款、赠款的全过程管理。比如1996年丽江地震之后，丽江市人民政府向世界银行提出贷款申请，并最终得到了包括教育、卫生、文化遗产、城市基础设施建设等6个方面的21个项目的震后恢复重建世行贷款项目。联盟实践的变化意味着世界银行在中国的贷款有了更多的利益相关者，地方政府成为了世界银行贷款的主要受益者，从而扩大了世行影响的地区基础。

新世纪以来，中国与世界银行的合作进入了调整转型期。2010年9月，世界银行行长佐利克在来华参加庆祝中国与世界银行合作30周年活动时表示中国已经成为发展的典范，中国应该在发展领域发挥更大的作用。“对中国来讲，所有千年发展目标或已经实现或正在实现。中国的经验表明，在试点项目获得成功后加以推广将产生重大影响。现在，其他发展中国家都在向中国看起齐，将其视为知识和经验的来源之一以及市场和投资者。”世界银行东亚太平洋地区交通能源局局长吴君辉也表示：“如果说世行和湖北的关系过去是老师和学生的关系，那么现在已经成为平等合作伙伴关系，希望世行和湖北建立长期合作关系。”

参与实践是逐渐深入的，身份的承认也是逐步强化的。随着中国对世界银行参与实践的深入，实践类型也正经历着变化。2007年中国承诺向国际开发协会捐款3000万美元，正式成为国际开发协会的捐款国；2008年2月，世界银行任命中国经济学家林毅夫为世界银行副行长兼首席经济学家；2010年4月中国在世界银行的投票权从2.77%增加到4.42%，从而成为世界银行的第三大股东国。如果说在中国与世行合作初期，中国主要从世界银行学习先进经验的话，而随着中国发展的成功，这种学习逐渐变为双向。世界银行也在从中国的实践中总结如何调整和推广成功项目的经验。分别于2008年、2009年中国与世界银行联合举办了两届“中非共享发展经验高级研讨会”，讨论中国与非洲国家在发展中面临的问题，促进中非发展经验与模式的相互借鉴。

中国的参与实践已经发展为创新实践，就世界银行而言，身份承认也从形式承认发展为实质承认和价值承认阶段。

中国参与世界银行的进程之所以不同于参与货币基金组织，在于两个组织不同的任务和功能。这一起始点的差异导致了中国与两个组织互动的差异和不同的参与实践。中国对世界银行的参与实践，包括话语实践、学习实践和遵约实践，得到了正面的激励。这种正面激励包括两类：一类为国内的正面激励，表现为促进经济增长、减少贫困、国内联盟的扩展等；另一类为国际激励，也就是承认的深化，从形式承认有所进步。正面激励会促进参与实践的深入。中国参与世界银行的进程表明参与实践可能需要不断的正面绩效的激励，这样才能不断促进参与实践的深入。

四、结语

通过对中国参与国际货币基金组织和世界银行的进程，本章试图解释和回答为什么中国参与两个组织的进程是不同的？为什么中国参与货币基金组织从最初的积极参与到不积极，再到金融危机之后的积极参与？为什么中国参与世界银行的进程是逐步深化的过程？通过上面的分析，对上述问题似乎可以得出如下结论：

第一，中国对两个组织参与进程的不同在于它们的功能不同。初始阶段，中国对两个组织并没有差异性偏好，而是在参与实践中，中国与国际组织的互动方向发生了变化。中国和货币基金组织的互动的范围和深入程度都不如中国与世界银行的互动。而从中国加入世界贸易组织之后，中国对货币基金组织的参与实践发生了变化，身份承认也相应变化。中国对世界银行的参与实践表明，参与实践是需要正面激励的，正面激励可能来自国内也可能来自外部。

第二，在参与实践的初始阶段，话语实践、学习实践和遵约实践可能占主导地位，这是行为体在社会化过程中逐步形成偏好的过程，也是获得形式承认的过程；而当进入实质承认阶段，正面的物质激励对于参与实践的深入是必要的。而且创新实践与价值承认是紧密联系的，尤其是对于传统的体系外的行为体。对自身独特性的强调要与价值承认一同考虑。

第三，对中国参与国际经济组织需要动态的解释。在多数情况下，行为体在初始阶段，并没有参与组织的具体蓝图，而只是一种预期或者判断，之后的参与程度取决于参与实践的性质和内容，依赖于行为体同国际经济体系互动所形成的新剧本，新剧本决定了行为体的偏好。

第4章

中国参与G20反恐融资体系的实践

朱杰进[①]

恐怖主义是当今国际社会面临的重大安全威胁之一。恐怖主义之所以能够长期存在并有愈演愈烈之势，其中一个重要因素就是恐怖组织和恐怖分子获得了源源不断的资金援助，有的通过贩毒、走私、绑架、盗窃等洗钱犯罪所得，有的则是其支持者的自愿捐赠，甚至有恐怖组织凭借宗教名义获得大量捐款，例如“基地”组织。因此，切断恐怖分子的资金链条和融资渠道是有效打击恐怖主义和恐怖组织的重要手段。根据联合国的定义，恐怖融资（terrorist financing）是指任何人以任何手段，直接或间接地、非法和故意地为恐怖主义活动提供或募集资金，其意图是将全部或部分资金或者明知全部或部分资金将用于恐怖主义活动。

作为一个负责任的新兴大国，中国积极参与国际社会反恐融资的治理进程，包括联合国与G20框架内的反恐融资行动。[②] 而几乎同时，中国在国内的反洗钱反恐融资治理也取得了显著进步，这表现在立法

---

① 朱杰进　上海外国语大学国际关系与外交事务研究院副教授，博士。

② 周小川：《有效遏制洗钱和恐怖融资犯罪：在欧亚反洗钱反恐融资小组第二次会议上的讲话》，参见：http://www.p5w.net/bank/ynjj/200504/t245243.htm；苏宁：《中国政府高度重视反洗钱和反恐融资》，参见：http://finance.sina.com.cn/g/20071214/03554289997.shtml。2010年10月28日访问。

建设、机构调整、能力建设等多个方面。什么因素在推动着中国的进步？中国参与国际反恐融资进程与中国国内反恐融资体系建设是否存在关联性？① 事实上，尽管中国反洗钱反恐怖融资改革的动力不能完全归结于外部力量的推动，但国际反洗钱反恐融资标准的确立的确发挥了重要影响。正如中国人民银行反洗钱局副局长刘争鸣在评价2008年发布的《中国反洗钱战略》时指出，"《战略》的发布标志着我国反洗钱反恐融资工作开始从过于依赖国际标准向以我为主和注重国内实际的转折"，② 这实际上表明，在2008年之前，我国反洗钱反恐融资体系的建设受到了国际标准的巨大影响。

当前关于反恐融资国际机制对中国反恐融资影响的研究，多侧重于分析联合国框架内反恐融资机制，有意无意地忽视了对G20反恐融资机制的探讨。③ 而在关于中国参与G20反恐融资机制实践的有限考察中，又侧重分析美国因素的作用，而对于中国受到何种影响以及这种影响是如何发生的分析则较少。④ 因此，很有必要从国际反恐融资机制的总体框架出发，重点探讨中国对G20反恐融资国际机制的遵约实践，并分析这种实践是如何受到了国际体系制度环境和中国国内制度资源结构的影响。

一、反恐融资国际机制：联合国与G20

鉴于恐怖融资对国际金融系统和国际安全带来的巨大危害，国际社会建立了一系列反恐融资（anti-terrorist financing）的国际机制，其中既包括联合国大会通过的《制止向恐怖主义提供资助的国际公约》、

① 朱立群：《中国参与国际体系的实践解释模式》，载《外交评论》2011年第1期，第20页。

② 刘争鸣：《"十一五"时期人民银行反洗钱工作成效显著》，参见：http://www.pbc.gov.cn/publish/fanxiqianju/879/2011/20110218144042733308707/20110218144042733308707_.html。2010年10月28日访问。

③ 莫洪宪：《略论我国的金融反恐》，载《法学评论》2005年第5期，第36—39页；马勇、王新东：《联合国反对恐怖主义机制发展历程评析》，载《国际论坛》2006年第5期，第26—30页。

④ 宋国友：《中国参与国际金融组织的美国因素——以中国加入FATF为例》，载《国际论坛》2008年第4期，第41—45页。

联合国安理会通过的反恐怖融资1267号决议、1333号决议、1373号决议等具有法律约束力的正式国际机制，也包括G20下属的金融行动特别工作组（FATF）制定的反恐融资《九项特别建议》等在国际法上不具有法律约束力的非正式国际机制。[①]

（一）《制止向恐怖主义提供资助的公约》

《制止向恐怖主义提供资助的公约》（以下简称《公约》）最初由法国提议，在八国集团大力支持下产生。1998年5月，八国集团成员国的外长将防止筹集恐怖活动资金确定为“需要进一步采取行动的重点领域”。[②]1998年秋，法国提议就《公约》内容进行谈判，并向联合国提交了拟议文本。1998年12月，联合国大会设立特设委员会来拟定《公约》。[③]1999年12月，联合国大会通过了《公约》，共有132个国家签署了《公约》，截至2003年，超过80个国家批准了《公约》。

《公约》主要对成员国规定了三项义务：第一，成员国必须在本国刑法中将资助恐怖主义活动定为刑事犯罪；第二，成员国必须与其他国家合作，就《公约》中所述事项相互提供司法协助；第三，成员国必须规定金融机构在发现和报告资助恐怖活动等方面发挥作用。

（二）联合国安理会关于反恐融资的决议

联合国安理会通过的关于反恐融资决议（以下简称《决议》）主要有：1999年10月通过的第1267号关于冻结塔利班资金和其他金融资产的决议，2000年12月通过的第1333号关于冻结本·拉登和基地组

---

① 有关正式国际机制与非正式国际机制的区分，参见：Kenneth Abbott and Duncan Snidal, “Hard and Soft Law in International Governance”, *International Organization*, Vol. 54, No. 3, 2000, pp.421-456；刘宏松：《正式与非正式国际机制概念辨析》，载《欧洲研究》2009年第3期，第91—106页；朱杰进：《非正式性与G20机制未来发展》，载《现代国际关系》2011年第2期，第41—46页。

② 有关1995年八国集团外长反恐会议，参见：http://www.g8.utoronto.ca/terrorism/terror96.htm。2010年7月28日访问。

③ 联合国大会正式记录，第53届会议，第83次会议，补编第49号。

织资金和其他资产的决议，2001年9月通过的第1373号关于恐怖主义行为对国际和平与安全造成威胁并授权成立反恐委员会的决议。[①] 其中1373号决议突破了传统安理会决议“一事一议”的权限，具备了“准立法”的功能。与具体列出恐怖组织和恐怖分子名单的其他决议不同；1373号决议规定的是一项普遍的国际义务，其不仅仅局限于识别和惩罚“9·11”罪犯，还包括防止、起诉和惩处所有向恐怖主义提供资助的行为人，以及冻结所有恐怖分子的资产。因而，1373号决议也就成为目前反恐融资领域联合国安理会通过的最重要决议。

（三）G20下属FATF关于反恐融资的特别建议[②]

1989年，G7在巴黎峰会上设立了金融行动特别工作组（FATF）。1990年，该工作组提出了著名的反洗钱《四十项建议》，并在1996年修订了这些建议。2001年“9·11”事件之后，FATF决定扩大其范围，在反洗钱的基础上，把反恐融资纳入全球打击洗钱犯罪的总体框架中，并在2001年10月召开的特别全会上发布了反恐融资《八项特别建议》。2001年11月16日，在加拿大的渥太华召开的G20财长和央行行长会议上，重点讨论了反恐融资的问题，FATF开始成为G20下属的反恐融资金融行动特别工作组。在随后三年召开的G20会议上，反恐融资开始成为一个持续讨论和重点关注的议题，FATF也逐步成为反恐融资领域最具权威的国际机制之一。

2004年10月，针对恐怖分子采取跨境运送现金以进行融资的新形势，FATF又发布了反恐融资《第九项特别建议》。至此，在G20框架内初步建立了反恐融资体制和国际标准，其主要内容就是反恐融资《九项特别建议》，见表4-1。

① 参见联合国网站：http://www.un.org/terrorism/sc/htm。2010年10月28日访问。

② 以下简称《特别建议》。

表4-1 G20《第九项特别建议》

	特别建议	具体内容
一	批准和全面执行《公约》和《决议》	各国应立即签署和批准《公约》，成为缔约国，并履行安理会相关决议
二	将资助恐怖主义定为刑事犯罪	各国应将恐怖分子和恐怖组织的融资行为视为犯罪，并保证此类罪行判定为洗钱罪
三	冻结和没收恐怖分子的资产	各国应采取措施冻结恐怖分子的资产，授权主管部门查封和没收恐怖融资
四	向上级部门举报与恐怖主义有关的可疑交易	金融机构和特定非金融机构一旦怀疑某笔资金用于恐怖主义，应立即上报主管部门
五	向其他国家提供最大可能的协助	各国应法律互助、信息交流，为他国提供帮助，并确保或起诉或引渡
六	加强对非正规的资金转移体系进行管制	对不使用银行等正规金融机构的资金转移，各国应适用反洗钱相关规定
七	加强在电汇业务中对客户身份的识别措施	各国对国际和国内电汇业务中的客户身份要加以识别，保留原始资料
八	确保非营利组织不被恐怖主义利用	各国应审查是否对已被恐怖融资利用的非营利组织制定足够法律法规
九	禁止恐怖主义跨境运送现金和无记名可转让票据	各国应侦查发现现金和无记名可转让票据的跨境运送，包括申报制度

总的来看，一方面，联合国与G20框架内的反恐融资标准存在相当多的重叠之处，例如,《决议》和《特别建议》呼吁各国签署《公约》，同时《决议》、《特别建议》和《公约》都对冻结和没收恐怖分子的资产做出了规定。但另一方面，它们之间的差别也很明显，如《特别建议》中的“非正规资金转移体系”、“电汇业务”、“非营利组织”、“现金运送”都是根据形势变化提出的新标准，因而一般来讲，作为没有法律约束力的非正式机制，G20制定的国际标准灵活性要明显优于联合国的《公约》和《决议》。

二、中国参与G20反恐融资体系：遵约的实践

作为联合国安理会的常任理事国和G20的创始成员国，中国积极参与联合国和G20框架内的打击恐怖融资活动，参与相关国际标准的谈判和制定过程。但毋庸讳言，相对于美国、欧盟来说，中国国内的反洗钱反恐融资建设仍处于起步阶段，因而在这个阶段，国际标准对中国的影响要远超过中国对国际标准的影响，这具体表现在中国国内反恐融资的立法建设和机构建设上都带有明显的“G20痕迹”。[①]

（一）立法方面的遵约实践

2003年1月，中国人民银行颁布了《金融机构反洗钱规定》、《人民币大额和可疑支付交易报告管理办法》和《金融机构大额和可疑外汇资金交易报告管理办法》(简称“一个《规定》两个《办法》”)等反洗钱和反恐融资的行政法规，这标志着我国初步构建了反洗钱反恐融资体系。其中关于洗钱上游犯罪的概念内涵明显扩大，除了之前的毒品犯罪、黑社会犯罪之外，还明确包含了恐怖活动犯罪，这实际上体现了G20特别建议中关于将资助恐怖主义定为犯罪的要求。另外《规定》和《办法》还明确了金融机构反恐融资的义务：(1)识别客户身份；(2)大额交易报告；(3)可疑交易报告；(4)保存客户身份资料和原始记录。这实际上也与G20提出可疑交易报告、原始记录保存、识别客户身份的反恐融资特别建议相一致。

2006年6月，全国人大常委会通过了《刑法修正案六》，其中关于反恐融资的第191条第1款规定：“明知是……恐怖活动犯罪的所得及其产生的收益，为掩饰、隐瞒其来源和性质的行为，如提供资金账户、

① 如前文所述，由于学界对联合国反恐融资机制的影响已有研究，故本文侧重探讨中国对G20的参与实践。

协助将财产转为金融票据、通过转账协助资金转移……的行为，没收其犯罪所得，处五年以下有期徒刑，并处百分之五以上百分之二十以下的罚金”。由此可明显看出G20冻结反恐融资和没收恐怖分子资产特别建议的影响。2006年10月，全国人大常委会正式颁布中国第一部《反洗钱法》，其中第36条规定：“涉嫌恐怖活动资金的监控适用本法；其他法律另有规定的，适用其他规定”。而《反洗钱法》明显受到了G20国际标准的影响。例如，《反洗钱法》（草案）中将反恐融资义务主体不仅规定为银行、证券、保险等金融机构，还将房地产销售机构、从事贵重金属和珠宝交易的机构、拍卖企业、律师事务所等特定非金融机构也列为反恐融资的义务主体。尽管最后的《反洗钱法》没有具体列出特定非金融机构的类型，只是笼统地提出了要求，但这仍与G20特别建议要求非正规金融机构与金融机构一起对恐怖融资进行监控的原则相一致。又如，《反洗钱法》第26条规定，金融机构经调查仍不能排除嫌疑的，可经相关行政主管部门批准，临时冻结调查所涉及的账户，这实际上也与G20关于冻结和没收恐怖分子资产的特别建议有密切联系。[①]

2007年6月，中国人民银行再次发布了一部专门的反恐融资行政法规——《金融机构报告涉嫌恐怖融资的可疑交易管理办法》，其对反恐融资的概念、义务主体、具体措施以及相应的法律责任做出了详细规定，特别是重点规定了涉嫌恐怖融资的可疑交易报告标准。这就进一步满足了G20在反恐融资方面的立法要求，实现了G20国际标准转化为中国国内法。

（二）机构方面的遵约实践

法律法规的落实还要相应的机构建设作为制度保障。因而，除了在立法方面，G20还对中国国内反恐融资的机构建设产生了显著影响。

---

① 徐汉明、赵慧：《中国反洗钱法研究》，北京：知识产权出版社，2007年版，第378页；林安民：《我国反洗钱演变研究》，厦门：厦门大学出版社，2010年版，第142—152页。

2003年，根据国务院机构改革方案，原由公安部承担的组织协调国家反洗钱工作职责改由中国人民银行承担，并在中国人民银行内部设置了专门的反洗钱局，其主要职责是：承办组织协调国家反洗钱反恐融资工作，研究和拟订金融机构反洗钱反恐融资规划和政策，承担反洗钱反恐融资的国际合作与交流工作，汇总和跟踪分析各部门提供的人民币、外币等可疑交易报告。

2004年，中国设立了在反洗钱反恐融资领域收集和分析金融情报的专门机构——中国反洗钱监测分析中心。[①] 其主要职责是收集、整理大额与可疑交易报告。金融机构将涉嫌恐怖融资的大额与可疑交易上报给反洗钱监测分析中心，经中心甄别和筛选后，再将判定可疑的交易信息上报给中国人民银行反洗钱局。经反洗钱局调查，如确实涉嫌恐怖犯罪，则由反洗钱局移交司法部门处理，并协助司法部门调查涉嫌洗钱犯罪案件。可以看出，设立这两个机构都是为了完成金融机构可疑交易的报告职能，这实际上与G20关于"向上级主管部门举报涉嫌恐怖融资的可疑交易"的特别建议有关。

值得注意的是，在分析中国参与G20反恐融资体系的遵约实践时，有两个问题特别值得关注：第一，与在联合国框架内达成的反恐融资国际公约和安理会决议不同，G20是一种没有法律约束力的非正式国际机制，其提出的反恐融资国际标准也属于没有任何强制性的自愿标准，既然是非强制标准，为什么会对中国产生这么大的影响力？第二，在2003年之后，中国反洗钱反恐融资建设有一个明显加速的过程，而早在2001年前后反恐融资的主要国际标准实际上就基本建立，为什么在两年之后国际标准的影响会突然加速？该案例中沟通国际—国内两个层面治理标准的关键性因素是什么？

为了解释上述疑问，需要从制度互动的视角出发，分别从国际和国内两个层次的制度互动入手来对中国在G20中的参与实践进行分析。

---

① 上海大学法治建设与法学理论研究课题组：《金融反恐：趋势与对策》，上海：华东理工大学出版社，2008年版，第41—65页。

三、体系环境、国内资源与中国的参与实践：制度互动的视角

参与者的任何实践都是在一定的时空条件下进行的，它们界定了参与实践发生的环境和结构。体系环境是实践者展开实践的场域，主要是指国际制度环境，包括为相关国家所接受和遵守的多边公约、作为准则和规则正式与非正式安排的国际机制等；国内资源是指实践者参与国际体系的国内制度环境，包括参与国际体系的国家内部的政治制度、决策规则和议事程序等。[①] 与以往研究总是把制度看成单一的、静态的不同，本案例采用制度互动的视角，将实践者的体系制度环境和国内制度资源都看成是动态的、相互联系的，实际上也正是这种动态性和相互联系渠道的打通，才使得中国的遵约实践在2003年前后发生了一个显著的变化。

（一）制度互动的概念与类型

制度互动是指制度之间因任务和行动所导致的无意识后果或者包含在制度设计中的有意识关联。[②] 简言之，就是指制度之间有意或无意的相互影响。国际制度研究的著名学者奥兰·杨指出，"大部分研究国际制度的学者都把国际制度作为独立或单独的实体，把它们相互孤立开来进行分析，这种方法对于理解国际制度的基本性质、提高对某项国际制度的分析能力无疑具有可取之处，但这种方法也存在严重局限。正如我们承认思考问题之间的联系对于理解集体行动的动力非常重要一样，思考国际制度之间的互动和关联对于我们理解国际制度的有效性同样具有重要意义"。[③] 约翰·彼得森也认为，"制度之间的链

① 朱立群：《中国参与国际体系的实践解释模式》，载《外交评论》2011年第1期，第29页。
② 孔凡伟：《制度互动研究：国际制度研究的新领域》，载《国际观察》2009年第3期，第44—50页。
③ （美）奥兰·杨：《世界事务中的治理》（陈玉刚、薄燕译），上海人民出版社，2007年版，第155页。

接（Linkage），而不是制度本身，已变成许多社会科学家分析关注的焦点。”[①]

两位德国学者托马斯·格林和塞巴斯蒂安·奥波斯赫试图从制度互动对制度有效性产生的影响角度来区分不同的制度互动类型。他们把制度之间的互动分为四种类型：制度理念互动型、制度条款互动型、制度行为互动型与制度功能互动型。制度理念互动型是指一种制度运作的成功会导致另一种制度进行模仿，这实际上是一种制度间相互学习的过程。制度条款互动型指的是两种制度相互援引对方的条款，相互加强，组建“机制复合体”的模式。制度行为互动指的是一种制度产生的行为效果会对另一种制度的有效性产生影响。制度功能互动是指不同的制度具有不同的功能，他们相互结合在一起，能够提升整体制度的有效性。[②]

就上文所指的国际层次上G20与联合国的互动，较为接近制度条款互动的类型，而国内层次“部级联系会议”的制度互动，属于制度功能性互动类型。

（二）国际层次制度互动与中国的参与实践

一般来讲，正式国际制度的约束力较强，具备某些影响成员国行为的资源，如国际货币基金组织和世界银行的贷款、联合国安理会使用武力的授权、世界卫生组织和联合国环境规划署的技术援助、国际刑事法院的审判、世界贸易组织的争端解决机制等。而非正式国际制度没有法律约束力，一般只发布成员国自愿遵守的国际标准，但如果非正式制度与正式制度之间能开展有效的制度互动，实现相关制度条款的有效“嫁接”，组建起“机制复合体”，那么非正式制度对成员国也开始具备间接压力，进而削弱非正式制度相关国际标准的自愿实施

① （英）安特耶·维纳等主编：《欧洲一体化理论》（朱立群等译），北京：世界知识出版社，2009年版，第147页。

② Thomas Gehring and Sebastian Oberthur, “The Causal Mechanisms of Interaction between International Insitutions”, *European Journal of International Relations*, Vol. 15, No. 1, 2009, pp.125-156.

性质。例如，在国际银行监管领域,《巴塞尔协议》本没有法律约束力，属于非正式国际机制，但国际货币基金组织将《巴塞尔协议》作为良好银行业监管的基准标准，在条款IV的监督项目下使用该标准来评估IMF各成员国，并将是否通过评估作为能否获取IMF贷款的基本条件之一。这导致巴塞尔委员会与国际货币基金组织之间实际上就建立了特定议题领域内的“非正式机制 + 正式机制”的“机制复合体”，在一定程度上改变了《巴塞尔协议》的自愿标准性质。[①]

对G20来说，其发布的反恐融资《特别建议》本应属于没有法律约束力的国际标准，成员国可以自愿履行。但联合国不一样，按照国际法“条约必须遵守”的原则,《公约》对缔约国有绝对的法律约束力。同时按照《联合国宪章》，安理会的《决议》也对所有会员国具有约束力，因此，实际上，如果我们仔细对照《特别建议》与《公约》、《决议》就会发现，G20框架与联合国框架存在紧密的联系，甚至在多数条款上已经实现有效“嫁接”，成为一个不可分割的“机制复合体”。参见表4–2。

表4–2　G20体系与联合国体系的制度互动

	《特别建议》	与《公约》、《决议》的联系
一	批准和全面执行《公约》和《决议》	明确支持《公约》和《决议》
二	将资助恐怖主义定为刑事犯罪	与《公约》第4条、《决议》第1条（b）类似
三	冻结和没收恐怖分子的资产	与《公约》第8条、《决议》第1条（c）类似
四	举报与恐怖主义有关的可疑交易	与《公约》第18条（1）款类似
五	向其他国家提供最大可能的协助	与《公约》第11—16条、第18条（3）、（4）款、《决议》第3条（e）类似
六	加强对非正规的资金转移体系进行管制	补充的新标准
七	加强电汇业务中对客户身份的识别措施	补充的新标准
八	确保非营利组织不被恐怖主义利用	补充的新标准
九	禁止恐怖主义跨境运送现金和无记名可转让票据	补充的新标准

① （英）克恩·亚历山大、拉胡尔·都莫等:《金融体系的全球治理》(赵彦志译)，大连：东北财经大学出版社，2010年版，第151页。

在执行过程中，《公约》和《决议》不断强调要参考《特别建议》的要求，尤其是FATF会根据形势变化不断制定出新标准，这些标准很快就会被《公约》和《决议》所吸收。这样在某种程度上，FATF就成为反恐融资国际标准尤其是新标准事实上的制定者，而对成员国来说，接受FATF标准就意味着与国际先进的趋势和理念接轨。

（三）国内层次制度互动与中国的参与实践

在国际层次，G20通过与联合国机制的互动成为权威的国际标准，但一种国际标准要想转化成成员国的国内标准还必须“穿透成员国国内政治的阻碍”。由人民银行牵头的反洗钱部级联系会议制度是国内层次制度互动的有效载体，它发挥了国内各部门的功能，[①] 同时也为国内接受G20反恐融资的国际标准奠定了国内政治基础。

具体来看，各部门在反恐融资的系统工程中发挥了各自不同却又相互支持的重要作用。中国人民银行的职责是统一协调金融机构的反恐融资工作，研究制定金融机构的反恐融资战略、规划和政策，制定大额和可疑交易报告的制度等；银监会、证监会、保监会的职责是制定本行业的内控监管制度，监督检查本行业履行反恐融资义务的情况；商务部、民政部、邮政部、海关总署等行政主管部门则负责制定本部门、本行业的内控监管制度，监管本行业各机构及其人员履行反恐融资义务情况，还包括会同反洗钱监测分析中心制定大额和可疑交易报告的程序和标准；公安和司法部门的职责是在接到涉嫌恐怖融资的报告后，迅速开展案件侦查，采取适当的措施达到反恐融资的目标；外交部主要是加强与有关国际组织和国际机构的反恐融资磋商和交流等。

正是在部际联席会议框架下，2003年后，我国的参与G20反恐融资体系遵约实践以及国内的反恐融资体系建设都取得了长足进步，与国际标准的差距日益缩小。2004年3月，全国人大常委会牵头成立《反洗钱法》起草小组，组织中国人民银行、公安部、最高人民法院、最

① 俞光远主编：《反洗钱的理论与实践》，北京：中国金融出版社，2006年版，第9—12页。

高人民检察院等17个部门参加《反洗钱法》的起草工作。2004年4月，《反洗钱法》起草工作组第一次工作会议在深圳召开，17个部门的代表参加了讨论。2004年8月，反洗钱工作部际联席会议第一次工作会议在北京召开。部际联席会议召集人、中国人民银行行长周小川，以及最高人民法院、最高人民检察院、公安部等23个部际联席会议成员单位的主管负责同志出席了会议。周小川指出："人民银行牵头的部际联系会议制度，加强了国内各部门之间的'跨部门协调'，将在有效遏制和打击恐怖融资犯罪方面发挥重要作用，将充分体现资源整合的优势，大大提高我国反恐融资工作的效率和效果。各部门应该继续积极借助部际联席会议这一制度和机制，各司其职，在机构设置、制度建设、人员配备、信息交流和社会宣传等方面切实开展工作，加强协调和沟通，全面推进我国反恐融资工作"。[①]2004年12月，在FATF高级代表团来华考察期间，人民银行、外交部、公安部、财政部、司法部、银监会、证监会、保监会、外汇局等成员单位以及全国人大常委会预算工作委员会积极配合，圆满完成了会谈工作，保证了我国于2005年1月成为该组织观察员。

2005年9月，反洗钱工作部际联席会议第二次工作会议在北京召开。出席会议的国务院副秘书长尤权指出，我国反恐融资工作仍面临严峻挑战，工作水平与国际标准仍然存在一定差距。各部际联席会议成员单位要从维护我国国家利益和国际形象的大局出发，从立党为公、执政为民，提高执政能力和落实科学发展观的高度，进一步提高对反洗钱工作重要性和紧迫性的认识，加强组织领导，建立和落实反洗钱反恐融资工作责任制，加快以《反洗钱法》为核心的法律制度建设，全力做好FATF评估准备工作，继续有步骤、渐进式地推动银行业、非银行金融领域以及非金融洗钱高风险行业的反洗钱监管工作，进一步完善工作机制，研究探索行之有效的反洗钱反恐融资工作体系。

2006年12月，反洗钱工作部际联席会议第三次工作会议在北京召开。周小川强调，要从以下方面入手推动反洗钱反恐融资工作进入新

① 周小川:《有效遏制洗钱和恐怖融资犯罪：在欧亚反洗钱反恐融资小组第二次会议上的讲话》。

阶段：一是要按法律规定调整相关部门职责、分工，进一步加强部门间配合，提高工作协调效率；二是要抓紧完善反洗钱法律法规体系，实现反洗钱工作的制度化、规范化、程序化；三是要强化依法行政，规范反洗钱监管，督促金融机构履行反洗钱义务；四是要按《反洗钱法》要求扩大反洗钱义务主体的范围，尽快组织开展证券、保险反洗钱工作；五是提高对大额交易和可疑交易的监测、分析水平，加大洗钱违法犯罪案件查处力度，提高反洗钱工作的有效性；六是要继续加强反洗钱国际合作，做好FATF评估的后续工作，争取早日加入FATF；七是要继续加强反洗钱组织机构建设，加大宣传和培训力度，造就一支高素质、专业化的反洗钱队伍。

2007年6月，中国人民银行副行长项俊波率领由中国人民银行、公安部、外交部、最高人民法院、银监会、保监会等部门组成的中国代表团，参加了第18届FATF全会，正是在各部委的通力合作之下，中国顺利获得了FATF的正式成员资格。正如后来中方所总结的："部际联席会议召开以来，各成员单位相互配合、共同努力，使我国反洗钱反恐融资工作不断取得新的突破，满足了国际反洗钱反恐融资的通行标准，十分有利于我国顺利成为金融行动特别工作组（FATF）的正式成员。这对于我国深入参与国际反洗钱和反恐融资合作具有重要意义"。①

概言之，国际层次的制度互动使G20反恐融资的国际标准具备了一定的约束力，削弱了原有非正式机制自愿标准的属性，而国内层次的制度互动则使得G20标准在进入成员国国内时，扫清了国内政治的障碍，为遵约实践作用的发挥打下了良好的基础。

① 《反洗钱部级联系会议召开第四次会议》，参见：http://www.pbc.gov.cn/publish/fanxiqianju/3291/2009/20090724112758151782397/20090724112758151782397_.html。2011年4月28日访问。

四、结语

本章探讨了中国参与G20反洗钱反恐融资体系的实践进程，尤其分析了遵约实践和影响这种遵约实践的国际制度资源和国内制度结构。G20虽然没有法律约束力，但G20与联合国之间的有效互动使得G20的标准与联合国标准相互融合，组成有力的反恐融资“机制复合体”。人民银行牵头的反洗钱部际联席会议制度的建立和有效运作，使得国内层次政府各部门各司其职、相互合作，实现了有效的“跨部门协调”，最终打通了国际标准进入中国国内政治的制度通道。引入“制度互动”分析视角既有利于加深对G20机制运作机理的认识，也有助于在理论上进一步推进“国际制度影响国内政治”的研究议程。在实践中，许多学者认为G20是一种非正式机制，制定的国际标准属于自愿履行，因而缺乏实际效力。但如果从“制度互动”的角度来看，会发现G20经常与其他国际组织保持密切互动，把自己的标准注入其他有约束力的国际组织中去，这样G20的标准实际上也开始具备一定约束力，并非完全的自愿履行。在理论上，托马斯·里斯—卡彭、安德鲁·科特尔等学者曾提出，国际制度要进入一国国内，必须穿透该国的国内结构，受到其国内制度的影响，“如果一国国内制度是国家主导型，国际制度较难进入；如果一国国内制度是社会主导型，国际制度容易进入”。[①] 但如果从“制度互动”的角度看，对国内制度类型进行静态划分存在一定缺陷，实际上一国在面临国际制度时，其国内制度本身是“可变的”，部际联系会议制度的建立就是一个很好的例子。

① Thomas Risse-Kappen, *Bringing Transnational Relations Back in: on-state Actors, Domestic Structures and International Institutions*, New York: Cambridge University Press, 1995, p.25; Andrew Cortell and James Davis, “Understanding the Domestic Impact of International Norms: A Research Agenda”, *International Studies Review*, Vol.2, No. 1, 2000, pp. 65-87.

第5章

中国重返联合国的实践进程

高尚涛[①]

由于国内政治形势发生变化，中国在20世纪的后半段经历了一场独特的“重返联合国”进程。1945年6月26日，联合国在旧金山正式宣告成立，中国以创始国的身份参加了联合国，并成为联合国安理会的常任理事国。但是，1949年10月1日，中国国内政治形势发生巨变，中华人民共和国宣告成立，蒋介石政府退守台湾。中华人民共和国提出应由新中国取代原国民党政府在联合国的代表席位，由此产生了联合国的中国代表权问题，[②] 并拉开了长达22年的中国重返联合国的历程。

从实践理论的逻辑看，中国重返联合国的历史进程，是一个典型的参与实践导致身份承认的过程。新中国成立以来，置身比较特殊的环境中，具有相对特殊的国内国际实践资源，这些条件决定了新中国具有强烈的重返联合国安理会的偏好，也决定了新中国与此相关的一系列实践活动，这些实践活动最终改变了关于新中国和中国与联合国成员关系的剧本解释，改变了联合国成员国对新中国的新理解和新认知。这些新认知，界定了新中国的联合国安理会常任理事国身份，赋

① 高尚涛　外交学院国际关系研究所副教授，博士。

② 袁小红：《美国对华政策与中国联合国代表席位的恢复》，载《求索》2007年第3期，第215—217页。

予了新中国在联合国的新权力。

一、新中国成立初期的联合国偏好及其实践分析

中国重返联合国的进程始于新成立的中华人民共和国（本文简称“新中国”）政府对联合国的高度重视。1949年10月1日，中华人民共和国正式成立，宣告国民党政府正式垮台。在这时候，对新中国政府而言，最重要的事情之一就是取得国际社会的承认。新中国政府希望自己能够合理合法地成为在国际上代表中国的唯一合法政府，而要达到这一目标的标志性做法，就是在联合国中确立自己的代表权，驱逐以前的国民党政府代表。所以，从当时的国际合法性承认的角度看，中华人民共和国具有强烈的联合国偏好。

（一）新中国启动重返联合国的实践进程

正是在这种偏好的推动下，新中国开启了“重返联合国”的进程。1949年9月30日，新成立的中华人民共和国召开具有“制宪议会”性质的中国人民政治协商会议第一次会议。这次会议通过决议，否认了国民党政府继续代表中国出席联合国大会的资格。同年11月15日，外交部长周恩来代表中华人民共和国政府致电第四届联合国大会主席罗慕洛和联合国秘书长赖伊，表示中华人民共和国“否认目前正出席本届联合国大会的所谓‘中国国民政府’派遣的蒋廷黻所领导的代表团的合法地位，认为他们已经不能代表中国，并无权代表中国人民在联合国组织中发言”，正式要求联合国“根据联合国宪章的原则与精神，立即取消‘中国国民政府代表团’继续代表中国人民参加联合国的一切权利，以符合中国人民的愿望”。[①] 这是新中国政府围绕联合国代表

① 曲星：《半个世纪的历程——中国与联合国关系回顾》，载《世界历史》1995年第5期，第2—14页。《中美关系资料汇编》第二辑（上），北京：世界知识出版社，1960年版，第4—6页。

权问题同联合国进行的第一次正式互动，也是一次典型的话语实践活动。通过这样一种实践活动，新中国明确界定了自己应当在联合国中所具有的身份。

但在当时，新中国政府通过话语实践活动为自己界定的这一身份，还没有成为新中国和联合国成员国之间的共识，联合国也没有认可新中国当时的实践努力。结果是，联合国于1949年11月18号收到这一电报后，并没有按照新中国政府的意愿采取行动，而是将其视为“非联合国成员国政府”的电报，没有分发给各成员国，等于将这一问题搁置起来了。①

新中国在联合国的遭遇与新中国政府当时的身份条件有直接的关系。新中国在成立伊始就确立了以人民民主专政为核心的社会主义制度，在国际上确立了向苏联“一边倒”的外交政策。这种明确的政策宣誓，向西方世界表明，新中国是社会主义国家阵营的一员，与美国和西方的资本主义国家有本质的不同。这一身份特征，在冷战前夕的国际体系中，具有明确的指向意义。对此，以美国为首的西方国家有着清醒的认识。但是，在美国人的理解中，新成立的中国政府也与苏联和其他东欧的社会主义国家不完全相同。关于这一点，时任美国国务卿的艾奇逊曾经做出过这样的表示：毛泽东领导下的中国不是靠苏联的军事力量扶植起来的，而是靠自己的努力建立起来的，所以，共产党领导下的新中国不可能成为苏联的卫星国，即使中苏签订了《中苏友好同盟互助条约》也不能改变这一事实。在新中国和苏联之间，存在着利益冲突，这些冲突必将表现出来。所以，新中国和美国会有利益共同点，存在进行某种程度的合作的余地。② 艾奇逊的这种观点在美国政府和一些西方政界人士中间具有一定的普遍性。这意味着，一些西方人为当时的新中国描绘的剧本解释是这样的，新中国是一个新崛起的社会主义国家，具有较强的个性和独立性，新中国是必须要防范的，但是，在避免中苏合流的意义上，新中国又是可以合作的。所

① William W. Boyer; Neylan Akra:“The United States and the Administration of Communist China”, *Political Science Quarterly*, Vol.76, Issue 3, September, 1961, p.333.

② 孙岩:《台湾问题与中美关系》，北京：北京大学出版社，2009年版，第62—67页。

以，如果仅仅从这一点上看，新中国希望得到美国和西方世界的某种承认，希望能在联合国中取代国民党政府代表全中国，还是有可能的。[①]

（二）重返联合国之初的国内外资源条件

尽管新中国成立之初的独特身份条件，为其重返联合国提供了可能性。但是，新中国当时特定的国内外资源条件，却严重压缩了这一可能性，导致中国重返联合国的努力受挫。

在国内资源条件方面，新中国与联合国的互动受到的不利影响主要是国民党残余势力的阻挠。当时，新中国并没有将国民党政府的残余势力彻底肃清，蒋介石政权退守台湾后，仍然在国际上发挥影响，其派驻联合国的代表蒋廷黻仍在行使权力。由于中国是联合国常任理事国，蒋介石政权的代表仍在代表中国在联合国安理会行使否决权，这就给驱逐其代表的事件增添了很大困难。事实上，周恩来总理已经明确地认识到了这一点。在联合国秘书长赖伊以电文并非来自联合国会员国为借口，拒绝向大会散发电文副本之后，周恩来就明确指出，在国民党统治集团的残余势力尚未彻底扫清的情况下，恢复新中国在联合国的席位问题肯定会受到阻挠。不过，周恩来认为，致电联合国还是有用的，这说明在重返联合国问题上，"我们是挂了号，备了案"的。[②]

在国际资源方面，新中国与联合国的互动受到的不利影响，主要在于美国的国内政治斗争。本来，在新中国建立之初，美国的杜鲁门政府认识到新中国与苏联的不同，在对华政策上希望拉拢新中国，避免出现苏中一体的局面。这体现在1949年10月至1950年5月之间，杜鲁门政府有关新中国的政策，无论是1949年8月的白皮书，还是1950

① Lincoln P. Bloomfield, "China, the United States, and the United Nations", *International Organization*, Vol.20, Issue 4, autumn, 1966, p.673.

② 金朝晖：《周恩来与中国在联合国合法席位的恢复》，载《武汉大学学报（人文科学版）》2005年第5期，第599—605页。

年1月美国宣布放弃保护在台湾的国民党政府，等等，都体现出美国政府试图与新成立的中国政府进行某种合作的姿态。[①] 但是，美国国内政治斗争的形势对此产生了不利影响。1950年初，一些共和党议员出于美国国会中期选举的需要，决定针对杜鲁门政府的对华政策中的“亲共”倾向，对民主党发起攻击。在这种情况下，国务卿艾奇逊决定表明美国政府的政策初衷，对此进行还击。[②] 这样，杜鲁门政府与新中国合作的“险恶用心”公诸于世，引起了新中国和苏联的警惕和反制，政策实施的效果可想而知。在这种情况下，美国政府意识到对华有条件合作的“楔子战略”未必奏效，所以，对新中国要求驱逐联合国的国民党代表、吸收新中国代表的建议不再有任何兴趣。于是，新中国重返被联合国的建议就这样被搁置了。

但是，新中国政府并没有因为美国和蒋介石政权代表的阻挠而放弃努力。新中国政府在不同的时间和场合，不断通过话语实践和联盟实践，强化与联合国及其成员国之间的互动，推动联合国及其成员国对新中国认识的改变。

在新中国的劝说和请求下，时任联合国常任理事国的苏联政府，主动在联合国会议上提出新中国代表权问题。1949年11月25日，苏联在联合国第一委员会中提出“中华民国已失去大陆，无权代表中国，中国的代表权应由中华人民共和国来替代”。[③] 苏联的提议虽然在联合国内引起争议，但毕竟这是联合国首次对“中国代表权”问题进行讨论，使新中国代表进入联合国取代原国民党政府代表成为联合国内部的一种声音。以后，只要这种话语实践不断进行，这种声音不断加强，理解新中国立场的国家就会越来越多，联合国内部对此的共识也会越来越大。对此，新中国政府继续进行了不懈努力，效果也比较明显。

1950年1月8日，周恩来再次致电联合国秘书长和联合国大会主

① （美）约翰·加迪斯:《美国的政策与看法：1949—1950年分裂中苏的楔子战略》，载袁明、哈里·哈丁主编:《中美关系史上沉重的一页》，北京：北京大学出版社，1989年版，第253页。

② 资中筠、何迪编:《美台关系40年》，北京：人民出版社，1991年版，第42页。

③ 张秀娟:《周恩来与中国恢复在联合国合法席位的斗争历程》，载《党的文献》1997年第1期，第62—65页。

席，指出“国民党代表留在安全理事会是非法的，应将其开除”。[①] 苏联代表提案要求把新中国的代表权问题列入大会议程。1950年1月13日，联合国安理会对苏联提案进行表决，在美国的干预下，会议以6票反对（美国、蒋介石集团、法国、古巴、厄瓜多尔、埃及），3票支持（苏联、波兰、印度），2票弃权（英国、挪威）的表决结果否决了苏联提案。苏联代表为表示抗议，与波兰、捷克等国代表一起退出了安理会、经社理事会和托管理事会及其下属机构的工作。苏联此举引起世界各国对联合国在中国席位问题上不公正立场的极大关注，使新中国的联合国代表权问题成为联合国及其成员国讨论的重要话题，一些联合国成员国的态度甚至开始发生一些微妙变化。例如，在苏联提案表决前，埃及代表曾向法国表示，只要法国投赞成票埃及也会投赞成票，但法国由于担心轻易同意新中国的代表资格，会失去跟中国谈判的筹码，所以没有同意。美国也开始表现出一定的摇摆性，尽管它极力反对新中国的代表取代原国民政府的代表，但美国代表在投票后也表示，美国政府对此动议的反对不是否决票，当安理会七个会员国投票赞成而对此事做出决定时，美国政府会加以接受。[②]

在这种情况下，1950年1月18日，周恩来和毛泽东商定，中国在联合国内继续积极斗争，做出时刻准备进入联合国的姿态，任命张闻天作为出任联合国大会中国代表团首席代表。次日，周恩来照会联合国，要求明确答复何时将国民党集团的非法代表开除出联合国及安理会，以及中华人民共和国的合法代表何时可以出席联合国和安理会的会议并参加工作。[③] 1950年1月19日，周恩来致电联合国秘书长，指出“以张闻天为首席代表的合法的中华人民共和国的代表团已经组成，代表团应迅速出席会议并参加工作”。4月9日，周恩来专门召开会议研究代表团的人员组成问题，决定派往安理会的代表为张闻天，派往经

① 中共中央文献研究室：《周恩来年谱（1949—1976）》（上卷），北京：中央文献出版社，1997年版，第20页。

② 《安理会正式记录第五年第二号英文本》，引自外交部情报司：《中国在联合国代表权问题》（1954年印）。金朝晖：《周恩来与中国在联合国合法席位的恢复》，载《武汉大学学报（人文科学版）》2005年第5期，第599—605页。

③ 张秀娟：《周恩来与中国恢复在联合国合法席位的斗争历程》，第62—65页。

社理事会的代表为冀朝鼎，派往托管理事会的代表为孟用潜，派往军事参谋团的代表为周士第，并决定代表团由50余人组成，会议还拟定了派往联合国代表团办事机构编制、任务及干部配备等方案。[①]

（三）国际社会关于中国身份认知的变化

中国政府这种富有进取性的实践活动取得了明显效果。1950年3月8日，联合国秘书长赖伊正式向安理会各会员国印发并公布了一份关于中国席位问题的“法律备忘录”，其基本观点是：当一革命政府对抗现有政府而自称代表某一国家时，我们需要搞清楚，究竟这两个政府中哪一个在事实上据有使用国家资源及指导人民以履行会员国义务的地位。如果新政府能在其领土范围内行使有效权利并为本国人民所服从，那么联合国就应该通过集体行动，给该政府以联合国代表本国的权利，即使某些会员国有理由持不同意见。[②] 显然，赖伊的表态已经与新中国政府的立场非常接近，新中国在重返联合国问题上的参与实践活动已开始产生关于新中国和新中国与联合国关系的新认识。如果这种新认识能够有效扩大，就会在联合国形成关于新中国的新剧本，建构出新中国在联合国中的新身份，从而使新中国被联合国接受和承认。

在这一有利形势下，新中国政府希望再接再厉，继续扩大战果。1950年5月12日，周恩来再次致电联合国秘书长赖伊，表明中国新政府重返联合国的立场。赖伊只好于6月16日向当时的59个会员国建议，考虑解决新中国在联合国的代表权问题，继续强调会员国应以新政府是否有效地统治国家领土和人民作为表决的依据，而不应受是否有外交承认的影响。但是，赖伊尚未能有效说服美国，在美国的反对下，赖伊的建议未能在联合国内引起足够的反响。[③]

---

① 金朝晖：《周恩来与中国在联合国合法席位的恢复》，第599—605页。

② 译自《联合国公报》（1950年），第八卷第七分册，第281页。

③ 金朝晖：《周恩来与中国在联合国合法席位的恢复》，第599—605页。

二、朝鲜战争爆发后中国重返联合国的实践进程分析

从1949年10月到1950年5月，在新中国政府的积极参与下，中国新政府作为中国唯一合法代表参与联合国之事逐渐取得积极进展，联合国内部对中国新政府的新理解和新认识逐渐萌芽，并一度有扩大的趋势。但是，到1950年6月，新中国重返联合国的国际资源条件发生了重大变化，促使这一趋势发生了逆转。这次重大国际资源条件变化，就是朝鲜战争的爆发。

（一）朝鲜战争对新中国重返联合国的影响

朝鲜战争是一场朝鲜半岛谋求武力统一的南北战争。由于走社会主义道路的北朝鲜在军事上取得重大胜利，南朝鲜当局开始向美国求救。深受意识形态因素左右的美国政府，断定这是一次“共产主义向自由世界的进攻”，决定对南朝鲜进行武力援助。原本希望对新中国实行“楔子战略”、与中国新政府进行有限合作的杜鲁门政府，随之对中国新政府的态度发生巨变。杜鲁门政府断定朝鲜战争是北朝鲜执行苏联战略方案的结果，一方面操纵联合国安理会通过决议，组建“联合国军”对朝鲜内战进行武装干涉，把联合国变成了朝鲜战争的参战方；另一方面出动美国海军进入台湾海峡，企图阻止“对台湾的任何进攻”。更严重的是，美军在朝鲜半岛得手后，继续采取进攻性的作战策略，命令“联合国军”跨过三八线，进逼新中国边境。在这种情况下，新中国政府为保证国家安全，援助受难邻国，被迫出兵朝鲜。这样，新中国和联合国戏剧性的变成了交战双方。

形势的巨大变化，促使当时的联合国秘书长赖伊的立场发生了根本性变化，刚刚产生的关于中国新政府代表中国参与联合国的理解化为泡影。1950年9月17日，在第五届联合国大会即将召开之际，周恩

来总理尽管照例致电联合国秘书长赖伊，再次要求立即驱逐国民党残余集团的非法代表，并“请立即办理一切必要手续，使中华人民共和国代表团得以出席此次联合国大会”。[①] 但是，在当时的情况下，这些合理要求不可能得到任何积极回应。在第5届联合国大会上，苏联和印度提出的有关恢复新中国合法席位的提案全部被否决。此后，联合国还在美国操纵下通过了一系列严重损毁新中国国家形象的提案。1951年2月1日，联合国大会通过了美国提出的指责新中国是朝鲜的“侵略者”的决议；5月18日，联合国大会进一步通过了美国提出的要求所有联合国会员国对新中国和朝鲜实行禁运的决议。[②] 这些决议，成为这一时期联合国及其大部分成员国对新中国进行解释的权威剧本，界定了中国是联合国的“对立面”的身份。这一身份与中国新政府参与联合国的初衷相去甚远。一时间，中国新政府参与联合国似乎成为不可能的事情。

对于这样一种局面，新中国政府通过话语实践进行了反击。中国外交部发言人表示：“自从联合国大会非法通过污蔑我国的决议之后，联合国即已断然自绝于中国人民。此次联合国大会又非法通过美国这一提案，只是再一次证明联合国已日益不可挽救地变成以美国为首的帝国主义集团扩大侵略战争的工具。”[③] 但是，新中国政府除了进行言语上的反击之外，没有做出进一步的反制行动，这些努力也没有产生明显的实践效果。

中国之所以如此，主要是因为当时新中国政府尚无法确定自己和联合国的确切身份，我是联合国的什么人？联合国又是我的什么人？我与联合国之间的关系，“是敌是友”？“非敌非友”？正因为如此，中国政府对联合国的态度复杂而微妙。一方面，中国政府认为联合国

---

① 《外交公报》(第一卷第一期)，载《中美关系资料汇编》第二辑(上)，北京：世界知识出版社，1960年版，第14、第163—164页。*Political Science Quarterly*, Vol.76, Issue 3, September, 1961, p.333。

② 《外交部发言人斥责美国操纵联合国大会非法通过对中朝禁运案的谈话》，载《中华人民共和国对外关系文件集》(第2集)，北京：世界知识出版社，1958年版，第27页。

③ 同上。

是帝国主义侵略政策的帮凶，联合国大厦只剩下一块招牌；[①] 另一方面，又认为是美国在玷污联合国，联合国同样是美帝国主义侵略政策的牺牲品，认为联合国是迫于美国的压迫，才非法通过了相关决议。中国政府依然希望联合国能够主持正义，惩治美国侵略者。[②] 可以说，在当时，以美国为首的联合国及其多数成员国，已经形成了对中国的最新身份认知，那就是，中国是苏联战略的追随者，与美国的战略利益背道而驰，中国加入联合国对西方国家有害无利。

对于这一点，新中国似乎早有准备，毛泽东的公开表态可能说明一些问题。他在1956年与印尼总统苏加诺谈话时指出，“我们曾经想过另外一方面，不参加（联合国）也不坏”；“早参加或者迟参加，这两条我们都要准备，……我们觉得慢一点好”。当苏加诺总统问中国为什么不急于参加联合国时，毛泽东回答，在联合国里面英国、美国、法国都是帝国主义国家、殖民主义国家，中国要在联合国之外反对他们。[③] 当然，毛泽东并没有真正放弃进入联合国的实践努力。

（二）新中国重返联合国的新实践策略

朝鲜战争爆发后，中国与联合国的对抗性互动显著增强，直接导致了中国与联合国之间的新的、具有一定敌对性的相互身份认知，这一新的身份认知决定了中国与联合国关系的某种对抗性。而这种关系一旦形成，就不可能在短时间内彻底改变。这意味着，在朝鲜战争爆发后，中国新政府参与联合国的愿望可能在短期内无法实现。这一点，在此后联合国处理中国代表权所采取的方式上得到了体现，新中国政

---

① 《美帝继续玷污联合国！安理会又非法通过决议授权美国“统率”干涉军，赖伊恭顺地充当了美帝的帮凶》载《人民日报》1950年7月11日，第4版；《真理报斥赖伊充当美国帮凶》，载《人民日报》1950年7月21日，第4版。

② 《北京市总工会等七人民团体致电联合国安理会，要求制裁美国侵略》，载《人民日报》1950年9月3日，第2版；《向联合国抗议美帝侵朝，国际群众组织函电纷飞》，载《人民日报》1950年9月4日，第4版；《北京人民继续抗议美机暴行，劳动模范代表致电安理会，要求制裁美国侵略》，载《人民日报》1950年9月8日，第4版。

③ 毛泽东：《关于恢复中国在联合国的合法席位问题（1956-9-30）》，载《毛泽东外交文选》，北京：世界知识出版社，1994年版。

府对此也有清醒的认识。

在1951年的第六届联合国大会上，美国操纵联合国通过了对中国代表权问题采用“延期审议”的决议，希望通过这种方法把中华人民共和国排斥在联合国之外，让台湾当局继续占据中国席位。此后的10年间，美国每年都以“时机不宜”为由，提出暂缓讨论中国代表权问题的议案，并充分利用其影响力促其通过。美国这样做的目的，就是希望将代表权问题无限期地拖延下去。如果代表权问题连议事日程都上不了，当然就根本谈不上新中国取代国民党在联合国的席位的问题了。①

这种形势促使周恩来认识到斗争的长期性和艰巨性，决定适时地调整对策，把新中国在联合国的席位问题和同外国建交联系到一起，以尽可能借助世界一切友好国家的力量，帮助新中国逐渐重返联合国。为此，周恩来确定了三条建交新原则：“第一，凡愿和我国建交的，必须同盘踞在台湾的国民党集团断绝外交关系；第二，对新中国采取友好态度，支持中国恢复在联合国的合法席位；第三，通过谈判证实它尊重中国主权的诚意。”② 这样，只要多一个联合国会员国和新中国建交，就意味着在联合国里多一张票赞成恢复新中国的合法席位，随着时间的推移，与新中国建交的国家越来越多，新中国在联合国中的支持率就会越来越高。总有一天，支持新中国重返联合国的国家会占到绝大多数。那时候，新中国重返联合国，就是顺理成章的事了。

周恩来的这一实践策略取得了巨大成效。随着时间的推移，与新中国建交的国家越来越多，联合国内支持新中国代表进入联合国的声音，不仅没有因为美国的抵制变弱，反而变得越来越强。此后，与新中国友好的国家驻联合国的代表每年都提出各种议案，要求联大讨论“中国代表权”问题，使联合国关于恢复新中国在联合国中的合法席位的问题不但没有被搁置和边缘化，反而变得日益突出。面对联合国中越来越多的国家要求恢复新中国的合法席位的局面，美国感觉到形势对自己不利，于是再次操纵表决机器，要求联合国安理会不再讨论排

---

① 袁小红：《美国对华政策与中国联合国代表席位的恢复》，载《求索》，2007年第3期，第215—217页；陶文钊主编：《中美关系史：1949—1972》，上海人民出版社，1999年版，第98页。

② 金冲及：《周恩来传》，北京：中央文献出版社，1998年版，第1001页。

斥蒋介石政权的代表或让中共代表出席联合国的问题。在这一决议的影响下，50年代中后期尽管仍有不少国家提出“排蒋纳共”的提案，但均被美国“暂不讨论中国代表权问题”的提案否决。[①]

然而，这种结果并不能妨碍越来越多的国家支持新中国加入联合国的事实，尤其随着朝鲜停战协定的签署，越来越多的新独立国家加入联合国，支持中国重返联合国的力量日益壮大。这说明，经过新中国政府多年的实践努力，深受朝鲜战争影响的中国重返联合国之事，逐渐在联合国内部重新凝聚起越来越多的对新中国有利的新共识，为新中国日后成功重返联合国奠定了坚实的基础。

三、反殖民化背景下中国重返联合国的实践进程分析

新中国重返联合国因朝鲜战争而遭受挫折之后，新中国政府并没有放弃努力，而是采取正确的实践策略，通过多种实践方式、充分利用国际资源条件推动事情取得积极进展。

（一）新独立国家推动联合国集体共识改变

20世纪50年代中后期，国际形势开始发生重大变化：世界范围内的反殖民化浪潮风起云涌，数量众多的发展中国家获得独立，这些新独立国家纷纷以主权国家的身份加入联合国，在世界政治舞台上发出自己的声音。中国通过特定的外交实践方略，促使新独立国家在纷纷与新中国建交的同时，承诺在联合国支持新中国政府，这就使联合国内支持新中国的共识得到加强，反对新中国、支持美国的声音逐渐减弱。从50年代中后期，联合国成员国中支持美国搁置中国代表权问题

① 张秀娟:《周恩来与中国恢复在联合国合法席位的斗争历程》，第62—65页。

的议案支持率越来越低（见表5-1）。[①]

表5-1　20世纪50年代中后期支持美国提案的国家所占比例（单位：票，%）

联大会议召开年份	赞成票数	反对票数	弃权票数	缺席票数	总票数	支持美国提案的百分比
1955	42	12	6	0	60	70
1956	47	24	8	0	79	60
1957	48	27	7	0	82	59
1958	44	28	9	0	81	54
1959	44	29	9	0	82	54
1960	42	34	22	1	99	42

在这种形势下，包括一些美国传统盟国在内的联合国成员国也开始认识到，中华人民共和国进入联合国代表中国的趋势不可避免，所以越来越倾向于在联合国中承认和接受新中国。1961年初，英国政府通知美国，它将在本年度的联大表决中投票赞成讨论中国代表权问题。当年的《纽约时报》也撰文指出，如果美国在本届联大中仍继续反对讨论中国在联合国的席位问题，它将处于“困难的”、“站不住脚的立场”。[②] 为避免出现难堪局面，不使美国政府丢脸，新上台的肯尼迪政府决定改变策略，将以前拒绝讨论中国代表权问题的做法，改为同意将中国代表权问题作为“重要问题”提上联合国大会议事日程。“重要问题”需要联合国大会代表2/3以上的多数通过才能获得通过，所以，承认新中国在联合国代表权的难度将再次增大。在美国的这种要求下，联合国关于中国代表权的问题的讨论程序就被分成了两个步骤：第一，就美国提出的关于改变中国在联合国的代表权是一个“重要问题”的议案进行投票。这一议案本身是程序性的，只须简单多数通过即可；第二，就是否应该改变中国在联合国的代表权，也即就接受中华人民共和国进入和驱逐国民党出联合国这一“重要问题”进行表决，必须

① 数据参见韦展辉：《青山遮不住　毕竟东流去——中国恢复在联合国合法席位斗争实录》，载《世界知识》1996年第22期，第18—19页。

② 转引自《美国阻挠恢复中国在联合国中的合法权利的旧阴谋和新花招》，载《人民日报》1961年9月21日。

2/3多数通过才能有效。[①] 于是，1961年9月21日，联大总务委员会通过决议，同意将中国代表权问题作为“重要问题”列人联大讨论议程。

这说明，美国在仍然没有改变对新中国的基本认识的情况下，对新中国重返联合国一事继续采取了拖延策略。这一策略是美国在国际压力下做出的让步，预示着美国可能向改变对新中国的认识的方向转变。[②] 毕竟，美国已无法继续阻拦联合国对中国席位问题进行讨论了。所以，这也是一个不小的进步，这说明新中国在联合国的身份问题已被越来越多的联合国成员国所认可，接受新中国只是早晚的事情了。

（二）国内资源条件恶化与新中国的反制措施

联合国这种投票形式的变化，与广大第三世界国家的独立和对中国的支持密不可分，显示了新中国外交实践取得了巨大成绩。但是，这种形势的转变使退守台湾的国民党当局感到了恐慌，一些国民党官员认识到，要想阻止中华人民共和国代表取代其在联合国的非法席位，仅靠美国的理解和支持已经不行，必须争取众多第三世界国家的支持，这些国家数量庞大，在联合国大会表决投票中的作用举足轻重。所以，从1960年开始，国民党当局即开始成立专门机构，做这些国家的工作。1960年国民党成立“行动先锋”（Operation Vanguard）小组，负责规划对非援助事宜，在“外交部”下成立“中非技术合作委员会”，专司对非技术援助，并打出“外交下乡，农业出洋”的口号。[③] 国民党当局的这些活动，改变了新中国重返联合国的国内资源条件，给新中国重返联合国的实践努力增加了一定的困难。

但是，国内资源条件的这一变化给新中国重返联合国的实践努力带来的困难，很快就被削弱。因为与此同时，新中国政府充分发挥自身能动性，最大限度的调动各种国际资源推动新中国重返联合国进程，

① 周恩来：《周恩来外交文选》，北京：中央文献出版社，第313页。

② 袁小红：《美国对华政策与中国联合国代表席位的恢复》，第215—217页。

③ 王文隆：《外交下乡　农业出洋：中华民国农技援助非洲的实施和影响（1960—1974）》，台北：国立政治大学历史学系，民国93年（2004年），第10页。

在一定程度上抵消了国民党当局的破坏性影响。

1964年初，法国与新中国正式建立外交关系，这意味着法国必须同时承诺在联合国中支持新中国。法国的做法对国际社会产生了很大影响，预示着美国精心构建的围堵新中国的西方阵营，在新中国的实践攻势下开始出现裂痕。

与此同时，新中国政府也继续主动出击，积极组织与新中国友好的联合国成员国提案支持新中国代表团进入联合国，著名的“阿尔巴尼亚提案”就是其中一例。从1962年以来，旨在驱逐国民党政府、恢复新中国政府在联合国席位的“阿尔巴尼亚提案”在联合国内的影响逐渐增大，支持的国家越来越多。在这种情况下，一些西方国家开始首鼠两端，例如，加拿大、澳大利亚、新西兰、比利时、意大利等国，在1965年联合国大会召开前夕，提出一种“折中方案”，企图以“大陆和台湾都有权加入联合国”为由，提出制造“两个中国”的提案，取代以前美国提出的“重要问题提案”。这些国家认为，“阿尔巴尼亚提案”获得越来越多支持的原因，在于没有第三种选择，“两个中国”提案可以作为第三种选择，削弱“阿尔巴尼亚提案”的影响力。起初，美国并不认可这种方案，新中国政府和国民党当局同时反对这种提案。周恩来代表新中国政府表示，“只要中华人民共和国存在，只要共产党在领导，我们绝不会承认把台湾割出去。如果出现两个中国，我们宁可不进联合国。”① 台湾当局对这种制造两个中国的提案也十分反感，蒋介石声称，一旦联合国通过这种提案，即主动退出联合国以示抗议。但是，美国的一些盟国，如加拿大、比利时、意大利等国，并不愿意放弃自己的提案设想，最终，美国勉强同意这些国家提出所谓的“委员会案”，即成立专门委员会讨论将中国在联合国的代表权一分为二的问题。在中国政府的强烈抗议下，这一分裂中国的提案没有获得通过，美国的“重要问题提案”以7票的微弱优势获得通过，“阿尔巴尼亚提案”则首次出现了反对票和赞成票持平的局面。②

---

① 中共中央文献研究室：《周恩来年谱（1949—1976）》（中卷），北京：中央文献出版社，1997年版，第618、699页。

② 刘子奎：《美国与1966年联合国中国代表权问题》，载《当代中国史研究》2007年第6期，第55—61页。

1965年第20届联大的投票结果显示，在联合国成员国中，理解和承认新中国的力量更加强大，不接受新中国的力量逐渐疲于应付。在这种情况下，感到危险的台湾当局迅速加大了对非洲国家的援助力度，新中国重返联合国的国内国际资源条件再次有所恶化。在台湾当局“金元外交”的影响下，一些非洲国家的态度开始发生一些变化。与此同时，新中国国内的形势也开始发生急剧变化，国内进入“文化大革命”的前夕，极“左”思潮开始泛滥，这种局面传递到国外，使新中国的国际形象再度受损。这种不利的国内外资源条件很快导致联合国在中国代表权问题上的表决形势发生对中国不利的变化。

在1966年的联大表决中，很多非洲国家都倒向了台湾当局一边。在39个非洲国家中，对“重要问题提案”投赞成票的17国（43.6%）、投反对票的19国（48.7%）、投弃权票和未出席的3国（7.7%）；对“阿尔巴尼亚提案”投赞成票的17国（43.6%）、投反对票的17国（43.6%）、投弃权票和未出席的5国（12.8%）。1968年和1969年的联大表决形势继续朝着有利于台湾当局的方向发展，支持台湾当局的非洲国家有增无减。①

20世纪60年代，国际社会和非洲大陆处于大分化大改组时期，非洲国家在中国代表权问题上的投票行为，既受到非洲国家政局演变的影响，也受到台湾当局援非政策的影响；既受到新中国政府内政外交和国际影响力变化的影响，也受到国际上反对新中国的势力的影响。国际实践活动受到国内国际资源的双重制约，是实践理论的基本观点。在非洲国家关于中国代表权的投票取向上，这一点表现的非常明显。1964年法国和中国建交后，原法属非洲殖民地国家随即在投票问题上倒向新中国。曾经是法属殖民地的达荷美，1964年11月受法国影响支持中国，但是，1966年1月达荷美发生军事政变后，新政府随即与新中国断交，在联合国投票问题上转而支持美国。这样的例子还有很多，这里不再赘述。

① 张绍铎、胡礼忠：《“台湾当局”对非洲农技“外交”与联合国中国代表权问题（1960—1971）》，载《西亚非洲》2009年第3期，第32—37页。

从中国国内因素来看，中国国内的政治较量也对非洲投票行为产生直接影响。一方面，退守台湾的蒋介石集团对非洲开展“金元外交”，影响了直接受到援助的非洲国家在中国代表权问题上的投票行为，但是，这种影响始终局限在半数左右的非洲国家中。在很大程度上，新中国政府对非洲外交的影响远远超过了台湾当局的影响。新中国成立后，高举反对帝国主义和殖民主义大旗，通过不同方式支持包括非洲在内的第三世界国家的民族独立和民族解放运动，对这些国家产生了很大的吸引力。1964年1月15日，在加纳访问的周恩来总理公布了新中国对外援助八项原则，强调对外援助不附加任何条件，这些都增强了非洲国家对新中国的信任感和亲近感。[①] 新中国在20世纪60年代以后出现的极左思潮一度对新中国对非外交产生过负面影响，但到了1970年以后，新中国外交呈现新局面，新中国与非洲国家的关系也随之改变，在其后出现的第三次建交高潮中，10个非洲国家与新中国建交或复交，其中包括肯尼亚、突尼斯、布隆迪和加纳，[②] 显示了新中国外交实践的强大力量和显著效果，这对新中国在联合国内的身份确认具有积极影响。

（三）国际资源条件推动新中国重返努力成功

在新中国政府积极有为的实践努力下，新中国在有效的抵御了国内资源条件恶化产生的不利影响的同时，迎来了国际资源条件的陆续好转。这些有利的国际资源条件，最终推动新中国成功重返联合国。

20世纪60年代以后，尤其是美国深陷越南战争以后，美国的国际影响力相对下降，高举反帝旗帜的新中国的影响力相对上升，美国越来越难以在中国代表权问题上左右多数非洲国家。尼克松执政后，出于对苏联的战略考虑，大幅度调整对华政策，转而与中国进行战略合作，进一步优化了新中国重返联合国的国际环境。国际环境的这些重

---

① 参见中共中央文献研究室编：《周恩来年谱（1949—1976）》（中），北京：中央文献出版社，1997年版，第597—598页。

② 参见韩念龙主编：《当代中国外交》，北京：中国社会科学出版社，1988年版，第479页。

大变化，都促使越来越多的非洲国家在中国代表权问题上转向支持新中国，这一转变导致联合国内支持新中国代表权的国家朝着多数转变。

1970年是中国重返联合国路程上具有标志性的一年。在1970年第25届联大上，支持驱逐国民党集团的票数达到51票，而支持美国反对恢复中国合法席位的票数只有47票，支持新中国的票数首次超过了半数。如果不是美国提出的“重要问题”提案作祟，新中国在1970年就恢复在联合国的合法席位了。[①]

在这种形势下，美国政府认识到，美国在新中国恢复联合国合法席位问题上长期坚持的政策可能会不再行得通，适时改变政策恐怕是必须面对的问题。但是，美国并没有因此彻底放弃不承认新中国的政策，而是希望利用“双重代表权”等手段延缓中国重返联合国的步伐。1971年7月9日，尼克松并派遣特使基辛格秘密访问北京，就“双重代表权”问题试探中国领导人的立场。面对美国制造“两个中国”的图谋，新中国政府进行了义正言辞的反驳。周恩来向基辛格明确表示，新中国在联合国之外已经很久了，再等一段时间也没有问题，但是新中国决不会接受任何形式的“两个中国”的安排。毛泽东随后也指出，我们绝不上“两个中国”的“贼船”，不进联合国，中国照样生存，照样发展。[②] 在当时的情况下，中国领导人认为，新中国还可以在联合国外面等上一两年，一两年以后，新中国重返联合国就无法阻挡了。巧合的是，以基辛格为代表的一些美国高层也认为，新中国恢复在联合国的席位估计要一年以后，美国总统访华之后可能就差不多了。但是，谁也没有料到，在当年，即1971年，新中国就成功进入了联合国。[③]

在1971年召开第26届联合国大会之前，围绕中国在联合国的代表权问题形成了三个提案。

第一个提案沿袭美国以前的观点，要求大会确认从联合国取消“中华民国代表权”的任何提议都是属于《联合国宪章》第18条中所规定的重要问题，需经联大2/3多数通过。这个提案国由包括美国和日本在

① 曲星:《中国外交50年》，南京：江苏人民出版社，2000年版，第312页。

② 陈敦德:《胜利在1971——新中国重返联合国纪实》，北京：解放军文艺出版社，2004年版，第106页。

③ 陈敦德:《胜利在1971——新中国重返联合国纪实》，第273页。

内的等22个国家组成，被称为“22国提案”。

第二个提案要求立即恢复中华人民共和国在联合国的一切合法权利，并立即把蒋介石集团的代表从联合国一切机构中驱逐出去，该提案以阿尔巴尼亚和阿尔及利亚两国主导，故称“两阿提案”。这一提案的共同提案国有23个，包括缅甸、斯里兰卡（锡兰）、古巴、赤道几内亚、几内亚、伊拉克、马里、毛里塔尼亚、尼泊尔、巴基斯坦、也门民主人民共和国、刚果人民共和国、罗马尼亚、塞拉利昂（塞拉勒窝内）、索马里、苏丹、叙利亚、坦桑尼亚联合共和国、阿拉伯也门共和国、南斯拉夫和赞比亚等。

第三个提案是由美国、日本等19国提出的所谓“双重代表权案”，即接纳中华人民共和国的代表进入联合国，但“确认中华民国继续拥有代表权”，并“建议由中华人民共和国代表享有安理会常任理事国席位”。

上述三个各不相同的提案，最终均提交联合国大会表决。“22国提案”首先提交表决，结果以59票反对、55票赞成、15票弃权遭否决；随后“两阿提案”提交表决，结果以76票赞成，35票反对和17票弃权的压倒多数获得通过；由于“两阿提案”被通过，美日等国的“双重代表权案”就自动成为一项废案，不再表决。结果，中国被联合国正式接纳。

26届联大通过接纳中国的第2758号决议后，联合国秘书长吴丹立即致电中国外交部部长姬鹏飞，正式通知联合国大会已恢复中华人民共和国在联合国的一切合法权益，要求新中国政府尽快派出代表团参加第26届联合国大会的工作，全国人民为此欢欣鼓舞。毛泽东主席亲自决定派出以乔冠华副外长为团长、黄华大使为副团长的中国代表团出席第26届联大。新中国代表团于1971年11月15日抵达纽约联合国总部，受到了联合国成员国的盛大欢迎。[①]

从此，中国作为联合国的正式成员国，作为联合国安理会的常任理事国，与联合国开始了新的互动。此后40年的互动实践表明，中国

① 参见吴妙发：《非洲国家支持中国加入联合国——写在中非建交50周年纪念日之前》，载《中国经济时报》2006年6月26日，第8版。

与联合国的互动实践，是健康的、良性的，也是连续的、互构的。中国和联合国不断的互相影响，互相塑造，推动彼此共同成长。

四、结语

通过对中国加入联合国的实践进程进行分析，我们可以归纳出以下几个主要观点：

第一，中国重返联合国的进程是一个以“参与实践”为核心的互动过程。中国重返联合国，是在自己的加入预期指导下的一个实践过程，在这一过程中，中国最终实现重返联合国的目标、被联合国接受和承认，本质上是一个在互动中逐渐生成的过程，而不是一个预期加手段的工具性实现过程。中国重返联合国，是一个连续不断的参与实践过程，这个参与实践不仅受到国际环境和国内环境的影响，还受到中国在参与实践的复杂互动中不断学习、借鉴和创新的塑造。两者联合作用、互相建构，最终生成关于中国、联合国以及中国与联合国关系的新认知（即新剧本），这种新认识通过各种实践活动获得中国和联合国的共同承认，为中国建构出新身份，这是中国最终成为联合国一份子的根本原因。

第二，中国重返联合国的参与实践中，具有相应的能动性。中国为了重返联合国，逐渐学会和适应联合国的游戏规则，并充分借助联合国的游戏规则，达到重返联合国的目的，这是中国系统遵约的一方面。中国在系统遵约和参与联合国的实践中，通过反思和创新，在积极的沟通与合作中，逐渐创造出影响和变革联合国的时空条件，促进联合国朝着更加公正、合理和有序的方向发展。这体现出中国重返联合国的实践过程，是一个双向能动的过程。在这一过程中，中国在被重塑的同时，也改变着她的互动对象：联合国及其成员国们。

第三，在分析中国重返联合国的过程中，“参与实践”表现出较强的解释力。所谓“参与实践”，是指实践者在一定的时空条件下参与国际体系过程中的言语、行为活动。在本章中，参与实践就是中国政府重返联合国的言语、行为活动。中国在重返联合国的过程中，既进行过以言语沟通为主要方式的话语实践，也从事过以劝服和缔约为核心的联盟实践；既进行过以研究吸收联合国规则和总结互动经验为核心的学习实践，也从事过履行承诺、按照游戏规则办事的遵约实践；当然，中国在与联合国的互动中，也不断创新实践方式，推动联合国自身做出改变。通过这一系列的实践活动，中国最终在改变自己的同时，改变了联合国，形成了关于自己和与联合国关系的新共识，最终被联合国承认和接纳。

第四，在中国重返联合国的参与实践中，国内外环境条件发挥了重要作用，对事件进程产生巨大影响。在中国重返联合国初期，由于朝鲜战争的爆发而大幅恶化了中国和联合国之间的相互理解，几乎逆转了中国重返联合国的进程。随后，全世界风起云涌的反殖民化浪潮和民族独立运动重新为中国重返联合国带来了曙光。正是第三世界国家的纷纷独立和广泛参与，才决定性的改变了联合国的力量对比，改变了联合国对中国的主流认识。这种新认识逐渐扩散，最终形成联合国内占压倒优势的共识，决定了联合国对中国身份的承认。

第五，中国重返联合国的时间进程清楚的表明，在参与实践和身份承认之间，存在着确定的变量关系："参与实践"导致"身份承认"。本章研究表明，参与实践是自变量，身份承认是因变量。中国在与联合国的互动中，逐渐获得联合国不同程度的承认，也就是获得了不同的新身份，体现出不同的参与程度。这样，参与实践与身份承认，作为一个完整的实践过程，构成了一个清晰的因果关系链。中国以新的身份重新投入与联合国的实践过程，开始新一轮的实践过程，中国重返联合国的历程正是体现了这样一个不间断的持续参与历程。

第6章

中国参与联合国维和行动的实践

冯继承[①]

联合国维和行动是全球范围内具有特殊效用的国际安全合作机制，是联合国在冷战背景下，为应对地区冲突、维护国际和平与安全的实践中创立和不断发展起来的。自1948年首次向中东地区派出联合国停战监督组织以来，截至2010年6月底，联合国共部署了63项维和行动，遍布亚洲、欧洲、非洲和拉丁美洲，先后有130多个国家派出100多万军人、警察和文职人员参加维和行动，目前仍有15项维和行动正在进行之中，参加维和的人员总数高达120827人。[②] 联合国在部署维和行动以解决国际冲突的实践中形成了一定的原则、准则、规范和决策程序，即联合国维和机制。[③] 在62年的发展历程中，尽管存在一些缺陷和问题，但联合国维和行动是维持世界和平与稳定的一个重要制度，尤其是在冷战结束后，它日益成为联合国缓解地区紧张局势、解决地区冲突的主要模式和最有效的手段，[④] 为维护国际和平与安全发挥着重要作

① 冯继承　外交学院英语系讲师，外交学院国际关系专业2008级博士研究生。

② 联合国维和行动部网站：http://www.un.org/chinese/peace/peacekeeping/facts.htm，2011年2月5日访问。

③ Stephen Krasner, ed., *International Regimes*, Ithaca: Cornell University Press, 1983, p.1；门洪华：《和平的维度——联合国集体安全机制研究》，上海人民出版社，2002年版，第297页。

④ Paul Diehl, et al., "United Nations Intervention and Recurring Conflict," *International Organization*, Vol.50, 1997, p. 686.

用。因此，中国参与联合国维和行动是中国参与国际体系实践的重要组成部分。

中国与联合国维和行动的关系经历了巨大而深刻的变化。20世纪50、60年代，中国政府坚决抵制维和行动。1970年代，中国政府对其仍持否定态度，采取不参与的政策。1980年代以后，中国逐步参加到联合国维和行动之中。1988年底，中国正式加入联合国维和行动特别委员会。[①] 次年底，中国政府首次派遣人员参加了维和行动。[②] 随后，中国参加维和行动的范围不断扩大、程度不断加深。截至2010年6月底，中国已参加了18项联合国维和行动，累计派出维和官兵15603人次，是目前联合国安理会常任理事国中派出维和人员最多的国家，[③] 成为联合国维和行动的中坚力量。

中国与联合国维和行动的关系是如何演变的？其根本动力是什么？参与程度如何？本章认为"参与实践"是推动这一关系演变的根本动力。中国参与维和行动是一个持续不断的实践过程，并在实践中不断形成了关于维和行动与自身关系的新认知、新剧本，进而形成了新的身份。得到认可的身份认同即身份承认，表明了中国参与维和行动的程度。身份承认可以分为形式承认、分配承认和价值承认，它们分别表示了低、中、高三种不同程度的身份承认。

中国参与联合国维和行动的实践以话语实践和学习实践最为突出。话语实践是指中国对联合国维和行动的性质和作用的判定与评价、对维和行动的立场声明以及主张表述等。在参与实践的过程中，话语起到了框定和再框定的作用，建构、重构意义与身份。[④] 学习实践是指中国了解熟悉联合国维和行动，通过参与维和行动进行模仿和学习，在国内建立相应维和机构和机制，乃至维和创新等实践活动。学习是实践主体了解和参与新事物的重要途径。学习过程不仅是获得新认知

---

① 田进、余孟嘉等著:《中国在联合国——共同缔造更美好的世界》，北京：世界知识出版社，1998年版，第52页。

② 赵磊:《建构和平——中国对联合国外交行为的演进》，北京：九州出版社，2007年版，第199—200页。

③ 《我军参与联合国维和行动累计派出官兵15603人次》，中国中央政府网站：http://www.gov.cn/jrzg/2010-07/06/content_1647096.htm，2010年7月20日访问。

④ 孙吉胜:《语言、意义与国际政治：伊拉克战争解析》，上海人民出版社，2008年版，第129—131页。

的过程，也是实践主体身份再建构的过程。[①]中国参与联合国维和行动的实践是一个双向互动的过程。联合国维和行动的演进与中国的参与实践共同影响着中国对维和行动的认知和关系互动。

一、联合国维和行动的演进历程

维和行动是联合国的一项重大创举。为了维护和平，制止侵略，《联合国宪章》的第六章和第七章明确规定了和平解决争端的程序和授权安理会采取包括使用武力在内的强制行动条款。然而，联合国成立后不久冷战爆发，美苏两个安理会常任理事国处于对抗状态，导致和平解决争端的程序不被重视，强制解决争端的集体安全机制又因大国一致原则而难以发挥作用。与此同时，战后伴随殖民地国家民族独立运动的高涨，局部武装冲突频繁发生，美苏的卷入使地区冲突随时都有演变为一场世界大战的危险。正是在这一背景下，维和行动应运而生，成为介乎于《联合国宪章》第六章和第七章之间的实际解决办法，因而被联合国前秘书长哈马舍尔德形象地称之为“第六章半行动”。[②]在维护国际和平与安全的实践中，联合国维和行动历经了三大发展演变阶段。

（一）第一代维和行动：维和行动的创立与发展（1948—1987年）

在美苏两大集团对峙的背景下，联合国对美苏关注的中心区域很难发挥作用，但在被称为“边缘地带”的一些区域可以填补真空，以缓解地区冲突、维护和平。1948年6月，联合国首次向中东部署联合国军事观察员，并建立联合国停战监督组织。截至1987年，联合国共

① 周雪光：《组织学十讲》，北京：社会科学文献出版社，2003年版，第174、177页；罗伟良等：《组织学习研究的争议》，载《心理科学进展》2006年第5期，第719页。

② 李一文编著：《蓝盔行动：联合国与国际冲突》，北京：当代世界出版社，1998年版，第352—353页。

部署了13项维和行动。[①] 人们通常将这一时期的维和行动称之为传统维和行动，即第一代维和行动。维和行动的目的明确，主要是监督停战或停火、撤军，观察、报告冲突地区的局势，监督执行脱离接触协议，协助恢复治安或维持秩序等。维和任务主要由军事观察员和维和部队负责实施，维和对象主要是国际间冲突。除1960年的刚果行动曾一度由安理会授权使用武力以恢复秩序[②]之外，大多数维和行动规模较小，都是起一种缓冲或阻断冲突与争端的作用。

其间，从1979年到1987年，维和行动陷入停滞。联合国几乎无法实施任何新的维和行动，主要原因是绝大部分地区冲突都涉及大国，特别是与美国和苏联有关，如苏联入侵阿富汗，支持古巴向安哥拉等处出兵，支持越南侵略柬埔寨，美国入侵格林纳达等。对于这些事件，联合国安理会及大会先后通过多次决议，要求侵略军撤军，但都因为美国或苏联的反对而无法形成决议，只能限于舆论上和道义上的谴责。尽管维和行动受到严重削弱，联合国始终没有放弃努力，除继续支持尚未完成的维和任务外，仍在酝酿新的维和行动。如在阿富汗问题上，联合国秘书长及其特别代表自1982年起在巴基斯坦和阿富汗政权间进行了长达6年的穿梭斡旋，直至最后达成协议。[③]

值得注意的是，联合国在这期间的维和实践中形成并确立了具有重要指导意义的维和行动三项基本原则，即中立原则、同意原则和非自卫不使用武力原则。第一，维和行动不得妨碍有关当事国之权利、要求和立场，需保持中立，不得偏袒冲突中的任何一方；第二，维和行动必须征得有关各方的一致同意才能实施；第三，维和部队只携带轻武器，只有自卫时方可使用武力。人们通常将这三项原则称之为“哈马舍尔德三原则”。[④] 因为《联合国宪章》中没有关于维和行动的规定，这三原则为维和行动确立了基本准则。

---

① 刘恩照：《联合国维持和平行动》，北京：法律出版社，1999年版，第12页。

② 《联合国手册》（第十版），北京：中国对外翻译出版公司，1988年版，第154页。

③ 参见刘恩照：《联合国维持和平行动》，第110页。

④ 冯勇智、曾芳编：《蓝箭出击：联合国维和行动大纪实》，沈阳：辽宁人民出版社，1999年版，第36—37页。

（二）第二代维和行动：维和行动的新发展与调整（1988—1997年）

随着冷战的结束，因美苏对抗而几近瘫痪的联合国恢复了行动能力，重新启动停滞了10年的维和行动。1988年10月，第42届联大决定恢复联合国维和行动特委会的活动。同年，联合国维和部队荣获诺贝尔和平奖，维和行动声名大振，吸引了越来越多国家参与到维和行动中来。随后，联合国维和行动进入了发展高潮，在数量、范围和规模上都呈明显增长态势。1988年至1994年，联合国建立的维和行动高达21项，这些维和行动涉及东南亚、中东、非洲、欧洲和拉丁美洲，范围十分广泛。维和规模也明显扩大，1988年联合国维和行动人员只有11111人，[①] 而到1993年就发展到近78444人的空前纪录，1994年仍超过7万。[②] 为了适应对维和行动不断增长的需求，1992年1月31日，联合国举行了首次安理会首脑会议，讨论了安理会在维持国际和平与安全中的责任以及如何加强维和行动机制和效率的问题。随后，联合国成立了维和行动部，专门负责维和各项事宜。

联合国前秘书长加利将这期间的维和行动称为第二代维和行动。与第一代维和行动相比，冷战后的维和行动不仅在数量上有明显变化，而且“性质的变化比数量的变化更加显著”，[③] 从传统的维持和平发展到建立和平和冲突后缔造和平。维和行动成为联合国经常性的活动。维和行动除了承担监督停火等传统任务外，还担负着行政管理、帮助安置难民、促进改善人权、监督大选和公民投票、清除地雷、进行战后重建等多方面职能。维和对象从过去以处理国际冲突为主发展到以处理国内冲突为主。据统计，从1988年到1994年实施的21项维和行动

① 《和平纲领补编》，A/50/60-S/1995/1，1995年1月3日，联合国维和行动部网站：http://www.un.org/chinese/aboutun/sg/report/hpglbb.htm，2011年2月5日访问。

② 联合国维和行动部网站：http://www.un.org/chinese/peace/peacekeeping/documents/chart.pdf，2011年2月5日访问。

③ 《和平纲领补编》，第9自然段。

中，13项涉及国内冲突，占总数的62%，其中从1992年后实施的11项维和行动中，涉及国内冲突的就高达9项。[①] 维和人员除军人外，还有大量的维和民警和文职人员，而且后者在维和行动中的任务比重越来越大。随着维和行动职能和规模的扩大以及维和经费的不足，联合国开始寻求与区域组织合作，开展联合维和行动。

冷战后的联合国维和行动开始越来越多地援引《联合国》第七章的强制行动条款，为非自卫目的而动用武力，使维和行动的基本原则遭到了不同程度的破坏。从1990到1995年的5年间，联合国安理会就通过了11项关于使用武力解决冲突的决议，先后授权对伊拉克、索马里、卢旺达、海地、波黑等国采取了军事行动。[②] 如在索马里，当联合国第一期行动受阻后，安理会授权以美国为首的维和部队用武力维持和平，强制解除各派武装，由中立的第三方变成直接卷入冲突的当事方，遭到当地武装力量的激烈反抗，导致维和行动因失败而撤出。索马里维和行动的失败导致联合国在非洲的维和行动一度陷入停滞，以致当卢旺达种族大屠杀发生时联合国未能及时做出反应。[③]

冷战后联合国维和行动中出现的强制行动、"双重标准"等新情况和新问题，引起了许多发展中国家的警觉和反对，特别是联合国在索马里的行动很大程度上影响了国际社会对维和行动的看法。[④] 1995年到1998年初，联合国维和行动进入调整期，联合国各机构纷纷对维和行动的经验教训进行探讨和总结。联合国秘书长加利指出"使用武力维持和平是很危险的事情"，今后联合国应该避免贸然采取这种行动，授权某些国家执行维和使命"可能给联合国的地位和信誉带来负面影响"。他总结经验后指出，"维持和平行动要取得成功就必须遵守同意、公正中立和非自卫不使用武力三原则"，并强调"经济和社会发展是持久和平的最稳固基础，是最关键的因素，"解决冲突的努力要想获得成

---

① 谢启美、王杏芳主编：《中国与联合国——纪念联合国成立50周年》，北京：世界知识出版社，1995年版，第79页。

② 李一文编著：《蓝盔行动》，第332页。

③ 贺鉴、汪翱：《从冷战后非洲维和看联合国维和机制的发展——由卢旺达大屠杀与达尔富尔危机引发的思考》，载《当代世界与社会主义》2007年第5期，第61页。

④ 刘恩照：《联合国维持和平行动》，第245页。

功，需要协调联合国内部各个相关机构以及会员国政府和区域组织等，形成一种综合的力量来促进人类的安全。[①]1995年4月，联合国维和部设立了“汲取教训小组”，分析总结维和行动的经验教训，以指导以后的实践。联合国秘书长也与各国政府、联合国各机构以及非政府组织共同审查了维和行动。[②]

（三）第三代维和行动：维和行动的再发展（1998年至今）

经过近3年的调查研究、探讨和经验教训总结，联合国维和行动于1998年初逐渐开始恢复，“希望继续在维和领域发挥作用”。[③] 随后，联合国维和行动再次进入一次新的发展高潮，一直持续至今，发展势头之猛，持续时间之长，前所未有。有学者称之为第三代维和行动。[④] 从1998年3月至2010年底，联合国共执行了17项维和行动。加上原有的维和行动，目前仍有16项维和行动正在进行，有115个国家向联合国维和行动提供军人和警察，总数为98311人，加上国际文职人员、当地文职人员和志愿者，参加维和的人员总数高达122872人。联合国维和行动经费也不断增加，其中2010—2011年度的维和财政预算达72.6亿美元。[⑤]

期间，联合国对维和行动实施了一系列改革，维和行动在原则、机制、目标和形式上都发生了重大变化。首先，联合国维和行动基本上回归了维和三原则，但公正性（impartiality）取代了中立性（neutrality）。[⑥] 另外，保护责任越来越受到重视，其主要目标是预防并

① Supplement to an Agenda for Peace: Position Paper of Secretary-General on the Occasion of the 50th Anniversary of the United Nations, A/50/60-S/1995/1, January 3, 1995.

② 刘恩照：《联合国维持和平行动》，第242—244页。

③ 联合国维和行动部的负责人贝尔纳·米耶在联合国纪念维和行动50周年记者招待会上的发言，1998年5月29日。参见：刘恩照：《联合国维和行动》，第247页。

④ 门洪华：《和平的维度》，第313页。

⑤ 联合国维和行动部网站：http://www.un.org/chinese/peace/peacekeeping/chronol.htm，,2011年2月5日访问。

⑥ *Report of the Panel on United Nations Peace Operations*, A/55/305-S//2000/809, 21 August 2000, p.9; United Nations Peacekeeping Operations: Principles and Guidelines, United Nations, 2008, p.23.

提高联合国防止灭绝种族事件发生的能力。[①]1999年，联合国就提出要对重大侵犯人权事件进行人道主义干预。干预手段包括从外交谈判到采取军事行动，引起了各种争议，其中对采用军事手段的争议最大。[②]但为了保障维和行动的威慑力，武装干预作为最后手段，一直没有放弃。其次，联合国维和行动机制得到了加强。一是联合国维和行动待命安排机制得到进一步发展，将警察和民事专家也纳入到待命安排范围，并要求提供维和部队的会员国在部署之前满足维和行动所规定的培训和装备要求。[③] 有些国家和地区组织还建立了快速部署部队，专门为联合国维和行动进行紧急部署。二是联合国维和行动部门进行了机构调整，由维和行动事务部和从中分离出的维和行动支援部专门负责相关事宜。[④] 再次，维和行动被列为联合国的经常性活动，维和费用也因此被纳入联合国经常预算范围内。[⑤] 建设和平（或冲突后缔造和平）成为联合国解决争端和冲突的核心任务。2006年，联合国建立了建设和平委员会，主要负责在冲突解决后实施和平重建，从根本上制止冲突的再发生。[⑥] 该委员会还设立了建设和平基金，向冲突后建设和平的国家提供。此外，联合国更加重视区域组织的作用，加强了与区域组织的合作与协调，合作维和的特征[⑦] 日趋明显。联合国在多项维和行动中分别得到地区组织的合作。尤其是在2007年，联合国与非洲联盟在苏丹达尔富尔维和行动中进行了合作，建立了混合维和部队，共同执行维和使命，取得了良好效果。[⑧]

总之，1998年初以后，随着联合国维和行动机制的不断增强和维

① 联合国维和行动部网站：《秘书长关于联合国工作的报告》，联合国大会第65届会议，A/54/1(SUPP), http://www.un.org/zh/ga/65/docs/1/2.html#2-2, 2011年2月8日访问。

② Kofi Annan, *We, the Peoples: The Role of the United Nations in the 21st Century*, The Millennium Report of the Secretary General on the Work of the Organization, *April 3, 2000*, 联合国维和行动部网站：http://www.un.org/en/aboutun/prinorgs/ga/millennium/sg/report/sg.htm。2011年2月5日访问。

③ *Report of the Panel on United Nations Peace Operations*, A/55/305-S//2000/809, 21 August, 2000, p.15.

④ 薛磊：《联合国维和行动的新发展：从维持和平走向建设和平》，载《国际展望》2010年第3期，第54页。

⑤ *Report of the Panel on United Nations Peace Operations*, A/55/305-S//2000/809, 21 August 2000, p.34.

⑥ 《2005年世界首脑峰会成果文件》，A/RES/60/1。

⑦ Joseph P. Lorenz, Peace, Power, and the United Nations: A Security System for the Twenty-first Century, pp.88-89.

⑧ 贺鉴、汪翱：《从冷战后非洲维和看联合国维和机制的发展》，第63—64页。

和行动作用的日益提高，联合国维和行动已经成为维护国际和平与安全的重要手段和方式，得到了世界上众多国家和国际组织的参与和支持，并逐渐发展成为一种全球性的伙伴关系。

二、中国参与联合国维和行动的话语实践

（一）谴责与否定（1981年以前）

1971年以前，基于敌对的国际安全环境，尤其是朝鲜战争期间中国志愿军与美国操纵的“联合国军”的交战遭遇，[①] 中国对联合国及其维和行动进行了措辞严厉的批评，谴责其侵略行径与干涉内政行为。朝鲜战争期间，中国政府批评联合国充当了“美帝的帮凶”。[②] 对联合国在刚果（利）的维和行动（1960年至1964年），中国政府谴责道“一支戴着‘蓝钢盔’的‘联合国军’，以‘维持秩序’为名，开进了这个刚诞生半个月的非洲共和国。4年来，这支人数曾达两万多、装备着美国武器的‘联合国军’，在美帝国主义的控制下，对刚果进行了肆无忌惮的侵略和干涉。”[③] 对联合国驻塞浦路斯维和部队（1964年3月至今），则抨击道“美国操纵联合国安理会派遣‘联合国维持和平部队’进驻塞浦路斯，假手联合国干涉塞浦路斯内政，镇压塞浦路斯人民反对美英帝国主义的正义斗争。这支部队做了许多罪恶勾当，严重损害了塞浦路斯人民的主权。”[④] 在中国看来，联合国维和部队就是受帝国主义控制的侵略军和干涉军。

当时，因联合国屡遭操纵，中国认为联合国的性质已经发生了改

① 联合国并不承认这支“联合国军”在朝鲜的行为属于维和行动，“因为这支部队不是在联合国的控制之下，而且不是以有关各方的同意为依据”。尽管如此，负面影响已经造成。参见联合国新闻部编：《联合国手册》（第9版），北京：中国对外翻译出版公司，1988年版，第74页。

② 《美帝继续玷污联合国！安理会又非法通过决议授权美国“统率”干涉军，赖伊恭顺地充当了美帝的帮凶》，载《人民日报》1950年7月11日，第4版。

③ 《“联合国军”在刚果（利）四年侵略罪行》，载《人民日报》1964年7月2日，第4版。

④ 《联合国在亚非地区的罪恶记录》，载《人民日报》1965年11月19日，第5版。

变，成为帝国主义实施强权政治的工具，甚至提出联合国“必须彻底改组”，主张“另立一个革命的联合国，与那个被美国帝国主义操纵的因而只可能做坏事不可能做好事的联合国唱对台戏”。[1] 1967年，中国对联合国特别会议讨论建立“联合国部队”问题表示了坚决的反对，认为所谓的“联合国部队”是一支镇压世界人民革命斗争的国际宪兵，并指出“长期以来，联合国一直是美帝国主义在全世界推行侵略政策的工具，是美苏进行政治交易的场所”。“苏联修正主义领导集团在伙同美帝国主义建立国际宪兵——‘联合国部队’问题上如此积极，又一次暴露了它与世界革命人民为敌的叛徒嘴脸。”[2]

1971年中国恢复联合国合法席位之后，对联合国维和行动的态度有所缓和，由严厉谴责转为原则上否定。中国代表在参加联合国有关维和行动议案决议的发言中明确地阐明了中国的立场并解释了相关做法。关于维和摊款问题，中国反对将派遣联合国紧急部队的费用列入联合国经常预算。中国认为联合国在少数国家的操纵下，几次派出“联合国部队”，进行干涉别国内政的“维持和平行动”，从而造成财政困难，为这些活动提供费用是“毫无道理的”，[3] 是不符合《联合国宪章》宗旨和原则的不正当支出，从而不应作为联合国的开支。因此，中国声明不承担任何分摊维和费用等财政义务。对于向中东派遣维和紧急部队问题，中国也表示反对，中国认为此举将“无济于事”，不能根本解决问题，“只能留下无穷的后患”，是美苏“试图占领阿拉伯领土”。但鉴于被侵略的阿拉伯国家一再向联合国提出维和请求，中国没有投

① 《周总理在欢迎苏班德里约第一副总理宴会上发表重要讲话，联合国必须改正错误彻底改组，也可以另立一个革命的联合国》，载《人民日报》1965年1月25日，第1版。

② 《美苏勾结急于建立国际宪兵，库兹涅佐夫赶到纽约与美国谈判“联合国部队”问题，费德林表示苏愿为镇压世界革命的国际宪兵提供军费》，载《人民日报》1967年4月20日，第6版。

③ 《邢鹤松同志关于“1973年会计年度概算”问题的发言》，载《我国代表团出席联合国有关会议文件集（1972年续集）》，北京：人民出版社，1973年版，第173—177页；《王伟才同志关于反对将派遣联合国紧急部队的费用列入联合国经常预算问题的发言》，载《我国代表团出席联合国有关会议文件集（1973年续集）》，北京：人民出版社，1974年版，第187页。

反对票，选择了不参加对该草案的投票。[①]

（二）区别对待、阐明原则立场（1981—1987年）

经过过去近10年的观察与了解，20世纪80年代，中国对联合国维和行动的看法日趋客观，形成了较为正面的认知，改变了过去简单否定的态度。中国常驻联合国代表凌青大使对维和行动有一定了解后指出，“有些联合国维和行动确实不好，但另外一些则不完全是坏的。……维和不完全是为帝国主义大国服务的”。[②]1981年11月，凌青明确表示：“出于对联合国组织、对世界和平和人类进步事业的责任感，中国政府准备今后对联合国维和行动采取区别对待的灵活立场。……对今后凡是严格按照《联合国宪章》的宗旨和原则建立的、有利于维护国际和平与安全、有利于维护有关国家主权和独立的联合国维持和平行动，中国都将本着积极支持的立场，予以认真研究和对待。”[③]

随着对维和行动了解的深入，中国开始就如何促进联合国维和能力的建设问题阐明原则立场。1984年10月，中国代表在联大特别政治委员会上就“维和行动问题的全盘审查”议题首次提出了中国对维和问题的基本主张，即关于加强联合国维和行动的七点原则看法：（1）中国支持符合联合国宪章原则的维持和平行动，认为这种行动是联合国维持国际和平与安全的有效手段之一；（2）维持和平行动必须应当事国的请求或获其同意，并严格尊重其独立、主权和领土完整；（3）当事国或当事各方应与维持和平行动的努力合作，充分利用维持和平行动所争取到的时间和有利条件，尽快地寻求有关问题的政治解决；（4）每项维持和平行动都必须有明确的任务权限规定，任何国家或方面都不得利用维持和平行动牟取私利或干涉别国内政；（5）维持和平行动的授权

① 《安理会继续讨论中东问题并通过一项决议，决定派联合国紧急部队去中东“监督停火”，黄华代表阐明中国政府的原则立场，没有参加投票，讨论过程暴露苏美力图利用阿拉伯国家暂时困难从中渔利争夺势力范围》，载《人民日报》1973年10月27日，第5版。

② 凌青：《改革开放初期的中国与联合国》，载《党史博览》2005年第4期，第19页。

③ 《凌青关于我对联合国部队费用立场的发言》，载《中国代表团出席联合国有关会议文件集（1981.7—12）》，北京：世界知识出版社，1982年版，第130页。

归安理会。在维持国际和平与安全方面，安理会、大会和秘书长应按联合国宪章规定各尽其责；（6）维持和平行动费用应当贯彻公平分摊、合理负担的原则，可视各种不同情况在会员国中分摊、自愿捐款或由有关国家支付；（7）为了加强联合国维持和平行动，拟订指导方针和采取实际措施都是必要的，维持和平行动特委会可同时从以上两方面进行工作。[①]

（三）积极建言献策、坚持维和原则（1988—1997年）

作为安理会常任理事国，中国珍惜冷战结束带来的大好形势，重视并积极支持加强联合国在维护国际和平与安全方面的作用。1988年9月，中国政府在申请加入联合国维和行动特委会的信函中指出，“联合国维持和平行动是维持和平与安全的有效手段之一，对缓和地区冲突、提供和平解决争端的条件起着积极作用”，并表示愿意“为提高联合国和平行动的效能做出贡献”。[②] 中国代表还在联合国有关会议上多次表示中国重视联合国维和行动的积极作用，愿意为完成联合国维和行动所面临的繁重任务而不懈努力。[③]

关于如何加强维和行动的作用，中国政府提出了自己的看法和主张。中国认为安理会在维持和平与安全方面负有首要责任，并赞同会员国广泛参与的原则，支持秘书长加利在《和平纲领》中提出的维和行动机制，认为维和行动应与预防性外交和缔造和平的努力携手并进，相辅相成，才能起到相得益彰的作用。[④] 中国还指出，联合国应通盘考虑并合理安排维和行动的经费问题，应明确规定维和行动的任务和时

① 《我代表赞成加强联合国维持和平行动的能力并阐述我对联合国维持和平行动的原则立场》，载《人民日报》，1984年10月17日，第6版。

② 1988年9月22日，中国常驻联合国代表李鹿野致函联合国秘书长，提出中国加入联合国维和特委会的请求。参见《我申请加入联合国维持和平行动特委会》，载《人民日报》1988年9月30日，第4版。

③ 《我代表在联合国一会议上表示中国愿为加强联合国维持和平行动做出努力》，载《人民日报》1990年5月13日，第6版。

④ 中华人民共和国外交部外交史研究室编：《中国外交概览》，北京：世界知识出版社，1991年版，第393页；《我代表在联合国维和特委会发言指出维和行动必须有助于和平解决争端》，载《人民日报》1993年4月24日，第6版。

间期限，根据实际情况调整规模，多渠道筹资并厉行节约人力和物力资源等。[①]

中国政府还阐明了对维和行动所持的原则立场，强调维和行动应尊重国家主权和不干涉会员国内政的原则，反对在维和行动中动辄使用武力。中国代表1991年在联合国特委会上指出，中国主张对扩大维和行动领域的问题采取慎重的态度，认为任何维和行动都必须符合《联合国宪章》的原则和宗旨，必须有助于通过对话和谈判和平解决争端。[②] 中国外交部长钱其琛1993年在联大发言时强调，在联合国维和行动的数量和任务范围不断扩大的形势下，任何维和行动都必须得到当事国有关各方的同意与合作，都必须在执行过程中采取不偏袒任何一方的公正态度，唯有如此才能取得预期的积极效果。[③] 中国代表还指出，联合国光靠制裁或武力等强制性办法来解决争端是行不通的，反而有可能激化矛盾，导致事与愿违。中国历来不赞成滥用《联合国宪章》第七章，动辄使用强制性措施。[④]

值得注意的是，从1995年左右开始，中国关于联合国维和行动的话语内容发生了明显改变。尤其是自联合国在索马里等地强制维和行动失败以及对卢旺达种族大屠杀的迟缓应对后，中国代表在有关维和行动的发言中，很少提及对维和行动的支持态度，更不强调维和行动在维护国际和平与安全的作用。相反，中国更多的是指出维和行动中存在的问题，提出批评并给出进一步修正的意见和主张。一是维和行动中军事行动逐渐增多的问题。中国代表指出，采取强制性行动，只会激化矛盾，无助于问题的根本解决。[⑤] 即使是为保护人道主义援助和

① 中国代表于1988年11月在联合国大会第五委员会上提出的建议。参见田进、余孟嘉等：《中国在联合国》，第52—53页。

② 《我代表在有关联合国会议上说中国愿联合国维持和平行动做出努力维持和平行动必须符合联合国宪章的原则和宗旨》，载《人民日报》1991年5月11日，第6版；《我代表在联合国维和特委会发言指出维和行动必须有助于和平解决争端》，载《人民日报》1993年4月24日，第6版。

③ 刘恩照：《联合国维和行动》，第254页。

④ 《我代表在联合国维和特委会发言指出维和行动必须有助于和平解决争端》，载《人民日报》1993年4月24日，第6版。

⑤ 中华人民共和国外交部外交史研究室编：《中国外交：1996年》，北京：世界知识出版社，1996年版，第592—593页。

维和人员的安全而授权使用武力也只能严格用于自卫，不得滥用，更不能用于报复，也决不应伤害无辜。[①] 联合国授权部分成员国派遣多国部队或某些军事集团参加维和行动，导致联合国维和行动在一定程度上朝着军事化的方向发展，使维和行动与强制行动的界限混淆不清，导致维和行动受挫甚至失败，联合国要认真研究和总结这些做法的利弊并吸取教训。[②] 二是维和行动中"双重标准"倾向日益严重的问题。中国代表指出，维和行动中不乏"双重标准"的事例，有些地区在迫切需要维和行动时，联合国却犹豫不决，迟迟不采取行动，而某些维和行动在明显完成其预期任务的情况下，任期却一再延长。对这种现象应该予以纠正，如不纠正，势必影响安理会应有的权威和信誉，以致削弱其维持国际和平与安全的能力。而且，联合国财政困难不应成为采用"双重标准"的借口，联合国维和行动更不应成为少数国家国内政治的延伸。[③] 三是维和行动自身局限性问题。中国代表认为，维和并非灵丹妙药，不能解决冲突的根本，尤其无法解决发展问题。所以联合国应该注意和平与发展问题的内在联系，只有注重发展问题，才能从根本上防止或彻底解决冲突。随着维和行动规模的收缩，联合国在维和领域的工作也应该调整，应该把更多的精力和资源集中到发展领域，从而保证国际社会的长期稳定与和平。[④]

（四）积极肯定、创新维和规范（1998—2010年）

1998年后，联合国维和行动经过反思与调整后进一步积极推进。中国赞成联合国开展的一系列维和改革，积极肯定维和行动的重要作用，并表达了坚定支持维和行动的政治意愿。中国代表在多次联合国

① 1997年5月21日中国代表王学贤在安理会的发言。参见刘恩照：《联合国维和行动》，第253—254页。

② 中华人民共和国外交部外交史研究室编：《中国外交：1998年》，北京：世界知识出版社，1998年版，第702—703页。

③ 《我代表强调要避免双重标准，反对成为少数强国的工具》，载《人民日报》1996年4月3日，第6版；中华人民共和国外交部外交史研究室编：《中国外交：1996年》，第592—593页。

④ 《我代表强调要避免双重标准，反对成为少数强国的工具》，载《人民日报》1996年4月3日，第6版；《我代表指出联合国维和工作应调整》，载《人民日报》1998年4月1日，第6版。

会议上发言时指出，维和行动是联合国维护和平与安全的核心手段之一。蓝盔部队为帮助驻在国巩固和平、实现稳定和重建国家发挥了重要作用，赢得了各方支持和信任。维和行动不仅是联合国的一大亮点，更是安理会工作的重点。进一步加强维和行动，有利于提高安理会的权威，发挥集体安全机制的效力，也有利于扩大联合国的作用和影响，推动多边主义。中国是联合国维和行动的坚定支持者和参与者。中国愿本着量力而行的原则继续积极参与联合国维和行动，同各方一道为维护世界和平做出自己的贡献。①

中国主张坚决维护联合国在维和行动中的主导地位和安理会的权威性。科索沃危机发生后，中国对以美国为首的北约绕过联合国而采取单边行动的行为提出了批评。中国代表在联合国维和特委会上发言时多次强调，维护联合国在维和行动中的主要作用是确保维和行动取得成功的重要前提，安理会在维和领域的主导地位和权威性是不可替代的。每一个会员国都有责任维护安理会的权威，确保维和行动经过安理会授权。任何以单方面行动取代联合国维和行动，以个别组织取代联合国，绕开甚至凌驾于联合国之上，不但会严重削弱联合国的维和能力，破坏联合国的信誉和形象，而且还会加剧原有矛盾和冲突。②中国代表表示，中国一贯支持联合国在涉及世界和平与安全的重大问题上发挥主导作用。中国将积极参与联合国维和行动，为世界和平与

---

① 《中国常驻联合国副代表张义山大使在第58届联大四委审议联合国维和行动问题的发言》（2003年10月16日），中国常驻联合国代表网站：http://www.china-un.org/chn/zgylhg/jjalh/alhzh/whxd/t40386.htm；《中国常驻联合国代表王光亚大使在安理会公开会关于联合国维和行动问题的发言》（2004年5月17日），http://www.china-un.org/chn/zgylhg/jjalh/alhzh/whxd/t112343.htm；《中国常驻联合国副代表张义山大使在第59届联大四委联合国维和行动议题下的发言》（2004年10月27日），http://www.china-un.org/chn/zgylhg/jjalh/alhzh/whxd/t168077.htm；《张义山大使在联大维和行动特别委员会2006年例会上的发言》（2006年2月27日），http://www.china-un.org/chn/zgylhg/jjalh/alhzh/whxd/t237290.htm；《刘振民大使在维和特委会2009年届会上的发言》，http://www.china-un.org/chn/zgylhg/jjalh/alhzh/whxd/t538979.htm；《刘振民大使在维和特委会2010年届会上的发言》（2010年2月23日），http://www.china-un.org/chn/zt/cnunweihe/t659985.htm。2011年2月8日访问。

② 中华人民共和国外交部外交史研究室编：《中国外交：2000年》，北京：世界知识出版社，2001年版，第601页、第571—572页。

安全，为加强联合国作用做出更大的贡献。[①] 2005年，中国国家主席胡锦涛在联合国成立60周年首脑会议上发表讲话时强调，“只有加强多边合作，特别是加强联合国作用、维护安理会权威，才能有效的应对日益增多的全球性威胁和挑战，真正实现普遍安全。在涉及世界和平与安全的重大问题上，应该有安理会根据实际情况做出判断，依照联合国宪章采取集体行动”。[②] 当联合国维和改革进行得如火如荼时，中国代表再次强调要维护安理会对维和行动的授权地位。[③]

中国对维和行动的继续发展以及维和改革提出了自己的建议主张。首先，中国认为应该继续坚持《联合国宪章》的宗旨和原则以及被实践证明行之有效的维和三原则。联合国维和行动应重在发挥政治优势和综合功能，不能片面强调军事职能，根据具体情况可以在必要时采取强制性措施部署维和行动时，不能实行双重标准，不能借联合国之名进行军事干涉；应坚持实事求是，量力而行，不在条件不成熟时实施维和行动。只有这样，联合国维和行动才能取得成功并赢得广泛支持，有利于有关地区的长治久安。[④] 对于保护平民问题，中国代表在2009年的联合国特委会上发言称，保护平民的要求在个别情况下是合理的，但联合国除了考虑一国的特殊需要，还要考虑对整个维和行动的后果。中国指出任何新的维和理念应以传统维和原则为基础，并为广大会员国接受。[⑤] 2010年，中国代表继续指出，在探讨保护平民、强势维和等新兴维和理念的同时，也要同等重视预防冲突、斡旋调解争端、危机处理、重建和平等传统理念的发展和创新，从而为维和实

---

① 《张义山大使在联大维和行动特别委员会2005年例会上的发言》(2005年2月1日)，中国驻联合国代表团网站：http://www.china-un.org/chn/zgylhg/jjalh/alhzh/whxd/t182268.htm，2011年2月8日访问。

② 胡锦涛在联合国成立60周年首脑会议上的讲话：《努力建设持久和平、共同繁荣的和谐世界》。

③ 《刘振民大使在维和特委会2009年届会上的发言》，中国驻联合国代表团网站：http://www.china-un.org/chn/zgylhg/jjalh/alhzh/whxd/t538979.htm，2011年2月8日访问。

④ 参见中华人民共和国国务院新闻办公室：《1998年中国的国防》,《2000年中国的国防》；中国常驻联合国代表团网站：《中国常驻联合国副代表张义山大使在第58届联大四委审议联合国维和行动问题的发言》;《中国常驻联合国代表王光亚大使在安理会公开会关于联合国维和行动问题的发言》;《中国常驻联合国副代表张义山大使在第59届联大四委联合国维和行动议题下的发言》;《张义山大使在联大维和行动特别委员会2005年例会上的发言》,《张义山大使在联大维和行动特别委员会2006年例会上的发言》。

⑤ 《刘振民大使在维和特委会2009年届会上的发言》。

践提供符合实际、跟上时代发展的系统、全面的理论指导。①

其次，中国认为应加强联合国的维和能力，提高维和行动的效力，推进维和机制改革。随着维和任务日益从单一型发展到复合型以及对维和行动需求的不断上升，传统的维和行动已不能满足一些冲突地区的实际需要。联合国有必要在现有基础上，在维和机制、兵源、后勤保障、人员培训和指挥等方面加强和完善能力建设，以更好地适应形势的要求。为此，中国决定提升参加维和待命安排机制的级别，派遣成建制非作战部队参加待命机制，并呼吁广大会员国继续为维和行动提供必要的政治、财政和人员等方面的支持。② 中国还指出消除冲突不能完全依赖于维和，应重视解决造成冲突的根源，特别是经济社会发展问题，应采取综合治理战略，促进维和行动与建设和平领域工作的协调配合，才能使有关国家真正摆脱冲突，实现长治久安。③ 此外，中国认为应加强部署维和行动的前瞻性研究，应对维和行动的模式、理论等进行总结、提高和创新。④

最后，中国认为应加强联合国与区域组织的协调与合作，重视提高区域组织的维和能力。中国指出安理会既要承担起维护国际和平与安全的首要责任，也应鼓励和支持区域组织发挥更加积极的作用，并加强两者的战略合作。目前，联合国维和任务主要集中于非洲。非盟积极致力于本地区内维和工作，为维护地区和平与稳定做出了重要贡献。同时，非盟在后勤、技术和资金等方面也面临巨大压力。联合国

---

① 《刘振民大使在维和特委会2010年届会上的发言》。

② 中华人民共和国外交部外交史研究室编：《中国外交》，北京：世界知识出版社，2002年版，第462页；《中国常驻联合国副代表张义山大使在第58届联大四委审议联合国维和行动问题的发言》；《中国常驻联合国副代表张义山大使在第59届联大四委联合国维和行动议题下的发言》；《张义山大使在联大维和行动特别委员会2005年例会上的发言》；《刘振民大使在维和特委会2010年届会上的发言》。

③ 中华人民共和国外交部外交史研究室编：《中国外交：2000年》，北京：世界知识出版社，2001年版，第571—572页；《中国外交：2004年》，第278页。《中国常驻联合国代表王光亚大使在安理会公开会关于联合国维和行动问题的发言》；《张义山大使在联大维和行动特别委员会2005年例会上的发言》《刘振民大使在维和特委会2009年届会上的发言》；《刘振民大使在维和特委会2010年届会上的发言》。

④ 张义山大使在联大维和行动特别委员会2006年例会上的发言（2006年2月27日），中国驻联合国代表团网站：http://www.china-un.org/chn/zgylhg/jjalh/alhzh/whxd/t237290.htm，2011年2月8日访问。

应加大对非盟的援助，帮助其提高维持和平的总体能力。[①]

三、中国参与联合国维和行动的学习实践

（一）观察与了解（1981年以前）

中国关于联合国维和行动的学习实践始于1971年中国恢复在联合国的合法席位之后。此前，中国对维和行动的了解非常少，主要来自间接经验。相比当时维和行动的实际情况而言，中国对其形成了完全负面的认知，抨击维和部队为帝国主义的国际警察部队。1971年，周恩来总理在中国代表第一次参加联合国会议时指出："过去我们对联合国研究很少，现在我们参加联合国，再过十年，应该把联合国的问题研究得清楚，认识得深刻，这样中国才能在联合国发挥很好的作用。"[②]这开启了中国（代表）对联合国事务的学习实践。然而，中国对维和行动形成的负面初始认知直接影响着其对维和行动的政策和学习行为，[③]导致中国对维和行动采取了冷静观察的学习态度，对有关维和行动的议案采取了"三不原则"，即不赞成派遣联合国维和部队、不参

① 中国常驻联合国代表网站：《中国常驻联合国副代表张义山大使在第58届联大四委审议联合国维和行动问题的发言》；《中国常驻联合国代表王光亚大使在安理会公开会关于联合国维和行动问题的发言》；《中国常驻联合国副代表张义山大使在第59届联大四委联合国维和行动议题下的发言》；《张义山大使在联大维和行动特别委员会2005年例会上的发言》；《刘振民大使在维和特委会2009年届会上的发言》；《刘振民大使在维和特委会2010年届会上的发言》；《王毅副外长在安理会"联合国与区域组织关系"问题公开辩论会上的发言》（2008年4月16日），中国驻联合国代表团网站：http://www.china-un.org/chn/zgylhg/jjalh/alhzh/whxd/t426000.htm，2011年2月8日访问。

② 黄嘉华：《中国与联合国》，载陈鲁直、李铁城主编：《联合国与世界秩序》，北京语言学院出版社，1993年版，第103页。

③ 罗伯特·杰维斯认为，历史包袱会导致决策者形成错误认知，从而产生政策误判。参见（美）罗伯特·杰维斯：《国际政治中知觉与错误知觉》（秦亚青译），北京：世界知识出版社，2003年版，第222—227页。

与投票、不承担任何财政义务，[①]创造了联合国历史上第五种投票行为。[②]这种状况一直持续到1981年。

（二）学习维和事务、考察维和行动（1981—1987年）

经过长时间的观察与了解，中国对联合国维和行动的认知日趋正面，开始实事求是地对待维和行动，参与有关维和事务。1981年12月，中国首次投票赞成增派联合国驻塞浦路斯维和部队。[③]这次投票行为表明，中国开始参与审议维和事务，摒弃了在1970年代不参与投票的做法，并根据维和行动的实际情况做出立场判断。中国对联合国维和政策的转变受到了联合国的欢迎。1981年12月，联合国大会就中国缴纳维和费用问题进行了审议，以115票赞成、13票反对和0票弃权通过了议案。[④]决议要求中国补交1971年10月25日至1981年12月31日未付的维和摊款，对此中国当时持保留意见。

为加强联合国维持和平的能力，使维和行动走出停滞状态，中国开始思考如何提升维和行动的能力建设。1984年10月，中国代表在联大特别政治委员会上首次提出了中国对维和为题的基本主张，参与解决维和行动面临的问题。[⑤]1986年6月，中国政府接受了联合国邀请，派考察组赴中东实地考察了联合国停战监督组织执行任务的情况。[⑥]这

---

① 参见《庄焰同志关于建立联合国脱离接触观察部队问题的决议草案表决前的发言》，载《我国代表团出席联合国有关会议文件集（1973.7—1974.7）》，北京：人民出版社，1974年版，第38—39页；《葛夏村副代表关于联合国中东维持和平部队经费筹措问题的解释性发言》，载《我国代表团出席联合国有关会议文件集（1978.7—12）》，北京：人民出版社，1978年版，第18页。

② 联合国代表在投票时一般有三种方式：赞同、反对和弃权。自旧金山制宪大会开始，出现了第四种方式：不参加表决以示不满。中国的方式是参加决议但不投票，被称为“第五种投票方式”，该方式持续到1980年代初就不再使用了。

③ 联合国驻塞浦路斯维和部队建立于1965年3月，得到了塞浦路斯政府的同意。该部队在塞浦路斯希腊族和土耳其族之间建立了停火线和隔离区，以保护平民，防止战争再次爆发。该隔离区至今仍是联合国部队监督停火，保护平民往来的重要隔离区之一。

④ 赵磊：《中国对联合国维持和平行动的态度》，载《外交评论》2006年第8期，第82页。

⑤ 《我代表赞成加强联合国维持和平行动的能力并阐述我对联合国维持和平行动的原则立场》，载《人民日报》1984年10月17日，第6版。

⑥ 王杰主编：《联合国遭逢挑战》，北京：中央编译出版社，1994年版，第101页。

次考察让中国亲身体会了维和行动的实际运作情况，为后来中国派员参与维和行动提供了经验准备。同年，中国全部缴纳了过去一直拒付的维和行动欠款。[①] 这些积极的学习实践表明，作为安理会常任理事国，中国开始认同联合国维和行动，主动承担维护国际安全与和平的责任，部分参与维和事务，并得到了联合国的欢迎。这为后来中国广泛参与联合国维和行动奠定了基础。

（三）由浅入深参与维和行动（1988—1997年）

1988年9月，中国正式申请加入联合国维和行动特委会，并获得一致同意，这标志着中国正式加入了联合国维和行动机制，并作为成员之一，开始参与联合国维和行动的审议工作。与前期了解和观摩联合国维和事务的学习实践不同，中国开始派人实际参与维和行动，派遣的人员类型从文职人员、军事观察员逐渐过渡到成建制非作战部队，参与程度和范围虽然有限但呈逐渐扩大之势。

1989年11月，中国向联合国纳米比亚过渡期援助团派遣了20名文职选举监督员，帮助纳米比亚实现从南非独立的进程，[②] 这是中国首次派人参加维持和平行动。1990年4月，中国向联合国停战监督组织派遣了5名军事观察员，这是中国首次派军事人员参加联合国维和行动。[③] 1991年5月，中国向联合国伊科特派团[④] 派遣了20名军事观察员，后因联合国财政困难，中国政府将派遣人员减至15名。同年9月，中国向联合国西撒哈拉公民投票观察团派遣了20名军事观察员。同年12月，中国又向联合国驻柬埔寨先遣团派遣了3名军事联络官。

1992年4月，中国应联合国的邀请向联合国驻柬埔寨临时权力机

---

① 曲星:《半个世纪的历程——中国与联合国关系回顾》，载《世界历史》1995年第5期，第12页。

② 中华人民共和国外交部外交史研究室编:《中国外交概览》，1990年，第386页。

③ 中华人民共和国外交部外交史研究室编:《中国外交概览》，第385页;《中国将首次派出军事人员参加联合国停战监督组织》，载《人民日报》1990年4月20日，第1版。

④《安理会决定组建联合国观察团对伊科边境非军事区实施监督》，载《人民日报》1991年4月11日，第6版。

构[①]派遣了47名军事观察员，3名文职人员，400人组成的军事工程大队，军事观察员后增至97人，工程大队前后两批轮换，总计派出800人次。这是中国首次派遣成建制非作战部队参与联合国维和行动。1993年6月，中国向联合国莫桑比克行动派遣了10名军事观察员。同年11月，中国向联合国利比里亚观察团派遣了15名军事观察员，后来于1997年7月14日又增派3名观察员赴利比利亚观察大选。[②]1997年5月，中国表示原则上同意参加联合国维和待命安排机制，并将在适当时候向联合国维和行动提供军事观察员、民事警察和工程、医疗、运输等后勤保障分队。[③]

如上所述，这期间中国参加的维和行动集中在1989年至1993年之间。随着联合国维和行动在急速发展的过程中因偏离维和行动基本原则的现象而导致受挫甚至失败时，中国暂时停止了实际参与。从1995年到1998年初，联合国新建立了12项维和行动，但中国除继续完成已参加的4项维和行动外，没有再派人参加这些新设立的维和项目，而是开始反思第二代维和行动的不足与问题，总结经验教训，提出改进主张。

值得注意的是，中国参与维和行动的学习实践在一定程度上影响了中国对主权观念的认识。中国参与的8项维和行动中，有4项涉及一国内部冲突。这说明中国坚持的已不再是绝对主权，而是相对主权。就维和行动来说，就是需要得到当事方的请求或各方同意，并保持公正中立。不过，由于参与解决国内冲突是一个新的敏感问题，若处理不当，容易导致维和部队成为冲突的一方，甚至成为少数国家干涉别国内政的工具，使维和行动陷入困境，[④]所以中国对此一直非常谨慎，并强调在维和行动中必须坚持同意原则和中立原则。

① 这是1992年联合国举行首次安理会首脑会议后建立了规模较大的维和行动，以加强维和行动的作用和效率，中国政府对此给予了积极支持。

② 中华人民共和国外交部外交史研究室编:《中国外交概览》，1992年，第405页；1993年，第457—458页；1994年，第514页;《中国外交》，1998年，第293页。

③ 中华人民共和国国务院新闻办:《1998年中国的国防》，第27页。

④ 我国代表1995年1月18日在安理会审议《和平纲领补编》报告时的发言。参见《我代表在安理会强调维和应遵循〈宪章〉原则》，载《人民日报》1995年1月20日，第6版。

（四）全面深入学习、参与维和改革

自1998年以来，中国积极支持联合国维和机制及联合国进行的相关改革，加大了参与维和行动的力度和规模，并积极加强自身的维和能力建设和机制建设。首先，中国参与维和行动的数量明显增多。自1998年3月至2010年6月，联合国共部署了31项维和行动，其中新开展的维和行动有16项。中国共参加了19项，总参与率为61.3%，其中有14项是联合国新部署的维和行动，对新项目的参与率高达87.5%，还有2项是中国在这期间参加的联合国原有维和项目，另外3项是中国在1995年之前参加但尚未完成的项目。截至2010年6月，联合国正在进行的维和项目有15项，中国就参加了10项，参与率达68.8%。[①] 值得注意的是，中国在这期间参与的19项维和行动中，有12项涉及一国内部冲突。

其次，中国派出的维和人员类型和规模明显扩大。中国不仅派出了军事观察员和文职人员，还派出了民警和成建制的工兵连、医疗队、运输连和警察防爆队，而且人员数量明显增加。根据联合国维和行动部的月度统计，从2001年到2002年，中国向联合国维和行动派出的人员总数维持在100多人。但是从2003年开始，中国维和人员总数开始明显上升，2004年接近1000人，2006年增加至1600多人，2008年超过了2000人。[②] 上升速度之快，幅度之大，让世人瞩目。

期间，中国在维和人员派遣上开创了多个里程碑。2000年1月，应联合国请求，中国政府向联合国东帝汶过渡行政当局派遣了15名民事警察，这是中国首次派遣民事警察执行联合国维和任务。[③] 2001年1月，中国向联合国波黑特派团派遣了5名维和警察，这是中国首次向欧洲地区派遣维和警察。2003年11月，中国向联合国利比里亚特派团派

① 联合国网站：http://www.un.org/chinese/peace/peacekeeping/，2010年8月2日访问。

② 联合国网站：http://un.org/chinese/peace/peacekeeping/contributors/，2010年8月2日访问。

③ 中国人民共和国国务院新闻办：《2002年中国的国防》（2002年12月），第37页。中国政府网：http://www.gov.cn/gongbao/content/2001/content_61220.htm，2010年7月20日访问。

遣5名维和警察，这是中国首次向非洲地区派遣维和警察。2004年4月，中国向联合国科索沃特派团派遣了12名维和警察。2004年10月，中国应联合国请求，首次成建制派遣了125人组成的警察防暴队赴海地参加维和行动。截至2010年1月，中国共向亚洲的东帝汶、阿富汗，欧洲的波黑、科索沃，非洲的利比里亚、苏丹和美洲的海地7个任务区派遣维和警察1569人次，其中向海地派遣维和警察防暴队8支共1000人次。[①] 这些维和警察中，有30多人担任任务区副总警监、总部参谋长和地区警察局长等中高级职务，有2人被选拔到联合国纽约总部工作，有5人被聘请为联合国维和训练教官。[②] 目前，尚有191名维和警察在东帝汶、利比里亚、苏丹和海地4个任务区执行任务。[③]

中国也加大了派遣军事人员的力度。尤其是自2003年后，中国先后派遣了5支成建制的维和部队参加维和行动。2003年4月，中国首次向刚果派遣了一支由175人的工兵连和43人的医疗分队组成的维和部队参加联合国维和行动。[④] 同年11月，中国决定向利比里亚派遣一支550人的维和部队，其中包括一个240人的运输连、275人的工兵连和一个35人的联合国标准二级医院，这是中国自1992年向柬埔寨派遣工兵之后，再次大规模派遣成建制非作战部队参加联合国维和行动。[⑤]2006年，中国派遣了由182人组成的工兵营参加黎巴嫩维和任务，这是中国第一次成建制向中东地区派出的维和分队；同年7月黎以冲突爆发后，中国决定向联黎部队增派士兵至1000人。[⑥]2006年5月，中国向联合国苏丹特派团派遣了联合国苏丹特派团工兵分队275人，运输分队100人，医疗分队60人。2007年11月，中国又派遣了工兵分队315人参加非盟/联合国达尔富尔混合行动，成为联合国第一支进驻这

① 《中国维和警察出征10年》，载《人民日报》2010年1月22日，第16版。

② 《出征10年，中国维和警察均获联合国和平勋章》，载《人民公安报》2010年1月12日，第1版。

③ 《中国维和警察出征10年》，载《人民日报》2010年1月22日，第16版。

④ 中华人民共和国外交部外交史研究室编:《中国外交》，2004年，第278页。

⑤ 《中国赴利比里亚维和部队首批官兵出发》，载《人民日报》2003年12月10日，第4版；中华人民共和国外交部外交史研究室编:《中国外交》，2004年，第278页。

⑥ 《我赴黎巴嫩维和工兵营先遣队启程》，载《人民日报》2006年4月1日，第2版;《我维和工兵第二批人员抵黎》，载《人民日报》2006年4月17日，第3版；中华人民共和国外交部外交史研究室编:《中国外交》，2007年，第265页。

一地区的维和部队。[①] 截至2010年6月底，仍有1960名维和官兵在联合国10个维和任务区和联合国维和部执行任务。其中，分布在各维和任务区的军事观察员和参谋军官有99人。目前，中国是联合国安理会常任理事国中派出维和人员最多的国家，在所有参与国中排第15位。[②]

再次，中国建立了相关维和事务机构和培训机构，积极加入维和行动的机制建设。应联合国提高维和人员培训的要求，2000年8月中国维和民事警察培训中心在中国人民武装警察部队学院正式挂牌成立。[③]该中心于2004年8月正式建成，是亚洲最大的维和民事警察培训中心，不仅承担了中国外派维和民事警察的培训工作，还举办了由亚洲国家人员参加的区域维和培训，并开展对外交流和维和研讨会。[④] 目前，已培训维和警察26期759人次、维和警察防暴队8期1049人次、警务联络官3期99人、外籍警察5期62人。[⑤]

2001年12月，中国正式成立国防部维和事务办公室，统一协调和管理中国军队参与联合国维和行动的全部事务，标志着中国军队参与联合国维和行动工作有了统一的协调和管理机关。中国公安部也设立了专门维和机构，负责中国民事警察的选派和管理工作。[⑥] 2002年1月，中国正式参加联合国维和行动第一级待命安排机制，[⑦] 并准备在适当时候向联合国维和行动提供1个联合国标准工程营、1个联合国标准医疗分队、2个联合国标准运输连的后勤保障分队。[⑧] 同年10月，国务院、中央军委批准了参加联合国维和待命分队组建方案，正式启动了

---

① 中华人民共和国外交部外交史研究室编：《中国外交》，2006年，第271页；《外交部发言人发表谈话》，载《人民日报》2005年3月31日，第4版；《中国赴苏丹维和部队全部抵达》，载《人民日报》2006年5月29日，第3版；中华人民共和国国务院新闻办：《2008年中国的国防》，第43页。

② 《我军参与联合国维和行动累计派出官兵15603人次》，中国中央政府网站：http://www.gov.cn/jrzg/2010-07/06/content_1647096.htm，2010年7月20日访问。

③ 高太存：《建设中的中国维和民事警察培训中心》，载《公安教育》2002年第1期，第6页。

④ 中国联合国协会编，《联合国与和谐世界》，成都：四川人民出版社，2008年版，第63—65页。

⑤ 《维和警察培训工作10周年研讨会开幕》，中国公安部网站：http://www.mps.gov.cn/n16/n1252/n1867/n2737/2560609.html，2011年2月8日访问。

⑥ 《中国参与联合国维和大事记》，载《人民公安》2010年第2期，第1页。

⑦ 一级待命机制规定所派遣人员和装备必须90天内部署完毕；二级为60天；三级为30天。

⑧ 中华人民共和国国务院新闻办：《2002年中国的国防》，第37页。

中国参加联合国维和行动的一级待命安排机制。[①]

2009年6月，国防部维和中心正式成立，这是中国军队首个维和专业培训与国际交流机构，主要职能包括承担各种维和培训任务；开展学术交流，举办国际维和研讨会；开展维和理论研究，提出相关对策建议。目前已建成的维和培训楼设有报告厅、多间会议室、多媒体语音教室、地雷与爆炸物识别室、野战救护室和任务区司令部模拟作战指挥室等。维和中心还设有一个模拟维和训练营地，包括联合国军事观察员模拟作战室、维和分队模拟作战室、模拟观察哨所等。[②]

最后，中国对维和行动的经费支持也逐渐增多。1998—2000年度，中国分摊的维和费用份额为0.9%。[③] 从2001年起，中国分摊的维和费用额度逐步上升。根据2000年《联合国维和行动小组报告》提出的建议，维和行动经费被纳入联合国经常预算范围。此后联合国大会多次通过决议，调整联合国维和行动经费的分摊办法。按照新决议，中国2001年分摊的维和费用额度上升至1.541%。[④] 2007年，中国分摊的维和费用额度从2006年的2.053%上升为2.667%，在所有联合国会员国中排第九位。[⑤] 2010年中国分摊的维和费用额度从2009年的3.1474%上升至3.9390%，约3亿美元。[⑥] 除分担维和费用外，中国政府还通过捐款的方式为维和行动提供资金支持，中国政府于2006年9月表示将向联合国建设和平基金捐款300万美元，并于2009年12月完成了3批各100万美元的捐款。此外，中国还于2008年3月向联合国达尔富尔政治进程信托基金捐款50万美元。2009年12月，中国政府决定为联合国维和事务追加捐款70万美元，并再向联合国达尔富尔政治进程信托基金捐款50万美元，以支持联合国与非盟在推进苏丹达尔富尔政治进程的

① 赵磊：《建构和平》，第201页。

② 中国国防部网站：http://www.mod.gov.cn/reports/200911/whzx/2009-11/23/content_4106115.htm，2011年2月8日访问。

③ 刘恩照：《联合国维持和平行动》，第38页。

④ 唐永胜：《中国与联合国维和行动》，载《世界经济与政治》2002年第9期，第40页。

⑤ 赵磊：《建构和平》，第204页。

⑥ 《我分摊联合国会费以及维和费将有较大增加》，载《人民日报》2009年12月31日，第3版。

斡旋努力。目前，中国维和资金贡献率排名世界第七位。①

中国的参与实践不仅影响了自身，也影响着联合国维和行动的实践。随着维和行动越来越多地涉及国内冲突，尤其是维和任务的多元化和复杂化，中国对主权原则和不干涉原则的认识也相应发生了变化。中国在1998年以后参与的19项维和行动中有12项涉及国内冲突。这一变化也体现在中国对维和行动的主张和建议表述中。中国认为维和行动可以根据具体情况在必要时使用武力，或履行保护责任，也赞成根据实践的发展进行维和理念创新。但中国认为创新应该以传统维和原则为基本前提，新理念的广泛使用应该以会员国的广泛共识为基础。

中国对维和行动的积极参与和大力支持，获得了联合国、驻在国政府和人民以及其他国家维和人员的高度评价和认可。联合国前秘书长安南称，中国参与联合国维和行动充分体现了中国热爱和平、积极参与联合国事务的负责任大国形象。利比里亚总统瑟利夫赞扬说，中国维和部队“是一支战斗力强、训练有素、纪律严明、高度职业化的部队，是伟大的中国人民和军队的友好使者”。② 联合国负责维和事务的副秘书长阿兰·勒罗伊称，中国已成为联合国维和行动的“关键因素”和“关键力量”，③ 联合国对中国参加的所有维和行动都非常满意，期待着与中国在维和行动方面进一步合作。④

四、中国与联合国维和行动关系的演进

从联合国维和行动的演进历程以及中国参与维和行动的话语实践和学习实践进程中可以发现，双方关系的演进并非一帆风顺，也非一

① 《中国政府决定为联合国维和事务追加捐款70万美元》，中国政府网：http://www.gov.cn/jrzg/2009-12/02/content_1478328.htm，2011年2月8日访问。

② 《参加联合国维和行动20年“中国蓝盔”名扬海外》，中国政府网：http://www.gov.cn/jrzg/2010-04/26/content_1592297.htm，2011年2月8日访问。

③ 《我国维和行动备受赞誉》，载《人民日报》2010年4月2日，第20版。

④ 《联合国高官盛赞中国维和作用》，载《人民日报》2010年7月31日，第3版。

蹴而就，而是双方在互动过程中相互建构的结果。其中，中国的自主参与实践在双方关系的建构中起着主导作用，同时联合国维和行动的正向发展使得双方关系的正向建构得以持续和深化。总体而言，中国参与联合国维和行动的实践经历了四个阶段：不参与（1981年之前）、部分参与（1981年—1987年）、扩大参与（1988年—1997年）、全面参与阶段（1998年—2010年）。中国与联合国维和行动的关系也经历了从反对者、旁观者到部分参与者、积极参与者再到坚定参与者和支持者的演变过程，自此，中国对联合国维和行动的身份认同也获得了不同程度的身份承认。

1971年之前，中国对维和行动中大国操纵与干涉行为以及派遣维和部队进行了严厉谴责，称“联合国军”为侵略军和干涉军，对维和行动形成了负面认知和反对者身份认同。1971年中国恢复在联合国的合法席位后，中国在维和行动中的成员国地位即形式身份也相应获得承认。中国在联合国政治地位的改变使其对维和行动的态度有所缓和，但并没有立刻改变其对维和行动的负面认知。中国仍保持反对干涉与侵略以及武力维和的立场，并采取了不赞成派遣维和部队、不参与投票、不摊款的政策。与过去不同的是，中国开始逐渐了解维和行动，形成了旁观者的身份认同。

1980年代初，中国改变了过去对联合国维和行动的否定态度，积极支持符合《联合国宪章》精神的维和行动，开始交纳维和摊款，参与审议维和事务，投票支持维和行动，主张加强联合国维和行动的作用，并不断深入学习维和事务，从一个反对者和旁观则转变为一个部分参与者，得到了联合国的欢迎。然而，1979年至1987年间，联合国维和行动因为美苏两大国的干涉而陷入停滞，这与中国对维和行动态度的积极转变形成了明显反差。虽然中国对维和行动正面认知的增多能部分解释中国对维和政策的转变，但这一转变发生在1978年中国开始实行改革开放政策之后，是中国自身政策发生重大转折的结果。

1980年代末，维和行动的作用和影响显著提高，中国对其形成了更加积极的认知，视其为维持和平与安全的有效手段之一，决定加入联合国维和行动特委会。中国政府的申请获得了联合国大会的一致同意，这标志着中国正式成为联合国维和行动特委会的成员，开始参加维和行动的审议工作。这同时表明中国与联合国维和行动的分配身份获得承认。此后，中国先后派人参加了8项维和行动，为加强维和行动的作用和效率积极建言献策，成为一个积极参与者。然而，当联合国维和行动频繁出现使用武力甚至双重标准的现象后，中国降低了对维和行动的支持并调整了参与行为，暂时停止参加新的维和行动，对新问题进行了批评，并提出了进一步修正的意见和主张。

1998年以后，联合国维和行动经过调整后开始回归维和的基本原则，武力维和的倾向受到了明显控制。通过采取一系列可行的改革措施，联合国维和行动的能力和效率得到了显著提高，成为联合国维护国际和平与安全的核心手段之一。中国随之恢复了对维和行动的积极支持，极力维护联合国在维和行动中的主导地位，大力支持维和改革，全面而深入地参与维和行动，成为维和行动的坚定支持者和参与者。中国为和平而来的政策立场以及中国维和人员的优秀表现得到了联合国的积极认同和国际社会的高度赞赏。联合国期待与中国这支维和行动的中坚力量开展进一步合作。中国与联合国维和行动的价值身份承认也得以实现。在这种积极的主体间认同的推动下，中国的参与实践将会进一步深化，中国对联合国维和行动改革提出的建议主张将会不同程度地影响维和行动今后的实践。

五、结语

联合国维和行动是联合国在维护国际和平与安全的实践中创立和逐渐发展起来的。60多年来，联合国维和行动经历了从传统维和到第二代维和再到第三代维和的不断演变历程。中国对它的参与实践也经历了一个从反对、不参与到部分参与、扩大参与再到全面参与的演进过程。每个阶段的参与实践不同程度地塑造或重塑了中国对维和行动的认知和身份认同。在这一过程中，中国与联合国维和行动的关系发生了从反对者、旁观者到部分参与者、积极参与者再到坚定参与者的身份转变，并先后获得了形式承认、分配承认和价值承认。

中国参与联合国维和行动是中国改变自己，融入世界的过程，是中国主动选择与国际社会积极回应的结果。在实行改革开放政策后的短短几年内，中国实现了从反对者到参与者的根本性转变。1984年，中国首次明确提出加强联合国维和行动的能力，并在4年后主动申请加入联合国维和行动特委会，得到了联合国会员国的一致同意。进入20世纪末，中国开始积极承担国际责任，尤其是中国提出和平发展的战略后，中国参与联合国维和行动的步伐和力度明显加快。中国通过积极参与维和行动向世界展示中国的和平诚意和维护世界和平的决心，得到了国际社会的广泛认可。

中国是现有国际体系的新成员，学习实践和话语实践在中国与国际体系关系的演进历程中发挥着重要作用。就中国与联合国维和行动的关系而言，学习实践不仅是中国对维和行动形成客观认知的重要前提，也是中国逐步参与维和行动的主要途径，更是中国在维和行动的实践中实现维和创新的必经之路。在一定程度上来说，学习实践就是中国融入联合国维和行动机制的社会化过程，其主要途径是观察、了解、模仿与实际参与。话语实践起初表现在中国对联合国维和行动性质和作用的判定上，是认知的话语再现。话语实践的内容不仅作为已有认知影响学习实践，也会随着学习实践的推进而发生改变。中国参与维和行动的实践中，话语实践的内容从完全消极逐渐转向积极、客观。话语实践的主要内容也不断演变，从开始关注维和行动的性质逐渐转向维和行动应坚持的原则、中国在维和行动中扮演的身份以及维和行动的相关做法和新理念。话语内容的演变表明中国参与联合国维和行动的程度日趋加深。

中国参与联合国维和行动的程度在很大程度上受到了其主权观念的影响。1980年代以前中国反对维和行动，其中一个重要原因就是维和行动中存在的干涉主义色彩。1995年至1998年间，中国暂停参与维和行动也是出于反对维和行动中的武力维和问题。自从中国支持维和行动以后，中国坚决维护《联合国宪章》的宗旨、原则和维和三原则，因为这些原则充分体现了对主权原则的尊重。但随着国际冲突性质的演变以及维和行动越来越多地用于处理国内冲突，中国逐渐放弃了绝对主权规范，转而坚持相对主权规范，中国积极参与了涉及国内冲突的联合国维和行动就说明了这一转变。中国也表示可以根据具体情况采用武力维和，履行保护责任，但对于这些规范的广泛使用，中国认为应以会员国的广泛共识为基础。随着参与维和行动实践的不断深入，中国将会在不同程度上影响联合国维和行动的规范演进。

第7章

中国参与不扩散核武器机制的实践进程

高望来[①]

改革开放以来，中国与国际体系的关系发生了深刻的变化。美国学者江忆恩（Alastair Iain Johnston）指出，中国经历了从“体系的反对者”、“体系的改革者”到“体系的维护者”的角色转换。[②] 在中国的参与实践活动中，中国与不扩散核武器机制的互动涉及中国的核心安全利益，也关系到全球的战略稳定。由于核武器同时具有实战和威慑价值，核战略在一国安全战略中占据关键地位。新中国成立后，中国做出研发核武器的战略决策，对核不扩散机制持排斥态度。国际社会也将中国视为体系的挑战者。

1979年，中国首次派出代表团参加联合国裁军会议，开始了与核不扩散机制正向互动的进程。中国在参与实践中，逐渐改变了对自身利益的界定，塑造了对核不扩散的新认知及其与核不扩散机制关系的新剧本，政策转变之大备受世人瞩目。美国核政策专家麦埃文（Evans Medeiros）指出，30多年来，“中国逐渐从国际核不扩散机制坚决的反对者，变成积极的参与者和支持者。这一转变堪称改革开放以来中国

① 高望来　外交学院国际关系研究所讲师。

② （美）江忆恩：《美国学者关于中国与国际组织关系研究概述》，载《世界经济与政治》2001年第8期，第52页。

国际行为最重要的组成部分。”[①] 时至今日，中国在核不扩散领域的建设性作用已经得到国际社会的普遍认可，核不扩散也成为中国安全外交的亮点。

一、中国参与不扩散核武器机制的实践

国际关系研究继20世纪的“社会学转向”之后，发生了“实践转向”。[②] 实践理论将实践视为国际关系的本质特征，研究议程包括对于施动者和结构关系的探讨以及对于社会因素生成和体系转换问题的进一步思考。[③] 实践理论采用动态的分析视角，关注进程分析。西奥多·沙茨（Theodore R. Schatzki）指出，“实践的分析路径”（the practice approach）包含若干理论流派，其共同特点在于：其一，分析实践领域或其次领域；其二，将实践领域作为研究实践主体的性质及其变化的场所。[④] 在实践的过程中，实践主体的行动塑造其身份，而身份的变化又会进一步改变其行动。文森特·波略特（Vincent Pouliot）这样概括实践主体的身份及其实践活动相互塑造的动态发展过程：“不单我们是谁（who we are）促使我们去做什么（what we do），我们做什么也在决定我们是谁。”[⑤]

与其他理论视角相比，实践理论可以从三方面深刻揭示中国参与核不扩散机制的进程。首先，实践理论关注中国与国际体系的互动。中国不仅在被动地接受体系的规范，也在实践中国的外交理念，在核不扩散领域发挥建设性作用。其次，实践理论采用动态的分析视角。

① Evan S. Medeiros, *Reluctant Restraint: The Evolution of China's Nonproliferation Policies and Practices, 1980—2004*, Stanford, CA: Stanford University Press, 2007, p. 1.

② 朱立群、聂文娟：《国际关系理论研究的“实践转向”》，载《世界经济与政治》2010年第8期，第98—115页。

③ 同上，第106页。

④ Theodore R. Schatzki, “Introduction: Practice Theory”, in Theodore R. Schatzki, Karin Knorr-Cetina, Eike von Savigny eds., *The Practice Turn in Contemporary Theory*, New York: Routledge, 2001, p. 2.

⑤ Vincent Pouliot, *International Security in Practice: The Politics of NATO-Russia Diplomacy*, New York: Cambridge University Press, 2010, p. 5.

实践活动一经启动，就会潜移默化地促使实践主体发生变化，改变其对自身利益的界定。实践的逻辑正是30多年来中国参与核不扩散机制的程度不断加深的内在动力。第三，实践理论可以准确地把握中国的学习过程。核不扩散领域的专业性非常强，需要中国在参与的过程中了解体系的运行规则以及通过国际制度实现自身利益的方式，不断学习创新。

（一）核不扩散机制的制度环境

核不扩散机制的制度环境是中国展开参与实践活动的场域。核不扩散机制是一种全球性的安全合作机制，包括有关核裁军、建立无核区以及限制核武器的国际条约，相关联合国决议、政府声明及其他协定，有关核裁军和核军控的组织以及有关出口控制与核查的机构。中国与核不扩散体系的互动，主要体现在其与《不扩散核武器条约》（Treaty on the Non-Proliferation of Nuclear Weapons, NPT）的关系上。《不扩散核武器条约》简称《核不扩散条约》。该条约以防止核武器扩散、推动核裁军与促进和平利用核能作为三大支柱，是全球核不扩散机制的基石。

1968年1月7日，苏联、美国和英国等59个国家分别在伦敦、华盛顿和莫斯科签署《核不扩散条约》。该条约于同年6月12日在第22届联合国大会通过，1970年3月5日正式生效，有效期25年。按照该条约第8条规定，条约生效后应每5年在瑞士日内瓦举行一次审议大会，审查条约的实施情况，以保证条约的宗旨和各项条款得以落实。条约审议大会为各缔约国发表观点、阐明立场提供了重要的平台。在1995年的条约审议大会上，178个缔约国以协商一致方式决定无限期延长该条约。国际原子能机构是《核不扩散条约》的核查监督机构，负责实施世界范围的核保障监督。核出口控制机制也是核不扩散机制的重要组成部分，包括“桑戈委员会”（ZAC）、“核供应国集团”（NSG）和“导弹及其技术控制制度”（MTCR）等多边出口控制组织，通过国际合作堵塞国际核不扩散漏洞。

《核不扩散条约》集中体现了核不扩散机制的规范。该条约将世界各国分为核国家和无核国家，规定核国家是在1967年1月1日前制造并爆炸核武器或其他核装置的国家，其他国家即使拥有核武器也属于无核国家。核裁军是所有缔约国承担的共同义务。核国家承诺就早日停止核武器竞赛和核裁军进行有诚意的谈判，最终全面彻底销毁核武器。无核国家在放弃核选择的同时也获得了为和平目的研究、生产和使用核能的权利。

《核不扩散条约》的制度设计确定了核国家与非核国家的不平衡地位。在核不扩散机制下，各国的权力和影响力相距甚远。美国作为机制的主导国，享有其他国家无法企及的影响力和设定议程能力。美国核时代和平基金会主席戴维·克里格指出："没有美国的积极参与和领导，核裁军进程不会取得任何实质性成果……如果美国不带头核裁军，俄罗斯不会前行一步，也同样会阻碍英国、法国和中国迈出重要步伐。"①

作为在军备控制领域最具普遍性的国际条约，《核不扩散条约》是核武器国家对裁军目标做出有约束力承诺的唯一多边条约。然而，由于缺乏强有力的核查机制和违约的惩罚机制，该条约的法律强制性不足以制止核武器和核技术在世界范围内的扩散。1998年印度和巴基斯坦的核试验以及朝鲜和伊朗的核计划均对核不扩散机制造成冲击。巴基斯坦核弹之父卡迪尔·汗通过走私核材料，组建遍及三大洲的地下核黑市，也对核不扩散机制构成挑战。尽管如此，各大国通过合作，可以敦促核门槛国家接受核不扩散机制的规范。冷战结束后，前苏联加盟共和国乌克兰、白俄罗斯和哈萨克斯坦同意按照《核不扩散条约》的规定，将部署在本国的核武器移交给俄罗斯。南非、阿根廷和巴西也放弃了发展核武器的计划。

① 滕建群：《当前国际核裁军形势和前景》，载《国际问题研究》2008年第5期，第39页。

（二）中国参与实践的资源条件

实践主体的参与实践不仅受制于国际体系的制度环境，还受到其所拥有的资源的影响。中国于1964年试爆第一枚核武器，成为核俱乐部的成员。与非核国家相比，中国在权力资源、制度资源和人力资源上均有一定的优势。随着中国和国际体系互动的深化，中国可利用的资源也随之扩大。

从权力资源上看，核武器是大国地位的象征。核武器研发的成功证明了中国的国家实力，也为中国赢得了政治大国地位。中国政治家邓小平深刻地指出："如果六十年代以来中国没有原子弹、氢弹、没有发射卫星，中国就不能叫有重要影响的大国，就没有现在这样的国际地位。这些东西反映一个民族的能力，也是一个民族、一个国家兴旺发达的标志。"[①]

从制度资源上看，核不扩散机制对于各国的核不扩散政策提出了严格的要求，每个国家需要对于核材料的出口采取严格的控制政策，建立完备的防扩散出口管理模式，颁布相应的国内法规。改革开放以后，中国进入政治体制改革时代。改革为中国在核不扩散领域与国际接轨提供了契机，中国在参与实践的过程中实现国内的制度创新，出口管制模式也由行政管理转向法治管理。

从人力资源上看，在中国正式参与核不扩散机制以前，中国从事核武器研发的科研队伍较强，而从事军控谈判及相关研究的专家队伍则比较薄弱。此后中国的军控政策共同体迅速成长壮大。20世纪80年代，中国国内相关大学和研究机构开始与美国同行接触。这样的交流在90年代初逐渐活跃起来，形成非政府领域牵头的核领域对话，参加人员既有学者，也有政府官员，采取的形式包括由大学和研究机构举办的核领域问题研讨会、相关专家出版专著和发表论文，以及举行核

① 邓小平：《中国必须在世界高科技领域占有一席之地》（1988年10月24日），载《邓小平文选》第3卷，北京：人民出版社，1993年版，第279页。

军控与核裁军讲习班等。[①]

中国的实践活动还受到其历史文化渊源的影响。新中国成立后，中国一直处于和美国和苏联两大国或其中一国的敌对状态下，对于安全环境怀有较深的战略疑虑。美国高层决策者在朝鲜战争、越南战争以及1954年和1958年两次台海危机期间均研究过对中国使用核武器的方案。[②]20世纪50年代末，苏联单方面撕毁援助中国研制核武器的协议，对刚起步的中国核工业造成重创。1969年中苏边防部队在珍宝岛发生军事冲突后，有关苏联可能对华发动核攻击的传言一度甚嚣尘上。[③] 在严峻的安全形势下，中国坚信独立自主研发核武器是保障安全的唯一途径，也致使中国在相当长的时间内对于《核不扩散条约》持否定态度，将其视为大国垄断核武器的阴谋。这一战略疑虑随着中国参与实践的深化而逐渐化解。

（三）中国参与核不扩散机制的进程

中国与核不扩散机制的互动，总体上是逐步将该体系的规范和规则内化的过程。在1964年以前，中国拒绝接受核不扩散机制的规范，参与实践活动以单方面宣示政策的话语实践和自发的遵约实践为主。改革开放以后，中国的参与实践包括在国际和国内政策两个层次上的重要调整。在国际政策上，中国需要通过话语实践向国际社会阐明中国在核不

① 滕建群：《中美核领域对话的回顾与展望》，载《国际问题研究》2011年第3期，第25—26页。

② 有关美国决策者在朝鲜战争期间研究对中国使用核武器方案的分析，参见赵学功：《制约美国在朝鲜战争中使用核武器的若干因素》，载《史学月刊》2011年第4期，第75—82页。美国国家安全档案馆（National Security Archive）陆续公布了一批解密档案，披露了冷战期间美国研究向中国使用核武器方案。有关在台海危机期间向中国使用核武器的方案，参见 Jacob Van Staaveren, "Air Operations in the Taiwan Crisis of 1958," Air Force Historical Division Liaison Office, November 1962, Secret.Bernard C. Nalty, "The Air Force Role in Five Crises, 1958—1965: Lebanon, Taiwan, Congo, Cuba, Dominican Republic," United States Air Force Historical Division Liaison Office, June 1968, Top Secret, Excised copy；有关越南战争期间向中国使用核武器的方案，参见 U.S. State Department, Office of Politico-Military Affairs, Memorandum for the Record, "Discussion with Mr. Rice on Far East Problems, " 26 April, 1966。

③ 徐焰：《外来核威胁迫使中国发展核武器》，载《文史参考》2010年第8期，第51页。解放军国防大学教授徐焰指出，对于1969年苏联是否制定过计划准备对华核打击一事，至今仍无确凿的档案资料证实。相关分析参见徐焰：《外来核威胁迫使中国发展核武器》，第51页。

扩散领域的政策和立场；通过学习实践，掌握运用国际原子能机构、《核不扩散条约》审议大会、日内瓦裁军会议等多边论坛实现自身利益的方式；通过联盟实践，和构成核不扩散机制的各种机构和参与者建立密切的关系，扩大中国的国际影响力。在国内政策上，中国需要在制度建设上完成符合核不扩散机制规范的遵约改革，建立完备的出口控制体系；加深国内的联盟实践，发展国内的军控政策共同体。

参与实践并不是一个简单的线性发展过程。在实践主体和体系的互动中，某些关键的节点是参与主体的身份变化和新剧本形成的契机。本文按时间顺序追溯中国参与核不扩散机制的过程，以身份变化和新剧本形成的节点划分中国参与实践的转变过程。中国参与实践的第一个关键节点是1979年中国第一次派出代表团参与联合国裁军会议，标志着中国开始有限参与核不扩散机制。中国在实践中了解体系的规范，调整自身政策，也改变了对自身和国际体系关系的认知剧本，将工作重心从准备核大战转向和平时期的建设。第二个节点是1992年中国正式成为《不扩散核武器条约》成员，标志着中国开始全面参与核不扩散机制。中国获得了代表权的承认，认知剧本也发生变化，认为参与制度建设、融入体系是最有效地实现自身利益的方式。第三个节点是21世纪初中国开始和各个多边出口控制机制建立联系，标志着中国开始开放性地参与核不扩散机制。中国在军控领域的创新实践增多，设定议程的权力和国际影响力也在扩大。

在这些重要的节点，中国的政策转变都是其在参与实践过程中主动调整政策的结果，而这些政策的出台，又进一步深化了中国和体系的良性互动。下面，本章将按照历史发展进程，分阶段讨论中国与国际核不扩散机制的关系。

二、在军控机制外的游离时期（1949—1979年）

在冷战时期，核不扩散进程由美国和苏联两个超级大国主导，带有两极格局的特点。中国于1964年成功试爆第一枚核武器，以现状挑战者的身份，打破了大国的核垄断，求得事实上的核国家地位。在这一时期，中国对于核不扩散机制持否定和排斥的态度，不承认《核不扩散条约》的合法性。中国的参与实践以单方面宣示政策的话语实践和自发的遵约实践为主。

（一）体系的挑战者

新中国成立后，中国对于安全环境存在较深的战略疑虑。1950年9月5日，毛泽东在中央人民政府委员会第9次会议上做出指示，要做好准备应对美国的核战争威胁："美帝国主义也可能在今天要乱来，它是什么都可能干出来的。假如它要那样干，我们没有准备就不好了，我们准备了就好对付它。所谓那样干，无非是打第三次世界大战，而且打原子弹，长期地打，要比第一次、第二次世界大战打得长。我们中国人民是打惯了仗的，我们的愿望是不要打仗，但你一定要打，就只好让你打。你打你的，我打我的，你打原子弹，我打手榴弹，抓住你的弱点，跟着你打，最后打败你。"①

中国十分重视发展核武器对于重振国威的作用，将发展核武器提升到国家战略的高度。1955年1月15日，毛泽东主持召开中共中央书记处扩大会议，讨论并决定建设原子能工业。② 外交部长陈毅元帅的话表明了中国举全国之力研制核武器的坚定意志："脱了裤子当当，也要把中国的尖端武器搞上去。"③ 即使在三年经济困难时期，有人主张暂时停止核武器的研发工作，中央仍决定继续推进这一项目。1959年7月，周恩来在庐山会议上向第二机械工业部部长宋任穷、副部长刘杰传达中共中央的决策："自己动手，从头摸起，准备用八年时间搞出原子弹。"④

中国认为拥有核武器比放弃核能力更能有效地保障自身的安全，

① 中共中央文献研究室编：《毛泽东文选》第6卷，北京：人民出版社，1999年版，第93—94页。

② 《中国核科技工业50年大事记》，载《中国核工业》，1999年第5期，第52页。

③ 聂荣臻：《聂荣臻回忆录》，北京：解放军出版社，1986年版，第816页。

④ 宋任穷：《春蚕到死丝方尽》，《我们的周总理》，北京：中央文献出版社，1990年版，第69页。

否认核不扩散机制的合法性，在话语实践中明确表示体系的规范对其不具有约束力。1960年1月21日，中国政府明确宣布，中国将不遗余力地为争取普遍裁军和保卫世界和平而进行不屈不挠的斗争，并且愿意毫不犹豫地承担起它同意的国际义务。但是，如果没有中华人民共和国的正式参加及其代表的签字，有关裁军的国际协议当然不能对中国具有任何约束力。[①]

冷战时期，国际军备控制的进程由美苏两大国主导，也成为两个超级大国争夺军事优势的工具。1963年7月，苏联、美国和英国三国签署《禁止在大气层、外层空间和水下进行核武器试验条约》，试图维持他们对核技术的垄断地位。中国政府发表声明称，三大国“企图通过这个条约，巩固自己的核垄断地位，而把一切受核威胁的爱好和平的国家的手脚束缚起来”，谴责该条约“是一个愚弄全世界人民的大骗局”，“使三个核大国继续制造、储存和使用核武器合法化，与裁军背道而驰”。[②]

中国通过话语实践阐释了反对核不扩散机制的鲜明立场。1968年，苏美英等国签订《核不扩散条约》，中国政府拒不参加，明确表明了对于该条约的反对态度：“这个条约企图巩固三个核大国的垄断地位，而把一切爱好和平的国家的手脚束缚起来；它不仅没有减少美帝国主义对中国人民和全世界人民的核威胁，反而加重了这种威胁。”[③]1972年10月24日，中国代表在联合国的发言指出，美国和苏联“炮制的什么‘部分禁止核试验条约’，什么‘防止核扩散条约’，等等，统统都是骗人的，都是为了维持他们两家的核垄断和核霸权”。[④]

---

① 夏立平：《中国军控和裁军政策的演变及特点》，载《当代亚太》1999年第2期，第36页。

② 《中国政府主张全面、彻底、干净坚决地禁止和销毁核武器、倡议召开世界各国首脑会议的声明》，载《人民日报》1963年7月31日。

③ 《加强国防力量的重大成就，保卫世界和平的重大贡献——我国第一颗原子弹爆炸成功》，载《人民日报》1964年10月1日。

④ 《我国代表团出席联合国有关会议文件集续集（1972）》，北京：人民出版社，1973年版，第72页。

（二）自发的遵约实践

在中国成功试爆核武器以后，中国尽管明确表示反对核不扩散机制，然而仍然积极开展遵约实践，严格约束自身的核政策，甚至做出了体系中的国家均未做出的“不首先使用核武器”承诺。中国自我约束政策的做法，是一种自发的遵约实践。这种做法是对外界压力所做出的反应，主要出于安全的考虑，而不表明其对国际规范的认可。

中国一贯主张全面禁止和彻底销毁核武器。早在新中国诞生之初，反对军备竞赛、争取实现裁军就成为中国外交政策的重要组成部分。[①] 伦敦国际战略问题研究所研究员劳伦斯·弗里德曼（Lawrance Freedman）指出：“在核战略问题上，中国的观点是所有核国家中最始终如一的。”[②] 自1964年以来，中国对待核武器的公开态度一直坚持三个核心原则：保证不首先使用，目的是为了防御，最终目标是彻底销毁。[③]

在这一阶段，中国主要在体系外发表政策主张，种种倡议无人回应。1960年8月，中国建议包括美国在内的所有亚太地区国家建立无核武器区。[④] 周恩来指出：“我们主张亚洲和太平洋地区沿岸各国，包括美国在内，签订一个互不侵犯的和平公约，把这个地区建设成为没有核武器的地区。这当然是一个长期努力的方向，但是我们将为此做出不懈的努力。”[⑤]

从拥有核武器的第一天起，中国就承诺无条件不对无核武器国家和无核武器区使用或威胁使用核武器。1964年10月16日，中国第一颗

---

① 中华人民共和国国务院新闻办公室：《中国的军控、裁军与防扩散努力白皮书》，载《人民日报》2005年9月2日，第10版。

② （美）林中斌：《龙威——中国的核力量与核战略》（刘戟锋等译），长沙：湖南出版社，1992年版，第51页。

③ （美）林中斌：《龙威——中国的核力量与核战略》（刘戟锋译），译者前言第6页。

④ 滕建群：《中国核裁军政策是否还一如既往》，载黎弘等编著：《2010——国际军备控制与裁军》，北京：世界知识出版社，2010年版，第45页。

⑤ 滕建群：《中国核裁军政策是否还一如既往》。

原子弹试爆成功，成为核俱乐部的第五个成员，打破了西方的核垄断，提高了中国的国际地位。中国在成功进行第一次核试验后，即宣布核武器的“不首先使用”原则，成为第一个提出不首先使用核武器的国家。核试验后的中国政府声明指出：第一，中国发展核武器，正是为了打破核大国的核垄断。第二，中国发展核武器是为了全面禁止和彻底销毁核武器。中国郑重建议世界各国政府：召开世界各国首脑会议，讨论全面禁止和彻底销毁核武器问题。第三，中国政府承诺中国在任何时候、任何情况下，都不会首先使用核武器。作为全面禁止和彻底销毁核武器的第一步，各国首脑会议应当达成协议，即拥有核武器的国家和很快可能拥有核武器的国家承担义务，保证不首先使用核武器，不对无核武器国家和无核武器区使用核武器，彼此也不使用核武器。①

这种自发的遵约实践意味着中国的话语实践和遵约实践有时会表现出矛盾性，在自我约束政策的同时，表示反对核不扩散机制。20世纪70年代，中国积极参与无核武器区的建设，还旗帜鲜明地提出反对《不扩散核武器条约》的立场。1973年8月，中国政府正式签署《拉丁美洲禁止核武器条约》第2号附加议定书，参与“拉美无核区”。同时中国政府发表声明强调这“并不意味着中国在裁军和核武器问题上的原则立场有任何改变，特别是，这不影响中国政府反对《不扩散核武器条约》和《部分禁止核试验条约》的一贯立场。”②

三、有限参与核不扩散机制的实践（1979—1992年）

1979年，中国派出第一批代表参加联合国裁军会议，开启了中国在多边领域对核不扩散机制的参与实践。此后，中国加入国际原子能机构，这一机制为中国的学习实践提供了重要的平台，使之了解核不

① 《中国政府关于第一颗原子弹爆炸成功及建议召开世界各国首脑会议讨论全面禁止和彻底销毁核武器问题的声明》，载《人民日报》1964年10月16日。

② 滕建群等：《国际军备控制与裁军概论》，北京：世界知识出版社，2009年版，第83页。

扩散机制规范、掌握相关专业知识。在参与实践中，中国形成了对于自身与国际体系的关系的新的认知剧本，将工作重心从准备核大战转向和平时期的建设。在国内联盟实践方面，中国的军控政策共同体从无到有，为适应国际体系的规范而推行的国内改革也开始启动。

（一）多边论坛中的联盟实践

改革开放后，中国开始主动参与国际核不扩散机制。1979年，中国第一次派出代表参加联合国裁军会议，改变了多年以来中国隔绝于这一多边谈判机制之外的态度。在对裁军问题的审议和谈判中，中国根据实际情况积极提出自己的提案，将中小国家作为联盟实践的主要对象，坚决支持这些国家的合理主张。

中国在1979年5月正式派代表参加联合国裁军会议，标志着中国开始积极参与联合国军控合作。中国政府代表提出，两个拥有最大核武库的国家应当立即停止核军备竞赛，停止所有旨在改进其核武器质量和增加其数量的活动，并开始分阶段削减和销毁其核武器。当销毁核武器取得实质性进展，与其他核武器国家的核武库水平接近，并使大多数国家满意的时候，其他核武器国家也应当就彻底消除核武器参与它们的谈判。[①]

1980年2月，中国政府首次派出代表团参加日内瓦裁军谈判委员会的工作。日内瓦裁军谈判委员会是全球性的多边军控谈判机制。1983年6月，中国向日内瓦裁军谈判会议派出首任专职裁军事务大使，常驻日内瓦，参加裁谈会工作。此后中国派代表出席了裁谈会历次会议。

参加联合国裁军会议和日内瓦裁军谈判委员会的实践让中国有了切身参与国际机制的经验，产生了培养相关专家和专业人士的需要，国内联盟实践得以深化。随着外交部和人民解放军有关单位轮流参与

---

① Charles N. Van Doren, “The People’s Republic of China as a Nuclear Supplier: Export Policy, Capabilities and Constraints, ” PPNN Occasional Paper No. 3, July 1989, p. 5；转引自李少军：《论核不扩散机制》，载《世界经济与政治》2001年第1期，第61页。

日内瓦裁军会议，中国出现了参加裁军会议之前没有的军备控制专家。自1980年第一次派出裁军代表团到1994年，中国共派出75位不同成员参与会议。[①] 这些成员通过和国际同行的接触，更加深入地了解国际惯例，将所学习到的经验介绍到国内。对外交往也推动了中国国内制度创新的进程。为了更有效地参与裁军会议，外交部国际司专门设立了处理多边军备控制的第四处，成为今天外交部军控司的前身。

在这一时期，中国虽然尚未成为大多数国际军控条约的缔约国，却主动开展遵约实践，接受了核不扩散机制的规范。中国于1981年停止大气层核试验，并在1986年3月宣布今后将不在大气层进行核试验。[②] 这在事实上承担了1963年的《部分禁止核试验条约》对核试验的约束义务。

和国际体系的互动创造了外界了解中国政策的需要，在话语实践中，中国的核不扩散政策逐渐成型。1980年2月5日，中国代表团团长章文晋在日内瓦裁军谈判委员会上发言说："中国对片面维护少数国家利益的《不扩散核武器条约》持批评立场；但我们尊重无核区国家不试验、不使用、不制造、不生产或不取得核武器的愿望。中国不主张，也不鼓励核扩散。我们理解扩散问题的敏感性，我们对此是采取负责态度的。"[③] 此后中国政府在不同场合对核不扩散问题阐述了越来越明确的态度。

1982年6月11日，在联合国第二届裁军特别大会上，中国外交部长黄华全面阐述了中国在裁军问题上的立场。中国的政策立场反映了中小国家的愿望，体现出这一阶段中国主要以中小国家作为联盟实践的对象。黄华提出了中国关于裁军问题的六项基本原则：（1）争取实现裁军应同维护世界和平与安全的努力相结合，反对任何国家谋求霸权、使用武力侵犯别国的主权和领土完整；（2）拥有最大核武库的两个超级

---

① （美）江忆恩：《美国学者关于中国与国际组织关系研究概述》，第48页。

② 《政府工作报告》（1984年5月15日在第六届全国人民代表大会第二次会议上），载《人民日报》1988年4月15日，第1版。

③ 《中国代表团出席联合国有关会议文件集（1980年1—6月）》，北京：世界知识出版社，1981年版，第239页。

大国应率先裁军；（3）核裁军与常规裁军应互相结合进行；（4）一切中小国家有权保持为防御侵略、捍卫独立所必需的国防力量，裁军进程的各个阶段的措施和步骤不得损害和威胁国家独立、主权和安全；（5）裁军协议应规定严格有效的国际核查措施；（6）各国应有权以平等地位参加裁军问题的审议、谈判和监督有关协议的执行。[①]

1983年9月27日，中国外交部长吴学谦在联合国大会的发言，仍然体现出在联盟实践中动员中小国家的原则："广大的爱好和平的国家和人民渴望实现裁军。近年来在一些国家里兴起的声势浩大的和平运动，就其主流而言，反映了历经两次世界大战浩劫的人民面对日益严重的核战争威胁，迫切希望和平的强烈心情，是完全可以理解的，也是应该寄以同情的。"[②]

1984年5月，中国总理赵紫阳在第六届人大第二次会议上做政府工作报告时指出，中国不参加"歧视性"的《核不扩散条约》，但中国不主张核扩散，也不搞核扩散，不帮助别的国家发展核武器。[③] 这是中国政府第一次正式阐述"不主张核扩散，也不搞核扩散，不帮助别的国家发展核武器"的"三不政策"。中国政府在公布自身核政策的同时，还明确表示，在美苏两个超级大国首先停止试验、改进和生产核武器，并就大幅度削减核武库达成协议之后，召开有广泛代表性的国际会议，讨论共同削减核武器的问题。中国准备履行自己应当承担的核裁军义务。[④]

中国一贯重视联合国的作用，将其作为开展联盟实践的重要场所，实践中国所倡导的国际关系理念。1986年，中国首次在联合国大会上提出关于核裁军和常规裁军的两个裁军提案，指出美苏在核裁军和常规裁军问题上都负有特殊责任。[⑤] 此后，中国连续五年都在联大第一委员会提出上述"两案"，均获协商一致通过。1987年，中国作为东道主

---

① 夏立平：《中国军控和裁军政策的演变及特点》，第38页。

② 《中国代表团出席联合国有关会议文件集（1983年7—12月）》，北京：世界知识出版社，1985年版，第4页。

③ 赵紫阳：《在第六届全国人民代表大会第二次会议上所做的政府工作报告》（1984年5月15日）。

④ 夏立平：《中国军控和裁军政策的演变及特点》，第38页。

⑤ 中华人民共和国国务院新闻办公室：《中国的军备控制与裁军白皮书》，1995年11月。

同联合国合作在北京召开了“世界裁军运动”区域研讨会。中国多次派人参加由联合国主持的有关裁军和安全问题的专家组和讨论会，在和国际专家的交流中凝聚共识。

（二）参与国际原子能机构的学习和遵约实践

《核不扩散条约》生效后，国际原子能机构成为条约的核查监督机构，也是条约的直接执行机构。中国于1984年加入国际原子能机构，参与这一国际组织为中国通过学习实践了解《核不扩散条约》的规范、熟悉体系的运作规则以及和体系的重要参与者建立合作关系提供了重要的平台，并为此后中国成为《核不扩散条约》的成员国做好了铺垫。

国际原子能机构成立于1957年10月，总部设在维也纳。其两大职能一是对和平核活动实施保障监督，二是促进核能的和平利用。国际原子能机构与机构各成员国签订具有法律效力的保障监督协定，对当事国实施保障监督。《核不扩散条约》规定，每个无核武器缔约国都必须接受国际原子能机构的“全面保障监督”。国际原子能机构可为无核签约国和平利用核能提供便利条件。

1984年1月，中国正式加入国际原子能机构，中国作为核技术先进国家被指定为该机构的理事国。1985年，中国正式支持国际原子能机构对于核出口的保证，并宣布自愿将部分民用核设施提交国际原子能机构实施保障监督。1986年，中国签署了《及早通报核事故》和《核事故或辐射紧急情况援助公约草案》。

1988年9月，中国与国际原子能机构签署了《中华人民共和国和国际原子能机构关于在中国实施保障的协定》，向该机构提供了自愿提交保障设施的清单，并建立了对该机构保障监督的核材料进行衡算和控制的系统，由国家主管部门、接受保障的核设施单位和技术支持单位负责监督、管理和运行。[①] 这一协议使该机构完成了在全部核武器国

① 中华人民共和国国务院新闻办公室：《中国的军备控制和裁军白皮书》，1995年11月。

家中实施保障监督的任务。[①] 国际原子能机构通过对中国元件厂和浓缩铀厂的监督视察，掌握和发展了对复杂核设施的监督技术与方法。[②]

自中国加入国际原子能机构以来，国际原子能机构主持制定了一系列核不扩散领域的重要公约，包括《核事故和辐射紧急情况援助公约》、《核安全公约》等。中国政府非常重视这些公约的制订或修订工作，每次都派出主管部门以及相关部门官员和专家参加相关工作。中国代表及专家提出许多建设性意见，受到与会各方的重视并被采纳。[③] 在国际原子能机构中的实践使中国主动发挥大国作用，参与制定国际惯例的过程。中国所做的贡献也得到了国际同仁的好评。

（三）新剧本的形成

中国的参与实践促使中国形成新的认知剧本。80年代中期，中国依据和平与发展成为时代主题的科学判断，实现了军队建设指导思想的重大转变。1985年6月，中国军方明确表示，北京对国防力量的基本设想已从立足于“早打、大打、打核战争转向了和平时期的建设”。[④] 1985年中国裁军100万，进行大规模的军工企业转民用，国防和军队建设从此转到了和平时期建设的轨道。此后，中国在1997年和2003年分别宣布裁减军队人员50万和20万。中国单方面裁军行动的范围之广、裁减幅度之大为国际军控与裁军史所少见，对缓和国际紧张局势，推进国际裁军事业做出了重要贡献。

随着中国对于国际核不扩散机制参与的深入，中国国内的联盟实践不断深化，涉及军控事务的各部门之间的协调也在加强。从80年代中期起，外交部军控处就开始在核问题上同应用物理与计算数学研究所的专家进行系统的协调。[⑤] 军控领域的专业化和前沿性创造了培养大

① 张静：《中国为国际核社会做出重要贡献——中国加入国际原子能机构20周年回顾》，载《国防科技工业》2004年第9期，第33页。

② 张静：《中国为国际核社会做出重要贡献——中国加入国际原子能机构20周年回顾》，第33页。

③ 同上。

④ 《服从经济建设大局，保证重大决策实现》，载《解放军报》1985年6月12日，第1版。

⑤ （美）江忆恩：《美国学者关于中国与国际组织关系研究概述》，第49页。

批相关人才的需要，中国国内的军控政策共同体也逐渐发展起来，其成员包括政府官员、军事人才、科学家和学者，并建立了非政府组织。1985年6月1日，由民间团体和各族、各界知名人士发起的中国人民争取和平与裁军协会正式成立，这是我国最大的和平组织。

中国参与实践的深化，使之重新界定自身和国际核不扩散机制之间的关系，做出了加入《核不扩散条约》的决定。中国虽然没有完成《核不扩散条约》的缔约程序，但是在遵约实践、国内制度保障、参与国际制度的经验上，都做好了成为条约成员国的准备。中国加入《核不扩散条约》也成为水到渠成的事情。

1990年8月，中国政府派观察员参加了在日内瓦举行的《核不扩散条约》第四次审查大会。1991年8月10日，中国总理李鹏在同来访的日本首相海部俊树会谈时宣布，中国政府已"原则上"决定参加《核不扩散条约》。[①] 10月，中国外交部副部长刘华秋指出，《核不扩散条约》在防止核武器扩散方面起了重要作用，肯定了该条约的积极意义。[②] 10月25日，中国国务院向第七届全国人大常委会第22次会议提出了关于建议我国加入《核不扩散条约》的议案。同年底全国人大通过决议，决定中国应成为《核不扩散条约》的成员国。[③]

四、全面参与核不扩散机制的实践（1992—2000年）

1992年是中国参与核不扩散机制的第二个关键节点，中国成为《核不扩散条约》的正式成员国，获得了代表权的承认，开始全面参与核不扩散机制。中国对核不扩散机制的参与由点及面，和整个军控机制内的行为体展开了接触；国内军控政策共同体迅速发展成熟，与国外同行建立了密切的关系。经过长期的实践，中国设定议程的能力逐

① 钱其琛:《外交十记》，北京：世界知识出版社，2003年版，第194页。

② 新华社北京1991年10月25日电。

③ 同上。

渐增强，也形成了新的认知剧本，认为参与制度建设、融入体系是最有效地实现其利益的方式。

（一）代表权的承认

1992年3月9日，中国签署《核不扩散条约》，得到了国际体系对其核国家地位的代表权承认，开始履行相关义务。这一身份的转变标志着中国正式由体制外的成员变成体制内的成员，参与实践的程度有实质性的提高，可以发挥更加积极和建设性的作用。加入《核不扩散条约》以来，中国忠实履行条约各项义务，致力于维护和加强条约的普遍性、有效性和权威性。

长期以来，中国在核武器的规模和发展方面采取极为克制的态度。中国政府宣布从1996年7月起暂停核试验，并一直恪守这一承诺。截至1996年底，美国进行核试验1030次，苏联（俄罗斯）715次，法国210次，英国45次。[①] 中国是独立自主地发展核武器，从技术上说最需要进行核试验，而中国仅进行核试验45次，在核武器国家中核试验次数最少。[②] 中国从未参加过核军备竞赛，也从未在境外部署过核武器。20世纪90年代以来，中国逐步缩减核武器发展计划，包括关闭了青海核武器研制基地。在经过环境整治后，该基地已于1995年5月正式移交地方政府。1996年9月，《全面禁止核试验条约》在联合国开放签署。中国是首批签署《全面禁止核试验条约》的国家之一。

在遵约实践方面，中国主动公布核政策，接受国际监督。1993年7月，中国正式承诺，在自愿基础上向国际原子能机构通报所有核材料的进出口、核设备及相关非核材料的出口情况。[③] 1996年5月，中国承诺不向无核武器国家未接受国际原子能机构保障监督的核设施提供帮助，包括不对其进行核出口，不与其进行人员与技术的交流与合作。[④]

---

① 刘华秋主编：《军备控制与裁军手册》，北京：国防工业出版社，2000年版，第191页。

② 刘华秋主编：《军备控制与裁军手册》，第191页。

③ 中华人民共和国国务院新闻办公室：《中国的军控、裁军与防扩散努力白皮书》，2005年9月。

④ 同上。

1995年4月18日，中国外长钱其琛在《核不扩散条约》审议和延期大会上说，中国的核出口遵循三原则：仅用于和平目的，接受国际原子能机构的保障监督，未经中国允许不得向第三国转让。[①] 1997年，中国颁布了《核出口管制条例》，全面阐述了中国政府的核出口原则，包括了以往长期执行的核出口三原则。1998年中国政府颁布了《核两用品及相关技术出口管制条例》。

1998年9月，中国完成了与国际原子能机构关于缔结旨在加强现有保障监督体系有效性（“93+2”计划）的议定书的谈判，并于同年底签署了该议定书。2002年3月28日，中国驻维也纳大使张炎正式通知国际原子能机构，中国已经完成《中华人民共和国与国际原子能机构关于在中国实施保障的附加议定书》生效所需的法律程序。中国是五个核武器国家中第一个完成附加议定书生效所需国内法律程序的国家，充分反映出中国反对核武器扩散，支持国际原子能机构加强现有保障监督体系，履行防扩散义务的坚定立场。中国此举有助于促进附加议定书的普遍性和实施，有助于巩固和加强现有国际防扩散机制。

中国支持并积极参与国际原子能机构的技术合作活动，每年按照摊派的技术合作基金及时足额交纳捐款。本着“积极参与，有取有予”的原则，在获得机构援助的同时，中国也从人力、物力和资金等方面，支持机构的技术合作活动，截至2003年底，中国共向机构提供了约1300万美元自愿捐款，提供培训和专家服务2000多人次，承办机构各类活动200多次。[②] 2009年9月14日，中国政府向国际原子能机构提交了《核材料实物保护公约》修订案批准书，成为继俄罗斯之后，第二个递交公约修订案批准书的核武器国家，对于推动该修订案及早生效，加强国际核安保体系具有重要意义。

---

① 《李长和大使在桑戈委员会会议上的发言（1997年10月16日）》，载中国联合国协会编：《中国代表团出席联合国有关会议发言汇编（1997年）》，北京：世界知识出版社，1998年版，第265页。

② 《关于中华人民共和国履行〈不扩散核武器条约〉情况的国家报告》，载《不扩散核武器条约》2005年第7次审议大会，2005年5月2日至5月27日。

（二）联盟实践中倡议权的扩大

在20世纪90年代，中国对核不扩散机制的参与程度逐渐扩大，参与的范围由点及面，涵盖整个军备控制领域。研究数据表明，中国在70年代仅签署了各项军备控制协议中的10%—20%，到1996年这个数字已上升到85%—90%。[①] 中国通过学习实践，加深了对于体系的规范、制度以及相关的专业知识的了解，越来越善于在体系内表达自身的诉求，利用国内资源影响谈判议程。

在成为《核不扩散条约》的缔约国后，中国作为核大国开展联盟实践，提出政策倡议，并得到其他国家的支持。中国积极推动核武器国家就互不首先使用核武器缔结多边条约。1994年9月，中俄宣布互不首先使用核武器和互不将战略核武器瞄准对方。[②] 在同年的第49届联合国大会上，中国正式向其他四个核武器国家提出《互不首先使用核武器条约》草案，并积极谋求达成互不首先使用核武器和互不以核武器瞄准对方的安排。[③]

《核不扩散条约》生效以来为防止核武器扩散，维护国际和平与安全发挥了重要作用。1995年5月，该条约缔约国在纽约联合国举行的条约审议大会上，以协调一致的方式同意该条约无限期延长。中国政府支持条约的无限期延长。中国国务院副总理兼外长钱其琛率团出席审议大会并发表讲话。钱其琛指出，中国支持条约关于推动核裁军、防止核扩散和促进和平利用核能国际合作的三大目标。多年来条约在遏制核扩散方面发挥了积极作用。同时，毋庸讳言，条约存在着局限性和缺陷，对缔约国规定了不同的权利与义务，有其不平衡之处。中国相信，随着在核裁军领域取得持续进展，各国之间和平利用核能的合作不断加强，条约的局限性和缺陷是可以逐步得到弥补和纠正的。

---

① （美）伊莉莎白·埃克诺米、米歇尔·奥克森伯格主编：《中国参与世界》（华宏勋等译），北京：新华出版社，2001年版，第105—106页。

② 中华人民共和国国务院新闻办公室：《中国的军控、裁军与防扩散努力白皮书》，2005年9月。

③ 同上。

钱其琛强调指出，条约无限期延长，不能理解为允许核国家有永远拥有核武器的特权。①

在审议大会上，中国的联盟实践取得显著成效。中国和美国及其他核武器国家在促进条约无限期延长问题上进行了合作。中国向无核国家补充了“积极安全保证”（positive security assurance），即向受到核袭击的无核国家提供援助；美国也向无核国家提供了有限的“消极安全保证”（negative security assurance）。中美之间建立了相互信任。②

1995年4月5日，中国正式声明，重申无条件向所有无核国家提供“消极安全保证”，并承诺向这些国家提供“积极安全保证”。③2000年，中国与其他核武器国家发表联合声明，重申1995年在联合国安理会第984号决议中做出的安全保证承诺。中国呼吁其他核武器国家，无条件向所有无核武器国家提供消极和积极安全保证，并就此尽早谈判缔结国际法律文书。④

1998年5月，印度和巴基斯坦先后进行了核试验，冲击核不扩散机制。中国和其他大国一起谴责了印度和巴基斯坦的核试验。中国领导起草了谴责印巴核实验的联合国1172号决议，积极维护《核不扩散条约》的权威性。⑤ 中国还积极推动了大国之间达成建立信任措施的协议。1998年6月，中美宣布互不以核武器瞄准对方。⑥2000年5月，中国、法国、俄罗斯、英国和美国五个核武器国家发表联合声明，宣布所拥有的核武器不瞄准任何国家。⑦

（三）国内的遵约改革

在参与实践中，中国主动通过话语实践向国际社会阐明自身政策，

---

① 孔钧：《中国与〈不扩散核武器条约〉》，载《人民日报》，2000年6月8日，第7版。

② 李彬、聂宏毅：《中美战略稳定性的考察》，载《世界经济与政治》，2008年第2期，第13—19页。

③ 中华人民共和国国务院新闻办公室：《中国的军备控制和裁军白皮书》，1995年11月。

④ 中华人民共和国国务院新闻办公室：《中国的军控、裁军与防扩散努力白皮书》，2005年9月。

⑤ 王君：《冷战后中国不扩散政策的转变及其原因分析》，载《太平洋学报》2002年第4期，第67页。

⑥ 中华人民共和国国务院新闻办公室：《中国的军控、裁军与防扩散努力白皮书》，2005年9月。

⑦ 同上。

并在国内推行遵约改革。1995年中国发表《中国的军备控制与裁军》白皮书。这是第一部专题阐述中国在裁军与军控领域努力和进展的白皮书，也是第一部公开发表的中国国防白皮书。这部白皮书的出台，表明了中国主动提高军事透明度的态度。这份白皮书还提出了维持低水平国防支出，和平利用军工技术、严格管制敏感材料和军事装备转让的具体措施，① 表明了中国政府爱好和平的一贯立场。

中国重视并积极参与防止核扩散的国际努力，不断完善国内的出口控制机制，以适应核不扩散机制的规范。2003年12月，中国政府发表《中国的防扩散政策和措施》白皮书，全面、系统地阐述了中国的防扩散具体政策和实际措施。这是中国政府首次就防扩散出口控制问题发表专门的政策声明。美国乔治亚大学学者斯科特·琼斯（Scott Jones）指出，《中国的防扩散政策和措施》白皮书表明，“中国政府越来越接受国际防扩散机制，并已将自己视为这一机制的参与者与管理者。”②

随着中国参与实践的深入，中国的国内联盟实践取得重大进展，完成国内的制度创新和培养人才的国内动员，军控政策共同体也发展成熟。由于工作繁多，军备控制在外交政策中的重要性增强，外交部国际司第四处在1997年升格为司，由沙祖康担任首任司长。在20世纪90年代后期，很多安全专家开始把研究重心转向军控与裁军领域，各大学和研究所也组建了军控研究中心，如中国社会科学院美国研究所军备控制与不扩散研究中心成立于1998年10月，清华大学国际问题研究所于2000年建立军控项目。2001年8月，中国军控与裁军协会正式成立，成为中国在军控领域最活跃的非政府组织之一，成为国内外学者交流军控、裁军与防扩散的重要平台。

在参与国际机制的同时，中国也在积极倡导中国的新安全观和外交理念。1997年10月14日，中国裁军大使沙祖康在第52届联大第一委员会一般性辩论中发言说：“应全面整顿和改造现有歧视性和排他性的出口控制制度和安排，在普遍参与的基础上，谈判制定公平合理的

① 中华人民共和国国务院新闻办公室：《中国的军备控制和裁军白皮书》，1995年11月。

② Scott Jones, “China Reforms Its Strategic Exports Control Regime,” *Janes Intelligence Review*, April 2005, pp. 30-33.

国际防扩散制度。”①

五、开放性参与核不扩散机制的实践（2000—　）

21世纪初，中国开始开放性地参与核不扩散机制，与各多边防扩散出口控制机制均建立了联系。在这一阶段，中国在军控领域的创新实践增多，设定议程的能力和国际影响力也在扩大。中国努力维护《核不扩散条约》的普遍性、有效性和权威性，主动开展遵约实践，积极参与多边和双边的防扩散交流与合作。中国的认知剧本也在发生变化，将核不扩散作为中国军事外交的亮点以及扩大军事透明度的窗口。

（一）在防扩散体系中的联盟实践

在21世纪，中国的联盟实践的广度得以拓展，与核供应国集团、导弹及其技术控制制度以及瓦森纳安排等多边防扩散出口控制机制之间均建立了合作关系。这一政策调整反映出中国联盟实践方向性的转变。中国最初将自己作为发展中国家利益的代表，试图联合小国共同挑战核不扩散机制；到最后主动和各多边出口控制机制开展合作和对话，扩大了国际影响力。

在处理和多边防扩散出口控制机制的关系上，中国态度最大的转变体现在其与导弹及其技术控制制度的关系上。在20世纪90年代，中国批评导弹及其技术控制制度具有歧视性，只对导弹及其相关技术进行控制，而没有将其他运载工具包括在内。②2002年8月，中国政府颁布《中华人民共和国导弹及相关物项和技术出口管制条例》及与之配套的《管制清单》，两份文件均借鉴了导弹及其技术控制制度的指导方针和原则。2003年9月，中国外长李肇星在给导弹及其技术控制

① 王君：《冷战后中国不扩散政策的转变及其原因分析》，第70页。

② Scott Jones, “China Reforms Its Strategic Exports Control Regime”, pp. 30-33.

制度主席的信中表示：“中方愿积极考虑加入‘导弹及其技术控制制度’。”[①]2004年5月，中国与导弹及其技术控制制度在北京举行了为期两天的会谈，双方一致认为，中国加入导弹及其技术控制制度将大大推进防扩散进程。[②] 同年9月中国正式申请加入导弹及其技术控制制度。[③]

随着中国与多边防扩散出口机制的联系日益密切，中国在体系中的地位也得到了认可。瓦森纳安排在2003年底主动与中国接触，接触后同意与中国建立对话机制。[④]2004年4月和2005年5月，中国同瓦森纳安排在维也纳举行了两轮对话会，就常规武器及相关双用途物项和技术的出口管制原则、清单及“最佳操作规范”等问题深入交换意见，双方同意将此对话机制化。[⑤]

2004年5月28日，在瑞典哥德堡举行的核供应国集团年会上，经全会审议一致同意，接纳中国加入核供应国集团。[⑥] 核供应国集团一致支持中国加入，表明国际社会对于中国在国际防扩散领域作用的重视，也是对中国近年来在防扩散方面做出努力的肯定。中国加入核供应国集团后，继续深化国内制度创新的过程。中国根据国内实际情况和国际核出口管制的发展，于2006年11月和2007年1月分别对《核出口管制条例》和《核两用品及其技术出口管制条例》进行了修订，使之在出口控制原则及管制清单方面与核供应国集团完全一致。

中国加入核供应国集团标志着中国对多边防扩散出口机制立场发生了根本的转变。时任国防科工委副主任兼国家原子能机构主任张华祝指出，防止包括核武器在内的大规模杀伤性武器及其运载工具的扩散，是国际社会的共同责任。中国加入核供应国集团，标志着中国采取了与国际社会相一致的核不扩散政策，并在核出口管制方面与国际

---

① Scott Jones, “China Reforms Its Strategic Exports Control Regime” , pp. 30-33.

② Ibid.

③ 中华人民共和国国务院新闻办公室:《中国的军控、裁军与防扩散努力白皮书》，2005年9月。

④ Scott Jones, “China Reforms Its Strategic Exports Control Regime, ” pp. 30-33.

⑤ 中华人民共和国国务院新闻办公室:《中国的军控、裁军与防扩散努力白皮书》，2005年9月。

⑥《国防科工委副主任张华祝指出：中国为国际防核扩散做出重要贡献》，载《国防科技工业》2004年第6期，第17页。

通行做法完全接轨。[①]

2004年6月中国正式加入核供应国集团后，中国已加入核不扩散领域的所有国际条约和多边机制。中国致力于多、双边防扩散交流与合作，严格执行与防扩散有关的联合国决议。中国签署了所有已开放签署的无核武器区条约相关议定书。[②] 中国不断加大核领域出口管制力度，已建立起一整套与国际接轨的法律法规体系。

中国在遵约实践中逐步建立起涵盖核、生物、化学、导弹等相关敏感物项和技术及所有军品的完备的出口管制法规体系。[③] 外交部军控司前司长刘结一指出，中国的出口管制政策和措施有两个突出特点："一是实现了从行政管理向法制化管理的转变。二是在充分考虑中国国情的基础上，实现了与国际防扩散规范的接轨。"[④] 在清单的控制范围方面，中国的有关清单不仅遵循了其在《禁止化学武器公约》等国际条约中承担的义务，也充分借鉴了桑戈委员会、核供应国集团、澳大利亚集团、导弹及其技术控制制度的有益经验。[⑤]

自2002年十六大后，中国政府继续推进国内制度创新进程，在立法和体制上采取了一系列措施，旨在提高武器出口控制能力。2002年底，中国对战略武器出口控制实施了大规模改革。与此同时，中国还在加大执法力度，依法严肃处理非法出口敏感物项和技术的案子，加强法规宣传和对企业的教育培训。2003年12月1日，商务部和海关总署联合发布了《敏感物项和技术出口许可证暂行管理办法》，明确宣布了规范敏感物项和技术出口经营秩序、加强对敏感物项和技术出口许可证的管理的具体措施。白皮书发表的第二天，中国国家出口管制专家支持体系在北京正式创立。商务部正式聘请涉及核、生物、化学、

---

① 《国防科工委副主任张华祝指出：中国为国际防核扩散做出重要贡献》，载《国防科技工业》2004年第6期，第17页。

② 中华人民共和国国务院新闻办公室：《2008年中国的国防白皮书》（2009年1月），载《人民日报》2009年1月21日，第1版。

③ 中华人民共和国国务院新闻办公室：《中国的军控、裁军与防扩散努力白皮书》，2005年9月。

④ 《外交部军控司刘结一司长谈〈中国的防扩散政策和措施〉白皮书》，载《世界知识》2003年第24期，第62页。

⑤ 《外交部军控司刘结一司长谈〈中国的防扩散政策和措施〉白皮书》。

导弹领域的240位一流科学家为技术专家，为完善我国的出口控制体系提供技术保障。[①]

（二）规范的内化

随着参与实践的深化，军控领域成为中国扩大军事透明度的突破口和亮点所在。中国政府明确表示支持现有的军控机制，中国是核不扩散机制的维护者。《2002年中国的国防白皮书》指出，中国接受和支持现行的国际防扩散法律体制，"愿与国际社会一道，为维护国际军控与裁军法律体系，推进军控、裁军与防扩散进程做出贡献"。[②]

在联盟实践方面，中国积极开展和美国在核不扩散领域的合作。2005年10月19日，时任美国国防部长拉姆斯菲尔德参观了第二炮兵司令部，这是中国战略导弹部队成立39年来接待的第一位外宾。第二炮兵司令员靖志远上将在会见拉姆斯菲尔德时做出了中国不首先使用核武器的承诺。2006年4月，中国国家主席胡锦涛访美，双方领导人同意启动两国关于核问题的官方交流。2008年4月，中美首次官方核领域对话在华盛顿举行。中国和美国在军控领域对话的深入，说明中国在以更开放的姿态参与核不扩散机制，通过交流让其他国家了解中国的政策，化解对中国的误解和疑虑。

《2006年中国的国防白皮书》的公布，也是中国扩大军事透明度的一大突破。这是中国在1964年拥有核武器以来，第一次在官方文件中明确提出中国的核战略。白皮书首次将中国的核战略表述为"自卫防御"，[③] 还首次公布了中国陆军、海军、空军和二炮军兵种战略思想。白皮书称中国坚持自卫防御的核战略。中国的核战略贯彻国家的核政策和军事战略，根本目标是遏制他国对中国使用或威胁使用核武器。

---

① 《外交部军控司刘结一司长谈〈中国的防扩散政策和措施〉白皮书》。

② 中华人民共和国国务院新闻办公室：《2002年中国的国防白皮书》（2002年12月），载《人民日报》2002年12月10日，第5版。

③ 中华人民共和国国务院新闻办公室：《2006年中国的国防白皮书》（2006年12月），载《人民日报》2006年12月30日，第9版。

中国的核力量由中央军事委员会直接指挥。

《中国的军控、裁军与防扩散努力白皮书》指出："中国国防支出的总体水平在世界上相对较低。中国国防支出的低水平，不仅反映在国防费的绝对值上，也反映在国防费占国内生产总值（GDP）和国家财政支出的比重上。[①]2008年和2009年，中国年度国防费分别为4178.76亿元人民币和4951.10亿元人民币。[②]近年来，中国年度的国防费占国内生产总值的比重相对稳定，大约在1.4%。而世界主要国家国防费占GDP的比重大都在3%到4%。[③]

中国政府自2007年参加联合国军费透明制度以来，向联合国申报军事开支，并恢复参加《联合国常规武器登记册》，申报武器进出口情况。多年来，中国是唯一对联大"建立一个无核武器世界：需要一项新议程"、"核裁军"、"禁止使用核武器公约"和"国际法院对使用核武器的咨询意见"、"无核安保决议"等重要核裁军决议投赞成票的核武器国家。[④]中国作为一个大国参与这一机制，有助于增进与世界各国的军事互信，实现对军控机制的全球性参与。

中国外交部前军控司司长成竞业指出："近年来，我国在提高军事透明度方面做出了很大努力，采取了许多积极举措。我国的安全环境评估、军事战略、军力结构、管理体系、军费总额及基本构成等都是公开透明的。我国政府迄今已发表五份国防白皮书与三份军控和防扩散白皮书。[⑤]白皮书相关工作已走向制度化、系统化、规范化，发布的信息量持续增加。[⑥]

中国在国际军控合作中，发挥着重要的建设性作用。中国政府一

---

① 中华人民共和国国务院新闻办公室:《中国的军控、裁军与防扩散努力白皮书》，2005年9月。

② 《〈2010年中国的国防〉白皮书发布：防御性国防政策不变》，载《人民日报》(海外版)2011年4月1日，第1版。

③ 陈欣、彭洪霞:《专访国防部新闻发言人：中国不存在隐性军费问题》(2011年4月1日)。中广网：http://news.xinhuanet.com/politics/2011-04/01/c_121257986.htm，2011年8月1日访问。

④ 《关于中华人民共和国履行〈不扩散核武器条约〉情况的国家报告》，载《不扩散核武器条约》2005年第7次审议大会，2005年5月2日至27日。

⑤ 吕德胜:《中国提高军事透明度的重要举措：就我向联合国提交军事开支报告专访外交部军控司司长成竞业》，载《解放军报》，2008年9月19日，第7版。

⑥ 同上。

贯倡导公正、合理、全面、均衡的军控与裁军。军控不应成为强国控制弱国的工具，更不应成为少数国家谋求单方面安全优势的手段。正如2005年《中国的军控、裁军与防扩散努力》白皮书所言：“在军控、裁军与防扩散领域，中国实践以互信、互利、平等、协作为核心的新安全观，致力于营造良好的国际和地区安全环境，维护世界和平，促进共同发展。”①

（三）寻求在新的问题领域发挥更大作用

在21世纪，中国在处理地区热点问题、防止核恐怖主义以及和平利用核能这些核不扩散的新兴问题领域均在利用国内资源积极参与，在体系中的地位不断提高。

在核不扩散的各个热点地区，中国均发挥了积极的作用，对国际核不扩散事业做出了突出贡献。中国政府始终致力于实现朝鲜半岛无核化，维护半岛和东北亚地区的和平与稳定，主张通过外交手段和平解决朝鲜半岛核问题，并为此付出了不懈的努力。在2002年10月爆发的第二次朝核危机中，中国发挥了积极的作用。中国主办了三方会谈，并从2003年8月以来，主持了6次六方会谈。2006年，中国对朝鲜核试验进行了谴责。2007年2月13日，第5轮六方会谈的第3阶段达成了共同协议。中国推动六方会谈于2007年2月和10月分别通过《落实共同声明起步行动》共同文件和《落实共同声明第二阶段行动》共同文件。

中国作为安理会常任理事国，一直关注中东局势的发展，积极推动和促进中东和平进程。中国一直以多种方式、通过双边和多边渠道劝和促谈，敦促阿以双方通过政治谈判解决领土争端，为推动中东和平进程发挥了独特作用。中国已经成为伊朗的最大贸易伙伴。中国在伊朗核问题上也发挥了建设性的作用，在国际原子能机构的框架内推动谈判进程，以妥善解决伊朗核问题。

2004年4月，联合国安理会一致通过第1540号决议。这是安理会

① 中华人民共和国国务院新闻办公室：《中国的军控、裁军与防扩散努力白皮书》，2005年9月。

通过的第一个专门的防扩散决议。决议要求各国在现有国际法基础上，采取有效措施加强对大规模杀伤性武器和运载工具及其相关材料、技术的国内管理和出口管制，防范和打击非国家实体非法贩运上述物项，并向安理会提交执行决议情况的国家报告。中国支持联合国安理会通过第1540号决议，以建设性的态度参加1540委员会工作。中国提交的执行决议国家报告及补充说明全面、系统地介绍了中国政府的防扩散政策、法律法规以及采取的具体措施。① 中国高度重视决议执行工作，决议一经通过，外交部网站即全文公布，并及时将决议通报政府主管部门及地方政府，要求其认真执行。② 中国是最早向安理会1540委员会提交执行决议报告的国家之一，并于2006年7月在北京与联合国、欧盟等联合举办决议执行情况亚太地区研讨会，支持区域层面推动决议执行的努力。③

中国在防止核恐怖主义方面做出突出贡献。中国政府历来对核恐怖主义问题十分重视。2003年7月，国防科工委成立了反核恐工作领导小组，颁布了反核恐预案；2004年4月，又与国家反恐办公室和科技部联合发布了反核恐中长期科研规划。中国积极参加了《制止核恐怖主义行为公约》的制订，并积极支持和参与了《核材料实物保护公约》的修约和谈判工作。④2005年4月13日，第59届联合国大会一致通过《制止核恐怖主义行为国际公约》，公约于2007年7月7日生效。中国支持“打击核恐怖主义全球倡议”的目标和原则，是“倡议”创始伙伴国，参加了历次伙伴国会议。⑤

---

① 《崔天凯部长助理在联合国安理会第1540号决议亚太地区执行情况北京研讨会开幕式上的讲话》(2006年7月12日)，中华人民共和国外交部网站：http://www.mfa.gov.cn/chn/gxh/zlb/ldzyjh/t265021.htm，2011年8月1日访问。

② 《执行联合国安理会第1540号决议——外交部吴海涛副司长在北约防扩散会议上的讲话》(2007年4月18日)，中华人民共和国外交部网站：http://www.fmprc.gov.cn/chn/pds/gjhdq/gjhdqzz/lhg/zyjh/t317218.htm，2011年8月1日访问。

③ 《执行联合国安理会第1540号决议——外交部吴海涛副司长在北约防扩散会议上的讲话》(2007年4月18日)，中华人民共和国外交部网站：http://www.fmprc.gov.cn/chn/pds/gjhdq/gjhdqzz/lhg/zyjh/t317218.htm，2011年8月1日访问。

④ 《中国履行〈不扩散核武器条约〉情况的国家报告》,《不扩散核武器条约》第七次审议大会,2005年5月2日至27日。

⑤ 中华人民共和国国务院新闻办公室:《2008年中国的国防白皮书》，2009年1月。

随着中国对于国际军控机制的参与程度增加，中国的创新实践也在增加，在国际军控领域设定议程以及倡议被通过的次数明显增加。中国一直致力于推动通过关于外空非军事化的国际条约。2008年2月，中国与俄罗斯共同向日内瓦裁军谈判会议提交了“防止在外空放置武器、对外空物体使用或威胁使用武力条约”草案，[①] 顺应了国际社会和平利用太空的呼声。

近几年，和平利用核能成为核不扩散领域的热点问题。核能作为一种清洁、稳定且能够减缓气候变化影响的能源正为越来越多的国家所接受。目前全世界共有60多个国家考虑发展核能发电，预计到2030年将有10个至25个国家首建核电站。中国重视在平等互利的基础上开展和平利用核能的国际合作，已同23个国家缔结政府间和平利用核能合作协定，引进先进的核能技术，并为发展中国家提供力所能及的帮助。[②] 中国政府积极支持为促进核技术发展及和平利用核能开展的各项活动，于2002年10月在深圳成功举办了第十三届太平洋地区核能大会。这是中国第二次举办这种会议。

中国政府把和平利用核能事业作为国家经济、能源发展的重要组成部分，在“以人为本，全面、协调、可持续发展的科学发展观”指导下，积极推进核能利用和核技术应用，优化能源结构，改善生态环境，促进经济发展和科学进步，造福人民。[③] 温家宝总理在2006年中欧论坛第二次会议开幕式上指出，中国在和平利用核能领域倡导的理念：“为保障全球能源安全，我们提出了国际社会应该树立和落实互利合作、多元发展、协调保障的新能源安全观。”[④] 2009年4月20日至22日，由国际原子能机构主办，中国政府承办的“面向21世纪的核能部长级国际大会”在北京成功召开。来自60余国的代表参加会议，交流核能

① 中华人民共和国国务院新闻办公室：《2008年中国的国防白皮书》，2009年1月。

② 同上。

③《中国代表团团长、外交部军控司司长张炎在〈不扩散核武器条约〉第七次审议大会一般性辩论的发言》（2005年5月3日），中华人民共和国外交部网站：http://www.fmprc.gov.cn/chn/gxh/mtb/sjhd/t270358.htm，2011年8月1日访问。

④ 温家宝：《开创中欧关系合作、共赢、和谐的新局面：在中欧论坛第二次会议开幕式上的演讲》（2006年9月13日），载《国务院公报》2006年第32期，第6页。

发展经验，探讨核能发展战略，并形成广泛共识。

中国积极推动国际防扩散进程，积极开展双边与多边防扩散交流合作。中国与美国、英国和欧盟等举行了防扩散出口控制磋商，与欧盟发表了《中欧防扩散与军控联合声明》。中国在推动全球核不扩散的进程中，不断倡导新理念，实践新安全观。中国主张任何核裁军措施应遵循“公正合理、逐步削减、向下平衡”的原则，以“维护全球战略稳定”和“各国安全不受减损”为前提。① 中国通过实际行动为推动全球核裁军进程做出了重要贡献，得到了国际社会的广泛认可。

在中国的军控外交中，首脑外交也成为实现中国政策目标的重要手段。2009年4月，胡锦涛主席赴美国参加核安全峰会，又于同年9月参加了联合国安理会核不扩散与核裁军峰会。这些外事活动有力地向世界阐明中国的军控政策，让世界了解中国。2009年9月25日，胡锦涛主席在联合国安理会核不扩散与核裁军峰会上郑重重申：“中国坚定奉行自卫防御的核战略，始终恪守在任何时候和任何情况下不首先使用核武器政策，明确承诺无条件不对无核武器国家和无核武器区使用或威胁使用核武器。中国不参加任何形式的核军备竞赛，将继续把自身核力量维持在国家安全需要的最低水平，将继续为推进国际核裁军进程做出努力。”②

经过几十年的历练，中国对于核不扩散机制的参与实践已经取得了巨大的成果，然而中国设定议程的能力仍比较弱。在核不扩散领域，美国仍然拥有毋庸置疑的领导权。从1990年以来，历次《核不扩散条约》审议大会，美国的推动不仅使会议取得积极成果，而且美国态度消极总导致会议无果而终。相比之下，中国控制议程的能力仍比较有限。

① 中华人民共和国国务院新闻办公室：《中国的军控、裁军与防扩散努力白皮书》，2005年9月。

② 《胡锦涛在安理会核不扩散与核裁军峰会上的讲话》（2009年9月24日），新华网：http://news.xinhuanet.com/world/2009-09/25/content_12108176.htm，2011年8月1日访问。

六、结语

30多年来，中国参与核不扩散机制的程度不断加深。由最初尝试性地有限参与，到了解体系规则后全面参与，再到21世纪开放性地参与，中国已经成为核不扩散机制的建设者，为全球的战略稳定做出重要贡献。中国参与核不扩散机制是一个不断的学习过程。中国在实践中不断思考如何界定自身利益，了解体系的运行规则，获得重要的经验和专业技术知识。

截至目前，中国参与不扩散核武器机制的实践仍然以学习和遵约实践为主，创新实践仍比较有限。五种类型的参与实践都在改变中国的身份及其与国际体系关系的认知剧本。在话语实践方面，中国和不扩散核武器机制的互动创造了中国向外界阐释自身政策的需要，促使中国不断思考如何界定自身利益，由排斥不扩散核武器机制到认识到融入体系是最有效地实现中国利益的方式。中国的联盟实践包括国际和国内两个层面。国际上的联盟实践主要体现为和体系的主导国美国的关系的变化，由敌视美国转而将其作为联合的对象。随着中国国内的军控政策共同体的发展壮大，中国的国内联盟实践不断深化，国内动员能力也在加强。中国参与核不扩散机制是一个不断的学习过程。中国的学习实践使中国了解体系的运行规则，将体系的规范内化，获得重要的经验和专业技术知识，以更有效地通过参与国际机制实现自身利益。中国的遵约实践是各大国中做得最好的，在核武器的规模和发展方面始终采取极为克制的态度。在创新实践方面，中国设定议程的能力还比较有限，国际规则制定权远远不如美国。

和其他国家相比，中国参与核不扩散机制的实践具有鲜明的特性。第一，中国的参与实践是改革开放后中国外交的重要组成部分。中国在参与国际体系的过程中也在实践和倡导中国的外交理念，如大小国平等和新安全观等理念。第二，中国的军控政策具有严格自律的特点。和其他四个核国家相比，中国政策的自我约束性最强，做出的核裁军的承诺最多，对国际秩序的稳定和发展做出重要贡献。第三，中国学习和创新的速度非常快。中国作为国际体系的后来者，需要完成学习规范、接受规范、并将规范内化的过程。经过三十多年的参与实践，中国按照体系的规范完成了国内的体制改革，全方位地贯彻体系的规则，中国的不懈努力得到了国际社会的好评。

中国参与核不扩散机制的实践进程是一个双向获益的过程。中国由体系的挑战者转变为建设者，有利于全球战略稳定。中国作为五个核大国之一，经过近50年探索，已经建立完整的核科技和核工业体系，在解决地区热点问题、打击核恐怖主义、和平利用核能等核不扩散的新兴领域，均能发挥关键性的作用。中国的参与实践说明，融入国际体系，才能拥有制定规则的权力，才可能通过积极参与改变国际体系，让其他国家了解中国的政策，发挥更加积极和建设性的作用。

第8章

中国参与地雷和轻小武器国际控制机制的实践

黄　超[①]

地雷和轻小武器作为重要的常规武器，具有军事效用，但是这些武器的滥用造成了严重的社会经济后果和人道主义危机，是国际军备控制和裁军的重要内容，为此国际社会形成了一系列相关的国际控制机制。中国同情和支持减少雷患的人道主义关切和国际努力，严格遵守《地雷议定书》的规定，积极参加其修订工作，深入参与地雷控制机制的谈判和审议过程，在各项义务上的遵约由程序性遵约不断向更深层次、更有意义的实质性遵约和立法实践发展；在参与轻小武器控制机制方面，中国认真对待小武器非法贸易及其过度积累造成的各种问题，以建设性态度参加联合国小武器非法贸易各方面问题大会，积极参与《联合国打击跨国有组织犯罪公约》所附“枪支议定书”的谈判，目前根据相关条约积极建立规章制度和违法处罚措施，认真开展各项活动履行相关义务，充分表现出一个负责任大国的国际形象。

---

① 黄超　上海社会科学院世界经济研究所助理研究员，博士。

一、中国参与地雷国际控制机制

地雷的长期潜在危害使其成为一个全球问题并越来越受到重视，在加拿大等国家和国际禁雷运动等非政府组织的共同努力下国际社会形成了多个控制地雷的国际机制。中国在参与这些国际机制的进程中呈现出不断向更深层次的实质性遵约和立法实践方向发展，话语实践和遵约实践的不断深化体现了中国的立场变化。

（一）国际地雷控制机制

地雷的广泛使用造成严重的人员伤害和伤亡，同时它还具有长期的潜在危害，在冲突结束数十年后仍阻碍地区重建，破坏环境，妨碍经济社会的发展。20世纪八九十年代，国际社会开始普遍关注地雷问题，为消除雷患造成的人道主义危害做出了不懈努力，形成了《地雷议定书》、《修订的地雷议定书》和《渥太华公约》三个关于地雷控制的国际公约，共同为解决地雷问题提供法律框架和制度保障。

80年代初，随着国际形势的缓和，在常规武器谈判中形成了第一个限制地雷的国际公约。即1980年10月10日通过的《禁止或限制使用某些可被认为具有过分伤害力或滥杀滥伤作用的常规武器公约》（简称《特定常规武器公约》）中的第II议定书——《禁止或限制使用地雷、饵雷和其他装置的议定书》（简称为《地雷议定书》）。《地雷议定书》是国际裁军史上第一个限制地雷武器的国际公约，对地雷及其相近武器的使用作了一定的限制。其主要内容包括：禁止不分皂白地使用公约适用的武器；禁止使用诱杀装置和其他装置；对地雷的转让、雷场的记录和标志、扫雷的国际合作以及缔约国对公约的保留与退约做出了规定。该公约于1983年12月2日生效。《地雷议定书》的形成改变了使用地雷无法可循的情况。但是它存在诸多明显缺陷：它对国内武装冲突中地雷的使用没有限制，对地雷的技术性能、地雷的违约行为等没有做出明确规定。很多在雷患区从事人道救助的非政府组织认识到，《地雷议定书》没有起到限制地雷使用的作用。人权观察和无国界医师等非政府组织提出，“限制地雷使用的《地雷议定书》彻底失败了，它没能适应国际人道主义法律的基本要求。”[①]

到90年代，随着冷战结束，一些过去掩盖于两极格局下的深层次问题逐渐暴露出来，造成许多国家和地区局势不稳、冲突不断，地雷引起的人道主义问题日益突出。一些国家要求修订《地雷议定书》，加强对地雷的限制。1996年5月3日，《特定常规武器公约》缔约国第一次审议会议以协商一致的方式通过对《地雷议定书》的修订。《修订的地雷议定书》与原议定书相比，增加了内容，扩大了范围，加强了约束力，完善了遵约及违约的处罚措施，强化了公约的法律地位。[②] 其主要内容包括：禁止使用不可探测的地雷；规定杀伤人员地雷应有自毁、自失能装置，使其只具有120天的短期效应；规定长效地雷必须埋在明显标记的特定雷区；禁止向非国家行为体和不受议定书约束的国家转让地雷。议定书还规定了联合国每年召开一次缔约国年度会议，要求缔约国向大会报告遵约情况。《修订的地雷议定书》于1998年12月3日正式生效，它对地雷的使用、转让等做了进一步限制，并将适用范围扩大到了非国际武装冲突。

与此同时，一部分禁雷激进的国家和国际红十字会等非政府组织并不满意修订的议定书对地雷的限制，它们积极推动全面禁止杀伤人员地雷，并于1996年10月在加拿大渥太华召开全面禁止杀伤人员地雷大会。会上，加拿大外长劳埃迪·阿克斯沃西（Lloyd Axworthy）号召举行与《特定常规武器公约》分离的、单独的全球禁雷公约的谈判会议，并提出于1997年底谈判达成“全面禁止杀伤人员地雷公约”的目标，自此启动了全面禁雷的“渥太华进程”。经过维也纳会议、伯恩会议、布鲁塞尔会议和奥斯陆会议后，1997年12月2—4日，有关国家、联合国组织机构、国际红十字会委员会以及国际禁雷运动等众多非政

① 刘贞晔：《国际政治领域中的非政府组织——一种互动关系的分析》，天津人民出版社，2005年版，第109页。

② 陈小功主编：《军备控制与国际安全手册》，北京：世界知识出版社，1998年版，第165—167页

府组织的152位代表出席在渥太华召开的禁雷大会，122个国家正式签署了《关于禁止使用、储存、生产和转让杀伤人员地雷及销毁此种地雷的公约》(简称《渥太华公约》)。公约简单而明确地号召"无保留、无例外、无漏洞"地绝对禁止地雷。1999年3月1日，131个国家签署、65个国家批准该公约，公约正式生效。《渥太华公约》关注地雷引起的人道问题，对杀伤人员地雷采取全面禁止的解决办法。其主要内容包括：禁止使用、发展、生产、获取、储存、保留和直接或间接转让杀伤人员地雷；公约生效后4年内销毁所储存的杀伤人员地雷；10年内在其领土内清除所有雷区，该限期可向缔约国大会或审议会议要求延长，但延长期不超过10年；在受地雷影响的国家中，实施防雷宣传方案及确保地雷受害者得到照顾、复建并重新融入社区；向其他缔约国提供援助；制定国家法令，以确保公约条款在国家领土内的落实。① 中国以观察员身份出席了该会议。

由于《修订的地雷议定书》是对《地雷议定书》的修正，因此实质上国际上关于限制地雷使用的专门条约机制是:《修订的地雷议定书》和《渥太华公约》。两者是彼此独立的体系。前者是由联合国裁军大会作为《特定常规武器公约》议定书的形式通过的，后者是一些中小国家在联合国裁军大会框架以外独立起草，并通过不断吸引其他国家加入的条约。两者也是不能相互取代的体系。前者主要着眼于对地雷的使用进行某些限制，而《渥太华公约》的宗旨是完全禁止使用、生产、储存和转让杀伤人员地雷，但不能就此认为《渥太华公约》可以取代《修订的地雷议定书》，因为《修订的地雷议定书》仍然具有《渥太华公约》所没有的一些优势：首先,《修订的地雷议定书》适用于所有地雷，强调对所有种类的地雷包括杀伤人员地雷和反坦克地雷等进行规范，而《渥太华公约》的适用对象是杀伤人员地雷；其次,《修订的地雷议定书》明确调整非国家行为体使用地雷的行为，其第1条第3款规定，"如果缔约方之一领土上发生并非国际性的武装冲突，每一冲突当

① "Convention on the Prohibition of the Use, Stockpiling, Production and Transfer of Anti-Personnel Mines and on Their Destruction," http://www.icbl.org/treaty/text/english. 2010年8月28日访问。

事方应遵守本议定书的禁止和限制规定。”而《渥太华公约》虽适用于任何情况，但没有规定该公约使用于国内武装冲突各方。①

（二）中国参与地雷国际控制机制的实践进程分析

中国在不同战略环境下对地雷控制机制的立场是不同的，参与机制的程度也是不同的：由保留性参与《地雷议定书》发展到积极参与《修订的地雷议定书》，由强调坚持保留使用地雷的权利发展至认同全面禁雷的宗旨和目标，一方面呈现出由程序性遵约不断向更深层次的实质性遵约和立法实践发展的演变进程，另一方面话语实践和遵约实践的深化也反映了中国在参与地雷机制进程中立场的变化。

1. 中国保留性参与《地雷议定书》

20世纪70年代末，国际环境开始缓和，国内改革开放进程启动，中国对参与军备控制的态度发生了很大的转变。过去认为“军备控制只是限制那些没有军备的国家，而对有军备的国家没有提出裁减的要求”的观点逐渐改变，中国开始认识到中国能从军备控制的努力中获益，并开始参与到国际军备控制的工作中来。②

在这一战略环境下，中国积极支持和参加了1980年《特定常规武器公约》第II议定书的谈判和缔约，并于1981年9月14日签署、1982年3月8日批准了《地雷议定书》，4月7日向联合国交存批准书，成为最早签署和批准公约的国家之一。中国政府指出，《特定常规武器公约》的基本精神反映了世界上大多数国家和人民关于禁止或限制具有过度伤害的特定常规武器的合理要求和意图，这一基本精神与中国的长期立场一致，同时也符合中国反对进攻和维护和平的利益。但是，在签署该公约的声明中，中国做了重要的保留。中国政府指出，该议定书没有关于违反行为的监督条款，因此弱化了议定书的强制力。同时议定书没有对侵略国在受害国国内使用地雷进行严格控制，也没有充分

① 朱利江：《关于地雷的国际法：现状与问题》，载《西安政治学院学报》2009年第3期，第73页。

② （美）伊丽莎白·埃克诺米、米歇尔·奥克森伯格主编：《中国参与世界》（华宏勋、闫循华等译），北京：新华出版社，2001年版，第104页。

保障被侵略国采取必要自卫手段的权利。[①]

2. 中国积极参与和落实《修订的地雷议定书》

20世纪90年代，中国在军备控制上的政策越来越开放，中国批准或签署了主要的国际防扩散和军备控制条约，如《全面禁止核试验条约》和《化学武器公约》等，这十年是“中国接受规范、参与国际机制的稳定时期。”在这一时期，中国通过接受公约对主权的限制，重新定义与公约一致的利益，通过接受批准和遵守条约的成本和利益而不断深入参与机制的进程。[②]

在这一战略环境下，中国确立了积极参与地雷控制机制的大方向。作为地雷的生产和进口大国，中国政府积极参与了《地雷议定书》的审查修订过程，并于1998年8月29日批准了《修订的地雷议定书》，同年11月4日向联合国秘书长安南交存了批准书，成为该公约的第26个缔约国。

与《地雷议定书》相比，《修订的地雷议定书》在很多方面进一步加强了对地雷使用的限制。首先，它把适用的范围从国际性武装冲突扩大到非国际性武装冲突。其次，它要求武装冲突各方在冲突结束后清除曾布下的地雷。第三，它把地雷分为杀伤人员地雷和非杀伤人员地雷，并对杀伤人员地雷的使用作了进一步限制，明确规定不可探测的杀伤人员地雷不得使用，任何杀伤人员地雷必须装上自毁装置和自失效装置。最后，该议定书加强了实施机制，它建立了缔约方年会制度，规定缔约方应采取一切适当步骤，包括立法和其他措施以防止和制止其管辖或控制下的个人违反该议定书或在其管辖或控制的领土内违反该议定书。很明显，批准《修订的地雷议定书》意味着中国必须销毁不可探测的地雷，并且要把当时已经制造大量地雷的生产线改装成符合《修订的地雷议定书》要求的可探测、自行失效的、具有自毁

---

① “Convention on Prohibitions or Restrictions on the Use of Certain Conventional Weapons Which May Be Deemed to Be Excessively Injurious to Have Indiscriminate Effects(With Protocols, II and III), Geneva, 10 October, 1980”, 联合国网站，http://www.treaties.un.org/doc/Publication/MTDSG/Volume%20II/Chapter%20XXVI/XXVI-2.en.pdf, p.6, 2010年8月28日访问。

② Ann Kent, *Beyond Compliance: China, International Organizations, and Global Security*, Stanford, California: Stanford University Press, 2007, p.77.

能力的地雷的生产线，这种代价是成本巨大，国家的主权受限更多。但是，中国积极参与《地雷议定书》的审查修订过程，以及批准《修订的地雷议定书》的实践表明中国做出了接受更高成本的准备，体现了中国参与地雷机制进程上立场的变化。

同时中国在批准《修订的地雷议定书》后，严格履行该议定书的义务，不断深入参与地雷控制机制的进程，在各项义务上的遵约由程序性遵约不断向更深层次的、更有意义的实质性遵约和立法实践发展。

（1）在话语实践上，中国政府多次表达了对地雷引发的人道主义灾难的关切，表达了对地雷、特别是杀伤人员地雷进行适当、合理和可行限制的支持。

中国代表团多次在会议上强调中国政府充分理解和高度重视地雷滥伤无辜平民问题引发的人道主义问题，支持对杀伤人员地雷严格按照修订后的地雷议定书的要求进行限制，以消除其对无辜平民造成的威胁，指出中国政府秉持‘以人为本’的理念，十分重视地雷问题，始终以建设性态度积极参与相关国际努力。

（2）在地雷的转让、生产和销毁等方面，中国政府形成了实质性遵约。

1996年4月，在《修订的地雷议定书》尚未生效前，中国政府就郑重宣布暂停出口不符合《修订的地雷议定书》要求的杀伤人员地雷，以后，中国一直恪守该承诺，事实上已经基本停止了各类杀伤人员地雷的出口。

1997年中国政府报道已停止了没有自毁装置杀伤人员地雷的生产，在研究、发展和生产所有新的杀伤人员地雷都具有自毁和可探测能力，符合《修订的地雷议定书》的要求。①

与此同时，中国还销毁了大量不符合要求的老旧杀伤人员地雷。2005年，中国军方完成对库存及在役使用的杀伤人员地雷状况的普查与清理，销毁了不符合《修订的地雷议定书》技术标准的老旧地雷近

① “China and Anti-Personnel Landmines”, 核威胁倡议网站，http://www.nti.org/db/china/aplorg.htm#Backround. 2010年8月28日访问。

50万枚，并且对一些尚能正常使用的地雷实施技术改造，加紧开展杀伤人员地雷替代武器的研发工作。[①] 同时，2002年，中国开始在全国范围内设立8个地雷爆破器材监测处废站，组织开展库存地雷普查、销毁和改造工作。2004年完成了济南地区地雷爆破器材监测处废站的建设工作，其余7个地雷爆破器材监测处废站目前基本完成营区、销毁场地等主要设施的建设任务，部分仪器设备正在安装调试中。全部建成后，全军8个监测处废站将达到每年检测处理地雷爆破器材16000吨的设计指标。[②]

（3）中国在清除境内雷患和参加国际扫雷援助等方面做了大量的工作。

在联合国会议上，中国代表团多次强调目前最为紧迫的是扫清埋在地下的地雷，认为清除冲突遗留的杀伤人员地雷是解决杀伤人员地雷威胁平民安全问题的一个重要组成部分。中国对境内扫雷工作十分重视，中国军队于1992年初至1994年底和1997年11月至1999年8月，在云南省和广西壮族自治区边境地区组织了两次大规模扫雷行动，共排除各种地雷和爆炸物220多万枚，销毁废旧弹药及爆炸物品700余吨，完成扫雷面积300多平方公里，打通边贸通道和口岸290多个，恢复弃耕地、弃荒牧场和山林6万公顷，消除了边境冲突遗留地雷对当地平民的威胁，基本清除了国内的雷患。[③]

中国还积极向有雷患的国家提供帮助。自1998年以来，中国政府建立起长期、机制化的国际扫雷援助规划，通过捐款、扫雷援助装置、举办扫雷技术培训项目等多种方式，向近40个亚、非、拉国家提供了人道主义扫雷援助。[④] 1998年11月，中国政府向联合国协助扫雷自愿

---

① 《中国观察员代表团在〈渥太华禁雷公约〉第六届缔约国大会上的发言》，中国外交部网站，http://www.fmprc.gov.cn/chn/gxh/wzb/wjbxw/t271293.htm，2010年8月28日访问。

② 李东航：《中国积极履行〈修订的地雷议定书〉相关国际义务——专访总参谋部军训和兵种部履约事务局负责人》，载《解放军报》2007年2月13日，第5版。

③ 《2000年中国的国防白皮书》，人民网，http://www.people.com.cn/GB/channel1/10/20001016/273917.html，2010年8月28日访问。

④ 《中国代表团张钧安参赞在第65届联大一委关于常规武器问题的专题发言（2010年10月19日）》，中国外交部网站，http://www.fmprc.gov.cn/chn/pds/wjb/zzjg/jks/fywj/t772776.htm，2010年8月28日访问。

信托基金认捐10万美元，专门用于波黑的人道主义扫雷工程。1999年10月和2000年5月，中国人民解放军理工大学工程兵学院先后承办了两期国际扫雷培训班，就扫雷技术、实施办法和组织作业程序等内容培训了来自柬埔寨、纳米比亚、波黑、安哥拉、埃塞俄比亚、莫桑比克、卢旺达等7个国家的40名扫雷人员。进入21世纪后，中国政府加大了国际人道主义扫雷援助的力度。2001年初至2002年底，中国先后向厄立特里亚、柬埔寨、纳米比亚、安哥拉、莫桑比克、埃塞俄比亚、卢旺达等7个雷患严重国家捐赠了大批探、扫雷器材。2002年9月、2003年3月和2005年9月，中国政府先后派出三个扫雷专家组，两次赴厄立特里亚、一次赴泰国执行援助扫雷培训任务。2003年7月，由军地双方专家和代表组成的扫雷勘察组赴阿富汗，对帕尔旺水利修复工程施工区域实施了实地扫雷勘察，为中国援阿水利修复工程尽早上马和安全施工提供了决策依据。2006年9月至12月，40名黎巴嫩和约旦扫雷人员又在解放军理工大学工程兵学院接受了人道主义扫雷技术培训。此外，中国军队还积极承担了对外援助的扫雷物资、器材的筹措和交运任务。①

（4）中国还不断深化在国内立法、提升民众意识等方面的履约义务。

中国有关部门根据议定书制定了一系列规章和标准，其中包括杀伤人员地雷技术性能和雷场标示等方面的国家军用标准；根据议定书的有关规定和要求，对有关地雷作战运用的多种教材、教范进行修订和补充；同时中国军队还积极采取有效措施，向武装部队人员传播《修订的地雷议定书》；各军区、有关院校和科研机构重视地雷履约工作，制定周密的履约工作计划和实施方案，坚持以增强地雷履约意识和普及地雷履约知识为重点，通过集中培训、理论教学和专题辅导等多种形式，广泛开展地雷履约宣传教育活动，以不断强化广大官兵的地雷

① 李东航：《中国积极履行〈修订的地雷议定书〉相关国际义务——专访总参谋部军训和兵种部履约事务局负责人》，载《解放军报》2007年2月13日，第5版。

履约意识，基本确立广大官兵的依法用雷观念。[①]

3. 中国参与《渥太华公约》的实践进程

1997年12月122个国家在加拿大首都渥太华签署《渥太华公约》。该公约简单而明确地号召“无保留、无例外、无漏洞”地绝对禁止地雷，是具有强制性的法律，也是国际社会中首次达成的广泛禁止使用一种常规武器的条约。中国最初没有参与渥太华进程，并公开宣布其保留使用地雷的权利，但是，随后中国多次声明其认同《渥太华公约》的宗旨和目标，并开始参与公约审议会议和缔约国会议，近些年来中国一直在联合国大会上对《渥太华公约》的执行决议案投赞成票。这些都反映了中国对待《渥太华公约》立场的渐进变化，经历了由“拒绝”——“解释”——“话语肯定”——“国内政策影响”的演变过程。[②]

在《渥太华公约》签署的同年，中国政府发言人在关于地雷问题的声明中，强调在找到杀伤人员地雷的替代办法之前，中国保留在本国国土上使用杀伤人员地雷以形成安全防御能力的权利，强调禁雷问题不是一个单纯的人道主义问题，它涉及到控制甚至禁止一类武器，涉及到各国的军事装备、作战方式和军事战略，其最终解决必须兼顾人道主义关切和主权国家的正当安全需要。随后，在《渥太华公约》的影响越来越大时，中国开始对其不参与《渥太华公约》的行为进行解释和辩护，它指出中国是一个具有漫长陆地边界的发展中国家，地

① 郑文:《维护地区安全 拓展人道主义事业——我国积极履行地雷议定书国际义务》，载《法制日报》2007年2月24日，第3版。

② Loren R. Cass, *The Failures of American and European Climate Policy: International Norms, Domestic Politics, and Unachievable Commitments*, State University of New York Press, 2006, pp.9-10；该书在分析国际规范的国内显著性时，提出了国际规范国内化进程的不同阶段，包括：非相关性（国家领导人不以任何方式认同新规范，新规范不是国内和外交政策话语的一部分，国家领导人也没有感受到任何为其违反规范的行为辩护的压力）——拒绝（国家领导人承认一个规范但拒绝它）——国内相关性（国家领导人继续拒绝该规范，但是它已进入国内话语体系中）——话语肯定（国家领导人由于国内或国际压力而承认该规范，规范已经进入国内话语和外交政策话语中，但是它没有带来外交或国内政策变化）——外交政策影响（国家领导人调整国家外交政策以肯定该规范，并支持参与国际协议，立场发生变化）——国内政策影响（国家领导人和其他行为体以国际规范为基础来调整国内政策的变革）——规范显著（规范已经内嵌入国内制度和国家的政策中）——认为理所当然（遵守规范被认为是理所当然的，是自动的行为）。这些层次表明了国际规范国内化的渐进进程。本文在分析中国与《渥太华禁雷公约》时，引用相关指标来分析中国对待《渥太华禁雷公约》态度和立场的变化。

雷作为一种可靠的防御性武器对中国仍然具有无法替代的重要作用。同时它强调，根据中国国土防卫的战略方针，使用杀伤人员地雷只有一个目的，那就是防止外来的军事干涉和侵略、维护国家统一和领土完整、保障人民安居乐业。在找到替代办法并形成安全防御能力之前，中国需要保留在本国领土内合法使用杀伤人员地雷的权利。因此，中国不同意立即全面禁止杀伤人员地雷。但是，中国政府多次公开表示，《渥太华公约》是国际社会为解决地雷问题做出的重要努力。它与《特定常规武器公约》所附的地雷议定书相互补充，共同为解决地雷问题提供了多样化的法律框架和途径，从而肯定了《渥太华公约》的重要意义。同时中国代表在一切有关地雷的大会上都强调，虽然中国目前由于客观原因难以加入《渥太华禁雷公约》，但是中国高度赞赏公约体现的人道主义精神，认同公约的宗旨和目标。同时中国还与《渥太华公约》缔约国保持良好的沟通和交流，中国以观察员身份出席《渥太华公约》历次缔约国会议和相关活动，并参加了该公约首届审议会议。2005年10月28日，中国代表团在第60届联大一委[①]对执行《渥太华禁雷公约》决议案投了赞成票，这是中国首次对该决议投赞成票，随后在历届联大一委都对《渥太华公约》的执行决议投赞成票。这也充分表明中国肯定和重视公约的重要作用。在实践上，中国也基本上在遵循《渥太华公约》的原则，譬如停止出口地雷、销毁地雷库存、停止生产不可探测式及没有自毁装置的地雷，同时还积极参与国际扫雷和扫雷援助，实际上已承担了逐步禁止杀伤人员地雷的国际义务。

总的来看，中国对地雷国际控制机制的参与经历了一个明显的变迁，从一开始的明确拒绝到后来的逐渐接受。按照“实践解释模式”，[②]这种变迁正是来源于中国参与国际地雷机制的实践，与机制的互动实践逐渐改变了中国的立场和态度，塑造了中国与地雷国际控制机制的新关系。

---

① 联大一委全称为联合国大会第一委员会，也即裁军与国际安全委员会，它是专门负责处理裁军和相关国际安全问题的委员会。

② 朱立群：《中国参与国际体系的实践解释模式》，载《外交评论》2011年第1期，第19—33页。

二、中国与轻小武器国际控制机制

小武器和轻武器[①]的过度积累和非法贸易，加剧有关国家和地区的战乱，影响和平进程和战后重建工作的顺利进行，助长恐怖主义、贩毒和走私等有组织犯罪活动，对政治、经济和社会等各方面造成负面影响。20世纪90年代，包括联合国在内的国际社会普遍关注小武器问题，并为解决该问题做出了一系列努力，建立了《从各方面防止、打击和根除小武器非法贸易的行动纲领》、《联合国打击跨国有组织犯罪公约》所附的《枪支议定书》和《识别与追查非法小武器文书》等国际控制机制。中国以建设性态度积极参与了相关大会的筹备和文书谈判工作，并按照相关机制的要求积极改善国家立法、机构和能力建设，在小武器出口、标识和记录保存等多方面认真遵约，充分展现了一个负责任大国的形象。

（一）轻小武器国际控制机制

小武器和轻武器是国家合法自卫和安全的需求，但是小武器和轻武器的非法贸易和过度积累造成了严重的影响。它使冲突持续、暴力加剧，影响战后重建，造成种种人道主义问题，同时还助长了恐怖主

① 关于小武器和轻武器，1997年联合国政府专家小组提交的《小武器报告》中提出了小武器的定义，包括军事类型小武器和轻武器，也包括商业枪支如手枪。但欧盟《关于小武器的联合行动》和美国的相关条约将小武器严格限定于具体的军事使用的武器，2001年的《行动纲领》没有具体关于小武器定义的内容，只是在页脚提出1997年政府专家报告提出的概念。参见：Graduate Institute of International Studies, *Small Arms Survey 2003: Development Denied*, Oxford: New York: Oxford University Press, 2003, p10，当前最接近于正式定义的文献是2005年12月8日联合国大会通过的《使各国能够及时和可靠地识别和追查非法小武器和轻武器的国际文书》。在该文件中，小武器和轻武器是指任何用于、设计用于、或者可以轻易改装用于通过爆炸物的作用，发出或射出弹丸、弹头或射弹的便人携带式杀伤武器。其中小武器泛指设计供个人使用的武器，包括左轮手枪和自动手枪、步枪和卡宾枪、冲锋枪、突击步枪和轻机枪。轻武器泛指设计供两人或以上人使用的武器，但其中也有可以由一人携带和使用的。包括重机枪、手提式管辖榴弹发射器、固定式榴弹发射器、轻型高射炮、轻型反坦克炮、无后坐力炮、轻型反坦克导弹、轻型防空导弹发射器以及口径在100毫米以下的迫击炮。小武器和轻武器有时被简称为小武器或轻小武器。

义和贩毒、走私等犯罪活动，危害国际社会的稳定与和平。联合国前秘书长安南明确指出轻小武器造成了巨大伤亡，在某种意义上也是“大规模杀伤性武器”，强调必须将轻小武器置于国家的控制之下，各国应对这些武器的转让负责。①

冷战期间，武器贸易和控制方式主要由美苏之间的对抗所主导，只有少数的武器供应国和各自影响范围内少量的武器需求国。因此，国际社会主要关注大规模杀伤性武器等战略性武器，不存在有关推进调整小武器生产、适用、存储和转让等方面的努力。换言之，冷战期间在裁军和军控领域中关于常规武器尤其是小武器的相关规定是相当缺乏的。② 冷战结束后，政治和意识形态对峙局面消失，带来了控制非战略性武器的可能性和发展前景，国际社会开始关注小武器。同时，冷战结束后过去隐藏于苏联或美国影响范围内的潜在矛盾暴露出来，世界许多区域的国家内部爆发冲突，并成为国际社会中主要的冲突形式。在这种性质的冲突中，便宜、容易携带和使用，并且不需要什么技术维护的小武器和轻武器成为首选武器，它们恶化了冲突，加剧了冲突的激烈程度。据联合国统计，在90年代发生的49场主要武装冲突中，有47场使用的武器是小武器，平均每年有近30万人死于武装冲突。③ 于是，90年代中期，小武器议题成为国际社会的显著议题，有关国家、区域性国际组织和联合国为努力防止此类武器过度积累造成不稳定的影响和限制这类武器无节制的转让做出了不懈的努力。自1995年以来，联合国大会每年讨论有关小武器的问题，通过相关决议，并在决议授权下成立了小武器问题政府专家组（A/52/298、A/54/258）。非洲、拉美和亚洲国家及相关区域组织也从实际情况出发，努力寻求

① 《小武器行动纲领审查会议未有成果文件令安南遗憾》，联合国网站：http://www.un.org/chinese/News/gullstorynews.asp?newsID=6014，2010年8月28日访问。

② Denise Garcia, “Norm Building in the Evolution of the Control of Small Arms in the International Agenda,” *Security and Defense Studies Review*, Vol. 5, No. 2, 2005, p.227.

③ 《联合国会议：关于小型武器和轻武器的违禁贸易以及所有相关问题》，联合国网站：http://www.un.org/chinese/events/SmallArms/brochure.html，2010年8月28日访问。

解决当地小武器非法贸易的办法，制定了一系列有效的措施。[①] 在国际社会的共同努力下，在国际体系层次上形成了联合国框架内三项适用于小武器和轻武器问题的国际条约：2001年3月通过的具有法律约束力《枪支议定书》、2001年7月通过的具有政治约束力的《行动纲领》和2005年12月通过的具有政治约束力的《识别与追查非法小武器国际文书》。

1.《枪支议定书》

2001年3月2日，在恐怖主义、武装贩毒和走私等跨国有组织犯罪活动日益猖獗的情况下，《联合国打击跨国有组织犯罪公约》特委会成功缔结了《打击非法制造和贩运枪支及其零部件和弹药的补充议定书》（简称《枪支议定书》）。[②] 该议定书是为补充2000年12月签署的《联合国打击跨国有组织犯罪公约》而建立的，它主要从打击犯罪的角度，对识别和追查非法贩运枪支涉及的枪支标识和记录保存等环节作出了规定。它由序言、一般条款和最后条款组成，对非法制造、贩运枪支及其零部件和弹药等行为的预防和惩处、枪支标识和记录保存、枪支进出口和过境执照或许可证制度等问题进行了限制。《枪支议定书》的谈判工作从1999年10月在维也纳展开，2001年5月该议定书在联合国纽约总部开放，供各国签署，2005年7月正式生效成为全球层次上关于小武器的第一项具有法律约束力的国际法文件。当然由于《枪支议定书》是作为联合国反跨国犯罪公约的一部分进行谈判的，因此它的限制范围相对比较狭隘，主要集中于小武器和轻武器的非法制造和贩

① 1997年12月14日，美洲国家组织成员国签署《美洲国家禁止非法制造和贩运火器、弹药、爆炸物及其他相关材料公约》，它是第一份关于小武器的法律约束性文件。欧盟地区内形成了《欧盟行为标准》、《欧盟关于小武器的联合行动纲领》和《欧安组织关于小武器和轻武器文件》三份涉及小武器的重要文件。非洲地区内页形成了关于小武器的《巴马科宣言》、《内罗毕宣言》和《南部非洲发展共同体协议》三个重要的政治和法律约束性文件。这些地区内关于小武器议题协议的发展，推进了国际体系层次上小武器相关机制的建立。参见：Graduate Institute of International Studies Geneva, *Small Arms Survey 2002: Counting the Human Cost*, Oxford: New York: Oxford University Press, 2002, p.210; 黄超:《说服战略与国际规范传播：以地雷规范和小武器规范为例》，外交学院博士论文，2009年，第98—101页。

② 该议定书的英文全称为：The Protocol Against the Illicit Manufacturing of and Trafficking in Firearms, Their Parts and Components and Ammunition, Supplementing the United Nations Convention Against Transnational Organized Crime。

运的标识和记录保存方面。

2.《行动纲领》

1999年12月15日联合国大会决定于2001年6月/7月召开联合国小武器和轻武器非法贸易各方面问题大会。2001年7月9日至20日，联合国轻小武器会议在纽约举行，会议共进行了10次全体会议和23次非正式会议，最终形成了《从各个方面防止、打击和根除小武器和轻武器非法贸易的行动纲领》(简称《行动纲领》)。[①]

《行动纲领》强调小武器和轻武器非法制造、转移和流通及其在世界许多地区的过量囤积和不受控制的扩散，造成了广泛的人道主义和社会经济后果，对个人、地方、国家、区域和国际各级的和平、安全、保障、稳定和可持续发展构成了严重威胁。《行动纲领》旨在遏制非法小武器和轻武器的扩散，从国家、地区和国际三个层面制定了比较可行的目标和措施，包括制定、通过和加强有关小武器和轻武器的制造、进出口、转让等有关问题的国内法律，协助把小武器非法贸易定为犯罪；设立国家协调机制和国家联络点；制定有关小武器标识、记录的有效机制；销毁被没收、缴获的所有小武器和轻武器；加强区域内海关合作和执法、边防和海关管制机构间的情报交流；鼓励在处理小武器和轻武器非法贸易各方面问题的工作上进行协调、相互补充和发挥协同作用，在必要时提供技术和财政援助；鼓励会员国就行动纲领的执行情况提交国别报告，以便对各国打击非法小武器和轻武器的进展情况进行评估。总的来说，《行动纲领》谋求制定遏制小武器和轻武器的非法贸易、非法制造和贩运的各项国际措施，并鼓励为此目的的相互合作。同时，《行动纲领》还提出了召开双年度会议和审议会议、就识别和追查非法轻小武器、打击非法中介活动开展研究等一系列后续行动。目前，国际社会在落实《行动纲领》方面取得重要成果，《行动纲领》有关后续行动建议也逐步付诸实施，分别于2003年、2005年、2008年、2010年召开四次双年度会议、2006年举行了审议大会，全面

① 该行动纲领的英文全称是：Program of Action to Prevent, Combat and Eradicate the Illicit Trade in Small Arms and Light Weapons in All Its Aspects.

审议了《行动纲领》的落实情况。《行动纲领》的达成，实现了国际社会第一份有关打击小武器非法贸易的政治性文件，它对各国在此方面的努力具有重要指导意义。

总的来说，《枪支议定书》和《行动纲领》的相继达成，为解决小武器和轻武器问题提供了法律和政策依据，开启了国际社会打击小武器非法贸易的新进程。

3.《识别与追查非法小武器国际文书》

在《行动纲领》中，各国确认追踪非法小武器和轻武器是全球应付此类武器所构成的威胁的关键手段，并做出了在此方面加强合作的承诺。2004年，联合国启动“识别与追查非法小武器”国际文书谈判工作，成为打击非法小武器多边合作进程的新起点。2006年联大通过了《使各国能及时可靠地查明和追踪非法小武器和轻武器的国际文书》(简称《识别与追查非法小武器国际文书》)，它对追踪小武器和轻武器的标识、记录和国际合作问题提出了若干要求，是落实联合国小武器《行动纲领》的一个重要步骤，也是国际社会打击小武器非法贸易取得的重要进展。

该文书概述了小武器和轻武器的标识、记录和合作追查方面的一些要求。按照这些条款的规定，各国要致力于在制造时对所有小武器和轻武器进行标识，采取必要措施确保政府武装部队和保安部队持有的自用小武器和轻武器均有适当的标识；确保为其境内的所有带有标识的小武器和轻武器建立准确和详细的记录，并按照其他国家的要求及时和可靠地追查非法小武器和轻武器。具体包括：为识别和追查非法小武器和轻武器，各国将规定在其管辖或控制范围内生产的每一件小武器或轻武器，在生产过程中打上标示生产厂家名称、生产国和序号的独特标识或数字代码等标识，以方便各国识别生产国；规定尽可能在每一件进口小武器或轻武器上打上适当的简单标识，以便识别进口国和在可能的情况下识别进口年份；在确保永久转为民用的政府库存小武器或轻武器，在转让时没有可予追查标识的，将打上适当标识；在本国境内查获的所有非法小武器和轻武器尽快打上独特标识等。在记录方面，各国要确保为其境内的所有带有标识的小武器和轻武器建立准确和详细的记录，以便国内主管当局能够及时和可靠地追查非法小武器和轻武器，同时这种记录将尽可能无限期保留。在合作追查方面，文书规定各国可以针对在其领土管辖范围内查获的非法小武器和轻武器发出追查清查，规定各国将对他国的追查清查作出迅速、及时和可靠的回复。

（二）中国参与轻小武器国际控制机制的实践进程分析

中国以建设性态度积极参与了相关大会的筹备和文书谈判工作，并按照相关文书要求积极改善国家立法、机构和能力建设，在小武器出口、标识、记录保存等多方面认真遵约。

1. 中国积极参与相关机制的谈判，促进机制形成

中国一贯重视和支持国际社会打击轻小武器非法贸易的努力，支持联合国框架内的相关工作，积极参与了《枪支议定书》的谈判工作，并于2002年12月签署了《枪支议定书》，成为该议定书第46个签署国，表明了中国积极参与国际合作、打击非法小武器贸易的决心。同时，中国还以建设性姿态参加了2001年联合国轻小武器大会以及其后续的四届落实《行动纲领》的双年度会议和2006年的审议大会，并于2003年开始就落实《行动纲领》向联合国提交国家报告，介绍中国落实《行动纲领》的进展情况。① 同时，从2002年起中国派专家参加“联合国识别和追查非法小武器政府专家组”的工作，并在2004年6月、2005年1月和2005年6月举行的三届实质性会议上对文书的性质、草案做了发言，为《识别与追查非法轻小武器国际文书》的谈判缔结发挥了建设性作用。②

---

① 自2001年《行动纲领》形成以来，中国迄今共向联合国提交6次国家报告（分别是2003年、2004年、2005年、2007年、2008年、2010年），是亚太地区乃至全球提交国家报告次数最多国家之一。Sarah Parker, “Analysis of National Reports: Implementation of the UN Programme of Action on Small Arms and the International Tracing Instrument in 2009-2010”, p.21。

② 《中国代表团在“识别和追查非法小武器”国际文书谈判工作组一期会上的发言》,（2004年6月14日，纽约），中国外交部网站，http://www.fmprc.gov.cn/chn/gxh/zlb/ldzyjh/t272555.htm，2010年8月30日访问。

2. 中国参与轻小武器国际控制机制的遵约实践

中国积极落实《枪支议定书》、《行动纲领》和《识别与追查非法轻小武器国际文书》等相关机制，在立法、国家机构和能力建设、国际交流与合作等方面认真遵约。

（1）在国家层面

建立国家联络点

2001年12月，按照《行动纲领》的要求，中国政府确定外交部军控司为落实《行动纲领》的国家联络点，要求该机构协调国内相关部门工作，推动签署《枪支议定书》，组织有关部门按照《行动纲领》和《枪支议定书》要求完善枪支标识和记录保存体系，以及向联合国裁军部提供关于中国小武器方面的法律和行政法规相关信息等。

立法方面

20世纪90年代中国政府先后颁布了《中华人民共和国枪支管理办法》、《中华人民共和国民兵武器装备管理条例》、《中华人民共和国枪支管理法》和《中华人民共和国军品出口管理条例》等法律、法规，对枪支及其他小武器的生产、出口、运输等做出了详细规定。

在签署《枪支议定书》和参与《行动纲领》后，中国进一步制定和完善法律法规以积极落实相关文书。2002年10月15日中国对《军品出口管理条例》进行修订，并于11月1日颁布了新制定的《军品出口管理清单》，对包括小武器在内的所有常规武器的出口规定了更加严格和明确的管理措施。[①] 同时，2002年12月26日中国政府颁布了《中国人民解放军武器装备管理条例》、2004年9月24日颁布了《民兵武器装备仓库管理暂行规定》对武器的调配、使用和保管进行了进一步的明确规定。目前，中国政府正根据枪支管理工作面临的新形势，进一步研究修订《枪支管理法》的相关问题。[②]

当前中国关于小武器各方面的立法主要有：

---

① 《中国代表团团长胡小迪大使在联合国首届小武器双年度大会上的发言》(2003年7月7月)，中国外交部网站，http://www.fmprc.gov.cn/chn/pds/ziliao/zyjh/t26391.htm，2010年8月30日访问。

② Sarah Parker, “National Implementation of the United Nation Small Arms Programme of Action and the International Tracing Instrument: An Analysis of Reporting in 2009-2010”, p.36.

	法律 / 行政法规	相关规定
生产	《中华人民共和国枪支管理法》（1996年）	第三章就公务用枪和民用枪支的制造进行规定。
配备	《中华人民共和国枪支管理法》（1996年）	第二章规定了公务用枪和民用枪支的配备或配置范围，配备公务用枪的审批及发证权限，配置民用枪支的审核及发证程序。
配备	《公安机关公务用枪管理使用规定》（1999年）	第三章规定了配备枪支单位在枪支管理方面的具体职责。 第四章规定了佩带、使用枪支的人民警察的条件与职责。
配备	《中华人民共和国民兵武器装备管理条例》（1995年）	第三章规定了民兵武器装备的配备、调整的范围和权限。
使用	《中华人民共和国枪支管理法》（1996年）	第四章对枪支的使用进行了规定。
使用	《公安机关公务用枪管理使用规定》（1999年）	第五章对公务用枪的使用进行了限制性规定。 第六章对公务用枪的保管办法进行了规定。
使用	《中华人民共和国民兵武器装备管理条例》（1995年）	民兵武器、弹药实行持枪证和持枪通行证制度。 第四章第26条至第35条就民兵武器、弹药的使用进行了具体规定。
使用	《中华人民解放军武器装备管理条例》（2002年）	有关章节对部队武器调配、动用、使用、保管等进行了规定。
出口	《中华人民共和国军品出口管理条例》（1997年颁布，2002年修订）	有关章节对出口控制进行了详细规定。
出口	《军品出口管理清单》（2002年）	有关章节对出口控制进行了详细规定。
运输	《中华人民共和国枪支管理法》（1996年）	第五章规定了枪支运输许可证的审批、枪支运输方式。 第六章规定枪支出、入境的审批程序。

收缴和销毁方面

中国依法严厉打击涉枪犯罪，对非法枪支和报废枪械一律收缴并按照规定销毁。1996年以来，中国公安机关先后在全国范围内开展了收缴非法枪支的专项行动，取得显著成效。1996年至2004年，共收缴并销毁400余万支，其中军用枪支3万余支，持枪犯罪率逐年下降。[①]2008年以来，中国公安机关继续在全国范围内开展“治暴缉枪”等专项行动。至2010年3月，共收缴并销毁各类枪支22.3万支，其中制式枪支94256支（军用枪支17685支、小口径枪支7786支、猎枪26319支、气枪42466支，多为报废的废旧枪支），火药枪128907支。[②]

出口管制方面

中国坚决反对非法转让轻小武器，对包括轻小武器在内的军品出口采取慎重、负责的态度，根据国内有关法规和所承担的国际义务实行严格管理。

2002年10月，中国根据形势发展需要和更好地履行《行动纲领》，修订了1997年10月颁布的《军品出口管理条例》，并出台了配套的《军品出口管理清单》，对包括轻小武器在内的常规武器出口进行更加明确的管理。该条例重申了中国在包括小武器在内的常规武器出口方面奉行的三项原则，即有助于接受国的正当防卫能力，不损害有关地区和世界的和平、安全与稳定，不干涉接受国内政。同时，中国还确立了包括出口许可证制度、最终用户制度和最终用途证明制度等一系列与国际接轨的小武器出口管制措施。[③]目前，每年进口至中国的小武器的价值大概是616276美元（2007年），从中国出口的小武器和弹药的价值是5200000美元。[④]

标识

中国小武器的标识包含了型号、生产厂代号、生产批次、生产年号等信息，可以保证中国主管部门识别并追查每一件小武器。在签署

---

① 中国政府落实联合国小武器《行动纲领》国家报告（2005年），第8页。http://www.un-casa.org/CASACountryProfile/PoANationalReports/2005@42@PoA-China-2005-C.pdf。

② 《中国政府落实联合国轻小武器〈行动纲领〉和〈识别与追查非法轻小武器国际文书〉国家报告》（2010年），第12页。http://www.un-casa.org/CASACountryProfile/PoANationalReports/2010@42@PoA-China-2010-C.pdf。

③ Sarah Parker, “National Implementation of the United Nation Small Arms Programme of Action and the International Tracing Instrument: An Analysis of Reporting in 2009-2010”, p.38.

④ China-Gun Facts, Figures and Law, http://gunpolicy.org/firearms/region/china，2010年8月30日访问。

《枪支议定书》和参与《行动纲领》之后，中国积极考虑按《枪支议定书》和《行动纲领》有关要求进一步完善标识体系，如修改相关的标准、增加国别代码、研制防伪工艺等，以便使中国生产的小武器更加易于识别和追查。

2007年8月，中国有关主管部门颁布了新的《国家军用标准——轻武器标志细则》。该细则规定小武器、备/附件及其包装容器的标识内容、模式、位置和制作要求，符合《枪支议定书》和《识别与追查非法小武器国际文书》的相关要求。根据该细则，中国生产的每件轻小武器都打印有独特标识，包含国家代码、轻小武器代号、工厂代号、生产年份代号、生产序号；进（出）口轻小武器都必须打印进（出）口国家代码和进（出）口年份标识；同时细则规定轻小武器的标识应打印在明显易见、不易磨损处，一般打印在武器的基本部件上，并且标识的耐久性应大于轻小武器的储存和使用寿命。①2008年、2010年中国提交的落实《行动纲领》和《文书》国家报告都在附录中对中国小武器及其包装容器的标识模式做了详细的图例说明。

记录保存

在记录保存方面，中国逐步建立了完善的小武器记录保存制度。小武器的生产厂家和贸易公司对其生产或转让的小武器都有详细的记录，并长期保存。从生产厂家到最终用户之间的各个环节，都有较完备的记录和保存体制，基本上做到有案可查，不少企业还建立了专门的电脑管理系统。

在签署《枪支议定书》和参与《行动纲领》后，中国按照其相关规定积极研究建立全国范围内的小武器生产、持有和贸易数据库。自2006年5月起，中国各军贸公司出口小武器时必须向军品出口主管部门登记进口国、最终用户、发货人、承运人、运输工具及航次、运输

① 《中国政府落实联合国小武器〈行动纲领〉和〈识别与追查非法小武器国际文书〉国家报告》(2008年)，第4页。http://www.un-casa.org/CASACountryProfile/PoANationalReports/2008@42@China(C)%202008.pdf。在2010年各国向联合国提交的国家报告中，19个国家强调轻小武器必须打印出口国家标识，9个国家强调要打印出口时间，12个国家强调打印出口系列号，17个国家强调打印出口商。中国自2001年就对这些标识方面做出了详细的规定。Sarah Parker, “National Implementation of the United Nation Small Arms Programme of Action and the International Tracing Instrument: An Analysis of Reporting in 2009-2010”, pp.55-56。

单据、产品型号、数量及标识编号等详细信息，由出口主管部门统一长期保存。至2007年中国公安机关建成涵盖全国的“枪支管理信息系统”，并在全国范围内投入使用。该系统记录了全国所有公务用枪和民用枪支的信息及持有人信息，可通过一系列配套管理措施，对公务用枪和民用枪支进行有效管理。①

库存

中国对小武器库存采取严格和规范的管理措施，并为此制定了一系列法律、法规和行政规定。《中华人民共和国枪支管理法》、《中国人民解放军武器装备管理条例》、《中华人民共和国公安机关公务用枪管理使用规定》、《中华人民共和国民兵武器装备管理条例》、《中华人民共和国民兵武器装备仓库管理暂行规定》等法律法规从不同层面、对不同用途的枪支规定了库存管理办法，并对违反库存管理规定，玩忽职守等行为制定了严厉的处罚措施。②

总的来说，自中国参与小武器控制机制以来，中国进一步修改、建立和完善了相关法律、法规，在小武器生产和转让方面制定了严格的法律和行政管理措施，加强了对小武器生产、标识、进出口等多方面的立法措施，推进了小武器领域内工作的法制化、规范化。

（2）在国际和地区层面

中国积极支持和参与打击小武器非法贸易的国际合作与援助，参加了相关联合国会议和有关国际、地区研讨会，与各国交流在打击小武器非法贸易方面的政策和经验，同时积极参与国际援助。

国际交流与合作

中国多次派人参加小武器问题有关国际和地区研讨会，与其他国家和国际组织代表交流经验。2002年1月，中国出席了在日本东京举行的小武器大会后续研讨会，就联合国小武器大会《行动纲领》的作用问题做了主旨发言，阐述了中国政府在此问题的立场。2002年7月，

---

① 《中国政府落实联合国小武器〈行动纲领〉和〈识别与追查非法小武器国际文书〉国家报告》（2008年），第4页。

② 《中国代表团在第三届联合国小武器问题双年度会议上关于库存管理与过剩库存处理问题的发言》，中国外交部网站，http://www.fmprc.gov.cn/chn/gxh/mtb/sjhd/t479251.htm，2010年8月30日访问。

中国参加了在菲律宾马尼拉召开的落实《行动纲领》区域研讨会，就如何推动本地区落实《行动纲领》进行交流。2003年1月，中国出席了在英国伦敦召开的小武器出口控制研讨会。2003年2月，中国出席了在印尼巴厘岛举行的小武器区域研讨会，就“进出口许可制度和标识”问题发言，全面介绍了中国在小武器生产和转让方面的做法，以及中国的小武器出口许可制度和标识情况。2003年4月，中国出席了由挪威和荷兰在奥斯陆联合举办的有关小武器中间商问题的国际研讨会。2005年4月，中国与联合国、日本及瑞士在北京联合举办小武器问题国际研讨会，就如何应对打击小武器非法贸易面临的挑战、推动《行动纲领》的落实、“识别和追查非法小武器”谈判、中间商等问题进行交流。2010年2月，中国出席了在泰国曼谷举行的“加强国际和地区合作，打击轻小武器非法中介”研讨会。①

同时，中国警察、海关等相关职能部门与外国相应主管部门及有关国际组织保持经常性的业务联系。② 中国警方与国际刑警组织和有关国家警方就追查小武器开展了良好的合作。

国际援助

2003年，中国政府向联合国裁军信息化项目信托基金捐款1万美元，用于联合国有关处理小武器问题的努力。③2005年，中国通过中国——美洲国家组织合作基金向美洲国家组织捐款21800美元，用于资助美洲地区召开禁止非法贩运枪支会议。④ 同时，中国政府认真履行中非合作论坛2006年北京峰会通过的《北京行动计划》相关承诺，继续支持并参与非洲打击轻小武器非法贸易的努力，在力所能及的范围内提供资金、物质援助以及相关培训。⑤

---

① 《中国政府落实联合国轻小武器〈行动纲领〉和〈识别与追查非法轻小武器国际文书〉国际报告》(2010年)，第17页。

② 《中国常驻联合国副代表张义山大使在联合国小武器〈行动纲领〉审议大会筹委会一般性辩论上的发言》。

③ 《中国政府落实联合国小武器〈行动纲领〉国家报告》(2005年)，第13页。

④ 《中国政府落实联合国小武器〈行动纲领〉国家报告》(2005年)，第14页。

⑤ 《中国政府落实联合国小武器〈行动纲领〉和〈识别与追查非法小武器国际文书〉国际报告》(2008年)，第6页。

三、结语

本章描述了中国参与地雷和轻小武器国际控制机制的进程，概述了中国在地雷与轻小武器国际控制机制的遵约实践，分析了中国的立场和态度的变化：

第一，中国对地雷和轻小武器国际控制机制的积极参与，使国际机制内含的规范和规则导入中国的国内政治进程中，实现了国际规范的国内化。为履行这些机制规范和规则的法律强制性义务或政治政策性义务，中国在机构设置、国内立法、法律实施和行为实践等各个方面作出了积极的努力，由对机制的程序性遵约向实质性遵约发展，在多数方面都表现出良好的遵约记录。

在参与地雷控制机制中，中国事实上停止了各类杀伤人员地雷的出口，停止了没有自毁装置杀伤人员地雷的生产，销毁了大量不符合机制要求的老旧杀伤人员地雷，基本清除了国内雷患，并且积极向有雷患的国家提供帮助，同时还制定了一系列符合机制要求的规章和标准，不断深化国内立法。

在参与轻小武器控制中，中国确立了外交部军控司为国家落实相关机制的国家联络点，进一步颁布了《军品出口管理清单》、《中国人民解放军武器装备管理条例》、《民兵武器装备仓库管理暂行规定》和《国家军用标准——轻武器标识细则》等新的法律法规，修订了《军品出口管理条例》，定期就落实《行动纲领》和《识别与追查非法小武器国际文书》提交国家报告，从而确保对轻小武器控制机制的全面和实质性遵约。

第二，中国参与地雷和小武器国际控制机制的过程本身就是一个实践的互动过程，在这一互动过程中，中国的立场和态度随着话语实践和遵约实践的深化而发生变化。在参与地雷控制机制中，中国的立场由保留性支持《地雷议定书》发展到积极支持和落实《修订的地雷议定书》，由强调坚持保留使用地雷的权利发展到认同全面禁雷的宗旨和目标；在参与小武器控制机制中，中国政府建设性参加相关机制的形成过程，积极倡导打击轻小武器非法贸易的理念，不断推进中国形成新的认知剧本，促成相关立场和态度的深化，推动新的实践进程。

第三、在参与实践过程中，中国参与具体机制的程度不同。这种不同与参与实践发生的环境不同，也就是不同的条约、规则的性质和机制内容构成了不同的参与实践环境，国内制度对不同环境的反应形成了不同认知剧本，构成了不同的实践行为和结果。国际机制对国家来说代表一种挑战，它在确认国家主权的同时也限制国家主权。对于任何一个国家来说，参与机制都意味着考虑成为机制成员国对主权的收益与机制对主权的限制两个方面的因素。而分析这一因素的关键在于参与机制、条约性质，关键问题在于这种参与在实现国家利益和重塑国家身份的同时，也代表了一种责任，反映了对规范的尊重。① 具体来看，在地雷控制机制中中国参与《修订的地雷议定书》的程度明显比参与《渥太华禁雷公约》的程度深，中国已经批准《修订的地雷议定书》，并且严格按照其要求进行履约，但是仍没有签署和批准《渥太华禁雷公约》，虽然它认同《渥太华禁雷公约》的目标和宗旨。这主要是由于《渥太华禁雷公约》要求“无保留、无例外、无漏洞”地绝对禁止地雷的内容对中国的主权和国防安全的极大限制相关。在轻小武器控制中，《行动纲领》和《识别与追查非法轻小武器国际文书》是政策性文件，它号召国家提交遵约的国家报告，但是没有强制性，而《枪支议定书》作为法律条约，需要签署、批准，对国家具有法律强制性义务，两种机制的性质不同。中国积极参与《行动纲领》和《识别与追查非法轻小武器国际文书》的谈判和审议大会，积极提交国家报告，公布遵守相关机制的状况，而对于具有法律强制性的《枪支议定书》中国的态度和行为则有迟疑。

随着全球化和信息化的不断发展，国际安全形势发生了巨大的变化，国际制度不断深入到政治、经济、社会和文化等各个领域，中国

① Ann Kent, “China’s International Socialization: The Role of International Organizations”, *Global Governance*, Vol.8, No.3, 2002, pp.343-344.

的参与实践也不断向深度和广度发展。总的说来，中国参与国际体系的实践是一种政治参与事件，是一种相互影响、相互学习和相互依赖的日常发生的实践活动。中国参与国际体系的实践，是国内政治选择的结果，是中国愿意接受国际体系规范和影响，寻求在体系中发展的自主行为。中国和平发展的战略推动了中国寻求弥合与国际军备控制机制的差距，通过加入和遵约的实践行为体现了中国负责任的大国身份和形象。在中国与地雷和轻小武器国际机制的互动中，实践特性以中国的适度参与、践行规范、严格遵约为主要特征。因此，中国的和平发展战略，保证了中国在国际体系中的政治参与行为不断带来了积极互动的结果，形成了不断深化的积极的主体间认同。中国在地雷和轻小武器领域的参与实践，证明了这一点。

第9章

中国参与世界卫生组织的实践分析

林民旺[①]

世界卫生组织（WHO）作为联合国下属的专门机构之一，是国际最大的公共卫生组织，也是全球公共卫生治理中最具权威性的机构。世界卫生组织在成立之初就明确其宗旨，是使全世界人民获得尽可能高水平的健康——“健康”的定义为“身体、精神及社会生活中的完美状态”。世界卫生组织的主要职能包括：促进流行病和地方病的防治；提供和改进公共卫生、疾病医疗和有关事项的教学与训练；推动确定生物制品的国际标准。自1948年4月7日成立以来，世界卫生组织在全球防治鼠疫、天花等传染病方面发挥着至关重要的作用，并且它还积极推动成员国提高卫生保健水平，推广药品、诊断方法等方面的标准化，倡导卫生健康的生活方式，积极促进国家与世界卫生组织以及国家之间的医疗合作。

中国是世界卫生组织的创始国之一。然而，新中国成立之后，蒋介石政权占据着联合国及世界卫生组织的席位，给中国加入世界卫生组织造成了根本性的障碍。1971年联合国恢复了中华人民共和国的席位之后，于1972年5月的第25届世界卫生大会上通过决议，恢复了中

① 林民旺 外交学院国际关系研究所副教授，博士。

国在世界卫生组织的合法席位。此后，中国与世界卫生组织进行了良好的互动，取得了重要的成绩。在实践过程中，中国逐步改变了自己的认知，积极地参与世界卫生组织活动并有所作为。同样，在这一过程中，世界卫生组织对中国的身份和认知也发生了重大变化，从形式承认发展到实质性承认和主体价值的承认。

本章将从实践的视角对中国参与世界卫生组织的进程进行分析，以观察这一过程中实践是如何导致双方认知的变化，进而带来彼此关系的变化，以此理解中国与国际体系关系的变迁。这一分析更深层的目的在于，更好地把握未来中国与世界的关系。本章将分为五个部分进行阐述。第一部分是对本书第1章理论框架的发展，亦即阐述如何采取实践视角来分析中国与世界卫生组织的关系变化，作者选择实践视角下的身份追求（本体安全）来理解中国的行为变化。第二部分着重分析1949年至1971年间，中国如何在追求世界卫生组织承认的过程中受挫，进而将其看作是“帝国主义的工具”；第三部分探讨1972年至1978年间，当中国得到形式上的承认后，如何将世界卫生组织作为“外交斗争的舞台”，以维持既有的国家身份；第四部分探讨1979年至2002年间，当中国重新定位自我身份之后，如何与世界卫生组织展开积极的合作；第五部分探讨2003年“非典”事件爆发之后，中国基于对自我的负责任大国的身份认同，与世界卫生组织发展为“战略合作伙伴”。最后是全章的总结。

一、实践视角下的身份焦虑

社会实践理论是社会科学研究者用于研究不同社会中的个人如何被社会结构所塑造，以及他们如何塑造出社会结构的分析框架。[①] 这一理论的出发点是要摆脱传统分析框架中的各种对立：主观主义 VS 客观

① 维基百科，social practice theory，见http://en.wikipedia.org/wiki/Social_Theory_and_Practice，2011年12月25日访问。

主义、个人VS社会、能动性VS结构、自由意志VS决定论。在主观主义的分析框架中，分析者是站在“局内人”的立场来看待社会世界，而客观主义的分析框架则站在“局外人”的角度来看待社会世界。为了打破这种对立，社会学家布尔迪厄、吉登斯等人分别提出了自己的实践理论。在布尔迪厄看来，实践具有以下三个明确特征：（1）实践不仅具有空间性和时间性，同时还具有暂存性。暂存性是实践的关键特征；（2）实践具有模糊性、盲目性和不确定性。实践并非是全然有意识的；（3）实践的策略性，亦即行动者都有着目标和兴趣。[①] 无疑，将这样的实践视角引入传统的分析框架中，将大大有助于避免主观主义理论对于个人选择上的完全意识（行为选择上的理性逻辑或者适当性逻辑），也能够避免结构主义下个人选择的决定论色彩。

国际关系研究同样受制于这样的二元对立理论。以结构现实主义、新自由制度主义和温和建构主义为代表的主流理论采取了结构主义的视角，而后实证主义理论则更多地采取主观主义的理论框架。正是在这样的理论背景下，建构主义者从布尔迪厄、吉登斯的理论中发现了实践的重要性，出现了国际关系研究中的“实践转向”，[②] 意图以社会实践视角来弥合理论的两极对立。实践理论假定了国际体系的规范性，亦即道德与伦理的维度。因而，默文·弗罗斯特（Mervyn Frost）认为，作为国际社会的行为体（actor）就是成为了社会实践中的一个参与者（participant）。在社会实践中，参与者必须承认一整套明示规则的存在：（1）谁有资格成为参与者；（2）哪些行为是不符合参与者身份的，进而可能导致其被排除出这一实践过程；（3）对合格的参与者而言，存在多大范围的行为选择？（4）什么行为在实践中是明确不允许的？（5）什么程序是改变实践规则恰当性的；（6）轻视（蔑视）规则的参与者该如何对待？（7）如何对参与者之间的互动历史进行道德评估。[③] 以外交

---

① 侯钧生主编：《西方社会学理论教程》，天津：南开大学出版社，2004年版，第355—356页。

② 朱立群、聂文娟：《国际关系理论研究的“实践转向”》，载《世界经济与政治》2010年第8期，第98—115页。

③ Mervyn Frost, *Global Ethics: Anarchy, Freedom and International Relations*, NewYork: Routledge, 2009, pp.20-21.

为例，为了成为实践的参与者，就需要满足某些标准，并且经由严格的认可程序，遵守相应的游戏规则，否则就可能出局。换言之，只有当参与者通过指涉共同接受的一套游戏规则来为自己行为作出解释和辩护时，才能说他们之间是存在着实践。一个地球人与外星人相遇时，他们只是遭遇（encounting），而非参与共同的社会实践。[①] 理解什么是道德伦理上的恰当行为，这是参与社会实践的前提条件。没有理解这一内在道德和伦理，则可能遭到其他参与者的排斥、讥讽、惩罚和嘲笑。[②]

国际关系中，很明显地存在着至少两种国际实践，一种可以称之为全球市民社会（global civil society），另一种则称之为主权国家社会（society of sovereign states）。[③] 如何将实践理论应用于分析国际实践呢，特别是用于主权国家社会呢？下文选择从吉登斯的本体安全（ontological security）的角度来理解国家的行为——亦即，从实践的心理学维度，如身份焦虑，来探讨国家行为。而所谓的本体安全，指的是个体需要某种确定的身份和认同，维持稳定的“我是谁”的认知心理。[④]

正如生存哲学认为的那样，人必须在一个没有理由、没有规律的世界上自由地确立自己的在世，自己作出决断和选择，自己担负责任，可是我们又没有一个标准可以确证自己的决断、选择、行为、价值等的本真性意义，因此人在世的过程中必然要产生焦虑。[⑤] 如同著名心理学家弗洛姆对人类生理心理成长历程的分析一样，人追求确定性。脐带的被割断意味着婴儿独立于母体，由于受到母亲的照料，这时它还没有自由，但是却拥有安全感和确定性。随着年龄的增长，当他获得越来越多自由的时候，需要开始独自面对这个世界，伴随而来的是孤独和无力感。不确定性越来越多，导致的是无限的畏惧和焦虑感。

---

① Mervyn Frost, *Global Ethics: Anarchy, Freedom and International Relations*, p.24.

② Ibid., p.26.

③ Ibid., p.25.

④ Jennifer Mitzen, Ontological Security in World Politics: State Identity and the Security Dilemma, *European Journal of International Relations*, Vol.12, No.3, 2006, pp.341-370.

⑤ 张志伟、欧阳谦主编:《写给大众的西方哲学》，北京：中国人民大学出版社，2004年版，第159页。

为了消除不确定的焦虑感，他们才需要获得极权主义所能带来的确定性。[①]

吉登斯认为，人的生活需要一定的本体性安全感和信任感，而这种感受得以实现的基本机制是人们生活中习以为常的惯例（routine）。惯例形成于人们的实践中，并能通过实践的重复在人们的意识中促发一种指导人们行为举止的“实践意识”（practical consciousness）。[②] 这种所谓实践意识，指的是行动者在社会生活的具体情境中，无需明言就知道如何“进行”的那些意识。对于这些意识，行动者并不能给出直接的话语表达，[③] 但是它们却能够对行动起制约作用。行为者对自己的所作所为及其缘由的了解，即他们作为行动者所具有的认知能力，大抵都来自实践意识。

社会生活日常活动中的某些心理机制维持着某种信任或本体性安全的感觉，而这些机制的关键正是例行化。那些表面上微不足道的社会生活日常习俗，恰恰主导着对无意识的紧张本源的制约，以免让它过多地困扰我们清醒的生活。[④] 也就是说，可以预见的常规例行行为对本体安全起到了维护的作用。人们乐于接受例行化的活动是基于维持本体安全的心理需求。例行行为的顺利实现不仅对社会实践的再生产、对社会生活的制度化形式的构成至关重要，而且对行动者构成并维持健全的人格机制、维护自我认同起着显著的作用。[⑤]

吉登斯认为，从焦虑的控制机制中可以找到本体性安全的心理根源。普通日常生活中蕴含着某种本体性安全，这种安全体现出可预见的例行活动中行动者在控制身体方面具有的某种自主性。信任的产生是以普遍弥漫的焦虑感为背景的，而控制住这种焦虑感则是人的行为

① （美）埃里希·弗洛姆：《逃避自由》（刘林海译），北京：国际文化出版公司，2002年版。

② （英）安东尼·吉登斯：《社会的构成》，北京：生活·读书·新知三联书店，1998年版，译序第8页。所谓“习惯的逻辑”指的就是习惯在实践中的重要作用。见 Ted Hopf, The Logic of Habit in International Relations, in *European Journal of International Relations*, Vol.16, No.4, 2010, pp.539-561.

③ （英）安东尼·吉登斯：《社会的构成》，第42页。

④ （英）安东尼·吉登斯：《社会的构成》，第43页。

⑤ 杨善华、谢立中：《西方社会学理论》（下卷），北京：北京大学出版社，2005年版，第96页。

最普遍的动机源泉。[①] 当生活中的例行常规被扰乱，并且遭到持续不断的蓄意攻击，从而引发了某种高度的焦虑，“剥离”了与身体控制的安全感和社会生活的某种可预期框架联系在一起的社会化反应。在行为模式的不断退化中体现出焦虑的突然高涨，由于无法信任他人，以这种信任为基础的基本安全系统也就受到了威胁。[②] 在紧要情境下——“紧要情境（critical situation）”是指发生不可预见的剧烈断裂的情境，影响到为数可观的个体，威胁乃至破坏了制度化例行活动的确定性[③]——基本安全系统无法充分地遏制焦虑，以防止焦虑“浸没”习惯性活动方式。[④] 因而，紧要情境能够直接引发身份的焦虑。原因在于，可预见性、连续性、同一性（sameness）能够提供了某种基本的自我认同感。耻辱感或自我怀疑的情感则是身份焦虑的体现。

国家也追求确定性。国家的社会行为也是为了满足自我身份的需要，即便这些行为可能危害到它们的物理存在。[⑤] 国家之所以寻求本体安全，是因为它们希望保持一致的自我概念。当自我认同感紊乱时，国家总是力图寻求重建自我。换言之，“我是谁”对于国家而言也是至关重要的。当国家的内部身份与外部认可的身份相一致，则获得本体安全的感觉。而当二者不相匹配，则导致的是本体安全的丧失，带来的是身份的焦虑。按照本书理论框架的总结，国际体系对中国国际地位和身份存在三种承认形式：形式承认、分配承认和主体价值承认。形式的承认也可以称作代表权成员，承认的是成员国地位。这种承认是一种有限的承认，因为在承认他者进入体系的同时，并不承认他者具有与自身同样的权利和尊严。分配承认是物质利益交往中的实质性承认，体现在国际制度中则主要是指对具有分配意义的投票权和在制度中地位的承认，反映的是利益实现的程度。价值承认是主体间的实质性承认，排除了异己的功利关系，以交往为前提，并超越交往，直

---

① （英）安东尼·吉登斯:《社会的构成》，第124页。

② （英）安东尼·吉登斯:《社会的构成》，第137页。

③ （英）安东尼·吉登斯:《社会的构成》，第134页。

④ （英）安东尼·吉登斯:《社会的构成》，第138页。

⑤ Brent J. Steele, *Ontological Security in International Relations*, NewYork: Routledge, 2008, pp.2-3.

指社会正义。它是在尊严、平等、尊重基础上的承认。体现在国际制度中的价值承认，应该是基于平等基础上的话语、规则、议程权力的承认。[①] 三种不同的身份承认则意味着不一样的身份焦虑。国家总是力图在持续的实践中寻求本体安全的实现。

对于近代的中国而言，身份的焦虑一直是影响中国国际行为的最重要的因素之一。国际关系学界将建设“中国学派”的核心问题界定为中国如何融入体系，[②] 也深刻地反映出中国与国际体系的关系中存在着普遍的身份焦虑。从马嘎尔尼使华开始，中国与西方体系开始正式遭遇之后，西方列强通过武力的方式将中国沦为半殖民地、半封建的社会。直到新中国成立，中西关系才有了新的变化，中国开始积极追求与西方大国平等的地位，要求平等而体面地加入全球体系，但却屡屡受挫，一直焦虑地追求着自己的身份。下文从话语分析的路径来分析中国与WHO的实践过程，以此观察中国的身份焦虑如何影响其行为。

二、为形式承认而斗争（1949—1978年）

新中国成立以来，中国就试图平等地融入世界体系。但是，由于冷战的影响，中国在加入世界体系的过程中受到重大的挫折，因此更加坚定地转向社会主义体系，将自己界定为西方体系的反对者，第三世界国家的同情者、支持者。直到1978年党的十一届三中全会以来，中国与国际体系的关系才进入了新的阶段。

新中国成立之初曾致电联合国，要求联合国“据联合国宪章的原则与精神，立即取消‘中国国民政府代表团’继续代表中国人民参加联合国的一切权利”。然而，这一正当要求却受到了美国的阻扰，而朝鲜战争的爆发使中国重返联合国的可能变得几乎不再可能。[③] 1951年2

① 见本书第一章，亦可参见（德）阿克塞尔·霍耐特：《为承认而斗争》（胡继华译），上海世纪出版集团，2005年版。

② 秦亚青：《国际关系理论的核心问题与中国学派的生成》，载《中国社会科学》2005年第3期。

③ 本书第五章《中国重返联合国的实践进程》对此进行了深入的探讨。

月，联合国通过了美国提出的指责新中国是朝鲜的“侵略者”的决议；1951年5月18日，联合国大会进一步通过了美国提出的要求所有联合国会员国对新中国和朝鲜实行禁运的决议。自此，联合国就逐渐与新中国形成了对立的身份关系。作为联合国专门机构的世界卫生组织与中国的关系也就被纳入到联合国与中国的关系结构中来理解了，中国将世界卫生组织界定为“美帝国主义的工具”。

1952年3月25日，《人民日报》就美国否认朝鲜战争中使用细菌战一事发表评论。从中可以看出世界卫生组织同联合国一样，被看作是“美帝国主义的工具”。评论是这样的：

> 这个所谓“世界卫生组织”乃是“联合国”的一个专门机构，而这个“联合国”组织早已经成为美国的侵略工具。这个所谓“联合国”组织下的“专门机构”“世界卫生组织”，它和“联合国”名下的其他许多机构一样，是由美国侵略者所完全掌握的。它是一个以“促进人类健康”为名，其实是为美帝国主义进行罪恶活动的谍报性机构。它并没有采取任何步骤来促进什么人类的健康，而是收集和研究各国公共卫生措施、药品制造及医药供应等情报。事实上，这个假冒为善的美国御用机关早就露出了仇视中国人民的凶恶面目。一九五一年三月以来，它所管辖的新加坡疫情站曾四次发表捏造我国“疫情”的通告，荒谬地宣布我国全部港口为“疫港”。[①]

同样，1952年4月8日的《人民日报》也对世界卫生组织及其做法进行了批判。

> 赖伊所提出的“世界卫生组织”究竟是一个什么东西呢？这个“世界卫生组织”正是已经成为美国的侵略工具的联合国的一个专门机构。”就“世界卫生组织”本身来说，它的前身是遗臭万年的“国际联

① 《艾奇逊抵赖不了美国细菌战罪行　新华社再次揭穿“红十字国际委员会”和“世界卫生组织”的假面具》，载《人民日报》1952年3月25日，第1版。

盟”的卫生部，并且继承了“联合国救济复兴总署”（简称“联总”）的卫生处的一部分工作。“国际联盟”是帝国主义的侵略工具，已经盖棺论定。至于“联总”的罪恶史，中国人民也记忆犹新。“联总”中国分署在其整个存在时期，实际上就是美帝国主义的侵华机关，也是资助蒋介石匪帮进行反人民的战争的输血管，而当时中国解放区的人民基本上没有获得所谓救济物资。现在的“世界卫生组织”本质上和它的前身一模一样，是一个以“卫生”为名义，进行间谍性活动的美国操纵下的组织。苏联、保加利亚等国家早因不满它的罪恶活动，从一九四九年起纷纷宣告退出。此后这个组织即被美国肆无忌惮地用来煽动战争歇斯底里和鼓吹细菌战。它的敌视中国人民的丑恶面目，也早就暴露出来了。在一九五一年三月，为了支持美国对中国的禁运，“世界卫生组织”所管辖的新加坡疫情站曾先后四次捏造我国“疫情”的通报，荒唐无稽地宣布我国全部港口为“疫港”。同时，这个组织的加拿大籍主席齐修姆，更是一个臭名昭著的细菌战鼓吹者。他曾在一九四九年九月九日发表演说，争辩什么细菌武器比原子武器优越。①

明显可以看出，世界卫生组织被中国看作是以“卫生”为名义进行间谍性活动的美国操纵下的组织，是美国肆无忌惮地用来煽动战争和歇斯底里地鼓吹细菌战的，关键是，它是敌视中国人民的。在这一认知框架下，自然而然，世界卫生组织是不可能得到中国的积极认可。从1949年至1971年间，唯一没有对世界卫生组织进行消极评价是在1955年7月13日第4版的《人民日报》中，关于苏联加入世界卫生组织的报道。该报道未对世界卫生组织的性质作出任何判定：“据塔斯社日内瓦九日讯：最近在联合国经济及社会理事会会议讨论世界社会状况时，苏联代表库米金八日在发言中宣布：苏联本着进一步参加国际医务合作的愿望，决定参加世界卫生组织。”②

① 《赖伊彻头彻尾充当美国帮凶无耻兜售派遣“世界卫生组织”的阴谋建议 妄图掩盖其美国主子进行细菌战滔天罪行》，载《人民日报》1952年4月8日，第1版。

② 《在联合国经济及社会理事会会议上 苏联宣布决定参加世界卫生组织等机构并提出建议要求各大国把军费移用于和平事业》，载《人民日报》1955年7月14日，第4版。

同样，在1967年时，中华人民共和国卫生部就苏联卫生部片面撕毁中苏两国互相免验天花预防接种证书协议和污蔑中国为天花、霍乱疫区的事件，作出了声明。“苏联卫生部还将此事通过美帝国主义的工具联合国世界卫生组织公布于世界各国。”“苏联修正主义领导集团日暮途穷，企图利用这种造谣中伤，利用美帝国主义的工具联合国世界卫生组织，来损害伟大的中华人民共和国的国际威望，完全是痴心妄想。”① 可以看出，对于世界卫生组织作为“美帝国主义工具”的认知框架依然没有发生任何变化。

总而言之，当1949年10月1日毛泽东主席宣布“中国人民站起来了”时，中国的自我身份界定是国际社会中平等的一员，只有中华人民共和国才是代表中国的唯一合法政府，希冀平等地加入国际体系，参与主权国家的社会实践。然而，在两极争霸的历史背景下，作为代表国际体系的联合国，拒绝中国加入，并且在美国的操纵下与中国站到了对立面，这样导致中国的这一内部身份无法与其国际认可之间相匹配，带来了严重的身份焦虑。相反，苏联为代表的社会主义国家积极地承认新中国的合法性，欢迎中国加入社会主义阵营。为了化解这种本体的身份焦虑感，中国转而逐渐将美国为首的西方世界界定为“资本主义世界”，强化自我为反帝、反资的社会主义国家，将自我界定为代表第三世界的力量，是与资本主义和帝国主义坚决斗争的力量。而当中苏关系破裂后，中国的身份焦虑日益加剧。

1971年10月25日，联合国通过了第2758号决议。根据该项决议，联合国大会决定恢复中华人民共和国的一切权利并承认中华人民共和国政府的代表为中国驻联合国唯一合法代表，并立即将蒋介石政府的代表从它在联合国组织及其所属一切机构中所非法占据的席位上驱逐出去。因而在1972年5月14日的世界卫生组织第25届大会中，世界卫生组织大会承认中华人民共和国政府为唯一有资格在世界卫生组织代表中国的政府，决定恢复中华人民共和国的一切权利并承认中华人民

① 《我卫生部最强烈抗议苏修撕毁两国互免天花预防接种证书协议　苏修联美反华蓄意恶化中苏两国关系　竟通过联合国机构恶毒诬蔑我国为“疫区”》，载《人民日报》1967年6月30日，第5版。

共和国政府的代表为中国驻世界卫生组织唯一合法代表，立即把蒋介石的代表从它在世界卫生组织中所非法占据的席位上驱逐出去。

20世纪70年代，西方世界及联合国与世界卫生组织对中国国际身份的形式承认，部分地化解了中国的身份焦虑。然而导致的另一个身份冲突是：为什么作为社会主义的中国与资本主义站在一起呢？消除这一身份焦虑的方式是，我们更强调自己是代表第三世界的力量，而非社会主义的国家身份。从1973年至1978年间中国参与世界卫生组织的活动中可以明显地看出这一点来。因为世界卫生组织是联合国下属的一个专门性组织，并不具有很强的政治性。我们在1973年至1978年的参与实践中，着力强调自己作为第三世界反霸、反强权政治的力量，主要开展的是国际反霸的政治斗争。

1973年5月7日，第26届世界卫生大会在日内瓦开幕，由卫生部副部长黄树则率领的中华人民共和国代表团首次参加大会。黄树则在5月10日的世界卫生大会全体会议上作了发言，指出只有政治上和经济上的完全独立，才能为发展民族卫生事业开辟广阔的道路。① 1973年8月28日，中国首次参加世界卫生组织西太平洋区域委员会会议，中国代表陈海峰首先发言。他强烈反对朗诺卖国集团的代表参加会议。他说："中国代表团认为有必要严正指出，朗诺卖国集团是被柬埔寨人民所唾弃的一小撮民族败类，根本不能代表柬埔寨人民。朗诺卖国集团的代表出席本区域委员会会议，完全是非法的。"他指出，诺罗敦·西哈努克亲王领导下的王国民族团结政府是代表柬埔寨人民的唯一合法政府。陈海峰并指出，越南南方共和临时革命政府是越南南方人民的真正代表。他说，由西贡当局代表单方面出席本届会议，是不适当的。当朗诺卖国集团的代表发言时，陈海峰和中国代表团的所有其他成员退出了会场。②

同样，在随后的参与实践中，中国最明显的工作一方面是敦促世界卫生组织执行局将同世界卫生组织有联系的一切国际组织尽快地驱

---

① 《我国代表团团长黄树则在世界卫生大会全体会议上发言》，载《人民日报》1973年5月11日，第5版。

② 《世界卫生组织西太平洋区域委员会会议在惠灵顿开幕》，载《人民日报》1973年8月30日，第7版。

逐蒋介石集团的代表，并且断绝同这个集团的一切联系。同时，1974年世界卫生组织总干事马勒还宣读了中国卫生部长关于中国原则上不准备使用世界卫生组织向中国提供的“服务和援助”基金的声明。[①]换言之，此时的中国并没有将世界卫生组织看作是一个技术性的功能组织。

总之，新中国成立之初，中国在争取合法正当的国际身份的过程中遭遇挫折，化解这种身份焦虑的过程中，强化了身份中的意识形态色彩。随着1972年中国合法地加入世界卫生组织之后，在参与实践的过程中，其身份焦虑很明显地从行为当中体现出来。中国不是将世界卫生组织当作一个功能性、技术性的机构，而仍然当作政治性的国际组织。在实践的参与过程中，表现出两个最明显的身份追求，一是坚持中华人民共和国是代表中国的合法政府，蒋介石集团是非法的；二是坚持中国是代表第三世界的反帝反霸的力量。而这个阶段主要采取的是话语实践和联盟实践。

三、分配承认与价值承认（1978—2003年）：身份焦虑的消减[②]

1978年召开的十一届三中全会，完成了中国自我身份的调整之后，消减了中国参与国际实践的身份焦虑。[③]中国也得到了世界卫生组织的分配承认与价值承认。1978年，卫生部与世界卫生组织在北京签署了双方卫生技术合作谅解备忘录，为加强和扩大同世界卫生组织的合作奠定了基础。1982年和1983年，卫生部又同世界卫生组织签订了《基本协定》和新的技术合作备忘录，使双方的合作不断深化，形式日趋

① 《我国代表在世界卫生组织执行局会议上发言》，载《人民日报》1974年1月27日，第6版。

② 关于中国参与世界卫生组织的情况，由于资料获取上所存在的困难，这一节的内容主要来自以下材料：《第十九章：卫生领域的交流与合作》，见 http://doc.duk.cn/d-1943415.html，目前还无法确证这一资料的作者或部门。

③ 类似的观点，可参见章百家：《改变自己，影响世界——20世纪中国外交基本线索刍议》，载《中国社会科学》，2002年第1期。

多样化。[①] 截至1994年，世界卫生组织在我国举办各种类型的国际讲习班、训练班、研讨会等900多起，与我国在基础医药学、临床医学、预防医学、传统医学等方面建立了68个世界卫生组织合作中心，聘请我国74名医药学专家为世界卫生组织专家咨询团成员，每年还邀请我国专家参加国际专业会议、讲习班，资助我国技术合作经费累计达9000多万美元，为我国培养医药学进修生1200多名，引进了一批先进科学研究和教学仪器设备，为我国聘请医学专家来华讲学、举办讲习班。这些不仅加速了我国医药卫生事业的发展，也为世界卫生组织及世界医学、人类健康作出了贡献。[②]

我们可以从以下几个方面来详细地观察中国参与世界卫生组织的实践。

（1）从参与世界卫生组织重要会议和理事机构活动上看。1978年以来，中国政府组团出席了历届世界卫生大会、世界卫生组织执委会会议、西太区委员会会议以及世界卫生组织专业技术领域会议。随着中国对世界卫生组织活动的深入参与，在世界卫生组织中也发挥了越来越重要的作用。中国多次当选世界卫生组织执委会委员，并成为第96、97届执委会主席国。中国不仅支持世界卫生组织在全球范围的业务工作，并多次作为东道主举办世界卫生组织的重要会议和业务活动。1987年9月世界卫生组织西太区委员会第38届会议就在北京召开。[③]

除了积极参加世界卫生组织业务议题讨论，参与联合提案外，中国代表团还在1987年5月举行的第40届世界卫生大会上单独提出了“到2000年基本消灭麻风病”的决议案，获得大会通过。中国的卫生工作者多次获得世界卫生组织的各种奖章。卫生部陈敏章部长分别于1991年和1997年获得世界卫生组织“人人享有卫生保障”金质奖和世界卫生组织无烟奖。著名寄生虫病专家毛守白教授于1984年5月在第36届世界卫生大会上获得列昂·伯尔纳奖。山西省运城口腔医院牛东平医生于1989年5月在第41届世界卫生大会上获得世川奖。中国预防

---

① 《第十九章：卫生领域的交流与合作》，http://doc.duk.cn/d-1943415.html。2011年12月25日访问。

② http://www.cintcm.com/lanmu/zhongyi_lishi/Xiandaijuan/mulu/diyizhang4.htm。2011年12月25日访问。

③ 《第十九章：卫生领域的交流与合作》，http://doc.duk.cn/d-1943415.html。2011年12月25日访问。

医学科学院流行病研究所郑庆斯医生于1992年5月在第44届世界卫生大会上获得雅克·帕里索奖。①

（2）建立世界卫生组织在华合作中心，推动国内卫生机构参与国际交流。自1978年10月中国与世界卫生组织签订卫生技术合作备忘录以来，中国的一些医药卫生研究机构相继被确认为世界卫生组织合作中心。目前，中国的世界卫生组织合作中心达61个，其数目之多位居世界卫生组织西太平洋地区国家之首。② 现有的合作学科30余个专业。

合作中心的功能主要包括：①标准化工作：即诊断、治疗与预防用材料等的标准化，技术、方法及程序的标准化。通过建立共同的标准与共同的语言，为全世界范围的数据在国际间的更好理解和更易比较创造条件。②信息的收集与传播：收集与传播合作中心所需的以及不断产生的科技信息、有利于国家卫生发展与世界卫生组织计划完成的信息，以促进科技及计划的信息在国内外合作中心与其他机构之间的交流。③服务功能：一是为支持全球规划而向世界卫生组织收集提供有关流行病学资料，并通过世界卫生组织电传和《流行病学记录周刊》为所有成员国利用。合作中心向有关实验室提供所需的试剂、抗原与抗血清、重组病毒等，在流行病学监测、病因鉴定以及预防措施的制定中，合作中心是世界卫生组织和成员国的流行病学资源中心。二是提供技术服务与合作，合作中心参与国家卫生发展的技术合作，通过同各国合作机构的长期关系，在该领域的研究、培训及工作计划中起重要作用，合作中心将成为直接有效的技术合作机构。④研究功能：世界卫生组织合作中心是世界卫生组织领导下的各级合作研究的基础，其研究工作日益显示出重要作用。合作中心的发展也正是由于世界卫生组织计划中研究工作的发展。⑤培训工作：合作中心在培训工作中起重要作用，特别是对发展中国家研究机构的培训功能更为重要。⑥协调工作：除上述合作中心的本质工作外，中心间需要开展项

① 《第十九章：卫生领域的交流与合作》，http://doc.duk.cn/d-1943415.html。2011年12月25日访问。

② 世界卫生组织（WHO）在华合作中心的名单，可参加世界卫生组织在华合作中心网站：http://www.whocc.org.cn/aboutus/index.aspx。2011年12月25日访问。

目合作，相互促进、支持与协调，共同进行工作。[①] 世界卫生组织合作中心作为中国与世界卫生组织开展卫生技术合作的窗口，在促进国际、国内卫生技术交流、人员培训等方面发挥了积极的辐射和示范作用，现已成为促进中国医学科学现代化，早日实现人人享有卫生保健目标的一支重要力量。[②]

合作中心的一些领域是中国卫生领域中的优势项目，如传统医学、初级卫生保健等合作中心的成立，有助于将中国中医药文化、初级卫生保健的先进经验和方法发扬光大，并给其他成员国提供借鉴；一些是伴随着与世界卫生组织合作进程逐渐成为优势项目的领域，包括传染病防治、扩大免疫、妇幼保健等领域的合作中心，一方面可以借助合作中心的平台，加强同世界卫生组织及其他成员国间在这些领域更深层次的交流，同时也可将业已取得的经验加以推广；还有一些是通过与世界卫生组织的合作逐步发展的领域，包括生殖健康、精神卫生、慢性非传染性疾病防治等合作中心，通过引进国外先进的健康理念，带来新的的思想观念和健康意识。[③]

（3）开展与世界卫生组织在卫生领域的合作项目。从项目资金上说，在与世界卫生组织开展的合作中，双年度正规预算项目是重要的组成部分。从1982年开始，中国开始获得世界卫生组织的正规预算拨款。截止到2007年，中国共获得7945万美元的正规预算拨款。从项目的合作领域上看，目前，中国与世界卫生组织的合作领域主要分为：疾病预防和控制、卫生部门发展、健康促进和保护、外延活动等四类。[④]

从项目活动上看，根据对1994—2005年预算项目的统计，项目涉及到的主要活动包括利用奖学金派遣人员进修学习（简称奖学金项目）、聘用临时顾问来华讲学或提供咨询（简称临时顾问）、提供在华举办讲习班的地方费用（简称地方费用）、购买仪器设备（简称设备）、派遣出国技术考察组（简称考察）及其他包括工作协议等。在中国与

① 世界卫生组织在华合作中心，http://www.whocc.org.cn/aboutus/index.aspx?id=1，2011年12月27日访问。
② 世界卫生组织在华合作中心网站：http://www.whocc.org.cn/aboutus/index.aspx，2011年12月27日访问。
③《第十九章：卫生领域的交流与合作》，http://doc.duk.cn/d-1943415.html。2011年12月25日访问。
④ 同上。

世界卫生组织开展的各种合作中，派遣人员出国进修、培养中国急需的人才是主要项目活动之一。世界卫生组织奖学金对中国卫生人才的培养发挥了重要作用。根据参考资料，截止到2007年，世界卫生组织奖学金已经培养了1600多名进修生。①

从专项合作上看，世界卫生组织积极地促成中国与联合国艾滋病规划署、全球抗击艾滋病、结核病和疟疾基金、联合国儿童基金会及世界银行的专项卫生合作。尤为值得一提的是，1988年世界卫生组织投入50万美元，支持中国8个省市艾滋病检测试剂和装备，随后又投入250万美元支持中国开始实施第一个艾滋病防治规划，即1991—1993年中国艾滋病防治中期规划。规划的主要内容之一，是在全国13个省、自治区和直辖市开展艾滋病的监测、宣传和培训工作。世界卫生组织是率先与我国在艾滋病领域中开展合作的国际组织，帮助我国初步建立了艾滋病监测体系。②

总而言之，在这一阶段的实践进程中，中国主要采取了学习实践与遵约实践。由于十一届三中全会转变了中国的角色，淡化了中国对外交往的意识形态的诉求，积极地融入世界体系中去。因此，在世界卫生组织的帮助下，中国开始认真学习并逐渐与国际接轨，按照双方签署的《基本协定》与《技术合作备忘录》展开合作。由于世界卫生组织主要是一个技术性的功能组织，而且世界卫生组织过去坚持在合作中以对象国为主导，因此在这一实践中，中国通过例行的参与实践，不断地深化着双方的合作领域和合作深度。而世界卫生组织在这一过程中，也给予了中国实质承认与价值承认。

四、创新实践的开始（2003—）：新的身份焦虑

正如上文所述，“紧要情境”能够破坏实践参与者的基本安全系统，

① 《第十九章：卫生领域的交流与合作》，http://doc.duk.cn/d-1943415.html。2011年12月25日访问。
② 同上。

引发身份的焦虑。为了寻求本体安全，参与者会积极寻求重塑身份。2003年的非典事件作为国际实践中的“紧要情境”，不仅加快了世界卫生组织转变角色的进程，也影响了中国应该如何参与国际实践的身份焦虑。

世界卫生组织酝酿中的角色变化是有着内在背景的。首先是冷战后国际社会对非传统安全的关注，特别是将卫生安全纳入到全球发展议程。在2000年千年首脑会议上，通过了联合国千年发展目标，其中8项指标中有3项是卫生指标：降低儿童死亡率；改善产妇保健；与艾滋病、疟疾和其他疾病作斗争。同时，还指明了2015年前各个国家所应达到目标，如营养方面，安全用水，母婴健康，传染病控制以及基本药物提供。[①] 其次，全球化导致的相互依赖，加上科技的进步，一个地区发生的疾病可以几个小时内就迅速地传到另一个地区。2003年初的非典疫情，更是给国际社会深刻的教训：疾病无国界。公共卫生问题不再是一个国家内部的事务，可能发展成为影响整个地区、甚至全球各国社会、经济发展的大问题。最后，同样源于非典事件的教训。由于每个国家有隐瞒疾病爆发的动机，这样经由现代信息网络传播的公共卫生信息可能造成莫大的恐慌。

正是在这样的背景下，世界卫生组织开展了《国际卫生条例》的修订，通过了2005年的《国际卫生条例》。新的条例作出了一些重大的变化。除了加强成员国的卫生能力建设之外，还要求各个社会群体的参与（民间组织、企业、学术机构等），政府在公共卫生中保持透明，知识技术的共享、卫生信息的通报等。可以预计，作为联合国负责国际卫生的唯一专门机构，世界卫生组织的地位未来会不断加强，作用凸显。

在这一过程中，中国在消除非典事件的消极影响方面作出了积极努力。2004年，由中国代表团在联合国提出并获得全体成员国的支持，

---

① 世界卫生组织在华合作中心网站：《卫生部国际合作司副司长任明辉：我国的世卫组织合作中心工作回顾和展望》，见 http://www.whocc.org.cn/news/in_02.aspx?id=11。2011年12月25日访问。

通过了加强全球公共卫生能力建设的决议。[①] 2004年中国卫生部与世界卫生组织就进一步加强卫生合作与交流再次签定了谅解备忘录，明确了双方将按照《世界卫生组织组织法》和其他既定政策，本着平等、互相尊重和互惠的原则，加强在公共卫生政策、重大传染病控制、非传染性疾病预防、传统医学、卫生人力资源等领域的合作与交流，巩固了我国与世界卫生组织的合作基础，并促进和加强了双方日益重要的合作与交流。[②] 2004年9月世界卫生组织西太区委员会55届会议分在上海召开。来自世界卫生组织西太区31个国家和地区（包括我国香港和澳门）的代表团，以及世界卫生组织总部、西太区办事处、有关国际组织、非政府组织等参加了本次会议。时任国务院副总理兼卫生部长吴仪、全国人大常委会副委员长韩启德参加了会议。会议讨论了地区主任报告、艾滋病、结核病、食品安全、血液安全、烟草控制、扩大计划免疫、应对包括非典、人禽流感在内的突发公共卫生事件及《国际卫生条例》的修订进展以及世界卫生组织的规划预算等14项议题，通过了有关决议。会议在上海召开，展示了我国改革开放的成果，得到与会国家、国际组织的好评。[③] 2007年，中国卫生部被世界卫生组织授予遏制结核病合作伙伴组织高川奖。2006年7月，中国政府正式推荐世界卫生组织助理总干事、中国香港特区前卫生署长陈冯富珍博士竞选世界卫生组织总干事。2006年11月9日，在日内瓦举行的世界卫生大会特别会议通过世界卫生组织执委会提名，任命中方候选人陈冯富珍女士为世界卫生组织新任总干事。这是中国首次提名竞选并成功当选联合国专门机构最高领导职。[④]

当前，我国的卫生合作与交流正从过去更多的是“引进来”向“走出去”转变。外方援助性合作资金呈减少的趋势，对此，卫生部国际合作司副司长任明辉认为，这个趋势是无法避免的。合作项目重点从

---

① 世界卫生组织在华合作中心网站:《卫生部国际合作司副司长任明辉：我国的世卫组织合作中心工作回顾和展望》，见 http://www.whocc.org.cn/news/in_02.aspx?id=11。2011年12月25日访问。

②《第十九章：卫生领域的交流与合作》，http://doc.duk.cn/d-1943415.html。2011年12月25日访问。

③ 同上。

④ 同上。

设备、基建、车辆等硬件能力建设方面，转向经验探索、政策制定、标准开发等软件方面转移，具有全球意义的公共卫生领域成为开展合作活动的新重点，如艾滋病防治、禽流感及突发公共卫生事件的预警和应对、环境与健康、食品安全等。资金来源形式趋向多元化发展趋势，构成我国政府与国外政府间国际组织、双边援助合作机构、非政府组织、企业之间相互结合、建立伙伴关系的卫生合作新格局。此外，跨中心、跨部门、跨领域、跨国家、跨地区的合作增多，对合作机构的组织和协调能力提出了新的要求。

同时，世界卫生组织对于中国的努力也存在一些不满之处，如中国的环境污染、不健康的生活方式、医疗措施的失当等等。世界卫生组织驻中国代表处就认为，政府认识到尽管数以亿计的人民得益于经济繁荣，但仍有许多人与富裕生活无缘，医疗保健成为他们支付不起的商品。中国政府面临的挑战是全面加强卫生系统的工作，减少卫生不公平，为全体人民创造更加公平可及的卫生保健服务。同时，中国政府还担当着维护全球公共卫生安全的责任，这包括加强监测系统，快速鉴别控制包括“非典”和禽流感病毒在内的传染性疾病。另一个重要的挑战也是需要重点优先解决的问题就是艾滋病的流行。[①] 中国卫生部国际合作司副司长任明辉就认为，欧美国家希望与我建立机制化的卫生合作，并在疫情监测信息、病毒毒株交换等方面，更加公开、透明，并开展相关的科学研究。国际组织希望我在禽流感、艾滋病、结核病和疟疾防控、控烟、慢性病防控、环境卫生等方面成为全球的样板。陈冯富珍当选世卫组织总干事，更是在一定程度上，进一步提高了国际社会对我的期待值。[②] 而中国的做法与国际社会的期待存在差距的最本质原因是，中国与世界卫生组织的合作是基于传统的治理理念：“主权、不干涉、共识”，而世界卫生组织的后威斯特伐利亚的治理理念则要求“人权优先，人道主义干预”。

---

① 世界卫生组织驻中国代表处，http://www.wpro.who.int/china/about_us/about_who_in_china.htm，2011年12月27日访问。

② 世界卫生组织在华合作中心网站：《卫生部国际合作司副司长任明辉：我国的世卫组织合作中心工作回顾和展望》，见 http://www.whocc.org.cn/news/in_02.aspx?id=11。2011年12月25日访问。

总之，在这样实践进程中，要求的是中国积极地转变思路，改变传统做法。事实上，中国业已朝这一方向发生着可喜的变化。中国的国家焦虑也能够在这一进程中逐步得以消除。

五、结语

本章选取从实践的心理角度分析了中国参与世界卫生组织的进程。经验研究发现，这一实践过程中，身份的焦虑深刻地影响着中国的参与进程。1949—1971年，中国主要采取了话语实践与联盟实践，最终获得了形式上承认。这一阶段中，中国存在着深刻的身份焦虑，主要由于新中国的自我身份界定被国际社会否定，一是代表中国的合法政府，二是国际社会中的平等参与者。自我身份被否定导致本体安全的缺失，中国逐渐强化了社会主义国家的身份，强化了反对资本主义的国家身份。1972—1978年是中国转变身份的过程。这一过程中，中华人民共和国是代表中国的唯一合法政府这一身份得到国际社会的形式肯定。但是中国仍然坚持着过去反资本主义的身份，在实践中采取了联盟实践。1978—2003年中国自身定位的变化，开始理顺了中国与国际体系的关系——融入资本主义世界的经济大潮，因此积极地与国际接轨，得到了世界卫生组织的分配承认与价值承认，主要采取的是学习实践与遵约实践。2003年的“非典”危机促使了世界卫生组织角色的转变，也带来了未来中国可能的身份焦虑。最根本的身份焦虑在于，世界卫生组织的治理理念逐渐以人道主义为主，人权（健康权）高于主权，而中国则坚持，人权只能在国家的主导下实现，要实现二者的协调统一仍然是比较困难的。所以，中国在参与世界卫生组织的未来的实践中，真正获得世界卫生组织对自身主体价值承认还需要不断努力。本章的研究结论见表9-1。

表9-1　中国参与世界卫生组织的实践进程分析

参与实践的阶段	实践类型（主要方面的）	心理机制（身份焦虑）	承认类型
1949—1978年	话语实践与联盟实践	代表中国的唯一合法政府（被否定） 国际社会中平等的参与者（被否定）	形式承认
1978—2003年	学习实践与遵约实践	代表中国的唯一合法政府（肯定） 国际社会的平等参与者（肯定）	分配承认与价值承认
2003—	遵约实践与创新实践	代表中国的唯一合法政府（肯定） 国家观——国家是人民存在的目的还是手段（质疑）	价值承认

第10章 中国参与联合国教科文组织的联盟实践

吴文成[①]

中国参与国际体系一直是近百年来中国现代化难以绕开的主题，新中国经历了从“体系的反对者”、“体系的改革者”到“体系的维护者”这一身份转变历程。作为国际社会制度化的表征，国际组织在20世纪以来的国际关系中占据了越来越重要的地位。新中国与国际组织的关系演变更是一波三折，[②]从20世纪60年代的被动参与到90年代的积极参与，中国参与国际政府间组织的广度和程度都在逐渐拓展和深化，到90年代，“中国参与的政府间国际组织的绝对数目是美国参与数的80%。”[③]“根据《国际组织年鉴》2008—2009年的数据，在全球61836个国际组织中，2007年中国共参与了4386个国际组织，其中1753个是协定性组织”。[④]而国内外学术界对中国参与国际组织的研究相对薄弱，且重点聚焦于中国参与联合国内部政治性很强的领域和机构，如安理会、联合国大会等，对于像联合国教科文组织这样的联合国联系机构

① 吴文成 外交学院《外交评论》编辑，外交学院国际关系专业2010级博士研究生。

② 对于新中国早期参与国际政府间组织的复杂与曲折，参见韩长青、姚百慧:《革命的爱国主义：中国对万国邮联的政策（1950—1951）》，载《外交评论》2009年第6期。

③ （美）江忆恩:《美国学者关于中国与国际组织关系研究概述》，载《世界经济与政治》2001年第8期，第48页。

④ 朱立群、黄超:《中国参与国际体系的评估指标及相关分析》，载《江海学刊》2009年第5期，第165页。

研究的并不多。[①] 因此，研究中国与联合国教科文组织的关系，特别是从国际政治角度研究中国如何参与教科文组织，是很有必要的议题。实际上，中国对政府间国际组织的参与，直接涉及中国与国际体系的关系，是中国与国际体系互动的一个缩影和写照。本书的研究则从国际关系的"实践转向"出发，探讨新中国如何在教科文组织内与组织层面上开展"联盟实践"，与联合国教科文组织进行互动，进而达到在该组织内的身份承认。

一、社会化过程中的联盟实践

主流建构主义如费丽莫等人对于成员国与联合国教科文组织关系的研究，采取了一种社会化的研究视角，强调联合国教科文组织对成员国的教授和后者的学习，国内学者的论述也基本上从这一点切入。[②] 但这样一种自上而下的研究路径假定作为社会化者的国际组织本身是不变化的，其偏好和利益是外生的，且固定不变。但是实际上，越来越多的人开始注意到国际组织本身也处在不断变化过程中，作为"教授者"的国际组织，其"新观念"也不是凭空产生的，很多是从成员国上传而来，甚至很可能是吸纳新加入成员国的不同观念。出于研究需要，这种静态的结构主义研究路径还过分简化了国家和国际组织的身份属性，即在特定时间段内，国际组织如联合国教科文组织并不只是一种传授者的单一老师身份，成员国也不完全是一个学习者。主流建构主义强调的学习—传授视角，往往忽视成员国与国际组织之间存

① 例如从政治学角度分析主要参见 Dong Wang, "Internationalizing heritage: UNESCO and China's Longmen Grottoes," *China Information*, Vol. 24, No. 2, 2010, pp.123-147；谢喆平：《中国与联合国教科文组织：传授与学习关系的演进分析》，人民大学博士论文，2009年；王堪：《联合国教科文组织对中国社会政策的影响》，北京语言大学，国际政治硕士论文，2008年。

② 玛莎·费丽莫：《国际社会中的国家利益》（袁正清译），杭州：浙江人民出版社，2005年版；从国际关系角度来研究中国与联合国教科文组织关系的文章，仅见谢喆平：《中国与联合国教科文组织的关系演进——关于国际组织对成员国影响的实证研究》，载《太平洋学报》2010年第2期；谢喆平：《传授与学习：中国参与联合国教科文组织的经验研究》，载《外交评论》2011年第1期。

在的战略联盟的重要意义，也不关注成员国在教科文组织内的联盟行为，因而无法解释成员国学习行为的起源。①

以实践为导向的社会化研究，强调了进程的动态性和身份的多重性，突破了单一身份框架下静态视角的"表象偏见"。② 参与实践理论不认为国际规范扩散只能通过成员国接受体系规范，抛弃自身身份这一道路，其强调成员国的能动性，认为共有身份的形成，不但包含着成员国接受既有国际规范的可能，还蕴含着成员国通过参与实践，将自己的理念上传给国际组织，由形式承认、利益承认而达至价值承认的可能路径。如果成员国新的价值理念被国际组织接受，成员国一方面实现了对国际组织的完全参与，另一方面还帮助形成了新的国际组织理念，从而塑造了新的国际规范。

根据参与实践理论，通过话语实践、联盟实践、遵约实践、学习实践和创新实践，中国最终在联合国教科文组织内先后实现了形式承认、分配承认和价值承认这一身份承认过程。③ 从形式承认到分配承认，再到价值承认，是一个逐层递进的承认。与此相对应的是五种不同的实践类型。其中，联盟实践是最为基础的实践活动，其确保中国获得在联合国教科文组织内的唯一合法席位；在获得形式承认后，中国才能启动学习实践，了解教科文组织的具体业务和理念以加深参与，随即参与教科文组织的具体业务，加入各项条约，开展遵约实践。最后，随着中国参与的深入，将自己的理念和成功经验上传到教科文组织，成为组织的新规范。而在这一实践过程中，话语发挥着"框定"（frame）的作用，并经实践新脚本的转换，再度重新解释和"再框定"（reframe），从而形成新的稳定预期。④

① 关于战略行为引发行为体学习，特别是中国的战略行为如何演化成学习的探讨，较典型的应该算江忆恩对于中国早期参与国际军控进程的研究，他区分了"学习"与"适应"两种行为类型，并分析了中国向外部世界学习的起源问题。参见 Alastair Iain Johnston, "Learning Versus Adaptation: Explaining Change in Chinese Arms Control Policy in the 1980s and 1990s," *The China Journal*, No. 35, Jan., 1996, pp. 27-61。

② 朱立群、聂文娟：《国际关系理论研究的"实践转向"》，载《世界经济与政治》2010年第8期，第100页。

③ 参见朱立群：《中国参与国际体系的实践解释模式》，载《外交评论》2011年第1期，第24—27页。

④ Markus Kornprobst, "Argumentation and Compromise: Ireland's Selection of the Territorial Status Quo Norm," *International Organization*, Vol. 61, No.1, Jan., 2007, pp. 69-98; Ryder Mckeown, "Norm Regress: Revisionism and the Slow Death of the Torture Norm," *International Relations*, Vol. 23, No.1, 2009.

本章只讨论中国参与联合国教科文组织的联盟实践，① 而不讨论其他四种实践类型。联盟实践是指为实现利益和特定目标所做的各种动员和说服的工作。它是实践者进行的有组织的、旨在说服目标接受群体接受、调整或放弃某些观念、态度、习惯和行为的活动。这个目标群体包括两个方面：一个是国内的目标群体，涉及到如何动员社会各界特别是社会精英和利益集团对于参与国际制度的支持；二是国际社会的目标群体，即国际制度主要成员对中国参与国际体系的接受或者支持。② 考虑到成员国与国际组织并不仅仅只有“学习—教授”这样一对关系，各自身份的多重性还可以使双方结成相对平等的联盟关系，而且对于一个有众多差异性成员的国际组织而言，组织内部的联盟行为也是不可避免的，这使新中国可以在组织内部和组织层面开展联盟活动。

联盟实践与传统的战略性联盟有很多一致性，一方面，联盟实践理论认为，行为体的联盟行为是战略性的，不涉及双方身份的认同问题，在联盟形成的初期，联盟的这种战略性特征非常显著。但另一方面，联盟实践也认为，联盟实践本身也可以维持一种稳定的关系（relation），创造一种独特的行为空间，进而为行为体学习和创新提供可能，因而联盟实践又可以为行为体身份再造创造空间和平台。传统的联盟研究主要涉及理性和认知路径，③ 在这种研究传统里，行为体在联盟活动中，其偏好是固定不变的，身份也保持相对的稳定性。④ 根据实践理论，这种将主客观镜像化的两元对立理解是难以成立的，由于现实生活的紧迫性，在具体的联盟活动中，行为体经常需要即兴选择，这种选择不时会背离旧有的偏好和身份，因而，在长期的实践过程中，行为体的偏好和身份也可能会逐渐改变，而由于“惯习”的强化机

---

① 显而易见，国际联盟与国内联盟的关系问题一直都很重要，但限于篇幅原因，本章没有讨论中国参与教科文组织的联盟实践活动是否具有国内联盟基础这一问题。

② 见本书第一章：《研究框架：实践进程中的身份重塑》。

③ 尹继武对联盟信任研究的分类标准同样适用于整个联盟研究，相关文献可参见尹继武：《社会认知与联盟信任形成》，上海：上海人民出版社，2009年版，第116—131页。

④ 这一方面突出的代表是沃尔特的理论，他综合了理性选择与社会认知这两种视角，在他所提威胁来源的四个变量中，既有客观的“进攻性实力”变量，也有认知变量如“进攻意图”，参见斯蒂芬·沃尔特：《联盟的起源》，周丕启译，北京：北京大学出版社，2007年版。

制，[①] 偏好的改变得以固定化，进而形成新的身份认同。

二、新中国参与联合国教科文组织的历史演变

联合国教科文组织（下称教科文组织）是联合国的联系机构，成立于1945年11月16日，目前会员国有191个，总部位于法国巴黎，现任总干事为保加利亚人伊琳娜·博科娃（Irina Bokova）。其宗旨是“通过教育、科学、文化与传播，于人之思想中建设和平”，集中于教育、自然科学、社会与人文科学、文化、传播与信息等领域开展活动，顾名思义，主要就是教育科学文化三大领域。联合国教科文组织下设大会、执行局、秘书处等常设机构。大会由各成员国代表组成，是联合国教科文组织的最高权力机构，每两年举行会议，会议工作语文为英文、阿拉伯文、中文、西班牙文、法文和俄文。大会决定组织内的战略问题以及总体工作方针，讨论通过双年度的《计划与预算》，选举执行局委员，以及任命总干事等。负责领导和管理教科文组织的是执行局，是大会闭幕期间负责管理和监督的权力机构。执行局有58个委员，由大会选举产生，每年开会2次。[②] 秘书处是教科文组织的执行机构，其由总部及各地区办事处的国际公务员组成，到2007年，秘书处人员来自170多个国家，约为2100人。秘书处的工作语言是英语和法语。秘书处在总干事的领导下展开工作。总干事由执行局提名，大会加以任命，任期四年，可连任2届。[③] 虽然教科文组织本身与联合国无上下级的汇报关系，但其存在业务的合作与联系，所以人们通常模糊地认为其是联合国直辖的下属机构也未尝不可。[④] 正如联合国教科文组织北

---

① 关于现实生活的紧迫性与“惯习”的作用，可参考皮埃乐·布迪厄等：《实践与反思：反思社会学导引》，北京：中央编译出版社，1998年版。

② 联合国教科文组织：“理事机构”，http://typo38.unesco.org/zh/unesco-home/organization/governing-bodies.html。2010年12月15日访问。

③ 联合国教科文组织：“秘书处”，http://typo38.unesco.org/zh/unesco-home/organization/secretariat.html。2010年12月15日访问。

④ 参见联合国：“组织结构图”，http://www.un.org/chinese/aboutun/unchart2007.pdf。2010年11月12日访问。

京办事处主任阿比曼纽·辛格（Abhimanyu Singh）所说，“教科文组织不是一个为其会员国发展提供经济援助的机构”，[①] 但它却是国际社会中的一个非常重要的“议程设定者”，它通过公约（conventions）、建议（recommendations）、宣言（declarations）等文书形式，倡导了诸多国际规范和制度议程。[②]

中国与教科文组织的关系起伏多变。早在新中国成立之初，国民政府就派人参加了教科文组织的活动，中国是最早签字的14个国家之一，参与缔造了这一国际组织。在1946年教科文组织成立大会上，中国代表团成员赵元任当选为7位副主席之一。[③] 甚至中国的一些知识分子的观念还塑造了教科文组织的组织观念和行动，例如联合国教科文组织首次大会提出的基础教育计划，主要是依据中国代表瞿世英的中国平民教育经验。而且，中国平民教育运动的先驱晏阳初也应邀主持教科文组织的基本教育计划，[④] 中国人为教科文组织的发展提供了新的理念。虽然新中国成立之初，由于意识形态的困扰，中国与教科文组织关系开始出现起伏，该组织在国内的活动也一度停滞。[⑤] 1950—1971年，随着中国与国际体系的疏离，中国与教科文组织的关系基本隔绝。当1971年中国恢复在联大的合法席位不久，教科文组织执行局第88届会议以绝对多数表决通过邀请中国重返教科文组织的决议，1972年，中国政府决定派以驻法大使黄镇为团长的中国代表团参加教科文组织第17届成员国大会，[⑥] 并在大会发言表示，中国“衷心感谢坚持原则、主持正义的各友好国家及友好人士为恢复我国合法权利所作的

---

① 阿比曼纽·辛格：《承前启后继往开来——联合国教科文组织与中国合作30年的回顾与展望》（尤佳译），载《世界教育信息》2010年第2期，第44页。

② Koïchiro Matsuura, “Forword”, in Abdulqawi A. Yusuf ed., *Standard-setting IN UNESCO, Volume I: Normative Action in Education, Science, and Culture*, Leiden: Martinus Nijhoff Publishers, 2007.

③ 兰军：《民国时期中国教育在国际教育论坛上的展现——基于对国际教育组织及会议的考察》，华中师范大学博士论文，2007年，第120页。

④ 参见谢喆平：《中国与联合国教科文组织：传授与学习关系的演进分析》，第42—43页。

⑤ 参见外交部档案馆，《周恩来外长关于否认国民党政府在教科文组织中的代表资格事致联合国电及其复电，1950-04-07—06-13》，档案号113-00013-01；《关于联合国教科文组织东方科学馆赠北京大学外汇购书事，1950-03-01—03-31》，档案号113-00078-03。

⑥ 《出席联合国教科文组织第十七届大会，我代表团到达巴黎》，载《人民日报》1972年10月13日，第6版。

积极的努力”，而且“中华人民共和国代表团第一次出席教科文组织的大会，并参加工作，许多新的东西需要我们学习。我们愿意同一切爱好和平、主持正义的国家的代表一起，通过平等协商、共同讨论，解决教科文组织所面临的问题和任务”。[①] 鉴于文革时期的国内政治环境，在1972—1978年间，中国“在业务领域，则采取‘有选择性地参加一些活动，以后视情况逐渐扩大’的方针，实际上，在‘四人帮’垮台前，除在自然科学领域选择参加了少量活动外，我们对该组织在教育、文化、传播以及社会科学等其他领域的大量活动均绝少参加”。[②] 1979年中华人民共和国联合国教科文组织全国委员会的成立，是中国参与联合国教科文组织实践的一大转折点，此后中国逐渐从被动参与转变为主动深度参与联合国教科文组织的各项业务活动。“全委会成立30年来，我国与联合国教科文组织的合作发展迅速，从学习、借鉴到主动宣传、发挥我大国作用，教科文组织已成为我国开展多边外交和教育、科学、文化、传播等领域国际交往的重要窗口和平台。”[③] 改革开放后中国参与教科文组织的具体情况见图10-1。

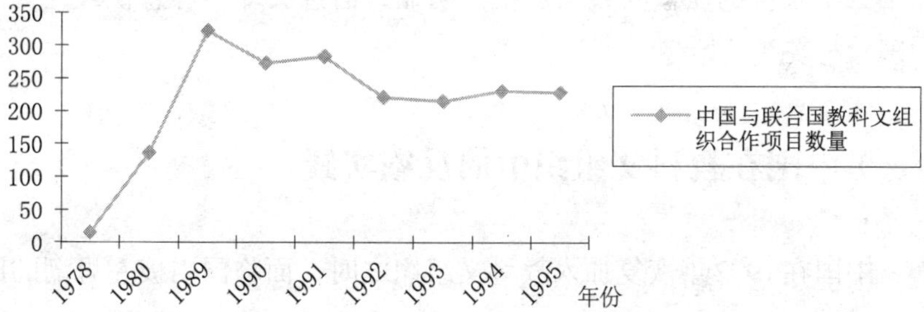

图10-1　改革开放以来中国与教科文组织的合作

资料来源：谢喆平：《中国与联合国教科文组织：传授与学习关系的演进分析》，第60页。

① 《黄镇团长在联合国教科文组织全体会议上发言指出　民族的彻底解放是通向教科文事业繁荣的大道》，载《人民日报》1972年10月26日，第6版。

② 张崇礼：《撷兰折菊 嫁吾芳圃——为纪念中国联合国教科文组织全国委员会成立25周年而作》，载中华人民共和国联合国教科文组织全国委员会编：《中华人民共和国联合国教科文组织全国委员会史迹》，2006年，第44页（本书是资料汇编，并没有公开发行——作者注）。

③ 参见中国联合国教科文组织全国委员会副秘书长杜越接受媒体采访的介绍，腾讯网，“1979年：中国联合国教科文组织全委会成立（杜越）”，http://edu.qq.com/a/20091122/000063.htm。2010年12月4日访问。

三、中国在教科文组织内部的联盟实践

在中国参与教科文组织的实践中，联盟实践占据了特别基础性的地位，贯穿了中国在该组织参与实践中的全部过程。联盟实践的作用是双重的，一方面，在中国加入联合国教科文组织的很长一段时间内，在体系革命者这一自我身份定位之下，联盟实践作为一种工具性实践活动，巩固和支撑了中国旧的话语体系和自我身份定位，另一方面，其又逐渐开创了新的实践空间，维持了中国与教科文组织的关系，为新的话语言说和自我身份转变提供了基础。中国参与教科文组织的联盟实践有两个层次的内容，第一个是在联合国教科文组织内反对美苏两霸，团结和支持第三世界的反霸斗争；第二个是在组织层面，与教科文组织本身之间的联盟行为。第一个层次的联盟行为是明示的，在中国重新加入联合国教科文组织的早期阶段，这一点体现得异常明显，而第二个层次的联盟实践虽然很不明显，但意义却不容忽视，且贯穿中国参与实践的始终。

（一）中国在教科文组织中的反霸实践

中国在1972年恢复加入教科文组织之时，面临国内极左思潮的巨大阻碍，在左倾话语指导下，在联合国教科文组织内开展联盟实践，是比较可行的一种参与实践活动。例如1978年时任国务院副总理的邓小平在接见来访的教科文组织总干事姆博时就表示，在1975年姆博访华时，虽然他也负责处理此事，但“那时有‘四人帮’的干扰，有很多问题提不出来，大量派人，国际交往，大来大往都不行，要派更多的留学生也办不到，同你们这样的组织合作也没有条件”。[①] 由于“整

① 参见中国联合国教科文组织全国委员会首任秘书长的转述，杨蕴玉：《一次重要的会见》，载中华人民共和国联合国教科文组织全国委员会编：《中华人民共和国联合国教科文组织全国委员会史迹》，2006年，第24页。

个60年代，‘反两霸’是中国外交的主旋律和对外关系格局的特点”。[①]当时中国革命性的自我身份定位，使得中国很自然地在联合国教科文组织内进行以反对霸权主义为主的联盟活动。到了70年代初，随着“珍宝岛事件”发生和尼克松总统访华，毛泽东制定了“团结第三世界，争取第二世界，反对两霸，侧重打击苏修”的革命性外交路线。[②]中国在联合国系统内执行“积极地支持南南合作的毛泽东主义思想，捍卫民族解放和把物质性权力从北方重新分配到南方的政策”。[③]实际上，中国在恢复联合国教科文组织成员国身份之初，“在政策上将我国参加该组织主要视为增加了一块‘反对两霸、侧重揭露苏修’的政治斗争阵地”。[④]在教科文组织这一舞台上，在中国参与该组织的早期阶段，反对两霸表现得特别突出，而且中国重点着力于揭露苏联的霸权行径。1974年，出席联合国教科文组织大会第18届会议的中国代表团团长曾涛就明确表示：“联合国教科文组织要对和平问题有所贡献，就必须坚决反对超级大国的霸权主义与强权政治；就必须彻底揭露它们在口头上大讲‘缓和’而实际上对别国极尽侵略、颠覆、控制、干涉和欺负之能事的两面派行径。”[⑤]1975年，在联合国教科文组织第98届执行局会议上，中国也反对苏联把欧安会文件放入会议讨论议题。“中国代表胡沙在发言中指出，苏联代表要把这样的议题列入本届执行局会议的议程，显然是别有用心的，是企图利用联合国教科文组织的讲台，兜售其假缓和等欺骗世界人民的黑货。他在发言中表示坚决反对这一议题”。[⑥]1980年，中国讽刺苏联代表在联合国教科文组织大会第

---

① 章百家：《改变自己　影响世界——20世纪中国外交基本线索刍议》，载《中国社会科学》2002年第1期，第13页。

② 张兵：《第一位踏上澳洲的大使》，载《党史纵横》2005年第5期，第35页。

③ 江忆恩：《美国学者关于中国与国际组织关系研究概述》，第52页。

④ 张崇礼：《撷兰折菊　嫁吾芳圃——为纪念中国联合国教科文组织全国委员会成立25周年而作》，第44页。

⑤《曾涛团长在联合国教科文组织大会上发言　阐述我国对大会讨论的几个问题的原则立场》，载《人民日报》1974年10月30日，第6版。

⑥《许多国家代表在联合国教科文组织执行局会议上　挫败苏联把欧安会文件塞进会议的企图》，载《人民日报》1975年9月22日，第4版。

21届会议上“出丑”，批评苏联的侵略行径。[①]1983年中国代表在联合国教科文组织第22届大会上仍然批评，“超级大国在全球范围内激烈争夺，是世界不安和动乱的主要根源”。[②]

但是，进入20世纪80年代后期以后，中国在教科文组织内部反对两霸的联盟实践逐渐淡化，另外一种联盟实践即支持第三世界发展中国家的联盟活动地位显著上升，与第三世界的联盟实践开始代替反对霸权主义的隐形联盟活动。

（二）与第三世界的联盟实践

除了反霸，与第三世界立场保持一致，并在教科文组织内部维护第三世界国家的利益，则是中国在教科文组织内另外一个突出的联盟行为。而且随着时间的推移，这一点变得越来越重要，并一直延续下来。早在恢复教科文组织成员国身份之初，在1972年中国第一次在教科文组织大会上发言时，时任中国代表团团长黄镇就宣示了中国支持第三世界利益的政策立场，他认为，“教科文组织中第三世界的国家正在发挥出日益增强的作用，这是十分令人鼓舞的”。此外，他还表示，“我们坚决支持全世界各国人民和中小国家维护民族独立和国家主权，发展民族教育、科学和文化事业，反对超级大国的侵略、干涉、颠覆和控制的正义斗争”。[③] 在1972年联合国教科文组织第17届会议上，中国也同第三世界一道反对美苏提出的削减组织预算的动议，中国代表团副团长张维发言表示：“我们希望教科文组织本着它的促进世界和平与人类进步的宗旨，在尊重各国民族独立和国家主权的原则下，发展教育、科学、文化领域的国际合作，特别是希望它在援助发展中国家

---

① 《侵阿罪行掩不住 苏联代表再出丑》，载《人民日报》1980年10月29日，第6版。

② 《我代表团长在教科文组织大会上强调 促进国家发展需要有和平国际环境》，载《人民日报》1983年11月1日，第7版。

③ 《黄镇团长在联合国教科文组织全体会议上发言指出 民族的彻底解放是通向教科文事业繁荣的大道》，载《人民日报》1972年10月26日，第6版。

发展其民族教育、科学、文化事业方面多做些工作。”[①] 在1974年教科文组织大会第18届会议上，中国积极支持发展中国家修改教科文组织现行的章程，中国代表团团长曾涛发言表示：“教科文组织的章程是在40年代中期制定的，有着严重的缺陷。自那时以来，28年的时间过去了。世界和教科文组织已经发生了巨大的变化。因此，认真听取广大会员国特别是第三世界的意见，对本组织的章程进行全面的审查和必要的修改，以适应当前的国际形势，这是势在必行的。”[②] 1976年，在联合国教科文组织第19届大会，中国代表呼吁联合国教科文组织“相应调整教科文组织的工作重点，为发展中国家做些切实有效的事情，以便有助于它们维护国家独立、发展民族经济和民族文化的正义事业”。[③]

1978年邓小平在接见教科文组织秘书长姆博时也表示，中国是名副其实的第三世界国家，即使将来发达了，也永远属于第三世界，“真假社会主义要看是否属于第三世界，如果发达了，那时变了心，在世界上称霸，自己就会变成社会帝国主义”。[④] 而中国支持第三世界的这一立场与教科文组织内部早期的政治形势是紧密相关的，从20世纪70—80年代开始，第三世界力量在联合国教科文组织内兴起，例如在教科文组织内部形成了“巴黎七十七国集团”，“第三世界迫切要求实现国家的发展与进步，建立民族的教育、科学和文化事业，要求教科文组织为促进其发展多提供切实有效的帮助，从而在该组织中代表了一种声音”。[⑤] 在20世纪80年代，在联合国教科文组织编制第二个中期规划时，中国作为执行局成员，“我们从中国人民和世界人民的根本利益出发，建议联合国教科文组织把第二个中期规划的一切目标和行

① 《许多发展中国家在联合国教科文组织会议上发言　反对苏美等国要削减预算的主张》，载《人民日报》1972年10月25日，第6版。

② 《曾涛团长在联合国教科文组织大会上发言　阐述我国对大会讨论的几个问题的原则立场》，载《人民日报》1974年10月30日，第6版。

③ 《我代表团团长在联合国教科文组织大会发言　发展中国家加强团结反帝反殖反霸发展民族文化》，载《人民日报》1976年11月4日，第5版。

④　参见杨蕴玉：《一次重要的会见》，第24—25页。

⑤　张崇礼：《撷兰折菊　嫁吾芳圃——为纪念中国联合国教科文组织全国委员会成立25周年而作》，第52页。

动的基点放在促进发展特别是发展中国家的发展上。”[①] 1982年出席联合国教科文组织大会第四届特别会议的中国代表团团长高沂表示，中国赞赏把“着眼于发展，特别是有益于发展中国家”作为教科文组织1984—1989年中期规划的指导思想。他希望，“在本届特别会议通过中期规划之后，联合国教科文组织能首先满足发展中国家的迫切需要，优先选择那些对促进发展中国家教育、科学、文化和交流事业的发展具有明显效果和有实际意义的计划，集中使用人力、财力、物力，切实帮助发展中国家解决若干实际问题”。[②] 1983年，中国总理在会见姆博时更表示，“中国将把发展同第三世界国家的文化、教育、科技、经济等方面的合作，作为中国对外进行合作的立足点”。[③] 1989年，在联合国教科文组织第25届大会上，中国代表团团长滕藤重申，“我们一向把加强同第三世界国家的团结合作作为自己对外政策的基本出发点。我们将一如既往地继续和广大第三世界国家站在一起，支持他们反对殖民主义、种族主义和霸权主义的斗争。”[④] 1990年，在第135次执行局会议上讨论教科文组织1992—1993年计划和预算草案时，中国代表滕藤提出，“教科文组织的工作重心应是坚持面向广大发展中国家，这是今后相当一段时间内制定计划的根本原则”。[⑤] 1997年，出席联合国教科文组织第29届大会的中国代表团团长、中国国家教委副主任兼中国联合国教科文组织全国委员会主席韦钰在大会总政策辩论上强调，“广大发展中国家的发展问题，已成为当今时代尤为紧迫的问题。”[⑥] 甚至到了2006年，温家宝总理还呼吁，“发达国家应该承担更多的义务，为

① 《在邓小平理论指引下前进——庆祝联合国教科文组织成立60周年》，载中华人民共和国联合国教科文组织全国委员会编：《中华人民共和国联合国教科文组织全国委员会史迹》，2006年，第63页。

② 《我代表在教科文组织特别会议上强调　应首先促进发展中国家教科文事业》，载《人民日报》1982年11月28日，第6版。

③ 《赵紫阳总理会见姆博总干事　重申中国把发展同第三世界国家合作，作为对外合作立足点》，载《人民日报》1983年8月5日，第1版。

④ 《我代表在教科文组织会议上发言强调　发展国际多边合作符合各国利益》，载《人民日报》1986年5月15日，第6版。

⑤ 《我国家教委副主任指出　教科文组织工作重心应面向第三世界》，载《人民日报》1990年10月17日，第7版。

⑥ 果永毅：《我代表团长在联合国教科文组织强调　发展中国家发展问题尤为紧迫》，载《人民日报》1997年10月27日，第6版。

发展中国家的全民教育提供有效的和没有附加条件的帮助”。[①]

四、中国与教科文组织的联盟行为

虽然中国是发展中国家的一员，但作为安理会五常之一，仍享有独特的政治地位和影响力，因此，教科文组织的发展需要中国这一政治大国的支持。两者之间有着诸多共同利益，存在着某种程度的联盟关系。作为一个人口和领土广阔的大国，中国对教科文组织的支持也使其更具有代表性，例如中国加入国际笔会后，这一作家组织与联合国教科文组织的咨询关系由“乙级”升为“甲级”，[②] 由此可见代表性对于教科文组织的重要意义。而且中国历史悠久，正如教科文组织总干事姆博所言，“中国有着长期的经验。这些经验对联合国教科文组织更好地制定其计划的方向是有借鉴作用的”。[③] 中国历届政府在话语和组织上都积极支持教科文组织的工作，正如朱镕基总理对到访的联合国教科文组织总干事松浦晃一郎所言，“教科文组织是重要的联合国专门机构，在国际知识界有重要而独特的影响。近10年来，教科文组织在推广全民终身教育尤其是普及初等教育、加强全球自然资源和环境保护与管理以及保护世界文化遗产等方面发挥了积极的作用，受到各国政府和知识界高度重视，中国政府对此表示赞赏和支持”。[④]

在教科文组织遭遇重大危机时，中国态度鲜明地给予了组织支持。战后50年来，专业性国际组织呈现出越来越明显的政治化趋势，[⑤] 教科文组织也不例外。随着大批发展中国家加入教科文组织，“围绕和平、战争、殖民主义、新殖民主义、种族主义、种族隔离以及中东阿

---

① 温家宝:《在第五届全民教育高层会议开幕式上的讲话》，载中华人民共和国联合国教科文组织全国委员会编:《中华人民共和国联合国教科文组织全国委员会史迹》，2006年，前言。

② 王歌:《中国笔会中心简介》，载《人民日报》1980年8月6日，第5版。

③ 辛树蕃、许庆美:《为了增进同中国的合作——访联合国教科文组织总干事姆博》，载《人民日报》1983年8月3日，第6版。

④《朱镕基会见联合国教科文组织总干事》，载《人民日报》2000年8月24日，第1版。

⑤ 余锋:《专业性国际组织的政治化：以GATT/WTO为例的分析》，载《外交评论》2008年第1期。

以、巴以冲突以及外国占领等政治问题，东方和西方之间，南方与北方之间，历届大会都要进行激烈的政治较量”。[①] 甚至就连人们普遍认为文化色彩浓厚的世界文化遗产遴选，也是带有政治性的。[②] 一些学者批评教科文组织支持和发起的全球教育活动也是新自由主义式的。[③] 美英等国以教科文组织“过分政治化”为由，相继于20世纪80年代退出，例如美国认为，美国贡献了教科文组织25%的经费，却只拥有一张选票。受美国资助的教科文组织却在政治领域如裁军、国际通讯秩序领域推动反西方运动，损害美国的国家利益。[④]

英国退出教科文组织的理由是它抱怨该组织“过分注重具有政治争端的事件”。[⑤] 美、英、新加坡相继退出致使教科文组织的预算减少了30%以上，造成了财政危机，致使该组织面临严重的生存问题。对此，中国除了对美国的行为表示“遗憾”外，一再重申会继续积极支持教科文组织。1986年5月，中国常驻教科文组织代表来汉宣大使在教科文组织第124届执行局会议上发言强调，“教科文组织进行改革，不是屈从于外界的什么压力，也不是一时的权宜之计”，此外，“来汉宣在发言中对英国退出教科文组织表示遗憾和失望。他说，教科文组织因美国退出而面临的困难形势，由于英国和新加坡的退出而加重了，大家对此感到关切”。[⑥] 而且中国联合国教科文组织全国委员会也认为，在国际社会中，教科文组织为维护和平和促进发展起着重要的作用。全委会确定的1986年中国的政策方针是“继续积极参与联合国教科文组织的活动，推动这个组织为解决当前人类面临的和平和发展两大问

---

① 张崇礼:《撷兰折菊　嫁吾芳圃——为纪念中国联合国教科文组织全国委员会成立25周年而作》，第52页。

② Marko Scholze, “Arrested Heritage: The Politics of Inscription into the UNESCO World Heritage List: The Case of Agadez in Niger, ” *Journal of Material Culture*, Vol.35, No.2, 2008, pp.215-231.

③ Corrine M. Wickens and Jennifer A. Sandlin, “Literacy for What? Literacy for Whom? The Politics of Literacy Education and Neocolonialism in UNESCO- and World Bank Programs Sponsored Literacy, ” *Adult Education Quarterly*, Vol. 57, No.4, 2007, pp. 275-292.

④ J. Stephen Parker, “UNESCO under Pressure, ” *Information Development*, Vol.1, No.1, 1985, p.9.

⑤ 谢喆平:《中国与联合国教科文组织：传授与学习关系的演进分析》，第27页。

⑥《我代表在教科文组织会议上发言强调　发展国际多边合作符合各国利益》，载《人民日报》1986年5月15日，第6版。

题做出贡献，继续支持该组织为促进各会员国发展教育、科学、文化等事业所进行的各项活动，推动该组织为提高工作效益及讲究实际所作的改革；跟其他会员国一起克服这个组织当前存在的困难，尽力维护这个组织作为国际智力合作机构的普遍性原则”。[①]

除了在组织上与教科文组织结成政治联盟之外，中国也一贯支持该组织的组织理念。长期以来，教科文组织致力于消除贫困、提高教育、发展科学文化，而这些与中国社会主义自我身份定位的内在要求有着天然的契合。对此，新中国历届政府都表示认可，如在2010年温家宝总理会见教科文组织总干事伊琳娜·博科娃时就表示，“教育、科学、文化是人类文明进步的标志，也是当今国际交流合作的重要内容，对应对各种全球性挑战、促进世界和平与发展具有不可替代的作用。中国政府从战略高度重视加强全民教育、促进科技进步和保护文化多样性，致力于实现人的全面发展、社会的全面进步以及世界和谐与可持续发展”。[②] 而无论是“社会主义的本质是解放生产力，发展生产力”，还是“科学技术是第一生产力”，其内在要求都是要发展教育、科学和文化，因此，社会主义国家的自我定位与教科文组织的组织理念存在很大程度的一致性。例如，对于中国80年代中后期启动的“建设四化”目标，时任教科文总干事姆博评价认为，“其目标是与联合国教科文组织的宗旨是一致的”。[③] 具体而言，在教育领域，中国积极支持和接受教科文组织倡导的平等教育理念，早在1960年12教科文组织第11届大会上通过《反对教育歧视公约》(Convention against Discrimination in Education)，倡导平等教育，宣告“所有人都有获得

① 毕全忠:《中国联合国教科文组织委员会全体委员会议部署明年工作 继续积极参与联合国教科文组织活动》，载《人民日报》1985年12月25日，第3版。

② 《温家宝会见联合国教科文组织总干事伊琳娜·博科娃》，教育部：http://202.205.177.9/edoas/website18/86/info1274753023597186.htm，2011年1月20日访问。

③ 辛树蕃、许庆美:《为了增进同中国的合作——访联合国教科文组织总干事姆博》，载《人民日报》1983年8月3日，第6版。

教育的权利”，[①] 强调教育作为个人权利的本质属性。对于教育的重要意义，中国几任总理都做了充分肯定。1993年，李鹏总理对来访的教科文总干事马约尔表示，“发展教育事业是关系到国家富强、人类文明和社会进步的根本大计”，而且“民族振兴的希望在教育”。[②] 在2006年，温家宝总理也对到会的教科文成员国代表表示，“教育是人类文明传承不熄的火炬，是经济社会发展通向明天的桥梁，是实现人的全面发展的基本条件。”[③] 而且，中国对于教育平等的理解也在不断革新，有研究表明，在20世纪，中国对于教育平等的理解在不断深化，从八九十年代重视机会平等，到后来逐渐重视教育的结果和过程平等。[④] 中国不遗余力推进的九年制义务教育则是对教育结果平等理念的实践贯彻。

此外，中国对教科文组织的诸多政治理念也持赞同态度。例如，在战后的很长一段时间内，教科文组织努力在世界推动建立“国际经济新秩序”和“世界新闻新秩序”。1978年，教科文组织第20届大会通过“联合国教科文组织对国际经济新秩序作出贡献”的决议，认为“建立国际经济新秩序，这是同消灭各种威胁国际和平和安全的因素，例如军备竞赛、殖民主义、新殖民主义、帝国主义、种族隔离、各种形式的外国占领、各种形式的种族、文化或者政治统治和压迫等等，分不开的”。[⑤] 作为第一位由第三世界国家官员担任的总干事，而且连续担任总干事一职长达13年之久，姆博本人也积极倡导建立“国际经济新秩序”和“国际新闻新秩序”，1982年4月，姆博在巴黎对法兰西国内广播电台记者发表谈话时呼吁尽快建立新的世界经济秩序。他指

---

① “Convention against Discrimination in Education, adopted by the General Conference of UNESCO at its 11th session, Paris, 14 December 1960,” *Standard-setting in UNESCO, Volume II: Conventions, Recommendations, Declarations and Charters Adopted by UNESCO (1948–2006)*, ed. UNESCO (Leiden: Martinus Nijhoff Publishers, 2007).p.79.

② 李鹏：《在中国全民教育国家级大会开幕式上　李鹏总理的致辞》，载《人民日报》1993年3月2日，第1版。

③ 温家宝：《在第五届全民教育高层会议开幕式上的讲话》。

④ 丰向日：《“教育平等”观念在中国（1840—2007）》，华东师范大学博士论文，2008年，第1页。

⑤《联合国教科文组织第二十届大会闭幕　决议要求有关国际组织驱逐盗用中国名义的同蒋帮有联系的团体和个人》，载《人民日报》1978年11月30日，第5版。

出，现行世界经济秩序有利于富国，而“根本不管发展中国家的状况如何”，因此这种旧秩序“再也不能继续下去了”。[①]1985年8月，姆博在哥伦比亚《时代报》上发表谈话，呼吁建立国际新闻新秩序。[②]教科文组织积极倡导的各种新秩序时美国感到愤怒，“建立‘新的世界新闻通讯秩序’所作的努力也使华盛顿感到不快”，[③]1986年，美国在41届联大特别政治委员会上投票反对建立新的世界新闻和通讯秩序。[④]教科文组织积极推动这一计划，也是促使美国退出该组织的一个重要原因。教科文组织积极推动世界新闻和通讯秩序导致了工业化国家与第三世界之间的冲突，引发了“教科文组织的危机”。[⑤]

教科文组织建立国际经济与新闻新秩序，当然会得到第三世界国家的热情支持，对此，中国表示赞赏教科文组织在努力探讨如何为建立新的国际经济秩序做出贡献。[⑥]对于教科文组织积极推动的另外一项政治议程，即建立新的世界新闻和通讯秩序，中国也完全赞同。1985年5月，中国社会科学院新闻研究所发起和组织了“关于世界新闻新秩序问题讨论会”，与会者反对美国坚持的“新闻自由交流”原则，鉴于“到1984年底，这一斗争随着美国退出联合国教科文组织而更加复杂化了”，因此，“召开这次会议的目的，是希望通过讨论，引起国内对这一问题的重视和研究”。[⑦]1989年中国联合国教科文组织全国委员会主任滕藤说，“广大发展中国家要求建立新的世界新闻和传播秩序，这一主张是完全正当的、必要的……教科文组织在帮助发展中国家加强传

① 《联合国工发组织批评富国不关心穷国的发展　教科文组织总干事呼吁建立世界经济新秩序》，载《人民日报》1982年4月21日，第7版。

② 《联合国教科文组织总干事发表谈话　要求建立国际新闻新秩序》，载《人民日报》1985年8月21日，第7版。

③ 《美国无理决定一九八五年起退出联合国教科文组织》，载《人民日报》1983年12月30日，第7版。

④ 徐林兴：《41届联大特委会就新闻问题通过决议　主张为建立世界新闻新秩序进行合作》，载《人民日报》1986年11月30日，第6版。

⑤ Peter Billing, et al., “State Characteristics and Foreign Policy: Industrialized Countries and the UNESCO Crisis,” *Cooperation and Conflict*, Vol. 28, No.2, 1993, pp.143-145.

⑥ 《我代表团团长在联合国教科文组织大会发言　发展中国家加强团结反帝反殖反霸发展民族文化》，载《人民日报》1976年11月4日，第5版。

⑦ 张黎：《“关于世界新闻新秩序问题讨论会”在京举行　要求建立有利于第三世界国家的国际新闻新秩序》，载《人民日报》1985年5月3日，第7版。

播基础设施和培训人员等方面做了不少工作，中国支持教科文组织在中期规划中继续把这方面的活动列为优先项目”。[①]

五、联盟实践与中国在教科文组织中的“身份承认”

（一）联盟实践与中国在教科文组织中的“形式承认”

在相当长一段时间内，中国旧有的自我身份定位，即体系的革命者或改革者，导致了我们在进入教科文组织内部时并没有实质性参与具体的业务，但在组织内部和组织层次却有丰富的联盟实践活动，而这些联盟实践首先致使中国获得了教科文组织及其成员国的“形式承认”。毫无疑问，中国恢复联合国合法席位，第三世界的作用功不可没，同样，由于第三世界国家的努力，中国较早地恢复了在教科文组织的代表权。在国际组织中驱逐国民党代表是新中国参与国际组织的一项基本政策立场，早在1950年初，这项政策便已明确，即要“在联合国专门机构以及其他国民党参加之政府组织”中“否定国民党的代表”。[②]与第三世界的联盟显然保证了新中国在教科文组织的形式承认，成功地在教科文组织驱逐了蒋介石政权的代表，确保中国在教科文组织内部的合法代表地位。1973年，教科文组织第93届执行局会，以“17票赞成、1票反对、10票弃权，通过了中国提出的关于敦促与教科文组织有联系的非政府性国际组织驱逐蒋介石集团代表的决议”。[③]在教科文组织第18届会议全体会议上，中国提议敦促仍有蒋介石集团分子参加的、同联合国教科文组织保持联系的一切非政府性国际组织采取措施，驱逐蒋介石政权的代表。由于“中国代表团的严正立场得到了朝

① 《我代表团长在教科文组织大会上发言呼吁　加强多边合作维护和平共同发展》，载《人民日报》1989年10月22日，第3版。

② 外交部档案馆：《外交部关于我国参加国际团体问题的原则性办法草案（1950.2—12）》，档案号：113-00055-02。

③ 《联合国教科文组织执行局会议通过决议　敦促有关国际组织驱逐蒋介石集团代表》，载《人民日报》1973年10月11日，第6版。

鲜、阿尔巴尼亚、罗马尼亚、伊拉克、叙利亚等许多国家的支持”，本次大会最终通过决议，在教科文组织中驱逐了蒋介石集团。[①]1976年教科文组织第18届会议上通过一项决议，要求同联合国教科文组织保持关系的某些非政府性国际组织采取措施，“立即开除同蒋介石集团有联系的团体和个人”。而在本次大会上，“朝鲜民主主义人民共和国、越南、坦桑尼亚、赞比亚、莫桑比克、几内亚、刚果、毛里塔尼亚、尼日尔等许多国家的代表团在会上发言时坚决支持中国的立场”。[②]随后，多次教科文组织大会均重申这一立场，例如1978年第20届大会“要求同教科文组织保持关系的所有非政府国际组织，采取措施立即驱逐盗用中国名义的同蒋帮有联系的团体和个人，并且割断同它们的一切关系”。[③]正是第三世界国家的支持，教科文组织不但最早恢复了中国的合法席位，也成为联合国系统第一个驱逐台湾当局的专门机构。

（二）联盟实践与中国在教科文组织中的“利益承认”

中国在教科文组织内的身份承认得以解决，随后中国在该组织内的利益承认也很快实现，这一点突出体现在中国开始在教科文各级组织中占据一定的组织位置。而且随着中国与教科文组织的合作日益深入，中国在教科文组织内的组织位置越来越多，职位也越来越高，开始担任教科文组织的一些高级职务。由于第三世界代表的支持，中国在1972年恢复加入教科文组织之初，便在第17届会议上当选为执行局成员。[④]此后中国代表一直担任这一职位。1983年，在教科文组织第22届大会上，“中国再次当选为体育运动政府间理事会和综合情报计划政

① 《联合国教科文组织第18届会议通过决议　敦促有关非政府性国际组织驱逐蒋介石集团分子》，载《人民日报》1974年11月25日，第6版。

② 《联合国教科文组织会议通过决议　要求有关非政府性国际组织驱逐蒋帮分子》，载《人民日报》1976年11月24日，第5版。

③ 《联合国教科文组织第20届大会闭幕　决议要求有关国际组织驱逐盗用中国名义的同蒋帮有联系的团体和个人》，《人民日报》1978年11月30日，第5版。

④ 《联合国教科文组织举行全体会议　改选执行局部分成员》，载《人民日报》1972年11月1日，第6版。

府间理事会的成员，并新当选为国际教育局理事会理事”。[①] 在1983年教科文组织执行局第118届会议上，中国执委杨伯箴当选为执行局副主席。[②] 1985年，在教科文组织第23届大会上，中国教科文组织全国委员会主任高沂当选为大会副主席。[③] 在1987年教科文组织第24届大会上中国当选为政府间信息学计划协调委员会、国际教育局理事会和综合情报计划政府间理事会的成员，而“中国是第一次当选参加政府间信息学计划协调委员会的工作，在其他两个理事会中的席位是继续连任。”[④] 1991年，在联合国教科文组织执行局第138届会议上，中国执委滕藤当选为26届大会执行局副主席。[⑤] 同年，在联合国教科文组织的保护世界文化和自然遗产公约缔约国第8届大会上，中国首次当选为世界文化遗产委员会委员。[⑥] 1995年，联合国教科文组织世界版权公约政府间委员会第10次会议上，中国当选为拥有18名成员的世界版权公约政府间委员会委员。[⑦] 在接下来的1997年，中国在世界版权公约政府间委员会第11次会议上首次当选世界版权公约政府间委员会第12次会议的副主席。[⑧] 在90年代中后期，中国科学院院士苏纪兰先后担任联合国教科文组织政府间海洋学委员会的副主席、代理主席，并多次担任海委会主席。[⑨] 2005年，教育部副部长章新胜高票当选为教科文组织执行局主席，任期两年，这是中国在教科文组织担任的最高职位。[⑩] 2006年，在巴黎召开的保护非物质文化遗产缔约国大会上，中国高票当选为首

① 《联合国教科文组织大会第22届会议闭幕》，载《人民日报》1983年11月28日，第6版。

② 《联合国教科文组织执行局选出新主席》，载《人民日报》1983年12月3日，第6版。

③ 《教科文组织大会选出领导成员》，载《人民日报》1985年10月11日，第6版。

④ 沈孝泉：《在联合国教科文组织第24届大会上　我当选为三个专门机构成员》，载《人民日报》1987年11月18日，第7版。

⑤ 郭京花：《联合国教科文组织大会作出决定 优先考虑第三世界教育问题》，载《人民日报》1991年11月11日，第7版。

⑥ 郭京花：《我国当选为世界文化遗产委员会委员》，载《人民日报》1991年11月11日，第7版。

⑦ 《我国当选世界版权公约政府间委员会委员》，载《人民日报》1995年7月21日，第4版。

⑧ 黄韦：《我国在世界版权组织中地位提高》，载《人民日报》1997年7月24日，第5版。

⑨ 苏纪兰：《我在海委会的经历》，载中华人民共和国联合国教科文组织全国委员会编：《中华人民共和国联合国教科文组织全国委员会史迹》，2006年，第67—69页。

⑩ 中华人民共和国联合国教科文组织全国委员会秘书处：深化与联合国教科文组织的智力合作　推动构建和谐世界——中国与联合国教科文组织合作简议》，载中华人民共和国联合国教科文组织全国委员会编：《中华人民共和国联合国教科文组织全国委员会史迹》，2006年。

届非物质文化遗产委员会委员。[①] 此后，在2007年，中国以105票的最高票数成功当选教科文组织世界遗产委员会委员国。[②]

至于中国在联合国教科文组织中拥有一定的组织位置，从而确保中国的利益承认，这可以从中国“申遗”的发展历程来考察。众所周知，中国加入教科文组织甚晚，而且加入初期还不参加该组织的具体业务活动，因此，这一形势就决定了我们作为后来者的被动地位。1972年教科文组织第17届大会上通过的《世界文化与自然遗产保护公约》(Convention concerning the Protection of the World Cultural and Natural Heritage)，启动了人类物质和非物质文化遗产保护的时代大潮。[③] 当中国于20世纪80年代知晓教科文组织的世界遗产保护项目，开始着手申遗时，已经收录众多世界文化遗产的世界遗产名录则开始限制各国申报数量，中国面临严重的后发劣势，但经过中国的努力，在申报世界文化遗产领域，中国后来居上，取得了不错的成绩。例如截止到2009年，中国已有38个遗产地被列入《世界遗产名录》，29个非物质文化遗产被列入《非物质文化遗产代表作名录》。中国更“成为世界上入选联合国教科文组织非物质文化遗产名录项目最多的国家”。[④] 在中国申报之初，教科文组织于2000年通过《凯恩斯决议》，开始限制世界遗产的数量，对此，中国发挥自身在教科文组织中的组织优势，因势利导，化解了不利局面。“中国联合国教科文组织全国委员会出面争取，特别是经过当时的全国委员会主任、联合国教科文组织执行局主席章新胜的努力，在苏州（章曾任职苏州市长）召开了第28届世界遗产会议，并通过了关于修改凯恩斯决议的相关建议，在议程设置层面对已经发生的双重滞慢进行了尽可能的补救”。[⑤]

---

① 中华人民共和国联合国教科文组织全国委员会秘书处：深化与联合国教科文组织的智力合作 推动构建和谐世界——中国与联合国教科文组织合作简议》，载中华人民共和国联合国教科文组织全国委员会编：《中华人民共和国联合国教科文组织全国委员会史迹》，2006年。

② 李琰：《中国高票当选世界遗产委员会委员国》，载《人民日报》2007年10月28日，第3版。

③ “Convention Concerning the Protection of the World Cultural and Natural Heritage Adopted by the General Conference of UNESCO at Its 17th Session, Paris, 16 November, 1972”, pp.135-148.

④ 李舫：《我国入选世界非遗名录最多》，载《人民日报》2009年11月27日，第2版。

⑤ 谢喆平：《中国与联合国教科文组织：传授与学习关系的演进分析》，第123页。

（三）联盟实践与中国在教科文组织中的“价值承认”

客观来说，新中国参与教科文组织的联盟实践，在相当长一段时间内，是旧有身份界定下的战略行为，联盟实践本身并不能保证中国在教科文组织内获得完整的身份承认，不管是20世纪60年代将教科文组织作为反霸的新舞台，还是七八十年代，我们采取的“有取有给”的多边战略，中国的参与多是出于理性的战略考虑，极少参与实际的组织业务活动，因而不可能获得教科文组织的价值承认。在四人帮垮台前，中国“除在自然科学领域选择参加了少量活动，我们对该组织在教育、文化、传播以及社会科学等其他领域的大量活动均绝少参与。实际上，在那一段历史时期内，我们名义上加入了该组织，但在实际上却隅于思想桎梏，充满疑虑和戒备，业务上参与十分有限”。[①]在20世纪八九十年代前，中国在联合国系统内，甚至在安理会内也极少提出过决议，甚至都没有连署过。[②] 直到改革开放之后，中国作为一个学习者开始真正参与教科文组织的实际业务活动，在学习实践的基础上，中国才有可能获得教科文组织的价值承认。但是，另一方面，出于理性计算的联盟实践有着双重后果，上面已经提到，一方面，新中国在教科文组织内部和组织层面的联盟实践，强化了中国既有的自我身份，例如这种联盟实践强化了早期的体系革命者到后者的体系旁观者的身份，反霸联盟强化了中国反对现有国际体系的身份，与第三世界联盟要求建立新的国际经济、新闻秩序，也同样与现有国际体系产生身份上的冲突。建立在利益计算上的联盟行为，固然不会产生新的身份和认同，但是，纵观中国加入教科文组织的整个历程来看，联盟实践在强化既有身份的同时，也建立了新的实践空间，为中国改革开放后期的学习实践与创新实践提供了基础。与第三世界的联盟以及

① 张崇礼:《撷兰折菊　嫁吾芳圃——为纪念中国联合国教科文组织全国委员会成立25周年而作》，第44—45页。

② Charles M. Lichenstein, “China in the U.N.: The Case of Kampuchea,” *World Affairs*, Vol. 149, No. 1, Summer 1986, p. 21.

与教科文组织之间紧密的合作联盟，使中国转变身份积极参与教科文组织的实际业务变得很自然和容易。例如中国刚刚加入初期，国内参与单位有很多犹豫彷徨。在早期的1972年，“最早对该组织的评价报告中，写有‘宣传资产阶级生活方式’，‘集资产阶级意识形态之大成’字样。”[①] 而且，“从1971年10月恢复席位到1978年上半年，由于历史条件的限制，我国基本未参加教科文组织的国际和地区专业会议，也未在华举办任何合作活动，只出席了少数重要的政治性会议。当时，我们更多地把教科文组织看成是一个开展政治斗争的场所，把反对两霸作为对教科文组织的首要任务”。[②]

国内参与者的犹豫彷徨不是没有道理的，除了当时极端的文革背景外，即使在新中国建立之初，我们对教科文组织的态度也是很担心，将其视为资本主义体系的一部分，特别是美国霸权的代言人。例如，在1950年，我们认为，“联合国教科文组织是被英美帝国主义所操纵，作为文化侵略的工具，它通过电影、无线电、印刷品、人员外交等来宣传资产阶级的生活方式和宣传美国争夺世界霸权的政策，该组织是助长美帝国主义在意识形态上的扩张”。[③] 所以，在70年代中国参与教科文组织之初，中国只参与“少数重要政治性会议”，也就是出席大会和执行局的会议，而且只派当地华侨参与教科文组织的工作。[④] 我们早期在教科文组织内的政治性参与，实际上就是以联盟实践为主，虽然没有参与具体业务，但是持续的互动改变了诸多国内参与者的观念，例如不少国内单位“在业务上尝到了国际合作的甜头，参与程度不断加深，同时也培养、锻炼了一批业务、外文皆佳并且富有国际组织活动经验的中青年外事骨干，为长期开展并不断加深国际合作奠定了坚

---

① 张崇礼:《撷兰折菊　嫁吾芳圃——为纪念中国联合国教科文组织全国委员会成立25周年而作》，第44页。

② 教科文组织全国委员会秘书处:《中国与联合国教科文组织合作的回顾与展望——纪念党的十一届三中全会召开暨中国教科文组织全国委员会成立20周年》，http://www.jledu.com.cn/jjzx/zyjywx/%D6%D0%B9%FA%A3%B2%A3%B0.htm，2010年12月4日访问。

③ 参见外交部档案馆:《周恩来外长关于否认国民党政府在教科文组织中的代表资格事致联合国电及其复电，1950-04-07—06-13》，附件，档案号113-00013-01。

④ 谢喆平:《中国与联合国教科文组织：传授与学习关系的演进分析》，第4—5页。

实的基础”。①

六、结语

总体而言，中国参与教科文组织的联盟实践活动呈现以下特点，第一，中国在教科文组织内部的联盟实践逐渐淡化，而在组织层次的实践不断强化，并成为中国联盟实践的重要内容。虽然在理论层面，学者们都漠视国际组织作为一个国际关系自主行为体的重要事实，但是，在政策实践层面，中国敏锐地把握了这一点，与教科文组织的联盟保证了中国在教科文组织内部的利益诉求得到尊重，并使中国最终实现了身份承认，进而开始参与塑造教科文组织新的组织身份，上传自己的价值理念，并使这些新的规范和理念借助教科文组织而社会化；第二，中国与教科文组织的联盟实践建立在平等关系基础之上。虽然在参与教科文组织之初，中国就意识到教科文组织作为知识传授者的地位，也一定程度上向其学习，但是在中国与教科文组织的联盟关系中，双方处于完全平等的地位。联盟实践所形成的这种平等的关系地位对于中国启动全面学习进程有着重要意义，地位平等的学习—传授关系更利于后来者学习，并改变自身的偏好，进而最终实现身份的转移。而在不平等的传授—学习关系中，面对国际组织居高临下的知识传授，国家的学习更多是如江忆恩所说的“适应”，而不是真正的“学习”，② 因而行为体融入国际组织而加以社会化的程度并不高，成功的概率也很低；第三，联盟实践是中国在教科文组织内部身份转移的重要机制之一，也是中国在国际社会社会化的重要途径。众所周知，主流的社会化理论强调了国际组织对于成员国的教化所起的积极作用。国际社会之外的成员国通过学习，接受国际组织所教授的新的身份，进而形成新的认同，最终实现社会化。而通过考察中国参与教科文组

① 张崇礼:《撷兰折菊　嫁吾芳圃——为纪念中国联合国教科文组织全国委员会成立25周年而作》，第45页。

② Alastair Iain Johnston, “Learning Versus Adaptation: Explaining Change in Chinese Arms Control Policy in the 1980s and 1990s”.

织的联盟实践活动，我们发现这种自上而下的社会化并不是唯一途径，成员国与国际组织联盟这种平行的社会化路径，也是成员国获得国际组织身份承认的可能路径。因而，对于国际社会外的国家而言，社会化并非只有传授—学习这样一种途径，成员国通过与国际组织联盟、与组织内成员联盟，也可能实现社会化。

此外，就中国参与国际体系这一宏观命题而言，许多学者已经注意到中国参与国际组织存在着一个自由主义的演进过程。[①] 中国对于国际政府间组织的参与意愿越来越强烈，程度越来越深，接受的国际规则和规范越来越多，江忆恩甚至认为，在某种情况下，“中国是捍卫服务于其权力利益的规则和制度的保守力量”。[②] 在中国崛起的背景下，当中国越来越“国际化”时，很多敏锐的学者认识到，中国的国际化离不开问题领域的“国内化”。[③] 当我们强调中国参与国际组织，学习新规范和理念的同时，需要重视新中国与诸多国际组织内外的政治联盟关系，重视这种良好的关系过程孕育的身份变化之可能和条件。

---

① Justin S. Hempson-Jones, “The Evolution of China’s Engagement with International Governmental Organizations: Toward a Liberal Foreign Policy?” *Asian Survey*, Vol. 45, No. 5, Sep. - Oct., 2005, p.712.

② 江忆恩:《美国学者关于中国与国际组织关系研究概述》，第52页。

③ Marko Scholze, “Arrested Heritage: The Politics of Inscription into the UNESCO World Heritage List: The Case of Agadez in Niger,” pp. 215-231.

第11章

中国参与国际人权组织的实践进程

张爱宁[1]

在当代国际社会，国家（政府）间纯粹出于保护人权目的以条约设立的，严格国际法意义上的，普遍的常设的国际人权组织是不存在的。本章言及的“国际人权组织”，实际上是一些具有人权保护职能的普遍性国际组织或其附属机构。这些“国际人权组织”大致可分为两类：一是具有部分人权保护职能的普遍性国际组织，如联合国、国际劳工组织、世界卫生组织、粮农组织、教科文组织、国际刑事法院等。二是不具有独立国际法律人格的联合国附属机构。这类机构又可分为：专门性人权机构，如联合国人权委员会/联合国人权理事会、联合国妇女地位委员会、联合国人权高级专员等；具有部分人权职能的机构，如前南斯拉夫国际刑事法庭、卢旺达国际刑事法庭、联合国难民署等。这些国际组织/机构为国家之间就人权问题进行会晤、磋商、谈判、解决争端、制裁严重侵犯人权的犯罪行为及合作提供了可能和必要场所。当代国际人权保护制度在很大程度上是在上述组织/机构的努力下建立起来的，甚至可以说，没有它们就没有当代国际人权保护制度，同时其本身又构成国际人权保护制度的重要组成部分。

---

① 张爱宁　外交学院国际法系教授。

当代国际人权保护制度由一系列国际人权文书（包括国际人权公约、宣言、准则、原则等）和各种各样的国际人权保护机制（如联合国“1503号程序”、“1235号程序”、“普遍定期审查制度”，以及各类人权机构等）构成。国际人权保护制度不仅确立、执行和推广国际人权标准，也是衡量国家行为合法性的标尺，具有塑造国家的国际形象，赋予国家某种国际地位和身份的功能。从这个意义上说，国际人权保护制度在本质上是对国家主权某种程度的制约——各种各样的国际人权文件和人权机制在确立、推广和实施国际人权标准的同时，也明确了主权国家对处于其管辖之下的个人或群体可以做什么、不可以做什么。国际人权标准对国家主权的制约性，以及国家主权作为对内最高权的不容挑战性和对外独立权的不受干涉性，注定了主权国家与国际人权保护制度之间存在着一定程度的紧张关系。这种紧张关系一方面是国家参与国际组织人权实践的重要原因之一——借此参与国际人权保护制度的创设或对其施加影响，以便尽可能使国际人权保护制度朝着有利于自身利益和需求的方向演变和发展，[①] 另一方面也使得国家参与国际人权组织的实践充满着不平衡与斗争。

一、中国参与国际人权组织实践现状

国家对国际人权组织实践的参与程度归纳起来大体有四种情况：（1）消极参与，无所作为；（2）积极参与，表达一种姿态；（3）积极参与、学习、借鉴、并逐渐谋求话语权；（4）居于主导地位。

一国对某一国际人权组织参与程度如何，既取决于该参与主体的主观意愿，也与国际人权组织内成员对该参与主体地位和身份的承认

① 以1947年联合国人权委员会起草《世界人权宣言》为例，几乎联合国所有成员国都试图对委员会的工作施加影响，其动机正如参加《宣言》起草工作的英国人权工作组所言：“王国政府寻求这项（人权）公约的目的有二：首先，王国政府把公约视为确保提高人权标准过程中的一个手段；其次，它可以作为政治斗争的武器。”不仅英国如此，前苏联和美国也都明显有此考虑。参见（瑞典）格德门德尔·阿尔弗雷德松、（挪威）阿斯布佐恩·艾德主编：《〈世界人权宣言〉：努力实现的共同标准》（中国人权研究会组织翻译），成都：四川人民出版社，1999年版，第7页。

程度密切相关。当前，中国对国际人权组织的参与程度大体上介于上述第二种情况和第三种情况之间，即积极参与，表达一种姿态，并不断学习、借鉴，逐渐在国际人权保护机制的创设、改革和完善过程中增强中国的话语权。

决定中国参与国际人权组织程度的因素有三：第一，中国政府的执政理念：国内政治结构；第二，中国目前的经济发展水平和所处的社会历史阶段：国内资源条件；第三，中国在国际体系中的总体地位：国际社会对中国身份承认程度。在这三者相互作用下，中国参与国际人权组织实践的过程呈现出渐进性、阶段性、不平衡性，并表现出持续学习和有所创新的特征。

（一）中国的参与实践是一个在复杂互动中不断学习、借鉴、形成国际人权组织与其相互关系的新认知，并逐渐获得承认的过程

改革开放初期，中国对国际组织的战略是有选择地参与，特别重视参与“收益型”和“低成本”的国际组织，对于人权之类有可能限制国家主权和独立自主的国际组织的参与则要权衡再三，即使加入也会保持低调姿态参与。[①]

从1990年代开始，随着中国经济实力的增长和海外利益的不断拓展，中国开始全面融入国际社会，并在国际社会树立起负责任大国的形象。中国不再仅仅把参与国际人权实践作为维护国家利益的手段和国际政治斗争的工具，而是开始对国际人权制度所蕴涵的价值、理念表现出认同；开始考虑中国作为负责任大国应履行的人权保护义务和责任；并以积极的姿态越来越多地参与国际人权制度的建设。

现在，中国参与国际人权组织实践呈现出快速增长态势，参与率迅速提升，参与程度和范围不断扩大和深入，但总体上讲，中国的参与实践仍处在主要以加入和被动接受现有国际人权组织的运行方式、规则、

---

① 参见张贵洪主编：《国际组织与国际关系》，杭州：浙江大学出版社，2004年版，第381页。

议程以及观念等为主的阶段。与发达国家相比，中国在框定议题，提出核心概念、议程控制等方面的竞争力还比较薄弱。中国较少主动提出动议，提出的动议最终为国际社会接受的情况也还比较少。造成这种情况的主要原因，是由于当代人权概念是从西方国家的历史和文化中发展而来的；西方国家在国际人权制度建立过程中起了主导作用；国际人权组织的倡导者和组织章程的起草者主要来自西方国家；占统治地位的人权思想和人权理论也都根植于西方国家的世界观、历史观和价值观，国际人权组织的内在文化主要反映的是西方的价值观和利益偏好。因此，西方国家控制了国际组织中人权议题的讨论方向和人权标准的解释也就不足为奇了。[①] 包括中国在内的西方以外的国家如果想融入国际人权体系，只能被动地接受该体系的规范，并逐步适应，才会被接纳。这也注定了在今后很长一段时期内，中国参与国际人权组织实践的主要任务，不是挑战和试图改变既有体制规范，而是通过学习、遵守、内化这些规范而日益获得承认，变成一个体制内国家。

（二）中国的参与实践以不损害国家主权为条件：有条件的剧本

中国在参与国际人权组织实践过程中形成了有条件接受的剧本，即“中国参与国际人权组织实践以不损害国家主权为条件”。因此，中国在国际联盟实践过程中，始终坚持抵制以美国为首的西方国家种种

① 联合国人权委员会、人权高级专员，国际刑事法院等人权机构，都是在西方的倡议和主导下建立起来的。以联合国人权委员会为例，在筹建人权委员会的过程中，美国的42个非政府组织起了很大作用。人权委员会成立后，美国总统罗斯福的夫人艾琳娜·罗斯福担任了首届主席。人权委员会成立后的第一项任务就是起草《世界人权宣言》，同样由罗斯福总统的夫人出任《宣言》起草委员会主席。《宣言》的目标是“作为所有人民和所有国家努力实现的共同标准”，但仍难摆脱西方的烙印。在起草《宣言》之初，美国专门为艾琳娜·罗斯福配备了一个法律顾问班子。《宣言》的初稿由联合国人权司司长，加拿大人约翰·汉弗莱完成，但汉弗莱参考的主要是美国法律研究所、美国犹太人大会、美国律师协会，以及一些西方著名学者（如赫希·劳特派特、H. C. 威尔斯、威尔弗里德、帕森牧师等人）提供的材料和草案。在《宣言》的七位起草者中，只有一位不是基督徒。1947年6月至1948年6月，起草委员会指派法国代表勒内·卡森、英国代表威尔逊和黎巴嫩代表马利克组成工作小组，在初稿的基础上，对《宣言》进行了反复修改和补充整理。参见张爱宁:《国际人权法专论》，北京：法律出版社，2006年版，第204—205页。

可能贬损中国国家主权的苛刻要求。

由于中国参与实践的剧本“以不损害国家主权”为前提，因此中国对有可能限制国家主权的国际人权组织的参与一直持消极和否定态度。但在具体策略上，中国已经从改革开放初期单方面一味抵触回避的消极做法，转变成为现在的积极参与，充分表达意见，据理力争的互动方式，以便试图使相关人权组织规范的制定不至于太偏离中国的利益偏好，从而为中国未来可能的参与实践奠定一定基础。中国的上述转变从中国参与联合国国际法院的人权实践和国际刑事法院的人权实践的不同做法中可以得到佐证。

1. 中国以消极参与国际法院的方式维护国家主权

国际法院的诉讼管辖权建立在国家同意的基础上。若干国际人权公约都规定了缔约国可以将有关该条约的解释和适用的争端提交国际法院。1948年《防止及惩治灭绝种族罪公约》是第一个规定此种条款的人权公约，该公约第9条规定：“缔约国间关于本公约的解释、适用或实施的争端，包括关于某一国家对于灭绝种族罪或第三条所列任何其他行为的责任的争端，经争端一方的请求，应提交国际法院。”此后，《禁止并惩治种族隔离罪行国际公约》第12条、《消除一切形式种族歧视国际公约》第22条、《禁止酷刑或其他残忍、不人道或有辱人格的待遇或处罚公约》第30条、《消除对妇女一切形式歧视公约》第29条、《保护所有移徙工人及其家庭成员权利国际公约》第92条、《保护所有人免遭强迫失踪国际公约》第42条也做了类似规定。因此，一国如果批准了上述条约中的这类争端解决条款，就被认为是接受了国际法院对因上述条约解释和适用所引起的争端的管辖权。并且上述条约中的争端解决条款，除了《消除一切形式种族歧视国际公约》规定要经争端各方同意之后才可提交国际法院之外，其他都规定，如果缔约国之间就公约的解释或适用产生任何争端，只要争端任何一方提出请求，国际法院就可受理，无须取得争端他方的同意。国际法院由此获得对上述人权公约缔约国提交的“缔约国间关于本公约的解释、适用或实施的争端”的“任择强制管辖权”。

从1949年到1971年，中华人民共和国政府与国际法院没有任何联系，此间一直由台湾国民党当局代表中国参加《国际法院规约》，并接受了国际法院的任择强制管辖权。[①]1971年，中华人民共和国政府恢复在联合国的合法地位，1972年9月5日，中华人民共和国政府宣布，不承认国民党政府1946年10月26日关于接受国际法院任择强制管辖权的声明，但在1980年代之前，中国政府并没有实际参与国际法院的活动。

从1980年代初期开始，中国政府开始向联合国推荐出任国际法院法官的候选人。国际法院由15位不同国籍的法官组成，其产生程序为：由联合国会员国提名候选人，经联合国大会和安理会分别投票，只有在两次投票中同时获得多数票者才能当选。1984年11月7日，中国著名国际法学家倪征（日奥）当选为国际法院法官。1994年，另一位中国法学家史久镛接替倪征（日奥）当选为联合国国际法院法官，并于2000年当选国际法院副院长，2003年至2006年出任国际法院院长。从2010年开始，中国第三位法学家薛捍勤接任史久镛出任国际法院法官。国际法院只有15名法官，而联合国有192个会员国，每一个会员国都可以向联合国提名法官候选人，在这种激烈竞争背景之下，中国的法学家能在联合国大会和安理会投票表决中同时获得多数票，连续当选国际法院的法官，甚至出任国际法院的院长，这充分说明联合国系统对中国的国际身份和地位的承认。但迄今为止，中国尚未向国际法院提交过任何案件。

中国对其批准或加入的国际人权公约中带有提交国际法院解决争端的条款通常都提具保留，原因是这类争端解决条款关乎对国家主权的限制，中国担心由于管辖权的出让导致主权的部分丧失，或者担心国际法院不能做出公正、合理的判决。有如此顾虑的主要原因在于，国际法院一向被认为是一个“西方法院”，[②]加之传统国际人权规范大都是在西方国家主导下制定的，是西方文明的产物，法院的实践活动很难排除西方国家的法律观点和政治偏见的影响。在这方面唯一的一

① 1946年，中国国民党政府派徐谟出任国际法院大法官，之后连选连任，直至1956年6月28日，徐谟因心脏病突发在国际法院大法官任上去世。1956年至1967年间，台湾国民党当局派顾维均出任国际法院法官，历任国际法院法官、副院长。

② 赵里海：《当代海洋法的理论与实践》，北京：法律出版社，1987年版，第393页。

个保留例外是《防止并惩治种族隔离罪行国际公约》，其原因大概是，该公约所规定的情形与中国没有甚么关系，中国不会就该公约的解释和适用问题与其他缔约国发生争端。

中国将来能否撤回对各项国际人权公约争端解决条款的保留还不得而知，仅就目前情况看，尽管中国参与了国际法院的司法实践，但在国际法院有可能涉及与中国有关的人权案件方面，中国采取的是回避和否定态度。

2. 中国积极参与国际刑事法院维护国家主权

1998年6月15日至7月17日，在联合国罗马外交大会上，与会国以120票赞成、7票反对、21票弃权的表决结果通过《国际刑事法院规约》（以下简称《规约》）。2002年，《规约》生效，同年7月1日，国际刑事法院在荷兰海牙正式成立。

作为联合国安理会的常任理事国，中国对于建立一个独立、公正、高效、普遍的国际刑事司法机构一直持支持态度。从联合国国际法委员会将《规约》最初草案提交联合国大会进行讨论时起，中国就一直积极参与为成立国际刑事法院而召开的所有筹备会议，并就所有案文都提出了自己的意见。中国对《规约》最终文本的通过和国际刑事法院的建立做出了相当的贡献。[①] 但与这种积极参与态度形成鲜明对照的是，中国最终对《规约》投了反对票。根据当时中国参加建立国际刑事法院罗马外交会议中国代表团团长王光亚的解释，中国投反对票的主要原因是，《规约》中某些内容的规定可能影响或损害中国的主权。

《规约》将保障人权作为其基本原则。国际刑事法院管辖权范围内的案件有三个来源：（1）缔约国依照《规约》第14条提交的案件；（2）安理会根据《联合国宪章》第七章提交的案件；（3）检察官根据《规约》第15条自行展开调查的案件。这三种机制相比较而言，检察官自行启动机制对保证国际刑事法院的独立性尤为重要。因为面对某一具体案件，缔约国和安理会可能会基于各种原因犹豫不决（这在国际关系方面是常有的事情），而检察官自行启动机制则使得检察官有可能自行

① 朱文奇：《中国是否应加入国际刑事法院》，载《湖北社会科学》（上），2007年第10期，第141页。

根据有关法院管辖权内的犯罪资料开始调查，而不受其他外来因素的制约。[①]

与联合国国际法院不同，国际刑事法院对《规约》确立的罪行行使管辖权并非都要经过有关国家的事先同意。如前所述，在国际刑事法院管辖权范围内的三个案件来源中，法院对缔约国提交的案件和检察官根据其知悉的犯罪行为自行开始调查的案件行使管辖权取决于与该案件有特定联系的国家（犯罪行为发生地国或被告人国籍国）事先接受了法院的管辖权，但对于安理会提交的案件，法院则无需特定国家的事先同意即可取得对案件的管辖权。因为，依照《联合国宪章》第七章规定，安理会做出的向国际刑事法院提交案件的决议具有强制性，对联合国所有会员国都具有约束力，据此可以推定，非《规约》缔约国的联合国会员国出于履行安理会决议的义务业已做出了事先同意，借此国际刑事法院得对涉及该非《规约》缔约国的案件的管辖权。《规约》的此项规定使得国际刑事法院对非《规约》缔约国的国民在其本国或其他非《规约》缔约国境内实施的犯罪进行管辖成为可能，从这个意义上说，国际刑事法院实际上具有行使普遍管辖权的能力。

国际刑事法院的建立及其确立的诉讼管辖机制极大地强化了国际人权法实施监督机制，它使得人权的国际保护制度带有强制力，国家主权进一步受到限制。正因如此，使得一些国家对国际刑事法院的运行机制提出质疑，中国便是其中之一。中国认为，《规约》中的某些规定有可能影响或损害国家主权。这些内容包括：第一，中国不能接受《规约》规定的法院普遍管辖权。认为这种管辖权不是以国家自愿接受

---

① 《国际刑事法院规约》第15条：（一）检察官可以自行根据有关本法院管辖权内的犯罪的资料开始调查。（二）检察官应分析所收到的资料的严肃性。为此目的，检察官可以要求国家、联合国机构、政府间组织或非政府组织，或检察官认为适当的其他可靠来源提供进一步资料，并可以在本法院所在地接受书面或口头证言。（三）检察官如果认为有合理根据进行调查，应请求预审分庭授权调查，并附上收集到的任何辅助材料。被害人可以依照《程序和证据规则》向预审分庭做出陈述。（四）预审分庭在审查请求及辅助材料后，如果认为有合理根据进行调查，并认为案件显然属于本法院管辖权内的案件，应授权开始调查。这并不妨碍本法院其后就案件的管辖权和可受理性问题做出断定。（五）预审分庭拒绝授权调查，并不排除检察官以后根据新的事实或证据就同一情势再次提出请求。（六）检察官在进行了第一款和第二款所述的初步审查后，如果认为所提供的资料不构成进行调查的合理根据，即应通知提供资料的人。这并不排除检察官审查根据新的事实或证据，就同一情势提交的进一步资料。

为基础，违背了国家主权原则。第二，中国对将国内武装冲突中的战争罪行纳入法院普遍管辖的规定严重保留，主张国家应有权选择接受国际刑事法院对这一罪行的管辖。在这方面，中国主要考虑的是台湾问题。第三，对《规约》中有关安理会作用的规定持保留意见。认为侵略罪是一种国家行为，且尚没有法律上的定义，为防止政治上的滥诉，在具体追究个人刑事责任之前由安理会首先判定是否存在侵略行为是必要的。但规约没有对此作出明确规定。第四，对检察官自行调查权严重保留。认为规约的规定使检察官或法院因权力过大而可能成为干涉国家内政的工具。[①]

截至2011年12月11日，已有139个国家签署了《国际刑事法院规约》，120个国家批准了规约。中国没有成为国际刑事法院缔约国的原因，是因为《规约》中的某些规定有可能影响中国国家主权。但自国际刑事法院成立后，中国一直密切关注法院的工作，派出观察员团出席了历届缔约国大会及绝大部分的非正式磋商，以负责任的态度积极参与相关问题的讨论，做出自己的贡献。[②]2010年6月，中国派代表团又出席了《国际刑事法院规约》生效以来的首次审查会议，并就审查会议处理和通过侵略罪条款提出了自己的意见。[③]

总之，“有条件接受剧本”的形成是中国考量国内各种利益后的结果，而在中国参与国际人权组织实践过程中这个剧本被接受，则说明国际社会对中国身份和地位的某种程度的认可。

（三）国际人权制度需要中国的参与实践：形式承认

国际人权制度的核心目的在于防范国家侵犯个人或群体的人权，并努力促使人权在各国国内获得尊重、保护和实现。中国拥有占世界

① 参见《王光亚谈国际刑事法院》，载《法制日报》1998年7月22日，第4版。

② 《中国代表团在罗马规约审查会议一般性辩论中的发言》（2010年6月），载《中国国际法年刊》（2010年），第467页。

③ 参见《中国代表团出席罗马规约审查会议关于侵略罪问题的发言要点》，《中国代表团在罗马规约审查会议通过侵略罪条款后的发言》（2010年6月），载《中国国际法年刊》（2010年），第470、475—476页。

1/4的人口，这样一个超大人口规模国家的人权状况如何，是评判国际人权制度成效如何的重要指标。从这个意义上说，任何国际人权组织的实践，任何国际人权机制的实施，如果没有中国的参与都是不完整、不普遍的。所以，任何国际人权组织都希望与中国进行合作；任何人权机制都希望对中国的人权实践有所影响。国际劳工组织在推动中国参与国际劳工组织活动问题上的积极态度就可以说明这一点。

国际劳工组织是对国际人权保护制度做出杰出贡献的组织。它所制定的国际劳工保护标准已经成为当代国际人权法的重要组成部分；①它所建立的国际劳工保护监督机制②也在后来联合国建立的国际人权公约实施机制方面获得了广泛采纳。③

中国是国际劳工组织的创始国之一，并在1944年成为劳工局理事会常任理事国。从1949年中华人民共和国成立至1971年，中国在国际劳工组织的席位一直由台湾国民党当局占据着。1971年11月6日，国际劳工局理事会通过决议，同意恢复中华人民共和国政府在国际劳工组织中的合法席位。此后，国际劳工局局长在历次国际劳工大会和理事会之前，都向中华人民共和国政府发出邀请，但在1971年国际劳工

① 截至2010年4月15日，国际劳工组织就劳工标准问题已经缔结了188项公约和199项建议书。国际劳工组织将涉及结社自由和有效承认集体谈判权利、消除一切形式强迫或强制劳动、有效废除童工、消除就业与职业歧视四个方面视为“核心标准”。“核心标准”所规定的权利为工人的基本权利。目前有8个公约被列为核心公约，其中结社自由和有效承认集体谈判权利领域的公约有两个:《1948年关于结社自由和保护组织权利的第87号公约》和《1949年关于组织权利和集体谈判权利的第98号公约》；消除强迫或强制劳动问题涉及两个核心公约:《1930年关于强迫劳动的第29号公约》和《1957年关于废除强迫劳动的第105号公约》；逐步废除各种形式童工劳动的两个核心公约:《1973年国际劳工组织关于最低年龄的第138号公约》和《1999年国际劳工组织关于最恶劣童工形式的第182号公约》；消除就业与职业歧视的两个核心公约:《1951年国际劳工组织关于同酬的第100号公约》和《1958年国际劳工组织关于（就业和职业）歧视的第111号公约》。

② 包括:（1）缔约国定期报告制度，由缔约国定期向国际劳工组织汇报本国在履行国际劳工标准方面的进展情况。国际劳工组织建立由独立专家组成的委员会审议报告，并向缔约国提出改进建议。（2）个人申诉制度。任何雇主或工人协会均可向国际劳工局提出申诉或指控，控告政府在其管辖范围内未有效履行其承担的国际公约的义务。国际劳工组织在收到此类指控来文后，可以成立调查委员会进行调查;（3）缔约国间指控制度。任何成员国如果认为其他成员国没有遵守对其有拘束力的公约，可以向国际劳工局提出控告，这种控告可能被交给一个调查委员会，其中涉及的任何政府都可以将委员会的调查结果提交国际法院。《奥本海国际法》，第一卷第二分册，北京：中国大百科全书出版社，1995年版，第357页。

③ 联合国11个核心人权公约的实施监督机制均采纳了“缔约国报告制度”，多个公约采纳了“个人申诉制度”，还有的公约采纳了“缔约国间指控制度”。

组织通过恢复中国政府合法席位决议后，中国政府确定了“暂不参与”的方针。为此，1977年5月30日，国际劳工局局长向中国政府提交了一分备忘录，要求就中国恢复在国际劳工组织的活动和会费问题进行磋商。同年9月7日，中国正式照会国际劳工局局长，指出中国在今后一段时期不参加该组织活动，不承担任何义务，因未参加活动，对会费不予考虑，这种情况一直持续到1983年才有所改变。此间，为了推动吸收中国参加国际劳工组织的活动，国际劳工局做了大量外交努力，引用塞内加尔总统桑戈尔1979年9月25日致中国总理的信中所说的话，“在贵国未参加之前，该组织就不具备广泛的代表性”。[①] 经过慎重考虑，中国1982年决定，在国际劳工组织做出取消中国所谓“积欠”会费，并相应恢复中国的表决权之后，中国将参加国际劳工组织的活动。为了解决中国恢复在国际劳工组织活动的诸多复杂的技术问题，国际劳工局局长于1980年10月中旬亲率国际劳工局代表团访华，与当时的中国劳动人事部主要领导就有关问题达成了一系列重要谅解，包括劳工局局长将建议理事会同意，并交由劳工大会批准，取消中国会费欠款问题；恢复中国在国际劳工大会上的表决权；上述决议通过之后，中国三方代表团出席国际劳工大会；确认中国在理事会的常任理事国席位；劳工局聘用一定数量的中国籍职员。另外，双方还就中文在国际劳工组织中的地位、以往与中国有关的劳工公约的处理、技术合作等问题取得一致意见。待这些问题解决之后，1983年6月6日，中国正式恢复了在国际劳工组织的各项活动。[②]

不仅国际劳工组织极力要将中国纳入其内，任何重要的国际人权保护机制如果没有中国的参与实践，都不能说它是一个普遍性的机制。所以，1998年3月12日，当钱其琛外长在北京记者招待会上宣布，中国政府愿意在《公民权利和政治权利国际公约》上签字时，国际社会反响非常激烈，联合国人权事务高级专员玛丽·鲁滨逊的发言人立即做出反应，称“中国副总理兼外长钱其琛宣布的这一决定非常重要，

---

① 刘旭:《国际劳工标准概述》，北京：中国劳动社会保障出版社，2004年版，第134页。

② 参见刘旭:《国际劳工标准概述》，第133—135页。

值得欢迎”。[①] 而在中国签署《公民权利和政治权利国际公约》后，历次联合国人权高专访问中国，一项重要任务就是设法游说中国政府尽早批准《公民权利和政治权利国际公约》。截止到2011年11月30日，《公民权利和政治权利国际公约》已有167个缔约国，如果仅从缔约国的数量来看，不可谓不是一个普遍性的公约，但由于中国尚未批准此公约，作为国际人权保护制度最核心文件之一，如果不能在占世界人口20%的14亿人口中得以适用，无论如何不能说该公约所确立的各项基本权利和自由已经获得了普遍尊重和保护。

上述国际人权机制在推动中国参与实践上的积极态度，表明了其对中国国际身份的承认。但这种承认只是形式上的承认，它们承认的仅仅是中国的成员国地位，而非分配承认和价值承认（参见本书第1章、第四部分，第四段）。因为它们在承认中国进入国际人权体系的同时，并不承认中国具有与体系内其他一些成员同样的权利和尊严，这就可以解释为什么在1989年北京政治风波之后，在相当长的一段时间内，中国在包括国际劳工组织在内的多个国际人权组织内部成为被批评、指责和围攻的对象的原因（参见本章第三部分）。

二、中国参与国际人权组织实践的必要性：话语实践

中国承认国际人权制度的过程是一个典型的话语实践过程，中国针对国际人权制度的话语实践形成了国内政治接受的新剧本。

人权概念源于西方，对中国而言，人权不仅是一个政府需要了解的新事物，还需要将其介绍给国内民众，要对中国参与国际人权制度后的国内政治经济社会等后果进行成本计算，并使得参与这一国际制度的行为合法化。所有这一切都需要界定和言说这个新事物，特别是要界定参与其中的利益和目标边界。

① 新华社日内瓦1998年3月13日电。

从中华人民共和国成立至今，中国对“人权”的认识经历了一个曲折过程，而这种认识的变化又直接影响了中国在国际人权体系中的身份和地位。在中华人民共和国建立后相当长的一个历史时期，“人权”一直被看作是资产阶级的东西，直到1980年代初期，人权问题仍是一个理论禁区，人们谈人权色变。据郭道晖教授回忆，1983年，在中共中央党校和中宣部举行的马克思逝世100周年纪念大会上，当时的中宣部副部长周扬作了题为《关于马克思主义理论的几个理论问题的探讨》的报告，其核心思想内容是谈人道主义与社会主义异化问题，这是新中国成立后第一次对中国人权问题的反思，第一次公开正面评价人道主义。这本来是对人权禁区的一次试探性突破，不料遭到几位身居要津的理论权威的反对，在会后亲自撰小册子反驳，并组织大批判，这成为“反精神污染运动”的肇始。周扬也因受压，抱病住院，郁郁而终。[①] 在这种大背景下，中国的人权理论研究基本上是空白，使得后来中国在与西方国家就人权问题进行的较量中长期处于被动地位，也为西方国家诋毁中国提供了口实。

（一）中国参与国际人权体系是一个战略问题：参与成本计算

中国真正正视人权问题，开始着手研究人权问题，是基于来自海外的压力。

1979年改革开放以后，中国经济的持续发展引起了西方某些国家对本国地位的深切忧虑和对中国未来发展方向的疑惑和担心，这使得中国崛起所面临的阻力和挑战要严峻的多。中国的崛起与德国的崛起不同，德国是在体制内崛起，与那些居于主导地位的西方国家不存在文明的冲突，而中国是一种异体性力量，是国际秩序从来没有经历过的一种力量。此外，中国作为一个超大规模国家，它的崛起也必然对

① 赵灵敏：《从人权禁区到人权入宪——专访中国法学会法理学研究会顾问郭道晖》（2009年9月29日），中国人权网 http://www.humanrights.com.cn/。2010年7月28日访问。

国际秩序的既有构成形成巨大挑战，这使得处于国际秩序核心的西方国家更是感到极度不适应，其本能反应是：这样一个不同体制大国的崛起对我会不会构成威胁？在西方国家遏制中国崛起的各种手段中，人权问题是一个方便的、可以拿到桌面讨论的少数问题之一。

冷战以后，人权问题成为制约中国与西方国家关系（特别是中美关系）发展的一个主要问题。在冷战以后的中美关系中，人权问题一直与军控、贸易等问题一起，成为中美关系议程表中的主要问题，并在某些特定时期成为最具决定性的因素。特别是在1989年北京政治风波之后，美国把中国当作同利比亚、古巴、伊朗、伊拉克一样严重侵犯人权的国家，并对中国宣布了一系列制裁措施。这些制裁措施包括：中止两国军事关系；暂停中美高级官员互访；阻止国际金融机构对华贷款；暂停海外私人投资公司向中国提供保险、再保险、担保、融资或其他财政支持；暂停根据贸易和发展计划向中国有关活动提供资金；继续停止向中国出售武器；暂停向中国出口控制或检测犯罪的仪器或设备；暂停出口打算由中国发射的美国卫星；暂停向中国出口核技术、核材料、核设备或核元件；反对巴黎统筹委员会放宽对华技术出口控制。[①] 1990年11月30日，布什总统在与钱其琛外长会谈时说：“美国希望同中国改善关系，但在此之前，我们必须看到中国的人权状况有所改善。如果中国不改善在人权方面的做法，华盛顿与北京之间的关系不可能改善。……情况的改善必须非常明显，这样仍在执行的制裁措施才可能取消。”[②] 与此同时，欧共体也追随美国，通过决议对中国进行“全面制裁”，主要措施包括：在适当国际机构内提出中国的人权问题；要求独立观察员能参加审判和探望犯人；停止各成员国与中国的军事合作和实行武器禁运；中断双边部长级和高级接触；推迟共同体及各成员国新的合作计划；文化、科学和技术合作计划仅限于在当时情况下还有意义的行动；各成员国延长愿意延期的中国学生的签证；推迟研究提供新贷款的要求和推迟研究世界银行的新贷款等。继欧共

① 转引自洪国起、董国辉:《透视美国人权外交》，北京：世界知识出版社，2003年版，第102—103页。
② 同上，第103页。

体之后，一些国际组织也步入制裁中国的行列，如世界银行和国际货币基金组织宣布“终止向中国发放贷款”等。此外，英国、法国、西德、东德、日本、比利时、葡萄牙、西班牙、奥地利、希腊、芬兰、荷兰、丹麦、瑞典、瑞士、澳大利亚、新西兰、加拿大等国也单独对中国采取了各种不同程度的制裁措施。

从理论上讲，国家作为一种客观存在，只要具备四要素——定居的居民、确定的领土、一定的政权组织和主权——就可成为国际法主体，并享有依据国际法所产生的权利，是否参与到国际体系中来并不影响其作为国际法律人格者的身份，对其国内法律秩序也不会产生什么影响。但从实践上看，国家参与国际关系的能力与其实际享有依据国际法所产生的权利的能力密不可分。如果国家不被国际社会承认、接纳，就会影响到该国依据国际法的权利的实现，这也是事实。因为，国家管辖权的行使不仅是在本国领土上，也涉及到其他国家，这就必然涉及到国家管辖权行使的实效问题。同时，随着当代国际社会的组织化程度越来越高，参与国际体系，开展多边外交，已经成为国家进行国际交往的重要方面，而国际组织恰好为国家之间在某一领域进行交往与合作提供了理想的平台和场所，国家参与国际组织的程度与它参加国际关系的能力成正比。参与国际组织，获得其内成员的认同，是该国与组织内成员就该组织所涉领域的事务进行合作的前提。不参与状态不仅影响国家之间在组织所涉领域的关系，而且表明很可能该国与其未参加的组织及其内的全部或部分成员国之间的关系上存在某种障碍或摩擦。

尽管中国在国际体系中不居于主导地位，但中国的崛起却非常依赖对国际体系的参与，而妥善处理人权问题，则成为制约中国与主要西方国家关系的重要方面。从理想的角度看，国家之间的人权对话应该是平等的和互相尊重的，但实际情况远非如此。美国及其西方盟友凭借优势地位，以法官和教师爷的面孔出现，要中国改善这个人权，扩大那种自由，尽管这种颐指气使的姿态，甚至霸权的做法让中国极不舒服，但造成这种情况的根本原因是美国及西方国家的实力，是中国在崛起过程中有求于人。在中国与美国等西方国家的关系中，后者是优势一方，他们可以在许多对中国十分关键的领域里同中国谈判，例如台湾问题、市场开放问题、技术转让问题，加入国际组织问题等。这其中每一项都事关中国国家核心利益或国家重大利益，对中国的现代化建设至关重要。

从上述意义来说，中国参与国际组织人权实践是一个战略问题。中国要想进一步推行对外开放政策，处理好与一些重要大国的关系，同时也是为了扩大中国在国际社会的影响，就无法将自己置身于国际人权体系之外。因此，正视人权问题，接受国际人权规范，在人权问题上通过对话与合作，增进了解，化解矛盾、解决冲突，获得国际社会的接纳和认可，在国际社会树立起中国负责任大国的形象，为中国营造和平的发展环境，是中国必须面对的问题。

（二）中国参与国际人权体系是国内政治选择的必然结果：国内政治承认的新剧本生成

从1989年下半年开始，中国出现了人权理论研究热潮。如果说此前中国理论界对人权问题也有所研究的话，那些研究对人权概念基本上是持否定态度。而中国始于1980年代末期的这次人权研究热潮不仅在广度上和深度上对国内外有关人权基本理论和实践进行了系统探讨，而且中国理论界对人权的认识上也发生了巨大变化。

1990年11月，在中宣部理论局召开的一次有关人权问题的小型专家座谈会上，与会专家学者发表了开展人权理论研究的建议，指出人权带有普遍性，不能仅仅批判资产阶级的人权观，而要研究我们自己的问题。[①] 1990年12月6日，江泽民同志指示说："建议对'人权'要做一番研究，回避不了。从理论上讲，人权有它的阶级属性，当然这样讲，西方不易接受。从现实情况来讲，西方也确有若干不合人权（即使是他们所说的）观念的现象，必要时应加以揭露。西方对我们人权

① 赵灵敏：《从人权禁区到人权入宪——专访中国法学会法理学研究会顾问郭道晖》（2009年9月29日），中国人权网 http://www.humanrights.com.cn/。2010年7月28日访问。

的情况，往往造谣污蔑。"[1]起因是美国肯尼迪人权中心给中国科学院院长周光召写了一封信，信中说中国"成千上万人的命运"受到非人道的对待。为了反驳西方，中国要研究人权。1991年3月2日，中宣部再次召开人权问题小型座谈会，会上着重说明了研究人权问题的"紧迫性"。这次会后，中国法学杂志社和人大、北大、法学所等单位纷纷召开人权座谈会，但在以后蓬勃展开的人权讨论中，已不限于只是为对付海外势力对中国人权状况的挑战，而是对人权的理论与实践问题展开全面的探讨，[2]并且至今方兴未艾。伴随着这一过程，中国政府对人权的认识发生了深刻的变化，其标志性事件有：

1. 发表人权白皮书

1991年11月2日，国务院新闻办公室发表《中国的人权状况》白皮书。这是中国政府向世界公布的第一份人权官方文件，是中国政府第一次在政治上使用人权概念，也是中国首次公开、坦率、正面地讨论人权问题。白皮书称"人权"是一个"伟大的名词"，"享有充分的人权，是长期以来人类追求的理想"。[3]白皮书全面阐述了中国政府在人权问题上的立场、中国的人权保护政策和中国的人权状况。这是一个重大突破，它标志着中国政府在对人权问题的认识上有了重大转变，"人权"作为一个正面的政治概念开始进入国家的政治生活。

2. 将"尊重和保障人权"确立为中国共产党的核心执政理念

1997年9月12日，中国共产党第十五次全国代表大会报告第六部分提出了"尊重和保障人权"。这是中国共产党首次将"尊重和保障人权"作为其执政基本目标明确纳入党的行动纲领。2002年中国共产党十六大报告中进行了相同论述。2007年，中国共产党十七大报告在论述"全面落实依法治国基本方略，加快建设社会主义法治国家"议题中，提出"尊重和保障人权，依法保证全体社会成员平等参与、平等发展的权利"。也是在这次大会上，"尊重和保障人权"首次被写入

① 1990年12月6日江泽民对美国肯尼迪人权中心致周光召信的批示。

② 赵灵敏：《从人权禁区到人权入宪——专访中国法学会法理学研究会顾问郭道晖》。

③ 中华人民共和国国务院新闻办公室：《中国的人权状况白皮书》（1991年11月2日），前言。

中国共产党党章，[①] 正式成为中国共产党执政兴国的一个重要理念和价值。

3. 人权入宪

2004年3月，十届全国人大二次会议通过宪法修正案，将“国家尊重和保障人权”写入宪法。[②] 这是中国人权发展史上的重大里程碑，它使得人权在中国从政治概念上升为法律概念，表明尊重和保障人权是一项宪法原则，是国家的法律义务。

4. 将“尊重和保障人权”作为中国现代化建设的组成部分

2006年3月，十届全国人大四次会议批准的国民经济和社会发展第十一个五年规划纲要明确提出，“尊重和保障人权，促进人权事业的全面发展”。[③] 这是中国第一次将“尊重和保障人权”写入国家五年计划纲要，使其成为中国国民经济和社会发展的一个重要主题。至此，尊重和保障人权已经成为中国改革开放和社会主义现代化建设的基本目标。

5. 制订《国家人权行动计划》

2009年4月13日，国务院新闻办公室发布《国家人权行动计划（2009—2010）》。这是中国政府制定的第一份以人权为主题的国家规划，目的为了明确未来两年中国政府在促进和保护人权方面的工作目标和具体措施，并将这些目标措施落实到政治、经济、文化和社会建设各个领域，落实到立法、执法、司法和执政、行政各个环节。制定《国家人权行动计划（2009—2010）》是中国人权发展史上的一个重要事件，标志着中国人权事业已成为国家建设和社会发展的一个重要主题，开始走上有计划全面推进的新阶段。[④]2011年9月22日，国务院新闻办公室主任王晨在第四届“北京人权论坛”开幕式上宣布，经过两年不懈努力，《国家人权行动计划（2009—2010）》规定的各项措施得

① 《中国共产党党章》总纲第15段。

② 《中华人民共和国宪法》第33条。

③ 《中华人民共和国国民经济和社会发展第十一个五年计划纲要》第43章第1节，2006年3月14日。

④ 中华人民共和国国务院新闻办公室主任王晨就中国发布《国家人权行动计划（2009—2010）》答记者问：“推进中国人权事业全面发展的重大举措”，新华网 www.xinhuanet.com/，2009年4月14日访问。

到有效实施，各项指标全面完成。[①]2011年9月28日，国务院新闻办公室组织召开国家人权行动计划联席会议，又开始研究部署制定新一期国家人权行动计划——《国家人权行动计划（2012—2015）》的有关工作。

总之，在中国，从1990年代至今，是一个人权概念主流化的过程；是从不讲人权到讲人权的过程；是人权从理论概念、到政治概念，再到法律概念的过程。而这一切的发生，始终与中国内部的政治变化密切相关，与中国政府执政理念的变化相关，是中国国内政治选择的必然结果。伴随着这一过程，中国对人权的认识已经由最初的形式上的承认转变为今天的价值上的承认。

三、中国与西方国家在联合国人权委员会的互动实践：生成新剧本

联合国人权委员会曾经是联合国体系内最主要的处理人权问题的政府间机构，是联合国人权保护机制的核心。根据经济及社会理事会1967年1235号决议和1503号决议的授权，人权委员会不仅可以公开讨论世界各地侵犯人权事件，而且还可以用国别审查方式（按国家审议）或专题审查方式（按专题审议）审议某些国家的人权情势，包括公开审议和秘密审议，并可做出相应的决议。

中华人民共和国自1979年起参加联合国人权委员会活动，连续三年派观察员列席人权委员会届会，并在1981年当选为人权委员会委员，此后一直连选连任，自1982年起，中国每年都派代表团参加人权委员会的届会。在1990年以前，从来没有哪个国家在人权委员会届会上提出过关于中国人权状况的议案，但在1989年北京政治风波以后很长的一段时期里，中国一直是以美国为首的西方国家批评、指责、围攻的

① 中华人民共和国国务院新闻办公室主任王晨在第四届“北京人权论坛”开幕式上的讲话:《中国人权发展道路的核心是以人为本》。新华网 www.xinhuanet.com/，2011年9月22日访问。

对象，人权委员会则成了以美国为首的西方国家对中国发动人权攻势的主要阵地。除了发表谴责中国的声明，共同实施经济制裁措施之外，还在人权委员会多次试图通过谴责中国侵犯人权的决议。

从1990年开始到2004年间（1991年[①]、1998年[②]、2002年[③]、2003年[④]除外），美国联合其他一些西方国家先后11次在联合国人权委员会届会上提出所谓“中国人权状况”议案，批评、指责、攻击中国的人权问题，内容涉及计划生育政策、西藏问题、最惠国待遇问题、劳改产品出口、司法程序、宗教信仰自由、劳工权利，等等，而中国在亚非广大发展中国家的支持下，与以美国为首的西方国家在人权委员会展开了激烈斗争。

1990年，在人权委员会第46届会议上，美国联合比利时、丹麦、法国、联邦德国、希腊、爱尔兰、意大利、卢森堡、荷兰、葡萄牙、西班牙、英国、澳大利亚、日本、瑞典、加拿大、挪威等共18个国家，作为共同提案国，第一次提出了所谓“中国人权状况”的议案，攻击中国在平息北京政治风波时所采取的措施，敦促中国政府采取必要措施保证充分尊重人权。

根据人权委员会议事规则第65条第2款规定，如果有国家对上述议案提出“不采取行动”动议，会议将优先对该动议进行程序性表决，只有在该动议遭到否决情况下，美国的议案才能提交到人权委员会进行正式表决。在对美国的“中国的人权状况”提案进行正式表决之前，巴基斯坦和索马里提出了对美国的议案“不采取行动”动议，于是，人权委员会首先对该动议进行了程序性表决，结果以17票赞成、15票反对和11票弃权，[⑤]通过了巴基斯坦和索马里等国提出的“不采取行

① 1991年，美国因为在应付海湾危机问题上有求于中国，为了让中国在联合国安理会上投票不反对它对伊拉克动武，故没有在人权会上提出谴责中国人权状况的议案。

② 1998年美国没有提出谴责中国人权状况的议案是为了给克林顿访华创造一个良好的气氛。

③ 2001年5月3日，联合国经济及社会理事会对人权委员会进行改选，美国落选。美国不是人权委员会的正式成员，只能列席2002年联合国人权会，没有资格在人权会上提出任何议案。

④ 2003年美国再次当选为人权会委员，但出于发动伊拉克战争的需要，未提出谴责中国人权状况的议案。

⑤ 1990年联合国人权委员会的成员为43个国家。

动”动议，故人权委员会决定对美国提出的“中国人权状况”议案不予审议和表决。至此，美国在人权委员会上发动的第一轮对中国的人权攻势以失败告终。在此后的十几年里，美国在人权委员会又先后10次提出谴责中国的议案，而中国在广大发展中国家的支持下，与美国为首的西方国家进行了针锋相对的斗争，最终都是以美国失败的结果告终。特别值得一提的是，在1995年人权委员会第51届会议上，美国联合欧盟、日本、加拿大、澳大利亚等西方国家组成了26个国家的共同议案国，并将“中国人权状况”议案在发展中国家广为散发，向他们施加压力。美国国务卿沙克特在3月6日一天就会晤了20个国家的代表团团长进行游说。[①] 在美国的强大压力下，中国提出的“不采取行动”议案在程序性表决中被否决，这样，美国的议案在人权委员会第一次进入实质表决阶段。尽管如此，在3月8日人权委员会对美国等国提出的“中国人权状况”议案进行表决时，结果是21国反对、20国赞成、12国弃权。美国的议案以一票之差被否决！

表11–1　1990—2004年人权委员会“对中国不采取行动”动议表决情况一览 [②]

年代	共同提案国	赞成国	反对国	弃权国
1990	18国：比利时、丹麦、法国、联邦德国、希腊、爱尔兰、意大利、卢森堡、荷兰、葡萄牙、西班牙、英国、美国、澳大利亚、日本、瑞典、加拿大、挪威	17国：孟加拉国、中国、古巴、塞浦路斯、埃塞俄比亚、加纳、印度、伊拉克、马达加斯加、尼日利亚、巴基斯坦、圣多美和普林西比、索马里、斯里兰卡、乌克兰、苏联、南斯拉夫	15国：比利时、保加利亚、加拿大、法国、联邦德国、匈牙利、意大利、日本、巴拿马、葡萄牙、西班牙、斯威士兰、瑞典、英国、美国	11国：阿根廷、博茨瓦纳、巴西、哥伦比亚、冈比亚、摩洛哥、墨西哥、秘鲁、菲律宾、塞内加尔、委内瑞拉

① 路透社日内瓦1995年3月6日电。

② 资料来源：中国人权网，2011年3月17日。

续表

年代	共同提案国	赞成国	反对国	弃权国
1992[①]	24国：澳大利亚、奥地利、比利时、加拿大、哥斯达黎加、丹麦、芬兰、法国、德国、希腊、冰岛、爱尔兰、意大利、列支敦士登、卢森堡、荷兰、挪威、葡萄牙、西班牙、瑞典、瑞士、英国、美国、日本	27国：安哥拉、孟加拉国、布隆迪、智利、中国、古巴、塞浦路斯、冈比亚、加纳、印度、印度尼西亚、伊朗、伊拉克、肯尼亚、莱索托、利比亚、马达加斯加、毛里塔尼亚、尼日利亚、巴基斯坦、菲律宾、索马里、斯里兰卡、叙利亚、突尼斯、南斯拉夫、赞比亚	15国：澳大利亚、奥地利、加拿大、哥斯达黎加、捷克和斯洛伐克、法国、德国、匈牙利、意大利、日本、荷兰、葡萄牙、俄国、英国、美国	10国：阿根廷、巴西、保加利亚、哥伦比亚、加蓬、墨西哥、秘鲁、塞内加尔、乌拉圭、委内瑞拉
1993	22国：澳大利亚、比利时、加拿大、哥斯达黎加、丹麦、荷兰、法国、德国、希腊、冰岛、爱尔兰、意大利、日本、列支敦士登、卢森堡、荷兰、挪威、葡萄牙、西班牙、瑞典、英国、美国	22国：安哥拉、孟加拉国、布隆迪、中国、古巴、塞浦路斯、加蓬、几内亚比绍、印度、印度尼西亚、伊朗、肯尼亚、利比亚、马来西亚、毛里塔尼亚、尼日利亚、巴基斯坦、斯里兰卡、苏丹、叙利亚、突尼斯、赞比亚	17国：澳大利亚、奥地利、保加利亚、加拿大、哥斯达黎加、捷克、芬兰、法国、德国、日本、荷兰、波兰、葡萄牙、罗马尼亚、俄罗斯、英国、美国	12国：阿根廷、巴巴多斯、巴西、智利、哥伦比亚、冈比亚、莱索托、墨西哥、秘鲁、韩国、乌拉圭、委内瑞拉
1994	22国：德国、比利时、丹麦、西班牙、法国、希腊、爱尔兰、意大利、卢森堡、荷兰、挪威、葡萄牙、瑞典、瑞士、英国、美国、日本、澳大利亚、加拿大、芬兰、冰岛、列支敦士登	20国：中国、安哥拉、孟加拉国、喀麦隆、科特迪瓦、古巴、加蓬、印度、印度尼西亚、伊朗、肯尼亚、利比亚、马来西亚、毛里塔尼亚、尼日利亚、巴基斯坦、斯里兰卡、苏丹、多哥、叙利亚	16国：澳大利亚、奥地利、保加利亚、加拿大、哥斯达黎加、芬兰、法国、德国、几内亚比绍、匈牙利、意大利、日本、荷兰、俄国、美国、英国	17国：巴巴多斯、巴西、智利、哥伦比亚、塞浦路斯、厄瓜多尔、莱索托、马拉维、毛里求斯、墨西哥、秘鲁、波兰、韩国、罗马尼亚、突尼斯、乌拉圭、委内瑞拉

① 巴巴多斯未参加投票。自1992年起，人权会成员国增至53国，其构成是：非洲15国、亚洲12国、东欧5国、拉丁美洲及加勒比海11国、西欧及其他国家10国。

续表

年代	共同提案国	赞成国	反对国	弃权国
1995	26国：奥地利、比利时、加拿大、哥斯达黎加、捷克、丹麦、多米尼加、芬兰、法国、德国、希腊、冰岛、爱尔兰、意大利、日本、列支敦士登、卢森堡、荷兰、挪威、葡萄牙、西班牙、瑞典、瑞士、英国、美国、澳大利亚	22国：中国、孟加拉国、斯里兰卡、巴基斯坦、马来西亚、印度、印度尼西亚、尼泊尔、不丹、古巴、秘鲁、安哥拉、多哥、加蓬、毛里塔尼亚、津巴布韦、阿尔及利亚、埃塞俄比亚、埃及、科特迪瓦、苏丹、喀麦隆	22国：美国、英国、法国、加拿大、荷兰、芬兰、澳大利亚、奥地利、德国、意大利、日本、菲律宾、俄罗斯、匈牙利、保加利亚、罗马尼亚、波兰、厄瓜多尔、多米尼加、萨尔瓦多、尼加拉瓜、几内亚比绍	9国：韩国、贝宁、马拉维、毛里求斯、智利、哥伦比亚、墨西哥、委内瑞拉、巴西
1996	26国：澳大利亚、奥地利、比利时、加拿大、捷克、丹麦、芬兰、法国、德国、希腊、爱尔兰、意大利、列支敦士登、立陶宛、卢森堡、荷兰、挪威、葡萄牙、圣马力诺、西班牙、瑞典、瑞士、英国、美国、冰岛、日本	27国：中国、阿尔及利亚、安哥拉、孟加拉国、白俄罗斯、贝宁、不丹、喀麦隆、科特迪瓦、古巴、埃及、埃塞俄比亚、加蓬、几内亚、印度、印度尼西亚、马达加斯加、马来西亚、马里、毛里塔尼亚、尼泊尔、巴基斯坦、秘鲁、斯里兰卡、乌干达、乌克兰、津巴布韦	20国：澳大利亚、奥地利、巴西、保加利亚、加拿大、智利、丹麦、多米尼加、厄瓜多尔、萨尔瓦多、法国、德国、匈牙利、意大利、日本、马拉维、荷兰、尼加拉瓜、英国、美国	6国：哥伦比亚、墨西哥、菲律宾、韩国、俄罗斯、委内瑞拉
1997	15国：奥地利、比利时、英国、丹麦、芬兰、冰岛、爱尔兰、列支敦士登、卢森堡、荷兰、挪威、葡萄牙、瑞典、瑞士、美国	27国：中国、阿尔及利亚、安哥拉、孟加拉国、白俄罗斯、贝宁、不丹、佛得角、哥伦比亚、古巴、埃及、埃塞俄比亚、加蓬、几内亚、印度尼西亚、印度、马达加斯加、马来西亚、马里、莫桑比克、尼泊尔、巴基斯坦、斯里兰卡、乌干达、乌克兰、扎伊尔、津巴布韦	17国：奥地利、保加利亚、加拿大、智利、捷克、丹麦、萨尔瓦多、法国、德国、爱尔兰、意大利、日本、荷兰、尼加拉瓜、南非、英国、美国	9国：阿根廷、巴西、多米尼加、厄瓜多尔、墨西哥、菲律宾、韩国、俄罗斯、乌拉圭

续表

年代	共同提案国	赞成国	反对国	弃权国
1999	2国：美国、波兰	22国：中国、孟加拉国、不丹、博茨瓦纳、佛得角、哥伦比亚、刚果(布)、古巴、刚果(金)、印度、印度尼西亚、马达加斯加、摩洛哥、莫桑比克、尼泊尔、巴基斯坦、秘鲁、卡塔尔、俄罗斯、斯里兰卡、苏丹、委内瑞拉	17国：奥地利、加拿大、捷克、萨尔瓦多、法国、德国、爱尔兰、意大利、日本、拉脱维亚、卢森堡、挪威、波兰、卢旺达、南非、英国、美国	14国：阿根廷、智利、厄瓜多尔、危地马拉、利比里亚、毛里求斯、墨西哥、尼日尔、菲律宾、韩国、罗马尼亚、塞内加尔、突尼斯、乌拉圭
2000	美国	22国：中国、孟加拉国、不丹、博茨瓦纳、布隆迪、刚果(布)、古巴、印度、印度尼西亚、马达加斯加、摩洛哥、尼泊尔、尼日尔、尼日利亚、巴基斯坦、秘鲁、卡塔尔、俄罗斯、斯里兰卡、苏丹、委内瑞拉、赞比亚	18国：加拿大、哥伦比亚、捷克、萨尔瓦多、法国、德国、危地马拉、意大利、日本、拉脱维亚、卢森堡、挪威、波兰、葡萄牙、西班牙、斯威士兰、英国、美国	12国：阿根廷、巴西、智利、厄瓜多尔、利比里亚、毛里求斯、墨西哥、菲律宾、韩国、卢旺达、塞内加尔、突尼斯
2001	美国	23国：中国、阿尔及利亚、布隆迪、喀麦隆、古巴、印度、印度尼西亚、肯尼亚、利比里亚、利比亚、马达加斯加、马来西亚、尼日尔、尼日利亚、巴基斯坦、卡塔尔、俄罗斯、沙特阿拉伯、叙利亚、泰国、委内瑞拉、越南、赞比亚	17国：美国、比利时、加拿大、哥斯达黎加、捷克、法国、德国、危地马拉、意大利、日本、拉脱维亚、挪威、波兰、葡萄牙、罗马尼亚、西班牙、英国	12国：阿根廷、巴西、哥伦比亚、厄瓜多尔、毛里求斯、墨西哥、秘鲁、韩国、塞内加尔、南非、斯威士兰、乌拉圭

续表

年代	共同提案国	赞成国	反对国	弃权国
2004	美国	28国：中国、巴林、不丹、印度、印度尼西亚、沙特、尼泊尔、巴基斯坦、卡塔尔、斯里兰卡、布基纳法索、刚果（布）、埃及、厄立特里亚、埃塞俄比亚、加蓬、毛里塔里亚、尼日利亚、塞拉利昂、南非、苏丹、斯威士兰、多哥、津巴布韦、巴西、古巴、俄罗斯、乌克兰	16国：日本、哥斯达黎加、危地马拉、洪都拉斯、克罗地亚、匈牙利、澳大利亚、奥地利、法国、德国、爱尔兰、意大利、荷兰、瑞典、英国、美国	9国：韩国、乌干达、阿根廷、智利、多米尼加、巴拉圭、墨西哥、秘鲁、亚美尼亚

上述统计显示，西方国家是反华提案的坚决支持者，而亚洲和非洲的发展中国家则是中国的坚定支持者。东欧和拉美均极不稳定，这表现了东欧处于急剧变动时期的认同矛盾和美国在拉美地区的巨大影响。实事求是地说，支持中国，反对美国，对于任何一个国家来说都不是轻松的选择。如果没有长久、坚实的关系，要一个小国反对美国几乎是不可能的。这也从另外一个侧面说明，若干年来中国对亚非国家的结盟实践是正确的和卓有成效的。

中国和西方国家在联合国人权委员会的互动实践，是一个相互影响的过程。11次人权斗争均以美国为首的西方国家失败告终的结果，对双方的认知剧本都产生了一定程度的影响：第一，在人权问题上搞政治对抗没有出路，只有开展对话与合作才是促进国际人权事业发展的有效途径；第二，中国历来坚持的在平等和相互尊重基础上就人权问题进行对话与合作的主张是正确的。正是由于这种认知的形成，使得中国同以美国为首的西方国家之间，在人权问题上出现了由对抗走向对话的历史性转折，中国的参与实践生成了新剧本！

从1998年开始，在人权委员会内部，在对待中国的人权问题上，以美国为首的西方阵营出现分化。1998年2月23日，欧盟外长一致同意放弃在人权问题上与中国对抗的政策，表示在人权会上，无论作为整体的欧盟，还是单个成员国都将不再提出也不再支持谴责中国人权记录的议案。第二年，欧盟再次宣布，欧盟将坚持1998年在中国人权问题上的立场，在1999年的人权会上不提针对中国的提案。这一年，美国只找到了波兰一个共同提案国。2000年，欧盟方面继续表示，在2000年人权会上将不联署美国的反华提案。加拿大外长也于同一天宣布，加拿大也不会连署美国的谴责中国人权提案。[①] 在2000年、2001年和2004年的人权会上，美国都是单枪匹马提出“中国的人权状况”议案，可见美国的做法遭到了孤立。此间还有一个小插曲，2001年5月3日，联合国经济及社会理事会对人权委员会进行改选，在美国所在的以西方国家为主的小组中，法国获得了52票，奥地利获41票，瑞典获32票，美国仅得29票。按照规定应由获得前三名的国家参加由53个国家组成的联合国人权委员会，美国落选了！这是自联合国人权委员会于1947年举行首次会议以来，美国第一次没有被选为正式成员。有联合国人士认为，此次选举表明，许多经社理事会的成员国对美国在国际上将自己的人权标准强加于人的做法不满。[②]

显然在国际组织就人权问题对中国施压的政策已经难以为继了，2001年1月，中美恢复人权对话。2005年，美国代表团正式宣布，以后不再在人权委员会上提出谴责中国人权状况的议案。2009年11月17日，奥巴马总统成功访华，中美发表《联合声明》，声明中说：“双方都认识到，中国与美国在人权领域存在分歧。双方本着平等和相互尊重的精神处理有关分歧，并按照国际人权文书促进和保护人权，双方同意在2010年2月底前在华盛顿举行下一轮正式人权对话。”[③] 从2001年至2011年，中美已经进行了16次人权对话。2001年5月24日，欧盟表示愿与中国继续就人权问题对话，不搞对抗。[④] 2011年6月16日至17日，中国欧盟之间进行了30次人权对话。2004年5月17日至25日，

---

① 中国新闻社北京2000年4月13日电。

② 新华社北京2001年5月4日电。

③ 2009年11月17日《中美联合声明》，新华网北京2009年11月17日电。

④ 中国新闻网北京2001年5月24日消息。

应中方邀请，联合国人权高专办公室评估团访华，与中方商谈合作事宜，2005年联合国人权高专办与中国外交部签署了第二份《合作谅解备忘录》，此后双方在人权领域的技术合作项目进展顺利。此外，中国还与其他西方国家开展了人权对话，到2010年12月20日，中国澳大利亚已经举行了13次人权对话；到2011年1月13—14日，中英进行了19次人权对话。此外，中国还与德国、挪威、加拿大、荷兰等国举行了多轮人权对话或磋商。

四、尊重、保障和实现人权：中国的"遵约实践"

"遵约实践"概括地说就是接受并内化国际人权规范。"遵约实践"的基本路径如下：(1)国家接受国际人权规范；(2)按照国际人权规范修正自身行为；(3)在国际人权规范指引下，改革国内政治、经济、社会和司法体制，落实国际人权标准；(4)最终使国际人权规范的精神、宗旨和原则融入本国的思想和价值观中，成为政府的执政理念，成为社会文化的组成部分。该路线图对应着国家遵约实践由低到高的不同层级，它们依次是程序性遵约实践、行为遵约实践、制度遵约实践、政治遵约实践和社会普遍遵约实践。

影响一国遵约实践的因素主要有两方面：第一，国内政治结构。这是参与实践发生的核心动力，也是国际人权规范能否进入一国国内并得以实施的干预力量。第二，国际人权规范与国内规范是否协调一致。它决定了国内规范适应和调整压力的大小，进而决定着国际人权规范进入一国国内和在国内实施的阻力大小和成效如何。在两种因素的关系上，前者更具决定作用，甚至是后者的成因和破解之门。

中国是一个国家主导型国家，其行为决策主要由政府主导，社会利益和偏好受到国家的影响和控制。研究表明，国际制度规范直接渗入国家主导型国家相对困难，但一旦某种规范获得政府支持，其传播则非常迅速。[①] 因此，中国接受和内化国际人权规范的关键在于政府的意愿和行动力，而在这方面，中国政府的遵约诚意和取得的重大成就举世瞩目。

（一）签署、批准国际人权公约：程序遵约实践

遵约的前提是承认国际人权规范，具体表现就是签署和批准各项国际人权公约。截至到2010年12月，中国已经批准了包括《经济、社会和文化权利国际公约》、《禁止酷刑或其他残忍的、不人道或有辱人格的待遇或刑罚公约》、《消除一切形式种族歧视公约》、《防止和惩治灭绝种族罪公约》、《防止和惩治种族隔离罪公约》、《消除对妇女一切形式歧视公约》、《儿童权利公约》、《残疾人权利公约》在内的25项国际人权公约。中国还于1998年10月5日签署了《公民权利和政治权利国际公约》，该公约目前正由全国人大常委会审批中。

（二）在国内实施国际人权标准：行动遵约实践

根据国际法，一国批准了某项国际人权公约即承担了善意履行条约的国际义务。国家履行条约义务的一个最重要问题就是如何使公约在国内得以实施。一项国际人权公约能否在缔约国国内实施，不仅表明了一个国家尊重、保护和实现人权的诚意，重要的是它决定着国际人权规范能否从“纸上的法”变为“行动中的法”，决定着缔约国国内民众是不是能实际享有人权公约所赋予的各项权利，决定着国际人权保护制度存在的实际意义。

中国真诚履行条约义务的一个重要表现，就是按照国际人权公约的要求，修改国内法或颁布新的法律，以使国内法的规定与国际人权公约的规定协调一致，从而使得国际人权规范能够在国内得以实施。

---

① 苏长和：《中国与国际制度：一项研究议程》，载《世界经济与政治》2002年第10期，第8页；（美）罗伯特·基欧汉：《霸权之后：世界政治中的合作与纷争》（苏长和等译），上海世纪出版集团，2001年版，中文版序言。

以《禁止酷刑或其他残忍的、不人道或有辱人格的待遇或刑罚公约》（下称“《公约》”）为例，中国1988年批准该《公约》后，为了切实履行条约义务，除了颁布新法律，还对现行法律进行了一系列重大修改，以使得有关国内法的规定符合《公约》有关禁止酷刑的标准。其中包括:（1）1997年修订《中华人民共和国刑法》。修订后的《刑法》新增加了“司法工作人员暴力取证罪”，并在对刑讯逼供、暴力取证、体罚虐待被监管人员犯罪的量刑上，规定更加明确，处罚更加严厉。[①]（2）1996年修订《中华人民共和国刑事诉讼法》。修改后的《刑事诉讼法》规定:“严禁刑讯逼供和以威胁、引诱、欺骗以及其他非法的方法收集证据。”“对一切案件的判处都要重证据，重调查研究，不轻信口供。只有被告人供述，没有其他证据的，不能认定被告人有罪和处以刑罚。”另外，该法还废除收容审查制度、确立无罪推定原则、提前律师参加刑事诉讼时间、改革刑事审判模式确立控辩式审判方式、允许被拘留、逮捕人员的家属和医生在最早的程序阶段介入、修改死刑执行方式等等，[②] 以进一步保障犯罪嫌疑人、被告人、罪犯不受酷刑或其他残忍、不人道或有辱人格的待遇或处罚。（3）颁布一系列新法律。其中1994年《中华人民共和国监狱法》的制定参照了1977年《联合国囚犯待遇最低限度标准规则》，并符合1990年的《联合国囚犯待遇基本原则》的内容；1994年《中华人民共和国国家赔偿法》规定“行使侦查、检察、审判、监狱管理职权的机关及其工作人员在行使职权时，刑讯逼供或者以殴打等暴力行为或者唆使他人以殴打等暴力行为造成公民身体伤害或者死亡的，受害人有取得赔偿的权利”（第15条）。该法还就赔偿程序、赔偿方式和计算标准加以详细规定。此外1995年的《中华人民共和国检察官法》、《中华人民共和国法官法》和《中华人民共和国警察法》都有明确的关于禁止刑讯逼供、非法拘禁以及禁止非法使用械具、武器等关于禁止酷刑的规定。从上述内容可以看出，中国为使得中国的司法制度在防范酷刑方面更好地与有关国际人权标准

① 参见《中华人民共和国刑法》第232条、234条、238条、246条、247条、248条、305条。

② 参见《中华人民共和国刑事诉讼法》第43条、46条、12条、96条、150条、14条第2款、64条第2款、71条第2款、75条、212条。

衔接付出了巨大努力。

中国为履行《禁止酷刑公约》所做的努力，是中国批准的所有人权公约履约实践的一个缩影。

（三）人权制度化保障：制度遵约实践

中国目前已经建立了以宪法为核心的人权法律制度，实现了人权制度化保障的重大进展。2004年3月，第十届全国人民代表大会第二次会议审议通过了宪法修正案，明确规定“国家尊重和保障人权”。“人权”入宪使得“尊重和保障人权”在中国由政治概念上升为法律概念，成为国家根本大法的一项重要原则；确立了人权在中国法律体系和国家建设中的突出地位，开创了人权法制保障的新时代。① 时至今天，中国已经以宪法为依据，制定和完善了一系列保障人权的法律制度，人权保障事业不断法律化、制度化。② 在生命权的法律保障方面，《宪法》、《刑法》、《民法通则》等法律都对保障公民生命权作了基本规定；《安全生产法》、《职业病防治法》等法律法规，对保护劳动者的生命安全和身体健康作出规定。在人身自由、人格尊严的法律保障方面，《宪法》规定，公民的人身自由不受侵犯；《刑事诉讼法》明确禁止刑讯逼供，对于拘留、逮捕、搜查取证等涉及人身自由和安全的强制方法和手段，规定了严格的法律程序；《刑法》对于司法人员的刑讯逼供罪也专门作了规定。在平等权法律保障方面，中国宪法确立了公民在法律面前一律平等的原则。在政治权利的法律保障方面，《宪法》规定国家的一切权力属于人民；《立法法》规定只有法律才能设定对公民政治权利的剥夺。在财产权保障方面，《宪法》规定公民的合法的私有财产不受侵犯；《物权法》规定国家、集体、私人的物权和其他权利人的物权受法律保护，任何单位和个人不得侵犯。工作权保障方面：《劳动法》、《劳动合同法》、《劳动争议调解仲裁法》、《就业促进法》、《工伤

---

① 董云虎：《中国人权取得突破性进展的五年》，载《人权》2008年第1期。中国人权网 http://www.humanrights.com.cn/。2010年12月20日访问。

② 中华人民共和国国务院新闻办公室：《中国的法治建设白皮书》，2008年2月28日。

保险条例》、《残疾人就业条例》、《职工带薪年休假条例》、《劳动保障监察条例》、《女职工劳动保护规定》和《禁止使用童工规定》等；弱势群体权益保障方面：《老年人权益保障法》、《母婴保健法》、《未成年人保护法》、《残疾人保障法》、《妇女权益保护法》、《城市居民最低生活保障条例》、《农村五保供养工作条例》等。[①] 总之，改革开放以来，中国先后制定229件现行有效法律、600多件国务院现行有效行政法规、7000多件现行有效地方性法规，形成了以宪法为核心的比较完整的人权法律制度。[②]

（四）"尊重和保障人权"成为中国共产党执政兴国的核心理念：政治遵约实践

中国人权领域最引人注目的进展，就是实现了"人权"入政，完成了人权在党和国家社会政治生活中的主流化。[③] 1997年9月12日，中国共产党在其第十五次全国代表大会报告第六部分提出"尊重和保障人权"。这是中国共产党首次将"尊重和保障人权"作为其执政基本目标明确纳入中国共产党的行动纲领之中。2002年，中国共产党的十六大报告中进行了相同的论述。2003年10月，中国共产党十六届三中全会提出坚持以人为本的科学发展观，强调科学发展观的本质和核心是以人为本，以人为本就是要尊重和保障人权，包括公民的政治、经济、文化权利。2006年，中国共产党十六届六中全会通过《关于构建社会主义和谐社会若干重大问题的决定》，进一步将尊重和保障人权提高到构建和谐社会制度建设的高度。2007年，中国共产党的十七大报告在论述"全面落实依法治国基本方略，加快建设社会主义法治国家"议题中，提出了"尊重和保障人权，依法保证全体社会成员平等参与、

---

① 中华人民共和国国务院新闻办公室：《中国的法治建设白皮书》，2008年2月28日。

② 《中国人权研究会副会长董云虎畅谈中国人权30年》（2009年1月10日），北京新闻网 www.thebeijingnews.com。2010年7月28日访问。

③ 董云虎：《中国人权取得突破性进展的五年》，载《人权》2008年第1期。中国人权网 http://www.humanrights.com.cn/。2010年12月20日访问。

平等发展的权利”。也是在这次大会上，“尊重和保障人权”首次被写入中国共产党党章，正式成为中国共产党执政兴国的一个重要理念和价值。

（五）大力推动人权研究和人权教育，培育人权文化：社会普遍遵约实践

1. 开展人权知识普及教育，努力培育人权文化

国务院新闻办公室在普及人权知识教育方面做了大量工作，例如通过在中央人民广播电台开办人权知识讲座、在《人民日报》刊发系列人权知识百题解答、在《光明日报》举办“人权知识竞赛”、编写出版《人权知识干部读本》并纳入全国干部学习培训系列教材、举办干部人权知识培训班等。[①] 到2011年8月，国务院新闻办公室和中国人权研究会已经举办了9期干部人权知识培训班。国务院新闻办公室副主任董云虎说，举办人权知识干部培训班的目的是要对各级领导干部进行人权知识普及教育，使各级干部牢固树立尊重和保障人权的意识，正确行使公共权力，承担起促进和保障人权的责任，防止因滥用权力而侵犯人权。[②]

2. 鼓励在高等院校开展人权教育

中国高校已经基本形成层次鲜明的人权教育与培训体系。中国从1990年代末即开始在国内高校独立开设人权法课程，外交学院是国内最早给本科生和研究生独立开设国际人权法课的高校。现在，中国已经有30多所高校开设了人权法课程，南开大学、山东大学、中国政法大学等高校还招收和培养人权方向的硕士和博士研究生。[③] 在人权教学实践环节上，全国已有近100所高等院校的法学院开设了诊所法律教育

① 王晨:《中国人权取得了历史性进步》，载《人权》2008年第6期。中国人权网http://www.humanrights.com.cn/。2011年3月26日访问。

② 《中华人民共和国国务院新闻办公室副主任董云虎在“国务院新闻办公室第九期人权知识培训班”开幕式上的讲话》，载《人权大事记》，中国人权网 http://www.humanrights.com.cn，2011年9月2日访问。

③ 《〈国家人权行动计划（2009—2010年）〉评估报告》，中国新闻网http://www.chinanews.com/，2011年7月14日访问。

的课程。①

3. 不断深化人权理论研究

中国现已形成一个以中国人权研究会为中心、由高等院校、研究机构和有关专家组成的专业人权研究队伍。目前，全国高校和科研院所成立的人权研究机构将近50个。②2011年4月，教育部在南开大学、中国政法大学和广州大学三所高校设立国家人权教育与培训基地。此外，中国学术界翻译出版了大量国外人权研究著作，系统性地编纂整理了相关人权研究资料，撰写了数百部人权研究著作和数千篇有关人权的研究论文。③

五、中国对国际人权制度的贡献：创新实践

（一）中国对筹建联合国和起草《联合国宪章》的重大贡献

联合国不是一个专门性的政府间国际人权组织，但却是对当代国际人权保护制度的产生和发展影响最大的组织，可以说，没有联合国就没有当代国际人权保护制度。

对第二次世界大战的深刻反省是人权问题受到国际社会普遍关注的基本起因。人们注意到，发动第二次世界大战的德国、日本、意大利的一些共同特点，即对内肆意侵犯和压制本国人民的人权和基本自由，取消或废弃议会制度，实行法西斯主义的独裁统治，也正是这几个国家，对外积极地进行侵略和扩张活动。④ 因此，在筹建联合国的过

① 中国人权研究会会长罗豪才:《推动中国特色人权理论研究，促进国家人权事业发展——在第三次全国人权研究机构工作经验交流会上的讲话》，中国人权网 http://www.humanrights.com.cn/。2011年11月9日访问。

② 《中国人权研究会会长罗豪才在第三次全国人权研究机构工作经验交流会上的讲话："推动中国特色人权理论研究，促进国家人权事业发展"》，中国人权网 http://www.humanrights.com.cn/。2011年11月9日访问。

③ 罗豪才:《人权保障的"中国模式"》，载《人权》2009年第6期，中国人权网 http://www.humanrights.com.cn/。2011年1月27日访问。

④ 王铁崖主编:《国际法》，北京：法律出版社，2003年版，第199页。

程中，各国普遍认为，要建立一个维持国际和平与安全的普遍性的常设国际政治组织，仅考虑如何解决国际争端、制止侵略、消除对和平的威胁显然是不够的，真正持久的和平还取决于对所有人的人权和基本自由的尊重。故《联合国宪章》开篇即强调人权与国际和平、安全的密切关系："欲免后世再遭今代人类两度身历惨不堪言之战祸，重申基本人权，人格尊严与价值，以及男女与大小国平等权利之信念。"[①]并规定联合国的宗旨之一是"促成国际合作，以解决国际间属于经济、社会、文化、及人类福利性质之国际问题，且不分种族、性别、语言、或宗教，增进并激励对于全体人类之人权及基本自由之尊重"。[②] 此外，《宪章》的第13条（1）、第55条、第56条、第62条（2）、第68条和第76条也都是有关人权的规定。

《联合国宪章》有关人权的规定为当代国际人权保护制度的发展奠定了法律上和概念上的基础，[③] 联合国成立后制定和通过的一系列国际人权文件都是以《联合国宪章》为法律依据和指导原则的。[④] 这些文件构成了国际人权保护制度的框架和实体内容，从而形成了国际法的一个新的分支——国际人权法。

中国是1945年旧金山制宪会议的发起国之一，也是会议的四主席国之一，对《联合国宪章》的制定和联合国的建立做出了重要贡献。当时出席旧金山会议的中国代表团总人数达94人之多，与美国和法国一起成为当时出席会议人数最多的三大代表团之一。中国代表团分别参加了旧金山会议的正式机构"指导委员会"（每国一名首席代表）、"执行委员会"（由14国代表组成）、"调整委员会"、"法律专家顾问委员会"和四个大委员会、十二个专门委员会，以及"大会"等全部机

① 《联合国宪章》序言。

② 《联合国宪章》第1条第3款。

③ See Thomas J. Buergenthal, International Human Rights Law, West Group, 2002, 3rd.ed.p.29.

④ 这些人权文件中最重要的有：1948年《世界人权宣言》、1966年《经济、社会和文化权利国际公约》和《公民权利和政治权利国际公约》及其议定书。此外还有一些专门性国际人权公约，如1948年《防止及惩治灭绝种族罪公约》、1966年《消除一切形式种族歧视公约》、1973年《禁止并惩治种族隔离罪行国际公约》、1979年《消除对妇女一切形式歧视公约》、1984年《禁止酷刑或其他残忍、不人道或有辱人格的待遇或处罚公约》、1989年《儿童权利公约》、1990年《保护所有移徙工人及其家庭成员权利国际公约》、2006年《残疾人权利公约》和《保护所有人免遭强迫失踪公约》等。

构。更重要的是，中国还参加了比所有正式机构更为重要的非正式机构“四（五）国外长会议”及其附设的“修正案小组委员会”。[①] 中国代表团中有正式代表、顾问、专门委员共39人，其中不乏杰出的外交家、法学家、教育家等，[②]《联合国宪章》中的人权条款包含着他们的心血、学识和智慧。最后，中国共产党代表董必武、国民党政府代表顾维均、民主党派代表张君劢等八人，代表中国在《联合国宪章》上签字。[③]

（二）中国对《世界人权宣言》的贡献

《世界人权宣言》是人类历史上第一个在国际法领域系统地提出保护和尊重人权具体内容的国际文件，具有开创的意义。也是国际人权法体系的纲领性文件，成为后来众多人权文件的理论依据和立法基础。

在《世界人权宣言》的起草过程中，中国代表张彭春为《世界人权宣言》的起草和最终通过作出了杰出贡献。张彭春是联合国人权委

---

① 因各中小国家对大国把持会议不满，故对召集国提出的《联合国宪章（草案）》意见很大，修改意见颇多，争论不休，使会议旷日持久。故召集国成立了一个实际主宰会议的非正式机构：美、英、苏、中“四国海外会议”（5月6日后加上法国，成为“五国外长会议”）。几大国外长每天开会，对各种有争议的问题，通过协商，取得基本一致意见，再到各大委员会和专门委员会中，为会议“导向”，几乎是“无往而不胜”。4月25日至5月5日，“四国外长会议”公开会8次；5月7日至6月19日“五国外长会议”公开会5次。中国自始至终参加了“四（五）国外长会议”，以及由五大国代表各1人组成的“修正案小组委员会”（5月7日成立，5月8日至6月1日，共开会31次），在美、英和苏联冲突时发挥了一定的调解作用，为会议的顺利进行作出了贡献。参见洪小夏：《出席旧金山联合国制宪会议的中国代表团组成情况述略》，载《武汉大学学报（人文科学版）》2002年3期。

② 旧金山会议中国代表团成员包括：顾维钧，哥伦比亚大学法学博士，历任驻英大使、国际法院大法官、国际法院院长，中国近现代史上最卓越的外交家之一。王宠惠，耶鲁大学法学博士，中国著名法学家，曾任国民政府外交部长、代总理、国务总理等职。张彭春，美国哥伦比亚大学博士，联合国建立后担任中国驻联合国经济社会理事会常任代表兼人权委员会副主席。代表团成员还有理行政院院长宋子文（首席代表）、驻美大使魏道明、前驻美大使胡适、青年党代表李璜、前南京金陵女子大学校长吴贻芳、中共代表董必武、《大公报》总编辑胡霖等。

③ 出席会议的50个创始会员国共有153名正式代表依次在《联合国宪章》、《国际法院规约》及筹备委员会《临时协定》上分别签名。预定的签署顺序是：首先是“四强”中的3个，按中、苏、英的国名英文字母排列顺序签署，紧接着是法国（“五强”中的非发起国，故排后）签署，然后是其余45个国家的代表按国名英文字母的顺序依次签署，最后是东道主美国的代表签署。这样，中国就成为第一个在《联合国宪章》上签字的国家。参见洪小夏：《出席旧金山联合国制宪会议的中国代表团组成情况述略》。

员会的副主席，他在《宣言》起草工作开始之初就提出了自己的方案。而在《宣言》的起草过程中，张彭春是亚洲国家的一个有力的声音，他不仅从独特的亚洲的视角来看待人权问题，而且能使中国对人权的观点为其他国家代表所接受，并且在《宣言》条文的遣词造句上引入儒家文化的理念。[①] 张彭春认为，《宣言》应该尽量包括所有参加国的理念，各国代表的任务不是减少不同国家之间的观念差异，而是尽量地相互包容。“因为我们都不希望一个作为保护和尊重全人类基本人权和自由的宣言所反映的观念过于狭窄。”他说，“宣言应该既反映出托马斯·阿奎那的思想，也应该反映出孔子的思想。”[②] 张彭春的外交才能显得更为重要，作为“协调中国和西方的艺术大师”，在讨论陷入僵局的许多时候，他总能够想出化解的办法。[③]

（三）中国积极推进联合国人权体制的改革

改革开放之后，中国融入国际人权体系并非是完全被动的；中国的参与实践也并非仅仅停留在学习和被动遵约阶段。事实上，中国与国际人权组织之间相互影响、相互作用。中国是带着自己“有条件的剧本”参与国际人权组织实践的，中国在接受国际人权组织规范，以国际人权标准调整自己行为的同时，一贯坚持的基本立场是：对人权概念要全面理解，各项人权不可分割；生存权和发展权是最基本的人权；国际社会应优先关注大规模侵犯人权的现象；在人权领域的合作应遵守《联合国宪章》的宗旨和原则；主张就人权问题进行平等对话；尊重各国根据国情制定人权政策等。正是由于中国带着自己有“条件的剧本”参与国际人权实践，所以才会有中国在人权委员会与以美国为首的西方国家的十一次斗争、较量。中国也正是通过这种互动实践，不断宣传、表达和坚持自己的立场、观点，其最终结果是在国际人权

① 卢建平、王坚、赵骏：《中国代表张彭春与〈世界人权宣言〉》，载于《人权》2003年第6期，中国人权网 http://www.humanrights.com.cn/。2011年1月12日访问。

② 同上。

③ 同上。

组织与中国的关系上生成新剧本，并促成了联合国人权体系的改革。2006年联合国人权理事会取代联合国人权委员会就是联合国人权体系改革的最大成果之一（参见本章第六部分）。

总之，中国在接受、内化国际人权规范，被国际人权组织塑造的同时，也在不同程度地以自身的特点、方式和实力的不断增长，潜移默化地“改造”着国际人权制度本身。中国的参与实践不可避免地促进国际人权组织内部的民主化和文化的多元化，并改变认同，增强理解，促进承认——国际人权组织及其成员在试图影响甚至“同化”中国的同时，自身也处于被中国“同化”的进程之中！

六、中国参与联合国人权理事会的实践：身份的转化

联合国人权委员会在把人权问题转变为国际会议议程上的主要议题和有效地扩大《联合国宪章》人权条款的法律效力和适用范围方面的努力应受到极大的赞扬。但是随着人权委员会在联合国人权机构体系中的地位和作用不断上升，委员会逐渐蜕变成为发达国家和发展中国家进行国际人权斗争的主要场所，出于政治动机或政治利益考虑的平衡或斗争成为委员会的一贯风格，这使得人权委员会常常遭到“效率低”、“有意将人权问题政治化”、“选择性”诸如此类的批评。[①] 特别是在冷战结束后，随着国际政治力量对比的变化，西方国家在人权委员会的监督活动中占据了主导地位，人权委员会成为发达国家和发展中国家进行国际人权斗争的主要场所，包括中国在内的许多发展中国家变成了被批评和指责的对象[②]——自冷战结束以后，联合国人权委员会通过的100多项国别决议几乎全部是针对发展中国家，没有一个西欧和北美国家受到审议。人权委员会成了针对发展中国家的“公审大

① （美）托马斯·伯根索尔等：《国际人权法精要》（黎作恒译），北京：法律出版社，2010年版，第87页。

② 彭锡华、古盛开：《论国际人权条约实施的国际监督制度》，载《中国国际法学精萃》（2002年卷），北京：机械工业出版社，第88页。

会”，而一些发达国家则扮演了“人权法官”的角色，对发展中国家颐指气使，横加指责[①]——联合国的人权保护机制沦落成了国际政治斗争的工具。就像联合国秘书长安南所指出的，各国竞相成为成员国，目的不是加强人权，而是保护本国免遭批评，或者批评他国。[②]

在上述背景之下，2006年3月15日，第60届联合国大会以170票赞成、4票反对、3票弃权的表决结果通过决议，决定设立人权理事会，以取代人权委员会。[③] 联大决议不仅重申了重要的人权原则，还多次提及以公正和非选择的方式处理人权问题，避免双重标准和政治化，促进人权领域建设性的对话与合作。这些原则应成为未来人权理事会工作的指针，以避免重蹈人权委员会政治对抗的覆辙。

创立人权理事会是国际社会改革联合国人权机制和将联合国人权工作主流化的一次重大努力，与其前身人权委员会相比较：第一，人权理事会在地位上高于人权委员会，人权理事会是联合国大会的下属机构，而人权委员会隶属于联合国经济和社会理事会，这标志着人权工作在联合国系统内地位的提升。第二，人权理事会成员的选举更加严格。理事会成员由联合国大会所有会员国投票选举产生，当选者必须获得联合国192个会员国半数以上，即至少97个国家的支持，而人权委员会由拥有54个成员国的经济和社会理事会出席并投票的成员国半数以上的支持产生。人权理事会成员的选举要考虑候选国在促进和保护人权领域的贡献以及就此自愿做出的誓言和承诺，当选者在促进和保护人权工作中应维护最高标准，与理事会充分合作，并在任期内接受定期普遍审查机制的审查，这就使得那些想成为人权理事会理事国的国家积极采取措施，更好地尊重和保障其本国的人权，而人权委员会则不存在相关承诺。第三，建立普遍定期审查机制（Universal Periodic Review）。该机制要求理事会应“根据客观和可靠的信息，以

① 沙祖康:《在第59届联合国人权委员会国别议题下的发言》，载《人权》2003年第3期，中国人权网 http://www.humanrights.com.cn/。2010年11月21日访问。

② Annan, K, In Larger Freedom: Towards Development, Security and Human Rights for All, Para.182, A/59/2005.

③ 美国、以色列、马绍尔群岛和帕劳投了反对票，委内瑞拉、伊朗和白俄罗斯在表决中弃权。当时联大共有191个成员国，7个成员国因拖欠联合国会费被取消表决权，另有几个成员国未参加投票。

确保普遍、平等地对待并尊重所有国家的方式”，对联合国所有会员国的人权状况每隔四年进行综合审查。[①] 审查是一个基于互动对话的合作机制，由相关国家充分参与，这在一定程度上克服了人权委员会在国别人权问题上的双重标准和选择性待遇问题以及政治化倾向，增强了联合国人权监督机制的普遍性和客观性。第四，人权理事会席位的设立纠正了长期以来亚洲在人权委员会代表性不足的问题，同时，发展中国家在人权理事会中的比例较人权委员会也有所增加，这必将有助于在世界更广大的地区和更广泛的人口范围内推动和促进人权事业的发展。[②]

2009年2月9日至11日，联合国人权理事会对中国人权纪录进行普遍定期审议并顺利通过了中国人权状况报告，在中国代表团发言后进行的互动对话中，60个国家代表发言，其中近50个国家对中国在政治、经济、社会、文化、民主、法制等人权领域取得的巨大成就表示赞赏，希望分享中国的发展经验，特别是在发展经济、减贫、教育、卫生、基础设施等方面的经验。[③] 2009年6月11日，联合国人权理事会第11次会议通过对中国人权普遍定期审议最后文件，阿拉伯联合酋长国、古巴、阿尔及利亚、巴基斯坦、斯里兰卡、俄罗斯等国代表在会上对中国发展人权取得的成果表示赞赏。[④]

2009年5月12日，第63届联合国大会第83次全体会议在美国纽约联合国总部举行。会议改选联合国人权理事会18个成员国，191个联合国会员国的代表出席并投票。经过一轮投票，中国以167票成功连任人权理事会成员，任期从2009年至2012年。中国连任人权理事会理事国，标志着中国在联合国人权体系中新的身份和地位的确立。

---

① 2008年4月7日，人权理事会首次启动普遍定期审查制度，巴林首先“试水”，然后是厄瓜多尔，以此顺延，并在4年之内滚动式完成对联合国192个会员国的审查。参见栾慧：《联合国正式启动新机制定期审查各国人权状况》（2009年12月31日），搜狐网站 http://news.sohu.com/20080411/n256240195.shtml。2010年7月28日访问。

② 人权委员会有53个成员国，而人权理事会有47个成员国。在成员总数减少的情况下，亚洲组由12国增为13国；西方组由10国减为7国；拉美组由11国减为8国；东欧组由5国增为6国；非洲组由15国减为13国。

③ 新华网日内瓦2009年2月14日电。

④ 新华网日内瓦2009年6月11日电。

七、结语

从1970年代至今，中国参与国际人权组织实践的进程，总体上是一个从否定、排斥人权概念，到承认、学习、借鉴和内化国际人权规范，获得国际人权体系承认，形成新的国际身份和地位的过程。中国对待人权问题态度上的变化，外部压力是一个重要因素，但不是决定性因素。中国承认国际人权制度是国内政治选择的必然结果，是中国愿意接受国际人权制度的规范和影响，寻求在国际体系中发展的自主行为。一方面，它反映了中国在不断融入国际体系中的适应性变革；同时也表明中国愈来愈认同国际人权规范所确立的理念、价值和原则，愈来愈融入既有的国际人权制度，而不是试图挑战或变革既有的国际人权制度。但这并不意味着中国的参与实践是完全被动的，中国的参与实践也并非仅仅停留在学习和被动遵约阶段。事实上，中国与国际人权组织之间是一个相互影响、相互作用、相互承认的过程。中国在接受和内化既有国际人权规范，以国际人权标准调整自己行为的同时，也在以自身能力（国内和国际资源）的不断增长影响着国际人权组织的实践剧本。在这一过程中，会有较量、有斗争，但正是通过这种互动实践，促使在国际人权组织与中国的相互关系中生成新剧本，中国在国际人权组织中新的身份和地位就此获得承认，于是新的一轮互动实践又拉开了序幕，其路线大致如下。

参与实践→产生新剧本→身份承认→新一轮参与实践……

中国与国际人权组织的互动实践在某种程度上也可以看作是一种搏弈或角力，强大的一方通常会胜出。随着中国经济的发展、实力的增强、国内人权事业的进步，加上日臻成熟的外交技巧，中国的影响力和国际地位在不断提高。特别是金融危机之后，中国作为负责任大国的国际地位陡然上升，使得西方国家在人权问题上对中国的政策产生变化。2009年2月21日，美国国务卿希拉里·克林顿访华期间，在与中国外长杨洁篪的会谈中对人权问题只是略略带过。她说美国关注中国人权问题，但接着话锋一转："不过，人权无法改变现如今的全球经济危机、环境危机以及安全危机。"[①] 可见，中国实力的增强是决定性的，明白了这个道理无疑为中国的参与实践提供了新的剧本。

总之，2008年那场百年不遇的金融危机，对于中国深度参与国际人权组织实践，增强中国在国际人权组织中的话语权，影响国际人权组织朝着有利于中国的方向发展，进而参与全球互动和集体决策，在全球治理中维护和获取中国的国家利益，促进中国和国际社会共同进步和发展，无疑存在着重大机遇。

① 《希拉里访华淡化人权问题在西方激起轩然大波》(2009年2月23日)，新华网 http://www.xinhuanet.com。2010年7月28日访问。

第12章 中国参与应对气候变化的实践

李海东[①]

在1992年6月参加巴西里约热内卢的“地球峰会”过程中，众多国家首脑签署了《联合国气候变化框架公约》(UNFCCC)。1994年3月，该公约生效并付诸实施。世界上出现了首个专门控制二氧化碳等温室气体排放以应对气候变化的国际合作基本架构。自1995年起，公约的缔约方每年召开缔约方会议（COP），评估气候变化最新进展，制定人类共同应对气候变化的具体方案。1997年第三次缔约方会议通过的《京都议定书》明确了发达国家减少温室气体排放的法律义务，具体规定了主要发达国家的减排时间表和额度，为世界各国应对气候变化确定了基本规则。2007年联合国气候大会通过“巴厘路线图”决议，进一步明确了发达国家在减排、资金与技术援助等方面的义务，气候变化国际机制渐趋具体化。2011年底的南非德班联合国气候大会更明确了《京都议定书》所确立原则的有效性及就实施京都议定书第二承诺期达成共识。在应对气候变化进程中，中国坚持宣扬自身关于气候变化的主张，不懈开展话语实践，在国内及国际层面身体力行。在国际应对气候变化层面，中国开展了有效的学习实践，积极参与国际气候机制

① 李海东　外交学院国际关系研究所教授，博士。

的构建进程，致力于将自身应对气候变化的主张转化为国际应对气候变化的具体实践，将自身关于气候变化的基本观念内嵌于构建中的国际气候机制之中。中国参与国际应对气候变化的过程经历了话语实践与学习实践的不同阶段。

一、中国应对气候变化的话语实践

中国应对气候变化话语实践具体体现在其反复强调气候变化议题在国内发展中的重要性和明确提出的国际应对气候变化的主张方面。中国对气候变化的认识经历了一个观念更新的渐进过程。气候变暖在全球范围内已经发生，中国深受影响。根据中国气象局统计数据，1908—2007年间，我国地表平均气温升高了1.1℃。最近50年北方地区升温最高已达4℃。在气候变暖影响下的极端气候事件不断发生。[①] 由于气候变化直接决定着农作物产量、能源来源及人类赖以生存的自然生态系统完整性，世界各国都渐趋积极应对气候变化问题。自改革开放以来，以经济为中心的国内发展战略令中国经济总量稳步提升，城镇化速度加快，人民生活日益富裕。与此进程相伴随的是，应对气候变化、保护生态环境与经济发展间关系相互冲突的观念逐渐为彼此相互补充和加强的观念所取代。

中国有13亿多的人口，其中的1.5亿人属贫困人口，主要资源人均占有量远远低于国际平均水平，环境承载力十分有限。在过去相当长时期内，中国经济增长可以说是以环境的持续恶化为代价获得的。“环境污染和气候变化带来的不利影响对我们来说已是现实。全球空气污染最严重的20个城市中，中国占了一半，70%的河流受到不同程度的污染。中国已成为全球第一大二氧化碳排放国”。[②] 气候变化不可逆转加速恶化的趋势更加剧了环境整治的难度。发达国家经济及生态现

① 王伟光、郑国光主编：《应对气候变化报告（2009）：迈向哥本哈根》，北京：社会科学文献出版社，2009年版，第73页。

② 傅莹：《在彼处：大使演讲录》，北京：外语教学与研究出版社，2011年版，第163—173页。

代化进程的完成用了大约两个世纪的时间，相比之下，中国在不到30年的时间内实现了经济现代化进程的加速发展，成为了世界第二大经济体，生态现代化进程则逐渐起步。也就是说，中国经济实现了腾飞，但现代化进程存在失衡现象，以气候变化与环境保护为核心的生态现代化进程相对滞后。气候变化及与其紧密相连的环境问题实际上已成为中国经济可持续发展的严重制约性因素。

低碳经济已经成为全球经济发展的一个重要趋势。按照目前主流科学观点，"我们的经济必须脱碳化"。[①] 低碳经济不仅与全球环境保护相关联，更与决策者在贸易、金融、生产等方面的政策联系在一起。实现迈向低碳经济的关键推动力源自于人们广为认可的来自气候变化的威胁。应对气候变化的行动采取的越早，人类所面临的来自于气候变化的威胁就越小。当全球气温上升2℃的时候，气候变化所带来的威胁将难以逆转。未来20年内，世界的发展将会产生更多的碳排放，而为控制全球气温的快速上升趋势，各国就需要在减排方面作出切实努力。各国采取减排行动越早则意味着摆脱以碳为核心能源的经济发展模式的速度越快，发展低碳经济的动力越足，在国家间经济竞争中居于前列的希望就越大。

在三十余年改革开放进程中，中国工业化及城镇化进程加快，巨大的社会转型正在发生。处于发展关键期的中国经济一度呈现高碳排放和高能耗的特征。不过，与发达国家发展历程有所不同，中国当前恰值全球走向"绿化"的时代。众多的研究已表明，对环保领域的投资所带来的经济与就业回报要远远高于对传统工业的投资回报。发展迅速的中国一方面需要保证经济的持续增长，一方面致力于努力摆脱发达国家以往所经历的以高碳排放为特点的高"污染"快发展的道路，同时关注经济发展模式的转型，避免以往经济发展的速度以环境恶化为代价的悲剧发生。也就是说，中国恰好在其经济转型进程中处于低碳经济为世人在道德与经济层面广为接受的阶段。中国果断抛弃忽视

① （英）奈杰尔·劳森:《呼唤理性：全球变暖的冷思考》（戴黍 李振亮译），北京：社会科学文献出版社，2011年版，第179页。

环境保护的做法，走上了经济“绿化”的道路。这对中国而言确实是一个艰难的挑战，更是一个非常难得的机遇。

在对未来世界经济发展趋势的科学判断前提下，中国坚定抛弃经济快速增长与环境日益恶化并存的发展旧模式，积极倡导经济可持续发展与环境保护良性互动的崭新发展模式。

第一，中国反复强调并积极推动发展清洁能源。中央政府严格控制新建高排放、高污染项目，淘汰现有产能落后的企业，为新兴绿色产业提供更大发展空间。中国自身加大了发展清洁能源的力度，同时通过大力加强与外国的合作加快新能源技术的开发与利用。低碳和新能源产业目前已成为推动中国经济前进的新增长点。中国在太阳能热水器的使用、太阳能光伏发电累计容量和水电装机容量等方面已居世界首位。十分之一的中国家庭在使用太阳能，中国大众对清洁能源已经普遍接受并使用，这为中国大范围内的能源绿色化奠定了较好的基础。

中国为应对气候变化所选择的关键切入点是节能减排。2009年9月，中国国家主席胡锦涛在出席纽约气候变化峰会时发表重要讲话，明确表示，“中国将进一步把应对气候变化纳入经济社会发展规划”，“争取到2020年单位国内生产总值二氧化碳排放比2005年有显著下降”。[①] 中国领导人在国际上的庄重承诺极大推动了国内及国际主要以大规模减排方式应对气候变化的事业。中国采取了“节约能源、优化能源结构、提高能源效率、开展植树造林等一系列措施”。[②] 应该说，节能减排本身与国家经济发展模式的革命性转变是密切相连的。而经济发展方式转变的核心是清洁能源技术的开发与使用。中国“在‘十一五’前四年累计单位国内生产总值能耗下降14.38%，化学需氧量、二氧化硫排放量分别下降9.66%和13.14%”。[③] 对中国而言，改善

① 中国能源报社国际部主编：《哥本哈根：一路走来》，北京：中国环境科学出版社，2010年版，第58页。

② 《胡锦涛阐述中国在应对气候变化问题上的原则立场》（2008年7月9日）。中国经济网：http://www.ce.cn/xwzx/gnsz/szyw/200807/09/t20080709_16099659.shtml.。2010年7月28日访问。

③ 温家宝：《政府工作报告：2010年3月5日在第十一届全国代表大会第三次会议上》，北京：人民出版社，2010年版，第7页。

民生、发展经济是中国积极限制温室气体排放中首要考虑因素。因为中国目前城乡及区域发展不平衡，大多数民众生活水平仍然比较低，因此中国是在保证自身经济健康稳定发展前提下作出对温室气体排放承诺的。

中国在限制温室气体排放方面做出了突出的贡献，基本实现了“到2010年单位国内生产总值能源消耗比2005年降低20%左右，主要污染物排放总量减少10%，森林覆盖率由2005年的18.2%提高到20%”的目标。在哥本哈根全球气候变化大会之前的2009年9月召开的联合国气候变化峰会上，胡锦涛主席宣布中国将进一步采取应对气候变化的措施。中国政府明确了2020年行动目标，包括：单位国内生产总值二氧化碳排放比2005年下降40%—45%；非化石能源比重达到15%；森林面积比2005年增加4000万公顷，① 这个面积相当于英国领土的1.5倍。而且中国将把这些目标作为约束性和可核查指标纳入中国的中长期发展规划。

第二，基于对应对气候变化与发展经济的科学判断，中国较早制定了节能减排的政策框架与相关法律、法规。中国发改委及其他17个政府部门汇聚相关领域数十位专家历时两年集中分析探讨最终制定了国务院于2007年年中审议并颁布的《中国应对气候变化国家方案》。② 在《方案》中，中国政府提出，到2010年单位国内生产总值能耗在2005年的基础上降低20%，可再生能源消费量占能源消费总量的比重达到10%，森林覆盖率增加到20%等目标。这些目标都是约束性的指标，已经纳入国家经济社会发展的规划。中国在2007年6月成立了由国务院总理为首的“国家应对气候变化及节能减排工作领导小组”。2008年10月29日，国务院新闻办公室对外发表《中国应对气候变化的政策与行动白皮书》。③ 与此同时，中国在制定2006—2010年的第十一个“五

① 《单位GDP二氧化碳排放比2005年降40%》(2009年11月27日)。人民网：http://paper.people.com.cn/jnsb/html/2009-11/27/content_392285.htm。2010年7月28日访问。

② 《中国应对气候变化国家方案》(2007年4月6日)，新华网：http://news.xinhuanet.com/politics/2007-06/04/content_6196300.htm。2010年7月28日访问。

③ 《中国应对气候变化的政策与行动》(2008年10月29日)。中华人民共和国中央人民政府网：http://www.gov.cn/zwgk/2008-10/29/content_1134378.htm。2010年7月28日访问。

年计划”时，第一次提出了包括降低单位国内生产总值（GDP）能耗20%的应对气候变化的具体目标。为此，中国修订实施了《节约能源法》（2008年）、[①]《可再生能源法》（2010年），[②] 同时制定了严格的节能指标考核制度，完不成任务的地方领导人将面临严格的问责。中央政府也开始定期公开每年各省区节能目标考核的结果。[③] 在2008年，全国31个省区中，26个省为“超额完成”或“完成”等级。由于增加了考核的透明度，未完成目标的省区就面临来自中央与公众较大的监督压力。中国在应对2009年国际金融危机所新增的4万亿人民币的经济刺激方案中，用于应对气候变化投资占了其中的15%。中国已经完成了2010年的节能减排目标，并在2006—2010年间减少二氧化碳排放15亿吨。这充分展示了中国应对气候变化所取得的成就和所具有的坚定决心。

中国国内各省市的节能减排同样有序展开。2010年8月，国家发改委发出通知，把广东、辽宁、湖北、陕西、云南等省和天津、重庆、深圳、厦门、杭州、南昌、贵阳、保定等市列为低碳省市，要求各试点地区编制低碳发展规划，制定支持低碳绿色发展的配套政策，加快建立以低碳排放为特征的产业体系，建立温室气体排放数据统计和管理体系，以积极倡导低碳绿色生活方式和消费模式。同时还有一些地区自主进行低碳经济的试点，探索低碳转型的模式。[④]

中央“十二五”规划建议提出，坚持把建设资源节约型、环境友好型社会作为加快转变经济发展方式的重要着力点，深入贯彻节约资源和保护环境基本国策，节约能源，降低温室气体排放强度，发展循环经济，推广低碳技术，积极应对气候变化，促进经济社会发展与人

① 《中华人民共和国节约能源法》,http://www.gov.cn/ziliao/flfg/2007-10/28/content_788493.htm。2010年7月28日访问。

② 《中国开始实施修改后的〈可再生能源法〉》(2010年4月1日)。新浪网：http://news.sina.com.cn/o/2010-04-01/155217309836s.shtml。2010年7月28日访问。

③ 《国家通报2008年度各省区节能目标责任考核情况》（2009年11月9日）。陕西省政府网站：http://www.shaanxi.gov.cn/0/xxgk/1/2/4/12/30/42/90/5114.htm。2010年10月1日访问。

④ 《社科院2010年气候变化绿皮书发布会》(2010年11月23日)。中国日报网站：http://www.chinadaily.com.cn/hqpl/zggc/2010-11-23/content_1260275.html。2011年7月29日访问。

口资源环境相协调，“不断在生产发展、生活富裕、生态良好的文明发展道路上取得新的更大成绩”。[①] 各地在制定“十二五”规划中，对诸如单位国内生产总值的能耗、碳排放强度和再生能源比重及森林碳化等应对气候变化和发展低碳经济的目标作为约束性指标纳入“十二五”规划当中。

第三，中国积极倡导“绿色生活方式”并加强应对气候变化的适应能力。鼓励“绿色”消费行为，发展节能环保型消费品，打造与中国现阶段国情相匹配的节约、绿色、低碳型的消费模式。民众的环保意识与危机意识不断增强，约束性的政策措施被普遍接受，从而加快了确立资源节约与环境友好的生活方式的步伐。中国对应对气候变化的适应问题也给予了高度关注。为适应气候变化，中国加大了科研投入，发展相关的科学技术，推动清洁能源的实验应用，不断增强在农业、自然生态系统、水资源等领域的适应气候变化能力，高度重视防灾减灾，努力减少灾害性天气和极端气候事件造成的损失。正如温家宝总理所言，中国“要努力建设以低碳排放为特征的产业体系和消费模式，积极参与应对气候变化的国际合作，推动全球应对气候变化取得新进展”。[②]

气候变化威胁的全球性特征需要世界各国必须走合作应对之路。基于中国对气候变化问题重要性的普遍认同及系列有效政策的相继出台，中国积极参与到国际应对气候变化的潮流之中，并以自身确立的原则来推动相关国际机制的建设。具体而言，中国应对气候变化的核心理念是，始终坚持联合国主导下的国际合作、坚持共同但有区分责任的原则。

首先，中国大力倡导联合国主导下的国际合作，并身体力行推动国际应对气候变化议题。中国与印度、南非、美国、加拿大、英国、澳大利亚等国家建立了双边性质的应对气候变化的合作机制。同时，

① 胡锦涛：《在庆祝中国共产党成立90周年大会上的讲话（2011年7月1日）》，北京：人民出版社，2011年版，第21页。

② 温家宝：《政府工作报告：2010年3月5日在第十一届全国代表大会第三次会议上》，北京：人民出版社，2010年版，第23—24页。

中国也力所能及的帮助其他发展中国家改善设施，培养人才，发展科技，推广清洁能源使用等。中国与非洲国家合作应对气候变化议题堪为典型。早在2006年1月，中国就在《中国对非洲政策文件》[①]中明确提出，中非需要合作应对气候变化议题。在与非洲国家的交往中，中国不断投入资金与人力帮助欠发达的非洲国家改善应对气候变化的能力。此外中国还积极与发达国家展开国际合作，应对气候变化。中国参加了八国集团与五个主要发展中国家气候变化对话及主要经济体能源安全与气候变化会议，并在会议中推动气候变化议题不断受到关注。

更为重要的是，中国始终坚持联合国在国际应对气候变化中的主导地位，坚持《联合国气候变化框架公约》与《京都议定书》是世界各国应对气候变化的基本框架和法律基础。“巴厘路线图”更明确重申了《联合国气候变化框架公约》与《京都议定书》在国际应对气候变化进程中的权威地位。中国为推动世界实现和谐发展、清洁发展、可持续发展不懈努力，展现出明显的积极合作共同应对的姿态。中国在参与国际应对气候变化过程中积极阐述自身原则立场并使之在国际范围内得到认可。

其次，在应对气候变化的国际合作中，中国坚持共同但有区别的责任原则。中国坚持认为，温室气体排放是世界各国必须共同面对的问题，但发达国家须承担更大的责任。数据显示，从工业革命到1950年，发达国家的排放量占全球累计排放量的95%，从1950年到2000年，发达国家排放量占全球的77%，从1904年到2004年100年间，中国累计排放占全球的8%。而最近15年，发达国家在已完成工业化、现代化的情况下，温室气体排放总量还是在1990年基础上增长了11%。[②]发达国家是导致气候变化的主要来源，同时又拥有应对气候变化所需的先进技术与雄厚资金。不论在道义还是实际能力方面，发达国家都需要对发展中国家提供更多技术和资金以使得后者能够更有效

① 《中国对非洲政策文件》(2006年1月12日)。中企业信息网：http://info.cec-ceda.org.cn/zcfg/pages/20061104_4540_4_.html。2011年7月29日访问。

② 《国家发展和改革委员会主任马凯答记者问》(2007年6月4日)。中国网：http://www.china.com.cn/ch-xinwen/content/news070604-4.htm。2010年7月28日访问。

的应对气候变化问题。因此，“发达国家应率先大幅度减排，同时要向发展中国家提供资金、转让技术。发展中国家在发展经济、消除贫困的过程中，在发达国家的支持下根据各国国情采取积极的适应和减缓气候变化的措施”。[①] 中国国家主席胡锦涛就明确向八国集团表示，“考虑到历史责任和当前能力，发达国家应带头减少二氧化碳的排放，帮助发展中国家减缓和适应气候变化”。[②] “发达国家应该严格履行《京都议定书》确定的减排目标，并切实兑现向发展中国家提供资金和技术转让的承诺”。[③] 中国主张，发展中国家消除贫困、保护环境、构建绿色经济、实现经济与社会协调可持续发展是紧密相连的，这充分展现了中国关于发展中国家发展权益首先得到保障的基本立场。

可以说，“共同但有区别的责任原则”涵盖了包括减缓、适应、技术转让、资金、能力建设等中国关于应对气候变化的核心主张，体现了发展中国家的关键诉求，是极具综合性和可操作性的深刻而又长期适用的原则。

总的来看，在应对气候变化的话语实践中，中国清晰表达了如下观念：应对气候变化的过程就推动发展经济、改善民生、保护环境形成良性循环的过程。在国际与国内层面，减少能源资源消耗、控制温室气体排放、切实转变发展方式是实现发展经济和应对气候变化双赢局面的主要途径。中国在应对气候变化中的话语实践过程为随后中国积极参与国际气候机制构建的学习实践奠定了基础，为中国经验与主张转化为国际规范或主张做了比较充分的准备。

---

① 《中国阐述参与德班会议的原则立场》（2011年11月22日）。新华网：http://news.xinhuanet.com/politics/2011-11/22/c_111185894.htm。2011年11月30日访问。

② 转引自（英）奈杰尔·劳森：《呼唤理性：全球变暖的冷思考》，北京：社会科学文献出版社，2011年版，第67页。

③ 《胡锦涛：主要经济大国要在气候问题上做好三方面工作》（2008年7月9日）。新华网：http://news.xinhuanet.com/newscenter/2008-07/09/content_8516576.htm。2011年11月30日访问。

二、中国参与国际应对气候变化的学习实践

（一）中国积极参与应对气候变化的谈判进程

积极应对气候变化事关中华民族和全人类的长远利益，事关我国经济发展的全局，是实现全面协调可持续发展的重大战略任务。中国作为一个负责任的大国，主张通过切实有效的国际合作，共同应对气候变化的挑战。中国签署了世界首个应对温室气体排放的《联合国气候变化框架公约》，推动完成了公约框架下强制减排的《京都议定书》，始终积极加入国际应对气候变化谈判进程，坚持共同但有区别责任原则，主张严格遵循“巴厘路线图”的规定，以《哥本哈根协议》达成的政治共识为指导，加强《联合国气候变化框架公约》和《京都议定书》的全面有效可持续的实施。中国的主张在国际气候机制构建中得到越来越多国家的支持。

《联合国气候变化框架公约》及从属其的《京都议定书》是国际应对气候变化的关键制度。中国在国际及国内层面都依据《联合国气候变化框架公约》精神的指导来加强自身应对气候变化的机制建设。中国于1992年批准了《联合国气候变化框架公约》，1998年建立了“国家气候变化对策协调小组”，2002年批准世界上首份具有法律约束力的应对气候变化的《京都议定书》，2004年提交了《中华人民共和国气候变化初始国家信息通报》，2007年成立了由国务院总理任组长的“国家应对气候变化领导小组”，2008年中国成立了“气候变化专家委员会”，这些相继出台的政策清晰展示出中国应对气候变化的严肃立场。

在《联合国气候变化框架公约》中，关键经济体发挥的作用是主导性的。在国际气候谈判进程中，关键经济体之间的博弈进程往往决定着国际气候机制及《联合国气候变化框架公约》及相关协议的最终走向。中国由于其经济实力的迅速增强，减排技术的相对落后及在世界主要国家间的排放量占比不断上升，居于世界二氧化碳总排放量排

名的前列。中国在气候变化国际机制建设中占据独特与相对突出的地位。正因如此，中国与发达国家在国际气候制度的构建进程中矛盾比较尖锐。发达国家趋向于强调共同责任及减排中运用市场机制，而中国则更强调气候问题责任的有区别性，以及发达国家应加强对发展中国家的技术及经济援助；发达国家尤其是美国反对确立具有法律约束力的国际气候条约，而中国则积极支持气候谈判中确立各国普遍受约束的条约。在国际气候机制的构建进程中，中国始终坚持发展中国家的自身定位，致力于塑造构建中的国际气候机制。

中国充分认识到气候变化机制构建的复杂性与多样性。发达国家主张通过谈判确立取代为发达国家明确减排目标的《京都议定书》的新协议，排斥在减排问题上发展中国家支持的“共同但有区别的责任”原则。发展中国家大多主张延续《京都议定书》的核心精神。国际上确立哪一种机制更合乎中国及世界长远诉求是中国在国际应对气候变化谈判中始终关注的议题。中国坚持任何国际协议不能削弱而是加强《联合国气候变化框架公约》、《京都议定书》、“巴厘路线图”在国际应对气候变化中的主导性功能，坚持联合国在国际应对气候变化机制中的核心地位。

由于自身气候谈判诉求与发展中国家基本趋于一致，中国在气候谈判中致力于维护发展中国家之间的团结，这使得围绕气候变化激烈纷争中中国的立场基本能够获得多数国家的理解与支持，有助于中国主张逐渐成为国际应对气候变化的核心主张。

1992年，联合国环境与发展大会通过了世界上第一个关于控制温室气体排放的国际公约——《联合国气候变化框架公约》。在1997年的《公约》第三次缔约方大会上，各缔约方在日本京都通过了《京都议定书》，对温室气体减排的种类、主要发达国家的减排时间表和额度等作了具体规定。2007年12月3日至15日，在印度尼西亚巴厘岛举行的联合国气候变化大会通过了“巴厘路线图”，为国际社会明确了气候变化谈判机制和时间表，目标是在2009年的哥本哈根联合国气候大会上就2012年后削减全球温室气体排放量应对气候变化的新安排达成协议。

“巴厘路线图”共有13项内容和1个附录，其主要内容包括：第一，强调各方合作开展共同行动，实现减少温室气体排放的目标。“巴厘路线图”指出，依照《联合国气候变化框架公约》原则，尤其是“共同但有区别的责任”原则，与会各国依据各自的社会、经济条件承诺展开长期合作，以实现《公约》最终目标。第二，强调重视适应气候变化问题、技术开发和转让问题以及资金问题。第三，要求一向拒绝《京都议定书》的温室气体排放大国美国也加入到“巴厘路线图”中，“巴厘路线图”明确《公约》的所有发达国家缔约方都要履行可测量、可报告、可核实的温室气体减排责任，美国作为发达国家一员需要承担相应义务。[①]

在2007年巴厘路线图制定过程中，中国发挥了重要的建设性的作用，中国应对气候变化的主张通过“巴厘路线图”的公布而进一步国际化。中国依据自身社会发展规划，始终强调《联合国气候变化框架公约》在国际协调减排应对气候变化中的核心地位，始终与发展中国家一道，突出发达国家需要向发展中国家提供技术及资金支持。在重视发达国家反复强调的减缓过程中，中国突出强调发展中国家关于适应、资金及技术等方面要求的重要性。中国始终坚持的“共同但有区别的责任”原则和公平原则也已被《联合国气候变化框架公约》所接受，并确定为指导国际社会应对气候变化的基本原则。

《联合国气候变化框架公约》指明，消除贫困及推进经济和社会发展是发展中国家的首要任务。[②] 发展中国家的发展权必须得到保障。而这要求发达国家减排目标必须首先确定，并在给予发展中国家充分资金和技术援助的前提下考虑发展中国家的减排目标。也就是说，中国始终坚持任何减排目标的确定必须要在保证发展中国家有充分发展空间基础上进行，中国将重视发展中国家的观念始终贯穿到参与国际气候谈判过程之中。中国坚持的原则深入到应对气候变化的不同议事日

① 《巴厘路线图》（2009年12月3日）。人民网：http://politics.people.com.cn/GB/8198/175695/175696/10505423.html。2010年7月28日访问。

② 《联合国气候变化框架公约》（1992年）。联合国气候变化框架公约网站：http://unfccc.int/resource/docs/convkp/convchin.pdf。2010年7月28日访问。

程之中，并日渐成为国际气候机制构建的核心原则。

2009年12月7—18日，哥本哈根联合国气候大会的召开是中国在气候议题上参与并影响国际制度的重要事件。为保证自身的发展权，中国积极参与国际气候机制谈判。为准备该会议，中国积极按照国家制定的应对气候变化方案来推动世界其他国家共同协调应对气候变化，为哥本哈根联合国气候大会的成功举行做出应有的贡献。在2009年12月哥本哈根联合国气候大会召开前，中国宣布其控制温室气体排放的目标，即：到2020年二氧化碳排放量以2005年为基准减少40%—45%。在哥本哈根会议上，发达国家尤其是美国向中国施加压力，以期令中国承担不切实际的减排量。奥巴马政府加强了气候变化谈判中的主导意识，并积极以新能源革命来应对气候变化挑战。然而，美国国内对奥巴马所提出的富有雄心的减排目标存在很大争议，同时，美国政府在国际上则反复强调中国应当承担超出其自身能力的减排目标，试图压迫中国等发展中国家承担更大的减排义务，减少美国自身的减排义务。

中国总理温家宝在会议上反复重申和强调了中国在应对气候变化方面的基本立场：第一，中国支持哥本哈根会议，支持应对气候变化所采取的各项积极措施，支持发展绿色经济，而且认为发展绿色经济是应对金融危机的一个新的经济增长点。第二，中国高度重视气候变化的应对问题，成立了以总理为组长的国家领导小组，并且制定了发展中国家第一份应对气候变化的国家方案。中国也采取了实际举措，在“十一五规划”中已制定了节能减排的约束性目标，即每年单位国内生产总值能耗降低4%，5年降低20%。中国承诺继续长期坚持此举措。2011年中国通过的十二五规划更是明确提出以控制温室气体排放、增强适应气候变化能力、广泛开展国际合作来推进资源节约、环境友好的生产方式和消费模式的建立的主张。[①] 第三，减排需要根据各自国情，反对进行量化目标的承诺。中国经济发展起步晚，人口达13亿，

① 《“十二五”规划纲要（全文）》（2011年3月16日）。中国网：http://www.china.com.cn/policy/txt/2011-03/16/content_22156007_7.htm。2011年11月30日访问。

尽管总排放量不断增加，但是人均排放量比较低。中国在节能减排、环境保护、低碳经济方面加强与其他国家的合作。中国的承诺与举措揭示出中国负责任大国的外交目标。①

为达成《京都议定书》后的削减全球温室气体排放量的新协议,《联合国气候变化框架公约》的缔约方展开了密集的谈判。相关各方及公约的秘书处也做了具体的准备，提出了各方谈判草案。尽管哥本哈根世界气候峰会最终因不同国家观点差异巨大而结果不乐观，但是国际社会高度重视应对气候变化问题，共同应对气候变化的政治意愿十分强烈。

哥本哈根联合国气候变化大会以后，受国际金融危机的持续影响，各方对气候变化谈判的期望更为务实。2010年10月，中国政府在天津承办了《联合国气候变化框架公约》谈判工作组会议，为随后召开的坎昆会议打下良好基础。②2010年11月19日，国家应对气候变化领导小组会议研究了应对气候变化工作所面临的形势，就进一步做好应对气候变化工作进行了部署，并强调中国将从国情和实际出发，承担与发展阶段和实际能力相称的国际义务，一如既往地发挥建设性作用，与各方一道推动坎昆会议取得积极的成果。

《联合国气候变化框架公约》第16次缔约方会议暨《京都议定书》第6次缔约方会议自2010年11月29日至12月11日在墨西哥坎昆召开。会议在应对气候变化方面取得了一定的成果，包括：继续坚持《联合国气候变化框架公约》、《京都议定书》和“巴厘路线图”，继续坚持“共同但有区别的责任”原则，确保2011年的气候变化谈判继续按“巴厘路线图”确定的双轨方式进行；就适应、技术转让、资金和能力建设等发展中国家关心问题的谈判取得了不同程度进展等。尽管坎昆会议未能完成“巴厘路线图”的主要谈判目标，但各国展示出就气候变化议题继续展开国际合作的强烈愿望。中国在坎昆会议上再次重申了

① 《温家宝总理在哥本哈根气候变化会议领导人会议上的讲话》(2009年12月19日)。中国经济网：http://www.ce.cn/xwzx/gnsz/szyw/200912/19/t20091219_20648800.shtml。2010年10月28日访问。

② 《联合国气候变化天津谈判“承上启下”任务艰巨》(2010年10月4日)。中国新闻网：http://www.chinanews.com.cn/gn/2010/10-04/2569259.shtml。2011年10月28日访问。

自身解决气候变化的基本立场。会议成果鲜明展现出中国长期以来在气候变化议题上所坚持的原则，[①] 中国的核心主张正在通过自身对国际气候谈判的积极参与而渐趋转变为国际社会认同的主张。坎昆会议展示出各国对“巴厘路线图”的认同，相当多的国家在构建低碳、绿色、环保发展方式的道路中赞成中国的立场。这为联合国气候大会在未来解决目前尚存的问题上体现中国坚持的原则奠定了较好的基础。

为促成2011年11月28日至12月9日南非德班联合国世界气候变化会议取得具体成果，中国在2011年11月22日发表了《中国应对气候变化的政策与行动（2011）》白皮书，列举了中国在应对气候变化中所取得的成就，并清晰提出了中国参与国际应对气候变化会议所期望达成的目标，即：明确发达国家在《京都议定书》第二承诺期进行大幅度绝对量化减排的安排；明确非《京都议定书》发达国家在《联合国气候变化框架公约》下承担与其他发达国家在《京都议定书》下可比的减排承诺；细化并落实适应、资金、技术转让、能力建设方面的机制安排，细化体现发达国家和发展中国家区别的“三可”（可测量、可报告、可核实）和透明度的具体安排。而且这种安排应充分体现发达国家和发展中国家之间“共同但有区别的责任”原则。[②]

南非德班会议在中国主张国际化实践中取得了较大进展。与会各国代表就《京都议定书》第二承诺期问题做了安排，启动了绿色气候基金，明确细化了适应、技术、能力建设和透明度的机制安排，讨论了2020年后加强《联合国气候变化框架公约》的实施安排。更为重要的是德班会议重申坚持《联合国气候变化框架公约》、京都议定书和“巴厘路线图”授权，坚持“共同但有区别的责任”原则，[③] 国际应对气候变化努力保持着积极发展势头。中国参与气候变化国际谈判进程，实现了自身主张得到更多国家的理解和认可的目标，有助于世界各国

① 《中国代表团谈坎昆会议：基调较为积极》（2010年12月1日）。人民网：http://world.people.com.cn/GB/13369521.html。2011年10月30日访问。

② 中华人民共和国国务院新闻办：《中国应对气候变化的政策与行动(2011)》（2011年11月22日）。人民网：http://energy.people.com.cn/GB/16351645.html。2011年11月30日访问。

③ “德班气候大会通过决议，中方称会议取得五大成果”（2011年12月11日）http://www.china.com.cn/international/zhuanti/cop17/2011-12/11/content_24124639.htm。

会聚共识，形成普遍接受的应对气候变化的全球方案。

（二）中国坚持发展中国家身份定位，积极推动发达国家作出更大贡献

首先，中国以发展中国家的身份定位积极阐述应对气候变化的主张。在温室气体的减缓方面，中国坚持发达国家承担更多责任。在适应方面，中国坚持发达国家应当提供更多资金帮助发展中国家自我调整以适应气候变化。应对气候变化的各项谈判内容是否最终落实，尤其是发展中国家能否有效履行《联合国气候变化框架公约》义务，很大程度上取决于各方在资金问题上的谈判结果。

根据《联合国气候变化框架公约》的规定，应对气候变化的资金由发达国家提供。资金谈判是围绕气候变化国际机制构建磋商中的重要内容。[①]《公约》是各国围绕气候变化展开谈判的基本框架与法律基础，它确立起了一套资金机制。《公约》缔约方会议在该资金机制的运作方面发挥着关键的指导作用。当前作为资金机制业务实体的“全球环境基金（GEF）”每年都需要向缔约方会议汇报其在推动气候变化国际合作中所发挥的作用。“从成立之初到现在，全球环境基金一直是发展中国家接受气候变化国际合作援助的主要资金渠道，发挥了《公约》主要资金机制的作用。”气候变化特别基金（SCCF）、最不发达国家基金（LDCF）及《京都议定书》下的适应基金（AF）相继出台，形成了一个综合性的国际合作资金体系，从而确立了一个资金议题谈判的基本框架，为《联合国气候变化框架公约》机制下保持合作奠定了基础。

如何更为便捷地筹集资金并对其进行有效的分配使用是包括中国在内的发展中国家在气候变化谈判中极为关注的议题。发展中国家认为，发达国家通过“全球环境基金”（GEF）等机制所提供的捐资远远无法满足发展中国家的需要；基金的申请及批准手续繁杂，不透

---

① 王伟光、郑国光主编：《应对气候变化报告（2009）：迈向哥本哈根》，社会科学文献出版社，2009年版，第105—122页。

明；且受援国被要求提供配套资金，而相当多贫穷国家显然没有相应实力。气候变化特别基金（SCCF）是用来支持发展中国家的适应活动的。发达国家突出气候变化特别基金捐资的自愿性，不具体明确自身的资金承诺，力图拒绝其应当承担的责任。中国则坚定的作为发展中国家的一员，团结其他发展中国家，最终通过密集谈判而使得发达国家做出让步，从而在资金谈判方面更有利于发展中国家的利益。在发展中国家的坚持下，气候变化特别基金得以快速投入运作，其为推动发展中国家的进步及消除贫困发挥了比较大的作用。

中国在谈判中坚持发展中国家利益，同时积极参与全球环境基金与气候变化特别基金计划，并利用积累的经验服务于其他发展中国家。中国利用参加两项基金计划所获得的赠款或贷款，在中国开展适应研究与农业发展研究，并以黄淮海地区为项目活动区域，将应对气候变化的举措与当地农业发展结合在一起，从而获得丰富的应对气候变化的实践经验。

应该说，中国始终推动发达国家关注并兑现资金承诺，并为此开展了比较积极的活动。中国一方面坚持《联合国气候变化框架公约》及《京都议定书》所明确的资金机制的核心地位，大力推动增加发达国家提供的资金额度，以确保发展中国家在适应与减缓等应对气候变化方面拥有充分资金来源，一方面推动国际社会以其他渠道筹措资金，以便于以各种渠道获得的资金尽快促成相关技术的转让，实现环境友好型的发展模式。中国的主张通过自身积极的国际谈判而日趋成为国际应对气候变化的核心观点。

其次，西方在构建低碳经济和应对气候变化方面起步早，积累的经验相对丰富。应对气候变化与发展低碳经济的迫切性很大程度上也是源自于对发达国家自身经济发展历程的深刻认识。在国际谈判中，中国一方面捍卫发展中国家的利益，一方面重视加强与发达国家之间的联系，以引进发达国家的先进技术，增强自身及发展中国家的应对能力。

构建低碳经济本身对发达国家与发展中国家存在不同的含义。众所周知，气候变化的出现源自于人类大量使用化石燃料，“是由人类活动造成的。”[①] 而要应对气候变化就必须减少人类对化石燃料的应用，进而减少二氧化碳等温室气体的排放。因此，应对气候变化与能源的使用是紧密相连的。近几十年来几乎每一次能源危机总是会带来各主要经济体经济的大规模下滑。而未来世界经济发展的主要推动力或主要制约因素将是能源是否安全获得的问题。能源供应体系的转变直接关系到低碳经济能否顺利构建。低碳经济自从2003年英国在其能源白皮书《我们能源未来：创建一个低碳经济》正式提出，现已经被国际社会广泛认同和接受。世界各国也都在致力于构建低碳经济。控制温室气体排放是世界各国的努力方向。发达国家需要保证实现绝对减少排放的目标，而发展中国家则需要在保证经济发展的前提下尽可能的落实减排目标。因此，发达国家应当是全方位的减排，而发展中国家更多的是强调生存与发展，减排目标更具针对性。

欧盟在气候变化的应对方面比较积极。2008年1月欧盟委员会提出具体计划，承诺到2020年其总的能源消耗量中可再生能源所占比例提升到20%，而将化石燃料的消耗量减少20%等。同时，欧盟还承诺到2020年将温室气体排放量在1990年基础上减少20%，到2050年减排60%—80%。[②] 美国在气候变化议题上比较被动。美国不批准《京都议定书》的做法令其在国际气候减排方面饱受批评。然而奥巴马政府认识到，低碳经济及新能源的应用是在美国经济低迷之时重振美国的有效出路。2009年6月，美众议院通过了《美国清洁能源安全法案》，规定：到2020年，二氧化碳排放量比2005年减少17%，到2050年减少83%。美国确定的如此低的标准令其他国家对其批评更为强烈。

英国是低碳经济倡导和实践中的领头羊，在2007年6月，英国公布《气候变化法案》，承诺到2020年，削减26%—32%的温室气体排放，到2050年实现减少温室气体排放量60%。低碳经济实际上已经成为全球经济发展的新引擎，能否在低碳经济实施中占据前沿成为决定

① 《政府间气候变化专门委员会主席拉金德拉·帕乔里谈气候变化》，参见：丁一汇、石永怡主编：《气候变化高端访谈》，北京：气象出版社，2009年版，第2页。

② 王伟光、郑国光主编：《应对气候变化报告（2009）：迈向哥本哈根》，社会科学文献出版社，2009年版，第230页。

一个国家在新一轮经济发展中能否独占鳌头的先决条件。按照2007年英国发布的较有影响力的《斯特恩报告》的研究结果，气候变化将在全球范围内导致5%—20%的国内生产总值的损失，因此，大力开发低碳技术，培育发展低碳经济成为英国及世界各国未来经济的努力方向。

从发展经济视角出发，中国积极参加应对气候变化国际合作进程。而这确实也构成开展国际合作的新机遇。在中国与欧洲的合作中，能源与气候变化问题是重要内容。欧盟在技术、投资等层面推动发展中国家实现低碳经济方面所做的努力更多一些。同时，一些推动全球低碳经济的国际组织与中国各个城市之间的合作也在积极进行之中。为推动城市发展模式的变化，世界自然基金会（WWF）在2008年初启动“中国低碳城市发展项目”，中国的上海、保定参加到项目之中。上海还建立了“低碳经济实践区”，大力实验并建立构建有利于绿色环保的经济运作模式所需要的政策框架，从而逐步带动国内各地相继推动低碳经济的切实落实。保定在致力于打造一个以太阳能为主的可再生能源体系，建立起一个“太阳能之城”。发达国家在中国进行的应对气候变化的实践经验在不断的向世界其他地区扩散。中国参与国际应对气候变化的进程推动着中国的主张为世界所了解和实践，也推动着发达国家应对气候变化的先进经验为中国吸取和实践，中国与发达国家之间应对气候变化的时间呈现出彼此有效互动的良性局面。

三、结语

总而言之，中国基于经济发展的需要给予气候变化以战略性关注，对绿色经济的战略含义有深入的思考。中国应对气候变化的话语实践与努力方向大致包括：优化产业结构，在诸如有机农业、花卉种植等的农林产业以及服务业、旅游等行业推动实现低能耗的低碳型产业；能源结构的“绿化”，发展非化石燃料能源，推广使用风能、太阳能、核能等清洁能源；大众消费模式的清洁化，引导大众对低碳经济的认同，培育低能耗、低排放的清洁的生活与消费模式等。中国对气候变化的这种话语实践和认识在非洲、拉丁美洲等发展中国家得到越来越多的认同。中国在应对气候变化和发展低碳经济中所取得的经验也在国际社会中不断扩散。

通过参与国际应对气候变化进程，中国已明确了未来要“保增长、调结构、促内需、重民生和节能减排”的科学发展方向。中国原先的高排放、高消耗的发展旧模式逐渐被抛弃，这为中国在世界经济角逐中占据先机打下基础。更为重要的是，通过参加国际应对气候变化的学习实践进程，中国已将自身的主张及原则深深植入国际气候谈判议事日程之中，并使之渐趋成为国际应对气候变化所遵循的主张和原则，从而创造了一个有利于自身国内经济快速发展的良好国际环境。中国在塑造演变中的国际气候机制方面的能力在实质性加强，中国的主张正在更有效地影响和塑造着越来越多国家在事关国际气候机制构建中的身份认同，从而为当前与未来一个公平公正国际气候秩序的出现作出了重大的贡献。

结论　实践逻辑与中国参与的特点

朱立群[①]

本书从参与实践进程的角度，考察了自新中国成立以来中国与国际体系关系发生的深刻巨变。中国从未脱离国际体系而存在，但是1978年改革开放以来，中国与国际体系的关系发生了历史性的变化。几十年的参与实践，中国融入国际体系在范畴上涉及政治、安全、经济、环境、人权等各个领域，在规模上呈现出全方位、多层次、宽领域的态势。从整体上看，中国参与了全球政治、经济、安全、社会文化各个体系，外部世界对于中国全面融入国际体系的基本事实以及中国正在日益深刻地影响世界已经基本不持异议，而是越来越多地关注中国如何影响国际体系，以及如何应对中国对国际体系的影响。1978年以后，中国快速融入国际体系的步伐与中国的改革开放同步，我们不仅从融入国际体系中获益巨大，世界也因中国的和平发展与对外开放而发生着深刻的变化。因此说，中国与国际体系的互动，不仅对中国的快速发展、也对世界的和平与繁荣构成了巨大的影响。

① 朱立群　外交学院副院长，教授。

一、参与实践与双向社会化

我们在本书中强调指出，中国参与国际体系是一个连续不断的参与实践过程。参与实践不仅受到国际国内环境的影响，实践主体在参与实践的复杂互动中不断学习、借鉴、创新，形成关于国际体系及其相互关系的新认知。国际体系对中国各种参与实践的回应，推动中国新身份的形成。与此同时，中国在参与实践中，不断通过反思和创新，影响国际体系，促进国际体系朝着更加公正、合理和有序的方向发展。这实际上是一个相互影响的双向社会化过程，其中实践逻辑发挥着重要的作用，实践行为主体的能动性在很大程度上影响着社会化的方向和结果。这三个方面正是本书的核心观点。

（一）中国与国际体系是双向社会化的关系

我们在本书中突出强调的一个观点是，中国参与国际体系的过程是一个双向社会化的过程。也就是说，中国与国际体系的互动，是相互影响、相互作用、相互适应和相互改变的过程，因而，也就是一个双向的社会化过程。在本研究中，我们强调了国际制度的规范性、建构性和开放性特点，也就是承认了国际社会具有经由社会化机制改变国家行为体行为的能力。同时，我们也相信，国家行为体作为能动性行为体，具有内化国际制度规范和规则并因此实现身份转换的能力。在此基础上，我们将社会化看作是一个过程，一个行为体逐渐接受国际社会或特定群体规范和规则并因此改变自身行为和身份的过程。社会化意味着行为体的行为从后果性逻辑转向适当性逻辑、从特定身份转向新身份的过程。双向社会化意味着，一方面，国际层面的规范、规则为行为体所接受并内化，成为其行动准则；另一方面，行为体也将自身的规范、规则上传到国际层面，影响国际社会，并形成国际社会普遍接受的规范和制度。[①] 从这个意义上说，社会化过程是具有方向性的。但是，这个方向并非线性的，也不是单向度的。现有国际规范社会化研究不是强调自上而下的路径，如国际组织通过教化将国际体系规范传播到国家行为体；[②] 就是强调从中心到边缘的路径，如发展中国家只有全盘接受体系核心国家的规范，放弃旧有身份的社会化过程。[③] 这种单一方向、单一身份、单一结构的研究假定，不仅与当今国际体系结构日益复杂多元的现实相距甚远，也与国际关系日益呈现动态和不确定性等特点相背离，更何况国际体系中行为体日益增多、行为体身份日益多重、行为体战略选择日益多变，单向度社会化只能是脱离现实的理想愿望而已。

正是从这个意义上，本研究摒弃了单向社会化的假说，提出了参与实践的解释模式。参与实践理论不承认国际规范的社会化只能通过行为体接受体系规范、抛弃自我身份这一条路径。它突出了结构与施动者相互作用的双向社会化进程，行为体不但接受既有国际规范，还在参与实践过程中将自身规范和理念上传给国际体系。在这个双向社会化过程中，行为体一方面实现了对国际体系的参与，另一方面还帮助塑造了新的国际规范。

当然，双向社会化并不保证互动的积极结果。一般情况下，实践者与环境互动所形成的积极实践，会产生积极的话语和认知，推动形成正向认同。反之，则产生消极的话语和认知，促进反向认同的形成。中国参与国际体系的实践是在改革开放与和平发展战略的指导下进行的，国际体系主要大国对华基本上奉行了接触战略，这两个方面推动形成了中国关于国际体系的积极话语与认知，促进了二者关系的

---

① 朱立群、林民旺等:《奥运会语北京国际化——规范社会化的视角》，北京：世界知识出版社，2010年版，第17页。

② （美）玛莎·费丽莫:《国际社会中的国家利益》（袁正清译），杭州：浙江人民出版社，2001年版；Margaret E. Keck and Kathryn Sikkink, *Activists beyond Borders: Advocacy Networks in International Politics* Ithaca: Cornell University Press, 1998, pp.203-206。

③ Barry Buzan, *From International to World Society? English School Theory and the Social Structure of Globalization*, Cambridge: Cambridge University Press, 2004, pp.222-227; Barry Buzan, "Culture and International Society", *International Relations*, Vol. 86, No.1, 2010, pp. 1-25.

总体正向建构。另外，双向社会化过程也是有实践顺序的。现有研究表明，中国参与国际体系现阶段仍然以学习和接受国际体系规范为主，但是，中国在参与实践中也不断通过联盟实践和创新实践，也越来越深刻地影响着国际体系的发展。

（二）中国与国际体系的关系受实践逻辑的推动

社会化过程离不开具体的实践，也就是说离不开实践逻辑，这是本研究强调的第二个方面。关于社会化机制的现有研究极大地丰富了人们关于国际关系社会化过程发生机制的理解，但是这些研究集中在现实主义的权力逻辑和自由主义的规范逻辑两大范式之中，前者强调权力高压下的社会化过程，后者则存在着明显的“好规范”偏见。[①] 关于行为体的行为逻辑，马奇（March）和奥尔森（Olsen）归纳了后果性逻辑和适当性逻辑，[②] 并认为在行为体的所有行为中，更普遍的情况是，要么后果性逻辑占主导地位，要么适当性逻辑发挥主要作用。[③] 普里奥总结了国际关系研究中普遍运用的三种逻辑，除了后果性和适当性逻辑之外，还有论争逻辑（logic of arguing），[④] 立足在人类理性追求真理和解放的基础上。但是，这三种逻辑的社会化机制基本上忽视了时间和空间变量的地位，[⑤] 忽视了社会世界的物质性，从而导致社会化研究忽视了具体复杂的实践情境，突出了普遍性而忽视了个性化和类别化特征。

---

① Ryder McKeown, “Norm Regress: US Revisionism and the Slow Death of the Torture Norm,” *International Relations*, Vol.23, 2009, pp.6-9.

② （美）詹姆斯·G. 马奇，约翰·奥尔森，“国际政治秩序的制度动力”，载（美）彼得·卡赞斯坦、罗伯特·基欧汉、斯蒂芬·克拉斯纳编:《世界政治理论的探索与争鸣》（秦亚青等译），上海人民出版社，2006 年版，第366—371 页。关于两种逻辑对行为的影响，还可见 Jeffrey T. Checkel, eds., *International Institutions and Socialization in Europe*, New York: Cambridge University Press, 2007, pp.3-27。

③ 朱立群 林民旺等:《奥运会语北京国际化——规范社会化的视角》，第39页。

④ Vincent Pouliot, “The Logic of Practicality: A Theory of Practice of Security Communities”, *International Organization*, Vol. 62, Spring, 2008, pp.262-263.

⑤ 对于后果性和适当性两种逻辑的讨论和批判，见 Vincent Pouliot, “The Logic of Practicality: A Theory of Practice of Security Communities”, pp.257-288。

本研究突出的是以实践为导向的社会化过程，认为适当性逻辑、后果性逻辑和论争逻辑实际上都是在实践逻辑作用下对行为体的行为产生影响。按照吉登斯的说法，社会科学研究的对象既不是个体行动者的经验，也不是任何形式的社会总体存在，而是在时空向度上得到有序安排的各种社会实践，[①] 正是这些实践构建了制度以及建设制度的行为体。理性主义和规范主义的逻辑，实际上都不同程度地忽视了吉登斯所强调的时空向度。而排除了时间和空间，也就忽视了实践行为发生的当下性和情境性，忽视了社会世界的物质性，忽视了个性化特征，也就是制度形态的多样性、自组织性以及偶然因素所发挥的作用。

实践逻辑强调的是行为体的行为受实践情境、背景知识、以及身、心、物在一定时空条件下交互作用所推动，它是情境的、联系的、辩证的、开放的逻辑。在本体论上，实践逻辑实际上较之理性和规范都具有先在的地位。它是情景合理性逻辑（logic of contextual Reasonableness），是在实践情景下追求合理性的一种逻辑。与后果性逻辑和适当性逻辑不同，它是社会行动的第三种逻辑。实践逻辑之所以具有先在的本体地位，是因为不论是理性逻辑，还是规范逻辑，“都是历史性地建构于惯习和场域之中”的，人类并非先验地拥有这些逻辑。[②] “施动者会决定一种特定社会情境是需要工具理性，还是需要遵守规范，或是需要沟通行动。”[③]

实践逻辑是最大限度合理化的逻辑，这主要是因为任何实践活动都是物质的、情境的、时间的、联系的和开放的。

物质性是实践逻辑的基础。其基础性并非现实主义所强调的物质性的实力分布决定国家关系的因果逻辑，而是强调任何实践都是身体力行的活动。作为身体力行的活动，任何实践都不可能不涉及事物，因而这些事物也是具有社会性的。“我们不可能脱离物质实际从事实践

① （英）安东尼·吉登斯：《社会的构成：结构化理论大纲》（李康等译），北京：三联书店，1998年版，第60页。

② Vincent Pouliot, “The Logic of Practicality: A Theory of Practice of Security Communities”, p.277.

③ Ibid.

活动”。[①] 也就是说，我们的任何实践都是在物质情景中并使用我们生产出来的物质产品来进行的。从这个意义上说，人类历史也是物质事物的历史，我们发现、生产、创造和发展新的事物，这些新的事物带来新的实践，新的实践反过来又改变我们对世界的理解，从而进一步改变我们的社会实践。实践逻辑就是事物的逻辑，任何实践不能脱离事物的逻辑来发展。气候变化相关机制的建立受气候变化物质条件的影响，不同国家对气候变化的态度和认知一旦离开其所处的空间所在就难以理解。中国参与国际体系不能脱离中国的发展阶段和中国的物质生产能力，中国承担国际责任不能脱离自身能力和各种限制，这就是实践逻辑作用的结果。

即时性是实践逻辑作用的条件。按照社会学家布迪厄的观点，任何社会实践都是完全内在于持续时间的，是在时间中展开的，因而是与时间紧密联结在一起的。[②] 紧迫性是实践的一个基本属性，[③] 没有离开时间的实践。同时，时间并不是单一的，也不是脱离历史的。现实世界往往是不同历史时间存在于同一个时期，例如今天的国际社会同时存在着前现代社会、现代社会和后现代社会，[④] 它们并不分享同一历史意义上的时间，因而政治行为的合法性标准可能有所不同，参与国际制度的规范化原则也就不会相同，或者不容易达成规范认同。另外，实践者总是在紧迫性中做出即时决定的，这些决定既依据当下的客观可能性，也着眼于未来的发展，但是紧迫性以及多重历史时间决定了实践者不可能在参与进程中实现完全理性，或者受单一规范原则的主导。

情境性是实践逻辑的内在特质。情境性是包含社会意义的，它们总是历史和文化的产物。实践知识的生产总是和情境与行动密切相关

---

① Christian Büger, and Frank Gadinger, “Culture, Terror and Practice in International Relations: An Invitation to Practice Theory,” Paper prepared for the workshop, “The (Re)turn to Practice: Thinking Practice in Internaional Relations and Security Studies”, pp.18-19, May 2007, European University Institute, Florence, Italy，欧盟网站，http://www.eui.eu/Personal/Researchers/bueger/Documents/Bueger%20and%20Gadinger%20-%20Culture, %20 Terror, %20Practice.pdf. 2011年8月25日访问。

② （法）皮埃尔·布迪厄：《实践感》（蒋梓骅译），南京：译林出版社，2009年版，第126页。

③ 同上，第127页

④ Robert Cooper, *The Breaking of Nations: Order and Chaos in the Twenty-First Century*, London: Atlantic Books, 2003.

的。对于实践者的知与行来说，一种情境的社会性是具有建构作用的，因此，我们不能脱离历史和情境这一背景知识来谈论制度设计和建设。实践者通过实践、通过活动于情境之中获取关于制度的知识。在实践中，实践者自身的特性会引导选择，促发特定情境的产生，导向特定的制度实践。实践者的特性通常是在一定的社会环境中发挥作用的。实践者的自身特性和社会情境都具有施动性，它们相互作用，相互建构，从而形成特定实践模式。以东盟和非盟制度设计中的人道主义规范为例，东盟依据自身的情境发展出了不干涉原则，而非盟则在自身历史和背景知识的作用下形成了不漠视原则，这就是实践逻辑下的产物。[①] 从理论上说，行为体在实践中大体会遇到两种实践情景，一种是惯习作用的实践情景，一种是危机作用下的实践情景。惯习（Habitus），简单的说就是行为体反复发生的行为并已经形成了一种稳定的模式。通常情况下，一个行为体所从事的社会实践行动大多数都属于惯习范畴。如国际政治中的外交惯例（Diplomatic Habitus），就是"一系列指导如何行事的惯用行为特征"，它使得国家间的外交互动成为可能。[②] 它体现了一种对特定时空情境下社会结构的认同、认可或主观的调适反应。在惯习作用下的实践情景，行为体的行动原则往往依据常识，也就是那些从不去质疑甚至没有意识到的社会性原则。[③] 危机情景是日常惯例的对立面，是日常实践中的"问题情境"。实践情景的"争议性"往往推动形成新的观念，因为日常实践被问题情境打破，处理危机状况没有先例可寻，需要发挥主观能动性，"换一种方式行事"。这就是在危机中的创新，正是这种创新，带来了社会变化与革新。从这个意义上说，实践逻辑，也是一种常识逻辑，[④] 无须反思也不

① 关于东盟和非盟人道主义规范的比较研究，参见聂文娟著，《历史怨恨情感与规范认同——非盟与东盟人权规范的比较研究》，外交学院2008级博士论文。

② Vincent Pouliot, "The Logic of Practicality: A Theory of Practice of Security Communities," pp.272-273.

③ Emanuel Adler and Vincent Pouliot, "International Practices", *International Theory*, Vol.3, No.1, 2011, pp.10-11.

④ 常识逻辑不是霍普夫所说的习惯逻辑，后者更强调行为反复出现形成完全内化的社会习惯，而常识逻辑是具象的、情景的、关系性的和意向性的，具有能动性。关于习惯逻辑，见 Ted Hopf, "The Logic of Habit in International Relations," *European Journal of International Relations*, Vol, 16, 2010, pp.539-561。

受逻辑控制，它具有自然生成的特性。在情境性的作用下，施动者做其所能做，而不是做其所应该做。”因此说，“实践逻辑并非建立在‘应该怎样’，而是建立在‘能够怎样’的基础上”。[①]

联系性是实践逻辑的特征。实践是围绕着背景知识组织的具身性（embodied）行动，既包含物质因素也包含精神因素，是主体性、社会性和物质性的统一。[②] 实践活动连接着主体和客体，从人类的各种实践出发，就可以颠覆主体或客体任何一方在本体论上的霸主地位，[③] 超越主客体二元对立，将本体论关怀从对事物抽象本质的关怀转向对实践过程的关怀。参与国际体系并非是“外在”的，而是“内在于”人的实践活动的，因而需要不断地把作为结构背景的主体间共识转变为有意图的行动，并赋予其社会意义。同时，社会意义的转换以及规范认同的重塑也依赖于实践中的创新和实践介入。实践结果总是身心作用的产物，是物质与精神的结合，是结构与施动者的相互构成，是惯习与创新的统一。从这个意义上说，实践逻辑本质上是联系的、辩证的，是实践者内在的社会属性与其所在的社会环境的某种综合。

实践的联系性以及实践的过程性本质上决定了实践逻辑是一个开放的逻辑。我们“不能用一种同质性模式来解释一切形式的实践”，或者说“没有通用于一切具体实践的逻辑和模式”。[④] 实践者可以通过自己的行为来为事情如何完成以及呈现怎样的状态和性质画上一个句号，这样的实践进程为偶然性和主观能动性提供了自由的空间。[⑤] 从这个意义上说，不同的实践领域具有不同的实践逻辑。正如布迪厄所指出的，“确信只有深入一个经验的具有历史处境的现实的特殊性中，才能理解社会世界最深刻的逻辑”。[⑥] 这种以实践为导向的社会化过程，正是通

① Vincent Pouliot, “The Logic of Practicality: A Theory of Practice of Security Communities”, *International Organization*, 62, Spring, 2008, p.275.

② 朱立群、聂文娟：《国际关系理论的“实践”转向》，载《世界经济与政治》2010年第8期，第103页。

③ （英）安东尼·吉登斯：《社会的构成：结构化理论大纲》，第61页。

④ 刘森林：《实践的逻辑》，北京：社会科学文献出版社，2009年版，第215页。

⑤ 刘森林：《实践的逻辑》，第219—220页。

⑥ 皮埃尔·布迪厄与山本哲司“关于实践、时间和历史的谈话”，载（法）皮埃尔·布迪厄：《实践理性：关于行为理论》（谭立德译），北京：生活·读书·新知三联书店，2007年版，第149—150页。

过进程的开放性，突破了单一方向、单一身份、单一结构框架下的社会化研究。

本研究中的大量案例表明，中国在国际体系的不同领域有着不同的参与实践。正是因为参与实践的情境不同，资源不同，导致的参与程度和范围也就有所不同。总体上说，中国在国际经济体系中卷入最深，作用不断提高，影响力不断加强，地位日益举足轻重。但是，中国塑造和影响国际经济事物以及发展趋势的能力，还有待进一步提高。在国际政治安全体系中，中国参与的国际组织的数目不断增多，参与程度越来越高，在遵约方面得到了积极正面的评价，并将国际规范从国内立法和政策落实的角度加以社会化，如在不扩散和军控领域的做法就是如此。当然，由于实践资源和能力的不足，我们在议程设置和话语权方面还有待加强。在国际社会领域，中国积极参与了社会文化领域的政府间国际组织，并且影响力日益上升。但是在全球公民社会领域，虽然国内公民社会呈快速发展势头，但参与公民社会跨境交往的能力以及对全球公民社会态度、认知、倡议、规范推广等领域的影响力，还基本上处于影响力微弱的程度。

（三）中国参与国际体系的能动性巨大

本研究突出强调的第三个方面，是参与实践主体的能动性及其行动。在现有的社会化研究中，国家往往是被动的角色，是国际组织传播规范的对象，是国际规范的被动接受者，[①] 从而忽视了实践主体的主动性和能动性。同时，规范传播议题的研究，过于关注体系层次上规范的重要性以及传播规律，而对哪些规范重要、如何重要、为何重要等问题的讨论严重不足。而一旦涉及这些问题，研究者的视角必然要瞄准行动者。[②] 参与实践的解释模式，使得“实践”重新回到了本体论地位，从而在更新的意义上解放了实践的行为主体。近代以后，个体

① Barry Buzan, 'Culture and International Society', *International Relations*, Vol. 86, No.1, 2010, pp. 1-25.

② （美）马莎·芬尼莫尔:《国际社会中的国家利益》，第153—161页。

理性破除神学垄断，个人重回社会生活的主体地位。但是个体理性的膨胀，也造成了社会分裂和国际冲突的泛滥。于是，出现了对西方现代性和理性的反思与批判，个体理性的强调逐渐被“协商理性”所补充，主体性逐渐上升到“主体间性”，从而实现了人类认识上的哲学转变。但是，“主体间性”既没有解决平等沟通交往的问题，也缺乏关注世界多样性差异的现实，它反而突出了观念的本体地位，强调了观念对于实践的先在地位，强调了观念结构对身份和利益的塑造。重回实践本体，才能够真正还原人类社会生活的本质特征。重新强调实践，才能充分重视实践主体的能动作用。重回实践本体地位，就是重视实践情景和实践行动本身。“并不是结构决定着一种实践情景的状况，是施动者的能力及其带入结构中的行为模式塑造着情景”，[①] 实践者的实践行动具有重要的地位和作用。由此，我们强调，中国与国际体系的关系既不是给定的，也不是观念赋予的，既不是自身定位的，也不是国际社会强加的，它产生于中国所进行的参与实践。

在本研究中，我们把参与实践进程放在了突出的地位。我们认为，没有对参与进程的考察，就不可能了解具体的实践情景和实践资源，就不可能发现背后的实践逻辑，从而难以清楚了解实践特性。因此，参与实践解释模式赋予实践进程以决定性意义。我们认为，在结构一定的情况下，互动方式决定着互动结果。积极互动还是消极互动，取决于实践行为体的战略选择以及行为方式，也就是取决于行为体的能动性。[②] 这样，我们就摆脱了结构决定论，赋予了实践行为体真正的主体地位和发挥主观能动性的空间。同时，行为体在参与过程中作为一个长期参与人，就会从长远考虑，注重合作信誉，尽量避免“一锤子买卖”式的互动，从而带来更为积极的战略选择。

改革开放以来，中国对内改革、对外开放，实行和平发展的战

① Christian Büger, and Frank Gadinger, “Culture, Terror and Practice in International Relations: An Invitation to Practice Theory,” Paper prepared for the workshop, “The (Re)turn to Practice: Thinking Practice in Internaional Relations and Security Studies”, pp.18-19, May 2007, European University Institute, Florence, Italy，欧盟研究所网站：http://www.eui.eu/Personal/Researchers/bueger/Documents/Bueger%20and%20Gadinger%20-%20Culture,%20Terror, %20Practice.pdf。2011年8月25日访问。

② 朱立群：《中国参与国际体系的实践解释模式》，载《外交评论》2011年第1期，第33页。

略。这一战略对中国与国际体系的关系形成了积极正面的影响，在一定意义上塑造了中国与国际体系的学习、遵约、合作、融入的关系。冷战结束后，在和平发展战略的指导下，中国积极着手同各主要国家建立战略性合作伙伴关系，超越眼前利益和意识形态的分歧，发展着眼于未来、不针对第三方的长期稳定的合作关系。经过了十多年的伙伴关系实践，中国与遍布五大洲的各主要国家建立了相对平稳的合作关系。发展战略伙伴关系实际上是维持一种过程，寻求在过程中化解矛盾，改善关系，促进权力的社会化，这种实践从积极的角度定义了中国与外部世界关系。改革开放以来，在中国的对外关系中，即不存在高度竞争的对抗性关系，也不存在盟友的关系，中国努力发展同所有国家长期稳定的友好合作关系，追求一个“和而不同”的和谐世界。这一战略目标定位为中国减少了敌人、增加了伙伴、拓宽了建设和谐世界的努力空间。正是因为中国在参与实践过程中的积极战略选择和有所作为的全方位外交，促进了中国与国际体系关系的良性互动，推动了双向社会化进程中的正向身份认同。在积极的和平发展战略的指导下，中国对国际体系的融入受到了实践主体的积极推动，如从中央各个部委到地方政府对国际化进程的促进和主导。为促进国际规范的国内化，各部门协调会议作为制度通道，使得国际规范快速进入国内。① 正是在这个意义上说，中国坚持改革开放与和平发展道路，坚持不断在话语和战略层面进行积极谋划和建构，构成了中国与国际体系关系良性发展的关键因素。

二、中国参与国际体系实践的特征

通过参与实践，融入国际社会，中国与国际体系的关系日益加深，在国际舞台上的影响力与日俱增，作为新兴大国的地位受到国际社会的广泛认可。中国的参与实践不断形成新的剧本，产生新的知识，形

---

① 如关于20国集团反恐融资机制国内制度通道与国际规范的关系研究，见本书第四章。

成新的共有利益和身份，并逐渐为国际社会所接受。总的来说，中国参与国际体系的本质特征表现为两个方面：一方面，中国参与国际体系的过程，是中国与国际体系形成共有知识并进而形成共有身份的过程，这是主导的方面。另一方面，中国参与国际体系的实践，由于中国的国情和自身特点，也带有一定的特殊性，或者说中国特性。

（一）塑造共有知识和共有身份

我们的研究表明，中国参与国际体系的过程，就是中国与国际体系形成共有知识和共有身份的过程，也是中国的国际观念发生重大转变并日益与国际社会接轨的过程。在这个参与实践过程中，中国的观念、行为和政策都发生了重大变化。观念上，中国与国际社会的主体间认知差距越来越小，国际观念日益国际化；行为上，中国参与国际制度的遵约合作表现良好，遵约实践受到肯定；政策上，中国与国际社会合作的政治意愿强烈，外交政策体现高度的合作性。

1. 国际社会的观念增强

在参与实践进程中，中国的国际观念发生了深刻变化，并日益与国际社会整体观念接轨。一般说来，国际观念就是“如何与国际社会打交道的观念”。① 它是一个国家作为集体所持有的世界观，是关于国家在国际社会实现自身利益有效手段的信念。它包括三个方面的内容：一是对国际社会性质的判断，即如何看待自身所处的当今世界环境；二是对自我与国际社会关系的认定，即如何判断二者的相互关系；三是与外部世界打交道的方法选择，即如何取舍与国际社会保持关联的方式。②

改革开放以前，中国与国际体系的关系呈现对抗性特点，国际观念的主导方面是斗争而非合作，斗争的目标是建立国际反帝统一战线，

① Jeffrey W. Legro, *Rethinking the World: Great Power Strategies and International Order*, Ithaca: Cornell University Press, 2005, p.8.

② 朱立群、赵广成:《中国国际观念的变化与巩固：动力与趋势》，载《外交评论》2008 年第1期，第21页。

迎接世界革命的到来，在革命中建立一个全新的世界。例如，第六章讨论的中国与联合国维和的关系正是如此。1960年代，中国对于联合国维和领域的认知完全是负面的，认为联合国的性质已经发生了改变，成为了帝国主义实施强权政治的工具，甚至主张“另立一个革命的联合国，与那个被美国帝国主义操纵的因而只可能做坏事不可能做好事的联合国唱对台戏”。[①] 改革开放以后，中国对世界整体形势的认识，由倡导多极化逐渐发展形成全球化时代国际社会日益紧密相互依存的新的认知，这是中国国际观念的一个重大发展。中国共产党第十五大报告首次提到“全球化”的概念，十六大报告对这一概念的使用增加到4次，十七大报告进一步上升为9次。[②] 十七大报告首次提到国际相互依存的概念，指出中国的前途命运日益紧密地同世界的前途命运联系在一起。[③] 自冷战结束以后，中国日益将联合国和其他国际组织的地位提升到前所未有的高度，表明中国愿意加入到以联合国为代表的国际秩序中来。[④] 中共十四大和十五大报告的内容，表明了中国实施和平、合作的外交路线、通过参加现有国际秩序实现自身发展的决心和目标。十四大报告表示，中国愿“积极参与多边外交活动”，在处理国际事务中，“严格遵守联合国宪章和公认的国际关系准则”。[⑤] 十五大报告更明确提出，“要以更加积极的姿态走向世界，完善全方位、多层次、宽领域的对外开放格局”。[⑥] 十六大以后开始突出相互依存和互利共赢

① 《周总理在欢迎苏班德里约第一副总理宴会上发表重要讲话，联合国必须改正错误彻底改组，也可以另立一个革命的联合国》，载《人民日报》1965年1月25日，第1版。

② 朱立群、赵广成：《中国国际观念的变化与巩固：动力与趋势》，载《外交评论》2008年第1期，第20页。

③ 胡锦涛：《高举中国特色社会主义伟大旗帜　为夺取全面建设小康社会新胜利而奋斗——在中国共产党第十七次全国代表大会上的报告》（2007年10月），中国共产党新闻网：http://cpc.people.com.cn/GB/64162/64168/106155/106156/6430009.html，2011年8月20日访问。

④ 郭树勇：《从国际主义到新国际主义——马克思主义国际关系思想发展研究》，北京：时事出版社，2006年版，第267页。

⑤ 江泽民：《加快改革开放和现代化建设步伐　夺取有中国特色社会主义事业的更大胜利》，1992年10月，中国共产党新闻网：http://cpc.people.com.cn/GB/64162/64168/64567/65446/4526308.html，2011年8月20日访问。

⑥ 江泽民：《高举邓小平理论伟大旗帜，把建设有中国特色社会主义事业全面推向21世纪》，1997年9月，中国共产党新闻网：http://cpc.people.com.cn/GB/64162/64168/64568/65445/4526285.html，2011年8月20日访问。

的理念，强调“在实现本国发展的同时，兼顾对方特别是发展中国家的正当关切”。[①] 十七大报告更提出了“和谐世界”的美好愿望，强调要“共享发展机遇，共同应对各种挑战”，实现“持久和平、共同繁荣”。十七大报告宣布：“不管国际风云如何变幻，中国政府和人民都将高举和平、发展、合作旗帜，维护国家主权、安全、发展利益，恪守维护世界和平、促进共同发展的外交政策宗旨。”[②]

相互依存观念的发展，必然带来关于自我身份的新的思考。改革开放后，随着逐渐融入国际社会，特别是随着自身能力的快速增长，中国关于自身与国际社会的关系以及自身对国际社会责任两个方面的思考不断深入，对国际社会的责任意识和共生意识不断发展。90年代末以来，国内关于“和平崛起或和平发展”道路问题以及“如何成为一个负责任大国”的讨论，在一定意义上代表了中国人关于自身身份定位和国际责任的思考。[③] 在这种思考中，中国开始越来越多地强调，在维护自身利益的同时要关照国际社会整体利益，做一个负责任的国际社会成员。江泽民在党的十六大报告中指出：“我们主张顺应历史潮流，维护全人类的共同利益”。[④] 在亚洲地区，中国政府强调“中国的发展离不开亚洲，亚洲的繁荣也需要中国”，[⑤] 中国的发展是亚洲崛起

---

① 江泽民：《全面建设小康社会，开创中国特色社会主义事业新局面》，2002年11月，中国共产党新闻网：http://cpc.people.com.cn/GB/64162/64168/64569/65444/4429125.html，2011年8月20日访问。

② 胡锦涛：《高举中国特色社会主义伟大旗帜　为夺取全面建设小康社会新胜利而奋斗——在中国共产党第十七次全国代表大会上的报告》。

③ 关于中国国际责任意识的讨论见：秦亚青：《国家身份、战略文化和安全利益——关于中国与国际社会关系的三个假设》，载《世界经济与政治》2003年第1期；秦亚青、朱立群：《新国际主义与中国外交》，载《外交评论》2006年第5期；王逸舟：《磨合中的建构——中国与国际组织关系的多视角透视》，北京：中国发展出版社，2003年版，第1—12页；苏长和：《发现中国新外交——多边国际制度与中国外交新思维》，载《国际经济与政治》2005年第4期；李宝俊、徐正源：《冷战后中国负责任大国身份的建构》，载《教学与研究》2006年第1期；门洪华：《压力、认知与国际形象——关于中国参与国际制度战略的历史解释》，载《世界经济与政治》2005年第4期；王海运：《中国现阶段宜定位为负责任发展中大国》，载《环球时报》2006年2月24日，第11版；肖欢容：《中国的大国责任与地区主义战略》，载《世界经济与政治》2003年第1期；郑必坚：《中国的和平崛起及其在亚洲的新角色》，2005博鳌论坛：http://www.southcn.com/nflr/;;zjiamto/j[kq/sdcs/200205160577.htm。2011年8月20日访问。

④ 江泽民：《全面建设小康社会，开创中国特色社会主义事业新局面》，2002年11月，中国共产党新闻网：http://cpc.people.com.cn/GB/64162/64168/64569/65444/4429125.html。2011年8月20日访问。

⑤ 胡锦涛：《中国的发展　亚洲的机遇——在博鳌亚洲论坛2004年年会开幕式上的演讲》，载中华人民共和国外交部编：《中国外交》，北京：世界知识出版社，2005年版，第396页。

的组成部分，中国追求与亚洲共同发展的大目标。这些都比较清晰地表述了中国的责任和共同发展意识。正是在对中国与国际社会关系的思考中，中国从宣誓走和平发展道路，到提出建设“和谐世界”，中国外交的价值追求从来也没有像今天这样清晰明确地体现了和平与和谐的理念。

因此说，改革开放30多年来，随着对时代主题的判断由“战争与革命”转向“和平与发展”，中国的国际观念发生了根本变化，由推进“世界革命”转向建设“和谐世界”。在这一转变过程中，中国“从现有国际秩序的批判者、打碎者、边缘者到有保留的认同者、建设性的融入者，并开始摆脱边缘化成为有重要影响者”。[①] 从具体内容上，中国国际观念的三个方面都发生了根本变化：对国际社会性质的判断，从帝国主义和战争的时代转变为和平、发展与合作的时代；对自我与国际社会关系的认定，从强调独立自主到强调相互依存，从认同自己是革命者身份到认同自己是负责任的利益攸关方的身份；与外部世界打交道的方式，从零和思维到互利共赢，从革命、反抗到全面融入建设和谐世界。在这个转变过程中，中国的国际观念呈现出一个全新面貌，与国际社会的主导理念的一致性日益增强。

中国参与联合国维和行动、参与不扩散武器机制以及其他国际制度的历程很好地说明了这种演变的情况。例如在维和领域，20世纪五六十年代中国基本上抵制维和行动。80年代以后逐步参加到联合国维和行动之中。1989年底首次派遣人员参加维和，之后参与的范围不断扩大、程度不断加深，成为目前联合国安理会常任理事国中派出维和人员最多的国家，也就是联合国维和行动的中坚力量。[②] 在参与国际禁雷的《渥太华公约》机制上，中国的立场也经历了由“拒绝”——“解释”——“话语肯定”——“影响国内政策”的演变过程。[③]

2. 遵约行为不断深化

通过参与实践，中国深深卷入了各个领域的国际组织，积极遵守

---

① 蔡拓：《和谐世界标示中国对外战略的转型》，载《理论参考》2007年第5期，第54页。

② 见本书第六章：《中国参与联合国维和行动机制的实践》。

③ 见本书第八章：《中国参与地雷和轻小武器国际控制机制的实践》。

国际制度的原则和规范，参与国际制度的改革与建设。过去，中国一直因政治、历史和文化等原因被认为是“最不可能遵约”（the least-likely）的国家。[①] 但是，我们的研究表明，与中国在20世纪50年代、60年代甚至是80年代对待国际组织和国际法的态度相比，中国在参与国际组织以及遵守国际条约和规范等方面取得了前所未有的巨大进步。

本研究从政治、经济、安全、社会文化不同的领域选择了相关案例，考察了中国参与各主要国际制度的情况。在本研究考察的绝大多数国际制度中，中国基本实现了正式遵约和实际遵约，[②] 也就是在国内的立法和制度建设中运用国际规范和规则，并在国内政策领域和社会领域落实国际规范的要求。例如，在国际安全的不扩散武器领域，中国已加入了所有国际条约和多边机制。[③] 不仅如此，中国积极参与多边防扩散体系的建设，签署了所有已开放签署的无核武器区条约相关议定书。中国还不断加大核领域出口管制力度，建立起了一整套与国际接轨的法律法规体系。[④] 当然，在一些领域的实际遵约仍然有进一步改善的广泛空间，在有些领域，中国的参与是有选择的，视情况而定的。如在地雷控制机制中，中国参与《修订的地雷议定书》的程度明显比参与《渥太华禁雷公约》的程度深，中国已经批准《修订的地雷议定书》，并且严格按照其要求实践，但目前还没有签署和批准《渥太华禁雷公约》，尽管认同该公约的目标和宗旨。[⑤] 这主要是由于《渥太华禁雷公约》要求“无保留、无例外、无漏洞”地绝对禁止地雷的内容，

① Ann Kent, *Beyond Compliance: China, International Organizations, and Global Security*, Stanford University Press: Stanford, California, 2007, p. 222.

② 安·肯特提出了国际制度遵约的五项指标，它们分别是：(1)签署条约或达成协议；(2)履行报告和其他义务的程序性遵约；(3) 在国际行为上的实质性遵约；(4) 正式遵约，即国际规范在国内立法、司法或制度实践中得以落实；(5) 实际遵约，即在政治层面和社会层面的落实，前者是指政府政策与国际规范一致；后者则是指国内社会普遍的遵约行为。Ann Kent, *Beyond Compliance: China, International Organizations, and Global Security*, p.221。

③ 见本书第七章：《中国参与不扩散武器机制的实践》。对中国在军控领域的遵约行为，国外学者的研究也给予了充分的肯定。见 Ann Kent, *Beyond Compliance: China, International Organizations, and Global Security*, p.227; Alastair Iain Johnston, *Social State: China in International Institutions, 1980—2000*, Princeton: Princeton University Press, 2008, preface xxi, p.207.

④ 见本书第七章：《中国参与不扩散武器机制的实践》。

⑤ 见本书第八章：《中国参与地雷和轻小武器国际控制机制的实践》。

对中国的主权和国防安全构成了极大的限制，因而导致了不同的参与认知和实践。

在国际经济领域，中国是世界贸易组织、世界银行和国际货币基金组织的成员国。国际经济制度为中国提供了一个透明、稳定、开放的外部经济环境，使中国能够在不断改革开放过程中保持经济持续高速增长。中国在加入世贸组织前后，认真学习，信守承诺，严格遵守世贸组织的规则，并按照其规则要求继续扩大对外开放和深化对内改革。① 中国参与IMF和世界银行的情况，在初始阶段中国对两个组织并没有差异性偏好，而是在参与实践过程中由于两个组织的功能不同以及互动的不同而发生了变化，导致了中国对两个组织的参与进程有所不同。总的说，中国和货币基金组织的互动的范围和深入程度都不如中国与世界银行的互动。② 从中国加入世界贸易组织之后，中国对货币基金组织的参与实践发生了变化，身份承认也相应变化。中国通过实施世贸组织、世界银行和国际货币基金组织的规范和规则，并将其纳入国内法律而实现了相关规范和制度的内化。

在人权等社会文化领域，中国加入了主要的人权机构并批准了反对酷刑等条约，积极参与国际人权对话，实行有力的人权外交。总体上说，当前中国对国际人权组织的参与程度大体上处于积极参与、不断学习和借鉴、并逐渐在国际人权保护机制的改革和完善过程中增强中国的话语权的阶段。与发达国家相比，中国在框定议题、提出核心概念、进行议程控制等方面的竞争力还比较薄弱。中国较少主动提出国际议程，提出的议程最终为国际社会接受的情况也还比较少。甚至在很长一段时期里，中国还一直是国际人权组织内被批评、指责、围攻的对象，在国际人权组织中并不居于主导地位。③ 尽管如此，中国在人权领域中主张平等对话、促进全面理解人权概念、推动将人权与发展问题相关联的主张，引起了国际社会的广泛关注。

遵约合作实际上就是按照国际规范办事。遵循国际规范，就会带

---

① 见本书第二章:《中国参与世界贸易组织的实践进程》。

② 见本书第三章:《中国参与国际金融组织的实践》。

③ 见本书第十一章:《中国参与国际人权机制的实践》。

来稳定的预期，增加行为的可预测性，从而减少不确定性和降低合作成本，为国家间实现稳定的合作奠定基础。遵约行为不断深化是和中国奉行的和平发展战略紧密联系在一起的。一般说来，任何国家的遵约都不是绝对的，没有尽善尽美的遵约行为。中国在一些领域的国际规范的国内社会普及方面也还需要进一步加强，但是，需要强调指出的是，中国与国际社会的政治合作意愿强烈，而合作意愿是实现遵约的重要前提。

3. 外交政策凸显合作性

新中国成立以来，中国外交政策从体现斗争性和对抗性发展到体现建设性和合作性特点，外交战略和外交任务都发生了深刻的变化。新中国成立以后，外交战略几经调整，从“一边倒”、“一条线”到和平发展；外交任务从反美、反帝、反苏修、反对一切反动派，到通过参与、融入、建设国际体系为促进国内经济建设和现代化发展、为实现建设小康社会总体目标服务；中国的国际身份从反抗国际体系的挑战者演变成为国际体系中的利益攸关方和负责任的建设者，这种政策变化是深刻的，巨大的，具有历史性意义的。

改革开放以后，为了实现建设小康社会的总体目标，中国外交开始致力于争取和平稳定的国际环境、睦邻友好的周边环境、平等互利的合作环境和客观友善的舆论环境。在与世界各国的交往中，中国提出要根据世界的发展趋势和自身的利益处理与不同类型国家的关系，不以意识形态划线，主张发展与各国友好合作、平等互利的关系。即“站在时代发展和人类进步的高度，以合作谋和平，以合作促发展，努力扩大各国利益的汇合点，寻求互利共赢”。[①] 在处理与大国关系方面，我们的政策是坚持不结盟、不对抗、不针对第三方的新型伙伴关系政策，积极通过战略对话和谈判协调大国关系，努力“寻求共同利益的汇合点”，“增进互信，深化合作，妥善处理分歧，推动相互关系长期

---

① 《和平、发展、合作——李肇星外长谈新时期中国外交的旗帜》（2005年8月22日），中国外交部网站：http://www.mfa.gov.cn/chn/zxxx/t208030.htm，2011年8月20日访问。

稳定健康发展”。[①] 在处理与发展中国家关系方面，我们强调不当头、不打旗、永不称霸，积极援助和支持发展中国家的发展。对于周边邻国，我们奉行睦邻、安邻、富邻的政策，坚持与邻为善、以邻为伴的方针，极大地改善了同周边国家的关系，[②] 通过“一国两制”的方法顺利完成了港澳回归。因此，可以说，改革开放以来，坚持合作，追求共赢，促进发展成为中国外交的一条轨迹清晰的主线。

与此同时，中国还不断推动在国际事务中的多边主义原则，积极参与联合国事务，在国际维和行动中发挥了重要作用。[③] 在地区层面，中国不仅积极参与解决地区热点问题，如在朝鲜半岛核问题上，推动六方会谈成为解决朝核问题的核心机制。中国还积极推动和参与地区合作机制的建设，在东盟与中国、东盟与中日韩、上海合作组织、东盟地区论坛、亚洲合作对话机制、六方会谈机制中发挥了建设性作用。为了促进区域合作，中国正式加入了《东南亚友好合作条约》，并与其他东亚国家积极探索建立东亚共同体的可能性，支持东盟在地区合作进程中的主导地位。在周边地区，中国积极寻求通过和平谈判解决与邻国的争议，同绝大多数周边国家解决了陆地边界问题，与东盟签署了《南海各方行为宣言》以及中国和东盟就落实该宣言达成共识，并积极稳妥地促进领土、领海争议问题的和平解决。总之，中国在国际体系层面、地区层面、周边和安全领域开始全面实施新国际主义和多边主义外交。

（二）参与实践的“中国特色”

中国参与国际体系是在全球化背景下运用自身物质和精神资源的基础上所进行的伟大实践。这一实践受到实践逻辑的推动，因而必然

① 《胡锦涛在中国共产党第十七次全国代表大会上的报告——高举中国特色社会主义伟大旗帜 为夺取全面建设小康社会新胜利而奋斗》，2007年10月15日。

② 《和衷共济　共创繁荣：专访外交部部长助理胡正跃》，中国新闻网：http://www.chinanews.com/gn/2011/01-16/2791068.shtml，2011年8月20日访问。

③ 截至2010年6月底，中国已先后向18项联合国维和行动派出维和军事人员，累计达15603人次，见本书第六章：《中国参与联合国维和行动机制的实践》。

呈现出自身的实践特性。如前所述，参与实践总是在一定时间内的实践情景和资源条件下发生的。中国以自身资源和能力卷入国际体系，不能不从中国的国情出发，这个国情就是人口多、发展不平衡、社会主义现代化建设处在初级阶段、社会政治经济矛盾处于多发期。因此，中国与国际体系的参与实践，既不能遵循旧的革命外交原则，也不可能完全照搬西方的理念，从而注定了中国参与实践的双重变奏：一方面向西方学习，向国际体系学习，通过模仿和学习认知和熟悉国际体系的原则、规范和程序，与国际体系接轨；另一方面，面对前所未有、无先例可循的实践情景，特别是时常出现的问题情境和危机情境，中国的实践则必然躬身向内，从中国文化和哲学中寻找营养，探寻自己独特的方式方法，从而逐渐形成了具有中国特色的实践价值。如果高度概括这一实践价值，那就是两个字：中庸。“中庸”价值可以被看作是中国参与国际体系进程中的特殊性，或者说“中国特色”，其具体表现为三观：整体主义、协调主义和常识主义。

1. 参与实践的整体主义

整体主义价值观指导下的参与实践，表现为国内国际统筹的大局意识和兼容并蓄的学习意识，这两个方面在中国与国际体系的关系中表现得十分突出。

应该说，整体主义是中国人的世界观。中国自古以来在本体论上强调天人合一的思想，不仅人同自然是一体，主观世界是一体，客观世界是一体，主观世界和客观世界也是一体的。中国人在整体主义指导下的“世界”思维方式，是一种“历史的、国际的眼光”，是一种“全局的、战略的思维”。[①] 从“天下”的角度去理解世界，特别是从和合的角度理解中国与国际体系的关系，就使得中国参与国际体系的进程变得比较容易，理念上较少抵触，在实践上具有更深刻的内在动力。改革开放以后，特别随着中国不断融入国际体系，中国始终注意从国际国内形势的相互联系中把握前进的方向，注意从国际国内条件的相

① 温家宝:《关于社会主义初级阶段的历史任务和我国对外政策的几个问题》，载《人民日报》2007年2月27日，第2版。

互转化中用好发展机遇，注意从国际国内资源的优势互补中创造条件，注意从国际国内的综合作用中掌握全局。中国领导人反复强调，要“始终站在国际大局与国内大局相互联系的高度审视中国和世界的发展问题，思考和制定中国的发展战略”。[①] 中国与世界密切相关的整体主义思想在中国和平发展道路选择中体现得十分清晰，那就是“中国的发展离不开世界，同样世界的繁荣需要中国”，[②] “人类只有地球一个家园。建设一个持久和平、共同繁荣的和谐世界，是世界各国人民的共同心愿，是中国走和平发展道路的崇高目标”。强调“大局”和整体，并不意味忽视个体的自主性。在发展与国际体系关系的过程中，中国始终强调在积极参与国际体系的同时保持自主性。这种自主性体现在中国在参与国际体系过程中始终强调中国的参与是基于国情和自身能力的参与，如在中国加入WTO等国际组织过程中始终坚持“发展中国家身份”，以及在相关问题领域机制中始终强调“共同但有区别”的原则，都是这种自主性的表现。

整体主义影响中国与国际体系的参与实践还表现在中国对国际体系的兼容并蓄的学习态度。在中国参与国际体系的过程中，模仿学习实践成为其中最大的亮点，也是改革开放以后30多年中国与国际体系关系的主导特征。中国的对外开放度不断加大，参与国际体系的实践进程不断加深，中国的对外学习、借鉴、参照和吸收始终没有停止，有些成功经验被模仿和移植到各个领域改革的众多试验中。例如，“在快速融入全球经济体系的过程中，封闭多年的中国企业表现出如饥似渴的求学精神，国外企业的各种管理制度、方法、工具都成为中国企业学习的对象”。[③] 中国的整体主义观念突出的是包容，是海纳百川，是兼收并蓄为我所用，这使得中国向国际体系学习的进程更易于发生，而且其广度和深度在中国现代史上都是前所未有的。温家宝在剑桥大学的演讲中曾指出：“进入21世纪，经济全球化、信息网络化，已经把世界连成一体，文化的发展将不再是各自封闭的，而是在相互影响中

① 胡锦涛：《继续把改革开放伟大事业推向前进》，载《求是》2008年第1期，第5页。

② 《中国的和平发展道路》，载《人民日报》2005年12月23日，第1版。

③ 王雪莉：《“中魂西制”下的中国企业变革》，载《新华文摘》2011年第13期，第128—130页。

多元共存。一个国家、一个民族对人类文化贡献的大小，越来越取决于她吸收外来文化的能力和自我更新的能力。中国将永远坚持开放兼容的方针，既珍视传统，又博采众长，用文明的方式、和谐的方式实现经济繁荣和社会进步。”[①] 温总理的这段讲话最好地诠释了中国参与国际体系过程中的学习精神和学习态度，这种精神在参与实践中转化为了积极的学习行动。

2. 参与实践的协调主义

整体主义的世界观导致认识论和方法论上的协调主义。世界是天人合一的，也是“合而不同”的，是各种关系和进程的相互联系和相互影响，因此协调关系，执两用中，不走极端，不搞对立，善于妥协就成为处理内外事务的方法论。

协调主义的观念使得中国在参与国际体系的实践进程中能够妥善处理和协调好各种关系。整体主义观念不是看不到差别和对立，而是强调差别的互补性存在，这就为协调主义奠定了世界观基础。在中国参与国际体系的实践中，协调主义涉及两个重要方面的问题，一个是如何看待和处理多重自我身份的冲突问题，一个是如何看待和化解自我与他者身份冲突的问题。

关于自我的多重身份，是中国发展阶段和参与阶段的客观反映。在参与实践进程中，中国善于从普遍联系和发展的角度看待自身与国际体系的关系，努力不将身份关系绝对化，强调国际社会存在多种关系不断发展的进程，因而中国自身以及中国与国际体系的关系不可能是一种非黑即白的关系，也不可能是一成不变的关系。从自我身份来说，中国既是一个与西方政治体制不同的社会主义国家，也是一个发展中国家，更是一个国际体系的维护者、建设者和负责任的利益攸关方。中国的社会主义国家的身份定位，并不妨碍中国融入国际体系，也没有阻止中国成为负责任的国际体系维护者。多重身份并存作为一种特定历史阶段的现实，虽然存在一定内在张力，但并没有给中国参与国际体系的实践带来内在的矛盾冲突，这主要是因为中国的整体主

① 温家宝：《用发展的眼光看中国——在剑桥大学的演讲》，载《人民日报》2009年2月4日，第3版。

义思想本身就是一个二元互补的思想。在中国人看来，任何事物都是组合、协调与互补的产物。国际体系存在着政治、经济、军事、社会文化等不同的领域，不同领域中也有不同的议题，中国不从政治意识形态的角度界定自我身份，使得中国在参与不同领域和不同议题的过程中，没有意识形态的身份界限，从而更容易合作，联盟实践更容易开展。

从自我与他者的关系来说，中国在参与实践中，并没有将中国与国际体系的关系、中国与国际体系主导国家如美国之间的关系对立起来。中国的整体主义首先承认自我与他者之间存在差异，但认为这种差异是社会赖以存在的基础，世界的多样性是整体主义世界的本质特征，是天道所在，因而需要予以尊重并顺势而为。因此，协调自我与他者的关系，不是将之导向对抗，不是将自我的利益、价值观和行为规范强加于他者，就成为“合而不同”世界的内在要求，也成为中国处理与国际体系关系矛盾的方法。中国同美国等主要国家建立战略对话，不断通过沟通对话来减少分歧，促进相互理解和信任，就是协调主义观念的产物。这种在自我与他者关系上不界定清晰界限的做法，正是建设集体身份进而实现国际体系和平演变预期的必要条件。①

中国参与国际体系的具体实践充分体现了这种协调主义的特点。在与国际社会的关系问题上，改革开放以后中国始终坚持避免对抗，不设定敌人。在与国际组织的关系上，中国对制度规则一方面展现出良好的遵约行为，同时也表现出了灵活性和不拘泥的特点。不论是在谈判过程还是在发展国家间关系上，中国都善于妥协，寻找折中方法，积极主张对话和谈判解决实践中出现的问题。

3. 参与实践的常识主义

常识主义简单的说就是实事求是，就是按照事物本身的逻辑办事，就是根据参与实践的情境，根据我们的自身状况和能力做我们所能做的事情。常识主义体现在以下三个方面：

---

① Emanuel Adler and Michael Barnett, “A Framework for the Study of Security Communities”, in Emanuel Adler and Michael Barnett edited, *Security Communities*, New York: Cambridge University Press, 1998, p.38.

第一，具体问题具体分析。中国人相信事物从来不是静止的和僵死的，而是发展变化，因此在方法论需要因人、因地、因时、因势、因主客观条件来区别对待和处理问题。因此，教条主义和本本主义在中国没有市场，主义之争最终要落实到解决具体的实际问题。中国在参与国际体系实践中的许多做法都体现了这种常识主义，如中国在参与联合国维和机制的过程中，始终不赞成无视主权规范的武力维和以及美欧国家极力推广的“保护责任”规范。自参与维和行动以来，中国坚决维护《联合国宪章》的宗旨和体现对主权原则的尊重维和三原则。面对冷战结束以后国内冲突增加造成人道主义灾难的情况，中国主张根据具体情况、以个案处理的方式决定是否采用武力维和，履行保护责任，并强调应始终以成员国的广泛共识为基础。

第二，常识主义还体现为顺势而为，适应变化的特点，中国改革开放过程中大量的“摸着石头过河”的做法是常识主义的生动体现，中国参与国际体系过程中的大量行为也体现了这方面。如在参与中，一开始我们对国际社会了解很少，并没有明确的要达到的目标，既没有想到要做一个修正主义者，也没有想到完全维护现状。因为不了解，只好在参与中模仿和学习别人。遇到问题就解决问题，因此，参与中大量体现为以解决问题为导向的，有时候是即时性的，体现了参与实践中的顺势而为的过程性特点。面对中国特殊国情的地方，则不得不‘摸着石头过河’。例如，中国参与国际体系过程中的国内金融改革，就是“‘演绎式决策’（以国外成功经验或经典理论为依据）与‘归纳式决策’（以事实或特殊国情为依据）共同作用的结果。但是与整个改革开放进程‘归纳式决策’为主导的特征相比，我国金融改革中演绎式决策起到更为主导的作用”。[①] 中国在参与国际体系过程中，不断根据变化的局势调整政策，表现出极强的适应能力，也是一种顺势而为的实践能力。如中国参与WTO、G20以及国际安全领域的不扩散机制、维和机制等过程中，这一点表现得很突出。

---

① 丁骋骋：《中国金融改革的内在逻辑与外部绩效：1979—2009》，载《新华文摘》2010年第24期，第53—57页。

第三，常识主义还体现为一种对事物采取渐进和增量发展的态度和认识。中国在整体主义世界观指导下，相信事物的联系性和复杂性，相信过程的持续性和发展变化，因而在价值追求上希望渐进变革而不是激进变革，喜欢做加法而不是减法。1978年以来的改革就是一个渐进式的过程，中国参与国际体系也是一个渐进增量的过程。“中国金融改革的特殊路径主要表现为政府主导的强制性制度变迁。中国金融改革内在逻辑遵循着‘机构改革→市场改革→制度改革’这样一个路线图。这种特殊的战略安排，鲜明地表现出中国改革的特点，即它是一个渐进式的过程。”“这种改革路径的安排一方面是内生的，同时也是外力推动的结果”。①

渐进和增量的方式在中国参与国际体系过程中表现为先易后难、先经济后政治的做法。如中国参与国际经济体系的程度要比参与人权机制的程度深，中国对WTO程序的熟悉程度也比对国际金融机制要更加熟悉和了解。这种渐进和增量的做法也是中国参与国际体系过程中必须的态度，因为大量的学习、借鉴和吸收行为，常常会造成食洋不化，消化不良，也需要在渐进过程中逐渐吸收加以改善。如中国企业界在学习西方管理办法过程中，采取拿来主义大量借鉴了西方的管理办法，但是，“在采纳这些方法与工具来推进内部管理变革的过程中，许多企业都遇到了挑战：有的推广阶段就困难重重，最终往往不了了之；有的方法与工具似乎水土不服，在企业运用后并没有出现预期的效果；还有的企业在推广过程中很顺利，使用也没有障碍，使用的结果也如其在西方企业的使用结果一样，但是一段时期之后，管理者却发现这些方法与工具给企业带来的影响却并非自己所愿”。在这种情况下，大量企业管理者开始从传统观念中寻找答案，有的“倾向于特殊主义”，希望摆脱所学习的西方管理制度的约束；有的“更强调辨别类型，整合局部关系，更注重大局观”。② 这些表明，中国在参与国际体系进程中，传统价值观和文化仍然发挥着重要的作用。当所接受的

① 丁骋骋：《中国金融改革的内在逻辑与外部绩效：1979—2009》，载《新华文摘》2010年第24期，第53—57页。

② 王雪莉：《“中魂西制”下的中国企业变革》，第128—130页。

西方规范与地方文化构成冲突，社会化过程遇到困难和挑战的情况下，一种做法是放弃新的规范，转而回归传统；另一种做法就是寻找中西方结合的创新点，更好地利用两种文化的优势，做到取长补短，优势互补。

总之，中国在参与国际体系进程中表现出一定程度的自身特色，体现为中国文化基本特征的整体主义、协调主义和常识主义三个方面。这三个方面实际上是一种“中庸”特性，也就是维持中国参与国际体系所涉及的各种关系的适度性和一定意义上的平衡。要维持这种平衡，一方面要审时度势，把握大局，洞察变化；另一方面还要有全局意识和协调精神，因为只有在全局中协调才能保持均衡。同时，要维持均衡，也需要以实事求是的精神不断展开参与实践，并在实践中根据事物的发展变化不断调整、适应和创新。也就是在实践中不断探索和创新，在变化中以高度的灵活性和适应性把握微妙的平衡，在多元关系的移动和变化中，争取有利的地位以便更好地实现自身利益。

三、总结与展望

无可否认，中国参与国际体系给中国带来了深刻的变化，同时也对国际体系产生了巨大影响。展望未来，中国参与国际体系的实践进程不仅会继续下去，还将日益深入发展。这种深入发展的趋势，将有可能体现在以下三个方面：

第一，中国参与国际体系的创新实践将较之现阶段更加突出。中国参与国际体系过程自改革开放至今仍以中国与国际社会的接轨为主要特征，因而话语实践、学习实践、联盟实践、遵约实践是五类参与实践中的主要实践活动。创新实践虽时有发生，但并不占据主导地位。这主要是和中国现阶段仍然处于生产力发展水平较低、社会主义处于初级阶段密切相关。如2011年国内社会广泛讨论的奶制品标准问题很好地说明了这一点。中国的奶制品标准是目前全世界最低水准的标准，这也就说明我们不可能在国际上具有制定标准的能力。因此，现阶段中国参与国际体系必须以与国际社会接轨为基本任务，也就是通过参与国际体系，熟悉国际规则，提高国内制定规则与实施规则的水平，改善治理条件和能力，提高法治水平。随着中国越来越深入地参与国际体系，特别是随着中国对国际体系的影响力逐渐加大，中国参与国际规则制定的能力将逐渐加大，制定规则的领导力也将逐渐增强，这对中国来说更具有战略意义。今天的接轨实际上是为了更好地参与今后轨道的设计和铺设，因此，可以预期，中国参与国际体系的创新实践会随着中国的进一步融入和发展而逐渐增多。这种创新实践，核心的任务就是进一步提高我们全球事务中设置议程、提出和传播规范、掌握话语权的能力，改革国际制度，改善国际秩序，提高全球治理的能力和水平。

第二，多边主义将在今后较长一段时间里成为我们的必修课，其在中国外交布局中的地位将越来越高。随着中国日益深入地卷入国际体系，多边事务将日益成为中国外交的重心所在。历史地看，国际体系总是在稳定与变革、继承与创新之间调整和演进。对于国际体系的转型和变化，权力政治的逻辑强调的是转型只能在新兴国家挑战霸权国的霸权战争中完成。这一逻辑忽视了影响国际关系发展趋势的新生事物，也忽视了冷战结束后国际关系互动进程在形式、范围、重点等方面展现出来的新发展，比如相互依存的深入发展。实际上，冷战以和平方式终结，已经标志着体系的转型有可能超越传统的战争模式，以一种渐进的和平方式进行。和平方式转型的过程比较长，延续性比较大，体系转型过程中的利益分配更多地是在体制内通过讨价还价进行，其完成的标志是对旧的制度原则、规范、规则和程序的修订或者更新。另外，由于经济要素和人员在国际体系内的加速流动，各国内部问题也日益上升到国际决策层次，国际层次的决策也越拉越多地影响各国内部的决策，因此，国际体系内集体决策范围、议题和参与成员的不断扩展，一方面表明国际体系的发展日益朝着民主化的方向演进，同时也预示着参与国际社会集体决策日益成为维护国家利益的重要渠道和保障。冷战后的这一发展趋势，为中国以和平方式参与国际体系建设提供了前所未有的机遇。由此可见，国际体系越来越朝着制度化的方向发展，国际社会休戚相关和共融的利益增多，全球问题也导致全球性集体决策越来越多，呼吁更多和更有效的多边主义治理，以便更好地在全球层面提供公共产品，调节不同的利益。国际社会是一家说了算，还是大国共治，还是以更加民主的方式进行集体决策，并使已有的集体性决策变得更加法治民主，是当前国际社会争夺的焦点。从发展趋势看，国际关系民主化是今后国际体系发展演变的方向，因此，多边主义是一个重要的发展趋势。在这一趋势下，中国应该成为多边主义的重要推手，这是我们追求和谐世界目标内在的方法论要求。中国政府在向国际社会宣示走和平发展道路、建设和谐世界的目标中，实际上已经承诺了追求国际关系的民主化，反对权力政治和霸权主义，而国际关系的民主化说到底是落实多边主义的规范原则。中国参与国际体系的实践过程，也是我们学习、接受和习惯多边主义的过程。总的说，我们仍然还是更习惯于双边的对外经济政治关系，对多边的重视程度还有待提高，对多边主义的理解还有待深化，将多边主义内化为外交政策的原则规范，还需要一个长期的建设过程。因此，今后中国进一步参与国际体系的实践，在很大程度上是做好双边和多边的相互促进，协调好二者的相互关系，并最终确立多边主义的外交政策基本原则。

第三，辩证地看待中国与国际社会关系中的权利与责任问题，避免二元对立的思维，妥善处理和协调国家利益与全球利益，将中国更深入地融入国际体系。中国与外部世界的关系正处在一个关键的阶段。目前，中国与国际体系的关系日益密切，实力迅速增长，与其他主要力量关系的互动日益深入，竞争与合作、摩擦与协调都在上升。中国选择了和平发展的道路，致力于建设一个和谐世界。但是，外部世界在肯定中国崛起的同时，对崛起以后的中国如何使用自身实力、以何种方式建设和谐世界充满怀疑和担心，因此，深化中国与国际体系的关系成为破解中国威胁论的重要方式之一。与此同时，中国也正处于国内深化改革的关键时期，内部平衡发展压力增大，各种问题与全球化和世界政治经济的关联度提高。外部世界对中国的影响和冲击不断加大，致使中央与地方、地方与地方等各种关系面临制度上的调整，既要增加灵活性，还要增加可协调性。因此，中国自身面临如何统筹国内国外两个大局和坚持内外和谐发展的困难。如何使中国国内制度适应国际体系，并在国际体系的压力下协调发展，是中国社会面临的一个前所未有的挑战。在这种挑战面前，中国需要秉持中庸思想，不走极端，维持平衡。不仅要维持内外发展的平衡，还要维护利益的平衡和理念的平衡，如国家利益和全球利益、民族主义与国际主义、国际权利与国际义务的平衡，从而更好地服务于中国和平发展的大局，更好地实现中国建设小康社会的发展目标，更好地参与全球治理。